Maria ganz zu eigen

Als Soldat im Stoßtrupp-Lager vor Verdun, März 1918

Alex Menningen

Maria ganz zu eigen

Josef Engling
Mitgründer Schönstatts

Patris Verlag · Vallendar-Schönstatt

CIP-Kurztitelaufnahme der Deutschen Bibliothek

Menningen, Alexander
Maria ganz zu eigen: Josef Engling, Mitgründer Schönstatts.
1. Aufl. – Vallendar-Schönstatt: Patris-Verlag, 1977.
ISBN 3-87620-054-7

Gesamtherstellung: Bercker Graphische Betriebe, Kevelaer
ISBN 3–87620–054–7

INHALT

Vorwort des Verfassers

Im Elternhaus 9
Aus den Tagen der Kindheit 9
Ein denkwürdiges Ereignis 13
Was soll ich werden 15

In der Erziehungsschule Schönstatts 17
Der Junge vom Lande 17
Eine Preisverteilung 22
In der Schule Pater Spirituals 28
Josef wird Klassenpräfekt 37

Das Jahr der Aussaat 45
Die Kriegsfackel brennt 45
Ein denkwürdiger Tag 48
Ich will ein Heiliger werden 52
Der Sodale Mariens 60
Träger einer Idee 65

Ringen und Reifen 73
Josef entwirft einen Kampfplan 73
Den Tag entlang 78
Das persönliche Ideal entsteht 91

Vorkämpfer einer großen Sache 103
Auf Apostelpfaden 103
Die Herausforderung des Krieges 114
Josef hält Magistratssitzung 118
Daheim 124

Harte Rekrutenzeit 131
Wer will unter die Soldaten 131
Im ersten Drill 140
Musketier Engling, raustreten 149

Wie soll es weitergehen? 159
Wider innere Feinde 165
Alles für Maria 171
Sorge um andere 175

Auf den Kriegsschauplätzen des Ostens 187
Im Rekrutenlager Jablonna 187
Kraftproben 192
Auf Zechenwache in Oberschlesien 199
Schwere Märsche und eine Niederlage 205
Stellungskrieg 209
In Schnee und Eis 218
Eine Scharte wird ausgewetzt 222

Im Stoßtrupp vor Verdun 229
Es wird gemauschelt 229
Unblutige Scharmützel 235
Unternehmen Februar 244
Stunden der Einkehr 258
Unter den andern 268

In den Stahlgewittern der Front 277
In Flandern, da reitet der Tod 277
Ich hatt' einen Kameraden 289
Maienblüten im Trommelfeuer 300
Nimm mich als Opfer an 308

Der Vollendung entgegen 321
In Urlaub 321
Die Front wankt 321
Gespräch im Unterstand 337
Zwischenfälle 342
Gottesnähe 350

Heimgang 363
Die letzten Stunden 363
Über den Tod hinaus 372

Nachwort 377
Verzeichnis der Abbildungen 380

Vorwort des Verfassers

Seelsorger und Mitglieder der Jungmännerbewegung Schönstatts haben mich bewogen, die von mir verfaßte und im Jahre 1938 erschienene Lebensbeschreibung Josef Englings, ,,Held im Werktag", neu herauszugeben. Nur zögernd bin ich auf den vorgetragenen Wunsch eingegangen. Soll ein wirklichkeitsnahes Bild Josef Englings entstehen, muß es auf dem Hintergrund der Ereignisse des Weltkrieges 1914/18 erscheinen. Dann aber könnte sich leicht der Eindruck bilden, als würden die Schrecknisse moderner Materialschlachten verharmlost oder gar mit dem Helden des Buches glorifiziert. Wem eine solche Absicht völlig fern liegt, der möchte natürlich nicht, daß sein geschriebenes Wort zum Anlaß derart irriger und irreführender Deutung wird.
Die zögernde Zurückhaltung des Verfassers wurde von den Befürwortern einer Neuauflage des Buches mit folgenden Begründungen ausgeräumt. Wie kaum einmal ist der junge Mensch unserer Tage auf der Suche nach dem überzeugenden Beispiel eines Gleichaltrigen, der einer echten Leitidee gefolgt ist und dabei zu seinem ureigenen Ich gefunden hat. Er will sich jedoch genau vergewissern, daß der exemplarisch vorgestellte Mensch in dem alltäglichen Tun an seinem hohen Lebensideal wirklich Maß genommen hat, wie er mit den Plackereien des nüchternen Werktags fertig wurde und ob seine Frömmigkeit die Kraft hatte, Gott und dem Menschen aufrichtig zu dienen. Dann aber müssen die Vorgänge seiner Umwelt, in denen er sich bewegte und die zeitgeschichtlichen Ereignisse, in die er hineingestellt war, ebenso realistisch wie bildhaft in Erscheinung treten. Von den zwanzig Lebensjahren, die Josef Engling gegönnt waren, fallen vier in die Zeit des Ersten Weltkrieges. Gerade sie sind für seinen Charakter zu einer Probe höchster Bewährung geworden. Eine ehrliche Geschichtsschreibung verlangt, daß die Erlebnisse in der Kaserne und auf den Schlachtfeldern ausführlich genug und wahrheitsgetreu geschildert werden. Von da aus läßt sich auch am ehesten die seelische Größe Josef Englings ermessen und der Ernst seines selbsterzieherischen Ringens verstehen.*

* Anmerkung:

1. Man vergleiche dazu das *Nachwort* auf Seite 377 ff.
2. Bei Schilderung von Ereignissen des Krieges wiederholen sich die Abkürzungen von folgenden militärischen Fachausdrücken:
   R.J.D. = Reserve Infanterie Division
   R.J.R. = Reserve Infanterie Regiment
   K.T.K. = Kampftruppenkommandeur

Den Mitgliedern Schönstatts bedeutet er noch mehr. Der Gründer P. Joseph Kentenich hat ihn eine „gelebte Gründungsurkunde und eine vorausgelebte Gründungsgeschichte" des Schönstattwerkes genannt. Danach haben die natürlich-übernatürlichen Lebenskräfte Schönstatts in der Person Josef Englings Gestalt angenommen. Sein Lebensbild spiegelt das Werden einer kirchlichen Gemeinschaft wider, die letztlich einer erwiesenen Initiative der göttlichen Vorsehung ihr Dasein verdankt. So wird er zum Anschauungsunterricht, aus welchen Urkräften ein echtes Gotteswerk entstanden ist und für alle Zeiten erhalten sein will. Er selber hat nichts Geringeres erstrebt, als ein Heiliger zu werden. Diesem Streben ist er bis in den Tod treu geblieben.

Am 4. Oktober 1978 jährt sich zum 60sten Male der Tag, an dem Josef Engling auf dem Schlachtfeld bei Cambrai das freiwillige Angebot seines Lebensopfers einlöste. Aus diesem Anlaß soll in den nachfolgenden Blättern ein Zeichen dankbarer Erinnerung gesetzt werden.

J.B.O. = Infanterie Beobachtung
A.O.K. = Armee-Oberkommando
MG = Maschinengewehr
E.K. = Eisernes Kreuz (militärische Auszeichnung)
Außerdem wurde das Wort „Pater" durch die Abkürzung „P" bezeichnet

IM ELTERNHAUS

Aus den Tagen der Kindheit

In dem einstöckigen Hause des Schneidermeisters August Engling zu Prossitten im Ermland herrschte weder Reichtum noch Armut. Der Ertrag aus dem Handwerk und dem kleinen bäuerlichen Anwesen reichte gerade aus, um die sieben Kinder der Familie ordentlich zu kleiden und zu nähren. Das vierte unter ihnen, der kleine Josef, der am 5. Januar 1898 zur Welt gekommen und am 9. Januar getauft worden war, machte der Mutter ein wenig Sorge. Eine Kinderkrankheit hatte eine recht unangenehme Verbildung am Brustbein hinterlassen, so daß die Schultern ein wenig verkrümmt, ja fast verwachsen aussahen. Man konnte nicht gerade sagen, der Kleine sei buckelig. Aber er schritt doch in einer etwas unschön gebeugten Haltung einher. Mit den Sprechwerkzeugen hatte er auch seine Not. Die Zunge zeigte sich recht schwerfällig und konnte besonders mit den Buchstaben r, s, l kaum fertig werden.

Die äußeren Mängel ihres Jungen gingen der Mutter naturgemäß sehr zu Herzen. Darum suchte sie mit um so größerer Mütterlichkeit dafür einen Ausgleich zu schaffen und tat darin wohl mehr, als man das bei den anderen Geschwistern gewohnt war. Zwischen ihr und dem kleinen Josef bestand zudem eine große innere und äußere Ähnlichkeit. Von der Mutter hatte er die hervortretenden Backenknochen und das kräftige Kinn, aber noch mehr die Anlage eines tiefen und frommen Gemütes und einen ausgesprochen häuslichen Sinn geerbt. Schon sehr früh lernte er von ihr das Frommsein. Da stapfte an einem Sonntagnachmittag der Vierjährige neben der Mutter einher in die Dorfkirche. Dort beteten sie den Kreuzweg. Mit gefalteten Händchen folgte er aufmerksam dem Tun der Mutter. Die großen Kinderaugen, die immer so treuherzig in die Welt schauten, gingen fragend von einem Bild zum andern und wieder zum Antlitz der Mutter. Was die Bilder dort zu erzählen hatten, konnte sein Bubenverstand noch nicht ganz fassen. Aber, daß im Gesichte der Mutter soviel Andacht und Mitleid zu lesen war, das hatte sein teilnehmendes Herz doch rasch begriffen. Und als sie den Kreuzweg zu Ende gegangen waren, hatte er auch etwas von seinem Geheimnis entdeckt. Zur Mutter gewandt meinte er auf dem Heimweg ganz nachdenklich: „Er ist dreimal gefallen." So ähnlich war es ihm ja auch schon ergangen. Dabei hatte er erfahren, daß man sich beim Fallen wehe tut.

Es wird wohl auch die Mutter gewesen sein, die dem Kleinen verständlich machte, daß die Sünden der Menschen das Leiden des Heilandes verursachten, und daß darum auch die kindlichen Unarten und Fehler etwas damit zu tun hätten. Jedenfalls offenbarte die Seele des kleinen Josef schon sehr früh Regungen eines ungemein zarten Gewissens. Eines Abends ging die Mutter am Schlafzimmer der Kinder vorbei und hörte Josef „Mama" rufen. Sie fand den Kleinen weinend und mit gefalteten Händen im Bett knien. Irgendeine kindliche Unart, an die sie schon gar nicht mehr dachte, erfüllte seine Seele mit tiefem Schuldgefühl. Nun drängt es ihn, die Mutter um Verzeihung zu bitten. Die wollte ihn beruhigen und meinte, er sei doch gar kein böser Junge. „Ich war es aber doch", entgegnete weinend der Kleine und gab sich erst zufrieden, als die Mutter ihn angeleitet hatte, einen Akt der Reue zu erwecken. In seinem späteren Leben sollte sich herausstellen, daß sein feinfühliges, religiöses Gewissen zu den besten Erbstücken des Elternhauses gehörte.

Trotz der körperlichen Mängel entwickelte sich Josef zu einem starken Jungen. Seiner Größe und Körperkraft nach hätte er sich zu einem

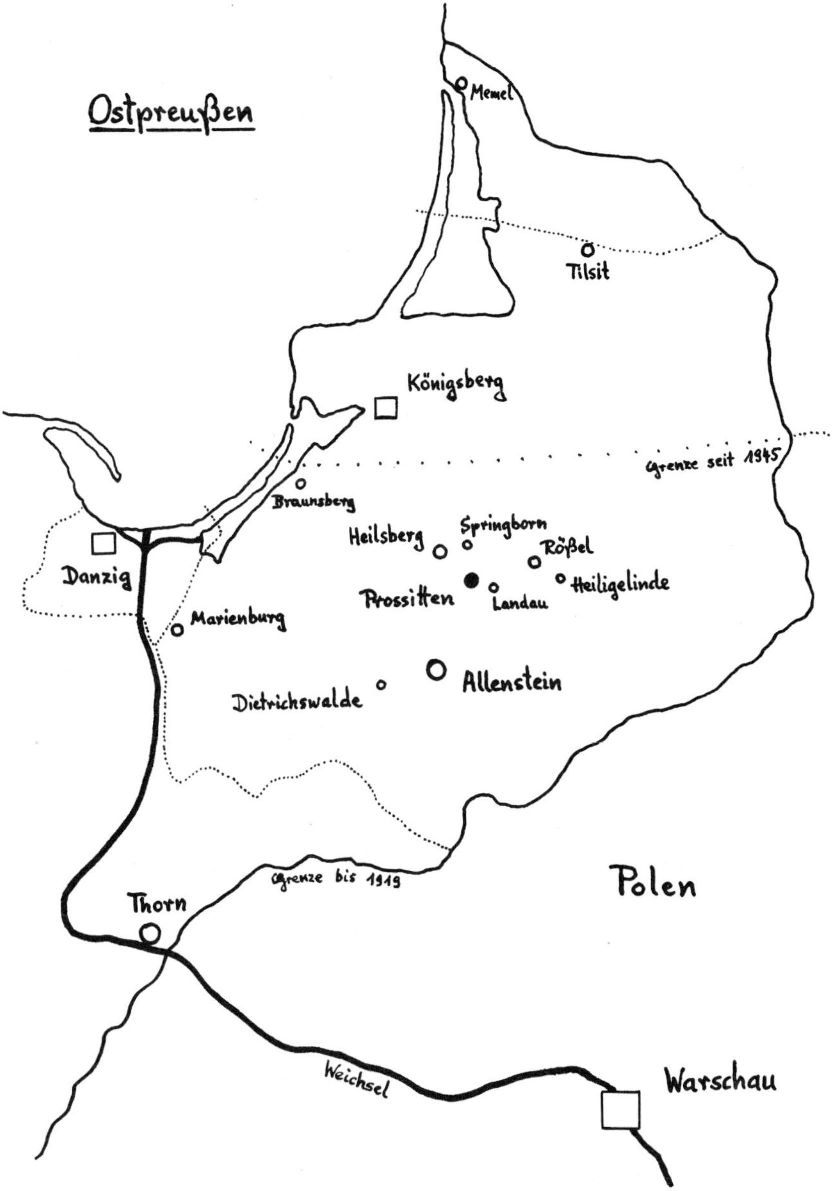
Ostpreußen
Memel
Tilsit
Königsberg
Grenze seit 1945
Braunsberg
Heilsberg
Springborn
Rößel
Danzig
Heiligelinde
Prossitten
Landau
Marienburg
Allenstein
Dietrichswalde
Grenze bis 1919
Polen
Thorn
Weichsel
Warschau

Häuptling der Dorfjugend aufschwingen können. Aber nicht die Dorfstraße, sondern die eigene Familie daheim war die Welt, in der er vornehmlich aufging. In der frühesten Jugend zog es ihn sogar zu den Puppenspielen der Schwestern und Nachbarsmädchen mehr als zu dem Anschluß an seinesgleichen. Und später fand man ihn häufiger an der Seite der Mutter als unter den Altersgenossen. Deswegen ist er aber kein verzärteltes Muttersöhnchen geworden; denn bei aller hingebenden Sorge und Liebe war die Mutter doch eine starke Frau. Mit ihr teilte er den rastlosen Eifer bei der Arbeit und die entschlossene Art, überall in Haus und Hof mit kräftiger Hand zuzupacken. Von der Mutter muß er wohl auch die ungewöhnliche Kraft des Ertragens und der aufopfernden Hingabe erhalten haben. Ebenso lernte er von ihr, sich in jede mißliche Lage schweigend zu fügen. Der nicht geringe mütterliche Erbanteil in seiner Naturanlage wird in dem kommenden Leben noch sehr in Erscheinung treten.
Mit etwa einem Dutzend ABC-Schützen zog Josef Ostern 1904 in die Dorfschule ein. Der Lehrer fand in ihm zwar kein sprühendes Talent, aber doch eine gute mittelmäßige Begabung. Mit dem Lernen ging es etwas langsam und bedächtig, jedoch brachten ihn Fleiß und große Ausdauer bald an die Spitze der Klasse. Seiner Art entsprach es, daß er in seinen Mitschülern nicht die streitbaren Genossen, sondern die guten Freunde suchte. Mit einem aus ihnen schloß er ausdrücklich Freundschaft und nahm es sehr ernst damit. Gerade das sollte ihm aber zu einer argen Enttäuschung werden. In der Schule schrieb man eines Tages ein Diktat. Am Schluß ließ der Lehrer die Schiefertafeln wechseln; denn es sollten die Fehler festgestellt werden. Jedesmal, wenn nun der Freund einen Fehler wahrnahm, lachte er und benahm sich ganz auffällig. Damit wollte er dem Lehrer anzeigen, wieviel Fehler Josef gemacht habe. Der aber fühlte sich durch das unfeine Gebahren ins Herz getroffen. So sehr blieb die Enttäuschung über den treulosen Freund in seinem empfindsamen Gemüt haften, daß er sie später seinem Jugendtagebuch anvertraute.
Der allzeit willige und lerneifrige Schüler genoß bald das besondere Wohlwollen seines Lehrers. Aber eines Tages wäre es zwischen beiden beinahe zu einem ernsten Zwischenfall gekommen. Dabei zeigte sich, daß der sonst so gutherzige und stille Junge sich leidenschaftlich erregen und außer Fassung geraten konnte. Das traf übrigens immer zu, wenn, wie in diesem Fall, sein Gerechtigkeitsgefühl verletzt wurde. In einer Rechenstunde stellte der Lehrer eines Tages eine neuartige Aufgabe, ohne sie vorher zu erklären. Er mußte es wohl übersehen haben.

Josef empfand sein Vorgehen als eine unbillige Zumutung. Doch der Lehrer duldete keinen Einwand und bestand auf seiner Forderung. Darob würgte den für Recht und Gerechtigkeit so empfindsamen Jungen eine schlecht verhaltene Wut. Was sollte er machen? Sollte er sich etwa offen zur Wehr setzen? Nein, das durfte man nicht, es war doch der Herr Lehrer. Aber wenn er ihn nun strafen würde? Ja, dann würde er sich wehren, auch wenn er mit ihm handgemein werden müßte. Glücklicherweise kam es nicht so weit. Sobald Josef aber daheim bei der Mutter war, kollerte er los: „Mutter, fast hätte ich den Lehrer angefaßt. Die andern Jungen hätten mir sicher geholfen.“ Die Mutter mußte ihn ob seiner zornigen Erregung eindringlich zurechtweisen, bis er sich wieder beruhigte. Später sollte noch manch anderer die Erfahrung machen, daß er es bei dem gutherzigen Engling beileibe nicht mit einem lammfrommen Trottel zu tun hatte.

Ein denkwürdiges Ereignis

Am 1. Mai 1910 saß Josef in der Wohnstube und schien mit einer sehr wichtigen Arbeit beschäftigt. Der Zwölfjährige mußte einen besonderen Einfall im Kopfe tragen, der ihn offenbar ganz gefangen nahm. Er hatte sich einen Bogen groben, unlinierten Papieres besorgt und bemühte sich nun, ihn so ineinanderzufalten, daß daraus ein kleines Heft entstand. Das schlug er in einen blauen Umschlag ein. Beim Vater lieh er sich Nadel und Zwirn und nähte beides zusammen. Jetzt zog er Linien in das Heft, langsam und mit großer Sorgfalt, damit sie ganz parallel zueinander lägen. Manche gerieten nach Wunsch, andere wieder gerieten ein bißchen aus der Richtung. Als die Arbeit beendet war, begann er auf der ersten Seite zu malen. Das Kopfende zierte bald ein großer Schnörkel. Ein wenig ungelenk und ungleichmäßig aber doch auch wieder feierlich sah er aus. Und nun setzte er unter den Schnörkel das Datum des Tages: „1. Mai“. Dahinter fügte er die ersten Zeilen, bedächtig und mit großen Buchstaben, ganz wie es sich für sein wichtiges Vorhaben geziemte. Dessen Geheimnis entschleierte gleich der erste Satz:

„Dieses Buch soll nicht zur Eitelkeit dienen, sondern zur Besserung des Lebens und zur Vorbereitung auf die erste heilige Kommunion. Als ich die Geschichte las ‚Aus dem Tagebuch einer Erstkommunikantin‘, machte ich mir den Vorsatz, auch ein Tagebuch zu verfertigen, da ich auch Erstkommunikant bin. So will ich beginnen und schreiben.“

Also ein Tagebuch legte der Junge vom Lande an. Er führte es zunächst in der Zeit der Vorbereitung auf die Erstkommunion und setzte es nach einer Unterbrechung bis Ende März des folgenden Jahres fort. Auf den Blättern des Tagebuches entwickelt der Schüler von einer recht einfachen Volksschulbildung ein bemerkenswertes Talent, die Grundgedanken des Kommunionunterrichtes und später der Fastenpredigten festzuhalten und selbständig wiederzugeben. Dazu befähigte ihn eigentlich nicht bloß seine geistige Begabung. Viel mehr noch war es seine Art, die religiösen Dinge aus ganzer Seele mitzuleben und praktische Folgerungen daraus zu ziehen. Das gerade ist das Erstaunliche an diesem Kindheitstagebuch, daß der Erstkommunikant bereits ein ausgeprägtes religiöses Innenleben führte. Am folgenden Tage saß Josef wieder vor seinem Büchlein. Er legte sich die erste Frage vor, wie er wohl am besten die Vorbereitung auf die Erstkommunion beginnen könne. Dafür gab es eigentlich eine ganz einfache Lösung. Er brauchte nur auf die Mutter zu schauen und alles so zu tun wie sie. Also schrieb er:

„Vor dem Tage, an welchem der Unterricht (für die Erstkommunion) begann, ermahnte mich meine Mutter, den Heiligen Geist um seine Gnade zu bitten, was ich auch tat. Was für eine gute Mutter ich doch habe! Dann machte ich den Vorsatz, vor jedem Unterricht den Heiligen Geist zu bitten, daß ich dem Unterricht aufmerksam beiwohne. Da ich eine so fromme Mutter habe, mache ich den Vorsatz, auch so fromm zu werden und meinen Eltern pünktlich zu folgen. Möge mir Gott helfen, daß ich diese Vorsätze halten kann."

In einer der Unterrichtsstunden erklärte der Herr Pfarrer den Erstkommunikanten die Stoßgebete. Eines davon machte auf Josef einen besonderen Eindruck. Er nahm es auf und erkor es zu „seinem Sprüchlein". Der praktische und handfeste Junge wußte es aber auch gleich in eine selbsterzieherische Übung umzuwandeln, um damit gegen den angeborenen Fehler des Jähzornes anzugehen. So berichtet sein Tagebüchlein:

„Vom 16. bis 19 Mai war ich nicht zu Hause. Als ich nach Hause kam, war alles in der Schlafkammer verrummt (soll heißen verräumt). Schon wollte ich meinem Zorn freien Lauf lassen. Doch erinnerte ich mich des Sprüchleins ‚Alles meinem Jesus zulieb' und bekämpfte meinen Zorn. Ich will mich noch öfters dieses Sprüchleins erinnern."

In den letzten Tagen des Mai mußte er seinem Büchlein ein Ereignis anvertrauen, daß seinem Gewissen offensichtlich schwer zu schaffen machte. Er schrieb:

„Unglückstag. Ich war in der Stube. Da kam die Mutter in Aufregung herein und sprach: ‚Na, Josef, jetzt hast du wieder etwas Gutes gemacht. Du hast Blumenpflanzen ausgerissen!‘ Sie zeigte mir die Pflanzen, ich sah sie und mußte bekennen, daß ich sie ausgerissen hatte. Doch ich hatte es nicht mit Absicht getan. Ich hielt es für Kraut und hatte es ausgerissen.“
Und nun beurteilte er seine Unachtsamkeit sehr streng. Die Mutter hatte er betrübt und aufgeregt und ihr dazu noch mit der Zerstörung der Blumen Schaden zugefügt. Da vermeinte er, zwei schwere Sünden begangen zu haben. Er schloß seinen „Sündenbericht“ mit der Bitte: „Jesus gib, daß ich keine schwere Sünde mehr begehe.“ In dem Urteil über das eigene Tun, weiß das unfertige Gewissen des Knaben noch nicht klar zu unterscheiden zwischen Irrtum, Ungeschicklichkeit und Sünde. Der reifende Verstand und die fortschreitende Belehrung wird ihn bald dazu befähigen. Das kleine Erlebnis aber offenbart deutlich, daß Gottes Gnade in seinem Innern ein fühlbares religiöses Streben geweckt hatte. Aus der ganz persönlichen Vertrautheit mit dem göttlichen Heiland war ein zartes Gewissen erwacht, das erschreckt auffährt, wo es eine Beleidigung Gottes wahrnimmt. Daher kam wohl auch das Drängen der Seele, sich bestimmte Vorsätze aufzustellen und an seiner eigenen Erziehung zu arbeiten.
Am 29. Juni 1910 schritt Josef zum ersten Male zum Tische des Herrn. Eine Stunde, die seit Wochen und Monaten schon sein Inneres so geheimnisvoll in Bewegung gesetzt hatte, mußte ein denkwürdiges Ereignis seines Lebens werden. Daß dies tatsächlich so war, zeigte sich bald an einem anderen Geschehnis.

Was soll ich werden?

Seit dem Tage seiner Erstkommunion beschäftigte Josef in wachsendem Maße die Frage: Was soll ich werden? Ohne daß er sich dessen recht bewußt geworden war, hatte er in dieser Frage schon eine Entscheidung gefällt. Er wollte Priester werden und zwar womöglich Missionar. Das ging so zu. Seine Eltern bezogen die Zeitschrift: „Stern von Afrika“. Sie kam von Limburg an der Lahn und wurde herausgegeben von der Gesellschaft der Pallottiner. Was Josef darin las über das Leben der Missionare und über die Ausbreitung des Reiches Gottes, das wollte ihn einfach nicht mehr loslassen. Seitdem stand es für ihn fest, was er werden wollte. Wenn er nur gewußt hätte, wie er zu diesem hohen Ziel gelangen könnte! Nicht einmal etwas verraten konnte er von seinem heimlichen Entschluß. Vor der Mutter machte er einmal eine Andeutung und meinte, er würde gerne studieren. Ein wenig traurig gab ihm die Mutter zur Antwort: „Auf dem Gymnasium zu Braunsberg ist das aber für uns zu teuer. Das können wir nicht durchsetzen." „Das will ich auch nicht", entgegnete Josef. Aber was er nun eigentlich vorhatte, kam nicht aus seiner Kehle. So wartete er. Ja, er ging nach seiner Schulentlassung in das benachbarte Landau und arbeitete in einem größeren landwirtschaftlichen Betrieb. Das sah fast so aus, als wollte er Bauersmann werden. Aber sein Ziel stand unverrückbar fest vor seinen Augen. Wieder griff er vor der Mutter zu einer dunklen Andeutung. Wenn der Dienstherr in Landau fragen sollte, ob er im kommenden Jahre bleiben werde, so möchte die Mutter das nicht versprechen. Was er denn anfangen wolle, entgegnete sie. Josef antwortete mit dem vielsagenden Satz: „Wartet noch über Mai. Dann werde ich es euch sagen." Die Anspielung auf den Monat Mai war unschwer zu verstehen. Josef hatte das Anliegen seines Berufes der Gottesmutter anvertraut. Ihr Monat sollte die Entscheidung bringen. Und er brachte sie. Ende Mai trug er seinen Wunsch dem Herrn Pfarrer vor und bat ihn, ihm Vorstudien zu geben und ihm zum Eintritt in die Gesellschaft der Pallottiner zu verhelfen. Von Limburg kam die Zusage zu einem ermäßigten Studiengeld. Da gaben auch die Eltern gerne zu seinem Vorhaben ihren Segen. Im Vertrauen auf die Gottesmutter hatte der Bauernjunge ebenso bedächtig wie selbständig seine Berufsfrage in die Hand genommen und sie nach zwei Jahren geduldigen Wartens gelöst.

IN DER ERZIEHUNGSSCHULE SCHÖNSTATTS

Der Junge vom Lande

In der Familie Engling war man seit Wochen in einer gelinden Aufregung. Der Josef sollte weit fortreisen, nach dem Westen, an den Rhein. Dort gab es ein Haus, in dem konnte man studieren und Pater werden. Nun galt es noch so manches herzurichten an Kleidern und Wäsche. Als man endlich so weit war, da füllten all diese Habseligkeiten einen ganzen Schließkorb aus. Jetzt drängte aber noch eine sehr schwere Frage: der Fahrplan. Vallendar lag weit weg, soweit wie Berlin und sogar noch darüber hinaus. Da mußte schon der Herr Pfarrer zu Rate gezogen werden. Es wurde beschlossen, daß Josefs Vater mitreisen solle; denn allein konnte man den Jungen doch nicht ziehen lassen. Was hätte dem auf der weiten Fahrt nicht alles zustoßen können! Die Reise mußte natürlich so billig wie möglich werden. Darum wählte man die vierte Klasse eines „Bummelzuges". Das war wirklich die billigste Fahrkarte, die damals die deutsche Eisenbahn zu vergeben hatte. Dafür gewährte sie aber auch den Genuß, daß man die Bahnhöfe aller Stationen von Ostpreußen bis an den Rhein sich in aller Ruhe ansehen konnte. Und über zwei volle Tage sollte dieses Vergnügen andauern. Schwer bepackt und mit umfangreichem Mundvorrat ausgerüstet traten Vater und Sohn die lange Reise an.
Als sie nach mehrtägiger Fahrt endlich den langersehnten Namen „Vallendar" lasen, atmeten sie erleichtert auf. Sie waren froh, auf dem Weg nach dem unweit gelegenen Kloster Schönstatt die müden Glieder wieder einmal strecken und ordentlich bewegen zu können. Wie wenig doch Vater und Sohn im Äußeren einander glichen! Das merkte man so recht, wenn sie nebeneinander hergingen. Der Vater ein kleiner Mann mit gefälligen Manieren, der Sohn bedeutend größer und stärker, im Auftreten aber ein wenig steif und linkisch. Sein Gang war schwerfällig; denn er trat mit der ganzen Fußsohle auf. Der Oberkörper nahm immer eine etwas gebeugte Haltung an.
Bald standen sie am Rande der Stadt und vor ihnen lag im Talesgrunde das alte Kloster Schönstatt. Daß es sich hier um eine alte Klostergründung handeln mußte, das sah man unschwer den zwei romanischen Türmen an. Schon seit vielen Jahrhunderten standen sie da und erzählten von einer siebenhundertjährigen Geschichte. Fromme Augustiner-

innen schufen sich hier erstmalig im Jahre 1143 eine Heimstatt. Erzbischof Albero von Trier benannte ihr Kloster mit dem Namen Schönstatt. Auffallend war nur, daß die beiden Türme so einsam aus dem Gelände emporwuchsen. Die gehörten doch sicher zu einer Kirche. Eine Kirche war auch einmal dagewesen, aber von den Schweden im Dreissigjährigen Kriege arg mitgenommen worden. Was sie übrig ließen, zerstörten im Siebenjährigen Krieg die Franzosen. Die Klostergebäude daneben mußten wohl das Studienheim sein. Aber auch das war schon ein Stück Vergangenheit, wenn auch kein sehr großes. Seit dem Jahre 1901 bis etwa vor einem Jahre hausten hier die Unterklassen des Studienheimes. Inzwischen hatte man auf halber Bergeshöhe im Jahre 1912 ein neues Haus gebaut, das auch noch die Oberklassen aus der Niederlassung im benachbarten Ehrenbreitstein in sich aufnahm. Nun beherbergte es etwa 180 Schüler.
Der große, prächtige Bau dort oben auf halber Bergeshöhe mit der langen Front und den vielen Fenstern war also das neue Studienheim. Da

machte der Junge aus dem ostpreußischen Dörflein aber große Augen. Wievielmal hätte man da wohl sein Vaterhaus hineinstellen können! Wie würde er sich darin überhaupt zurecht finden? Das ging viel einfacher, als er sich gedacht hatte. Ein paar Schüler aus den nächsthöheren Klassen nahmen sich seiner und der anderen Neulinge kameradschaftlich an. Bald wußte jeder, wo der Speisesaal und der Schlafsaal war, wie man sein Bett bauen müsse und wo man seine Wäsche unterzubringen habe. Einer von diesen Helfern verstand seine Sache besonders gut. Wohl wegen seines väterlich besorgten Wesens nannten ihn die andern das „Väterchen".
Unter den Neuen fand Josef vorwiegend Westdeutsche. Mehrere kamen aus Großstädten. Das konnte man schon dem sorgfältig gezogenen Scheitel und dem flotten Schnitt ihres Anzuges anmerken. Denen gegenüber mußte sich der ermländische Bauernjunge recht altmodisch vorkommen. So sehr er sich auch anstrengte, leise aufzutreten, – ging er neben ihnen über die Gänge, dann machte er mit seinen genagelten Schuhen fast mehr Krach als alle anderen zusammen. Und wenn sich seine neuen Kameraden erst unterhielten! Hatten die einen schnellen Zungenschlag! Dazu sprachen sie auch noch ein ganz flüssiges Hochdeutsch. Da kam er wirklich nicht mehr mit. Vorläufig hielt er sich überhaupt ein bißchen verschämt im Hintergrund. Nur an den kleinen Willi, der mit heimwehbedrücktem Gemüt einherschlich, traute er sich heran. Diesen mutigen Entschluß gab ihm sein mitleidiges Herz ein. So sehr saß ihm aber der Respekt vor den Großstädtern in den Gliedern, daß er meinte, den traurigen Kleinen mit „Sie" anreden zu müssen. Ein unglücklicher Zufall wollte es, daß er sich am folgenden Tage von dem abreisenden Vater nicht mehr verabschieden konnte. Jetzt fühlte er sich auf einmal unter den neuen Verhältnissen und inmitten all der fremden Gesichter mutterseelenallein. Es packte ihn urplötzlich das Heimweh. Nur mit Mühe würgte er die aufbrechenden Tränen hinunter. So mancher Mitschüler, der sich in diesen Tagen den Neuen aus Ostpreußen besah, hat im stillen mitleidig gemeint: den wird der Vater sicher bald wieder heimholen müssen.
Die nächsten Tage sollten die wehmütige Stimmung noch steigern. Auf Grund der Vorstudien, die er beim Herrn Pfarrer genommen hatte, hoffte Josef gleich in die zweite Klasse eintreten zu können. Seine Kenntnisse wurden aber als unzulänglich befunden. Allerdings wirkte bei diesem Urteil neben seinen tatsächlich mangelhaften Vorstudien auch ein anderer Umstand mit. Nach den bestehenden staatlichen Gesetzen durfte das Studienheim nur Schüler aufnehmen, die das zwölfte

Lebensjahr erreicht hatten. Dadurch war man gezwungen, den Lehrstoff des neunklassigen Gymnasiums auf sieben Jahre zusammenzudrängen. Hauptsächlich deswegen kam es, daß seine Vorstudien für die zweite Klasse in Schönstatt nicht genügten. Unter den damals obwaltenden Umständen hatten sich im Studienheim folgende Klassenbenennungen herausgebildet: Man zählte zunächst wie auf dem Gymnasium Sexta, Quinta und fuhr dann fort mit der Bezeichnung dritter Kurs usw. bis siebter Kurs. Josef mußte also nochmals ganz vorne anfangen und darum in die Sexta wandern.
In den ersten Tagen des Schuljahres warteten die Sextaner eines Morgens auf den Klassenlehrer. Da trat statt seiner auf einmal ein breitschultriger Junge ein, der sie alle um Haupteslänge überragte. Er schien guter Dinge zu sein und schwenkte frohgemut seine Bücher. Die Sextaner hoben ein wenig erstaunt ihre Köpfe. ,,Wie der nur seine langen Beine in den Bänken unterbringen will", dachten sie und musterten aufmerksam den neuen Mitschüler. Ein Vierzehnjähriger, von 1,68 Meter Leibeslänge und einer Brustweite von 83 bis 88 Zentimeter unter Sextanern eine etwas ungewohnte Erscheinung. Mühsam und mit etwas linkischen Bewegungen suchte sich der Neue in den freien Platz einer Bank zu verstauen. Die meisten dachten im stillen: ,,Der kommt vom Lande." Mit einer gewissen Neugierde warteten sie darauf, wann sie über diesen stattlichen Klassenkameraden Näheres erfahren könnten. Ihr Wunsch sollte gleich in Erfüllung gehen. Ein Lehrer fragte den Neuen nach seinem Namen. Was da als Antwort herauskam, war schlecht zu verstehen. Ein paar Sextaner tuschelten sich belustigt zu: ,,Engerling heißt er." Die andern fingen an zu kichern. Der Lehrer ließ den Neuen buchstabieren. Die Klasse brach in ein schallendes Gelächter aus; denn was man da zu hören bekam, klang wie: Ej-äng-ejl-i-äng-gej. Welcher Sprache mochten nur diese Laute entnommen sein? Es war der ermländische Heimatdialekt, der darin so eigenartig widerklang. Außerdem spürte man einen leichten Sprachfehler. Der Lehrer wußte sich nicht anders zu helfen und ließ den Aufgerufenen seinen Namen an die Tafel schreiben. Die kräftige Hand, die noch vor kurzem so sicher den Pflug geführt hatte, faßte ein wenig zaghaft die Kreide und schrieb mit großen Lettern den Namen ,,Engling". Da stand nun die starke und ungelenke Gestalt fast hilflos neben dem Namenszug an der Tafel. Im stillen dachte mancher Mitschüler mitleidig oder gar geringschätzig: ,,Der wäre doch besser Bauernknecht geworden." Wie sehr sie allerdings mit dieser heimlichen Berufsberatung danebengegriffen, das konnte damals keiner von ihnen ahnen.

Die Sextaner sollten bald wieder Gelegenheit finden, sich mit ihrem großen Mitschüler zu beschäftigen. Man schrieb die erste lateinische Arbeit. Das Ergebnis war für die meisten geradezu niederschmetternd. Sie hatten so viele Fehler gemacht, daß der Lehrer dafür überhaupt keine Note mehr fand. Nur einige wenige konnten richtig benotet werden. Zum grenzenlosen Staunen der Sexta lieferte Engling die zweitbeste Arbeit. Nun, das mußte wohl auf seine Vorstudien zurückzuführen sein, dachten sie. Es war doch ganz ausgeschlossen, daß der steife Engling ein gescheiter Kerl sein konnte. Der fiel ja schon auf, wenn er anfing zu sprechen. Mit dem war doch unmöglich etwas anzufangen.

Diese abfällige Meinung schien eine neue Bestätigung zu bekommen in der Turnstunde. Dem Turnlehrer konnte es nicht entgehen, wie Josef in der Reihe einherschritt mit etwas gebeugtem Oberkörper und schwerfälligem Tritt. Er suchte ihm gleich eine andere Haltung beizubringen. Josef riß sich zusammen und gab sich alle erdenkliche Mühe, den Weisungen des Lehrers zu entsprechen. Aber besser wurde es nicht. Er mußte aus dem Glied heraustreten und Einzelübungen machen. Auch das hatte wenig Erfolg. Da fiel das Wort: „Na, so eine Vogelscheuche." Es war nicht bös gemeint, aber doch mit einem leichten Unterton von Spott so eben hingeworfen. Das mußte sein leicht verwundbares Gemüt empfindlich treffen. Fast flehend blickte er seinen Lehrer an. Hätte das Wort der Klassenlehrer der Sexta gesagt, es hätte gar nicht so schlimm geklungen. Der war Laie und in seinem früheren Beruf Offizier gewesen. Da gingen so manche Kraftausdrücke des Kasernenhofes über in die Sprache des täglichen Unterrichtes. Aber jetzt stand ein geistlicher Lehrer vor ihm. Daß er es aus seinem Munde hörte, und daß dabei so etwas wie Spott mitklang, das konnte er kaum verwinden. Sein Turnlehrer merkte nicht die traurig bittenden Augen des Schülers und gebrauchte das Wort noch öfters. Weil dieser Lehrer auch in anderen erzieherischen Maßnahmen keine glückliche Hand hatte, bildete sich unter den Schülern gegen ihn eine fühlbare Abneigung, die sich nicht selten in heftiger Kritik entlud. Josef hat sich daran nie beteiligt. Im Gegenteil, er suchte den Angegriffenen so gut er konnte, in Schutz zu nehmen und die erhitzten Gemüter zu beruhigen.

Die ersten Wochen, die Josef im Studienheim verbrachte, standen also unter wenig verheißungsvollen Zeichen. Ein mißglückter Start auf recht schwierigem Gelände hätte man sie nennen können. Die Ereignisse wirkten drückend auf ihn. Um diese Zeit stand er eines Abends mit einem Kameraden im Gespräch in der Aula des Studienheimes. Die beiden hatten manches miteinander gemeinsam: die ländliche Herkunft und das empfindsame Gemüt. Da trat ein Mitschüler einer höheren Klasse auf sie zu und meinte: „Hör mal, Engling, du hast wohl selbst schon gemerkt, daß du hier nicht gut verstanden wirst wegen deiner schlechten Aussprache. Da mußt du unbedingt Abhilfe schaffen, wenn du später in deinem Berufe etwas Ersprießliches leisten willst. Suche dir jemand, der eine gute Aussprache hat, und lasse es dir immer wieder vormachen. Nur so wirst du die Fehler allmählich ablegen."

Nun hörte Josef also wieder, was er selber so schmerzlich empfand. Und andere brachten es ihm immer wieder sanft und unsanft zum Bewußtsein, daß er hier mit seiner Aussprache überall auffalle. Auch sein Deutschlehrer hatte ihn bereits darauf aufmerksam gemacht. Wortlos und traurig schaute er sein Gegenüber an. Dem schnitt das unausgesprochene Leid seines Mitschülers tief in die Seele. „Josef, wenn du mich gebrauchen kannst, dann helfe ich gerne mit", meinte er teilnahmsvoll und zaghaft. Ein dankbarer Blick lohnte sein edelmütiges Angebot. In diesem Augenblick wurde der Grund gelegt zu einer Jugendfreundschaft, die edel und treu blieb bis in den Tod. Was der gutherzige Karl ihm in dieser schweren Stunde getan, das hat ihm Josef nie mehr im Leben vergessen.

Die schweren Anfänge der letzten Wochen ließen Josef ahnen, daß er im Ringen um das Priesterideal berghohe Schwierigkeiten vor sich habe. Aber den Mut konnten sie ihm nicht nehmen. Nach reiflicher und vollkommen selbständiger Überlegung, im Vertrauen auf die Gottesmutter, hatte er vor Monaten den Entschluß gefaßt, Priester zu werden. Diese Entscheidung lag für ihn fest. Mit den entgegenstehenden Hindernissen nahm er entschlossen den Kampf auf. Schon nach einem Jahr winkte ihm ein ehrlich verdienter Erfolg.

Eine Preisverteilung

Das Schuljahr 1912/13 ging zur Neige. Man stand vor der Schlußfeier, dem krönenden Abschluß der Jahresarbeit. Nach der damaligen Studienordnung schloß das Schuljahr in den letzten Tagen des Juli. Dann ging es in die großen Sommerferien. Zum Unterschied von den Ferien an Weihnachten und Ostern, die man in Schönstatt verbrachte, durften die Schüler in den Sommerferien nach Hause fahren. Mit der Schlußfeier hatte es immer eine besondere Bewandtnis. Nicht bloß, daß sie den „amtlichen" Schlußstrich unter das vergangene Schuljahr setzte und die vorher so verfehmte Ferienstimmung als erlaubten und normalen Zustand erklärte. Bei der Schlußfeier ging es noch um etwas viel Wichtigeres. Ihren Mittelpunkt bildete ein Akt, der die Geister wochenlang vor- und nachher in Spannung hielt: die Preisverteilung. Die drei besten Schüler jeder Klasse wurden vor der ganzen Hausgemeinschaft mit einer Auszeichnung bedacht. Für gewöhnlich bestand der Preis in einem wertvollen Buch, dem der Rektor des Hauses eine ehrende Widmung eingeschrieben hatte. Für die Unterklassen galt überdies der Brauch, die schulischen Leistungen in eine Rangordnung der Plätze umzurechnen. Die Reihenfolge der Plätze wurde dann bei der Zeugnisverteilung öffentlich verlesen. Ob es nun am Ende des Zeugnisses hieß: von 38 Schülern der erste, oder: von 38 Schülern der achtundreißigste, wurde als aufregender Unterschied erlebt. Darum sahen die Schüler auch mit fiebriger Erwartung dem Urteilspruch entgegen, der sie in eine höhere oder niedere Stufe der Rangordnung eingliedern würde. Das größte Ansehen genoß selbstverständlich der Klassenbeste oder der Primus, wie man ihn nannte. Der Kampf um diese vielbegehrte Stellung konnte ehrgeizige Geister in nicht geringe Bewegung bringen. Und manchen kleinen Knirps kitzelte gar sehr der Ehrgeiz. Einer vermeinte, die sichtbare Hilfe Gottes da anrufen zu müssen, wo sein Können zu Ende ging. Beim Beten des Rosenkranzes fügte er still für sich an Stelle des Geheimnisses die Anrufung ein: „Mach, daß ich Primus werde."

Am letzten Tag des Schuljahres versammelten sich nun Lehrer und Schüler zur üblichen Schlußfeier in der Aula des Studienheimes. Die Kleinen vorne in den ersten Bänken juckte und kribbelte es in allen Gliedern. Die Orchesterstücke schienen ihnen totlangweilig. Selbst die Rede P. Rektors dauerte ihnen viel zu lang. Endlich ging er über zur Preisverteilung. Primus in der Sexta war – da hielten sie eine Weile den Atem an – Josef Engling. Die Schüler außerhalb der Sexta waren sprachlos vor Überraschung. Josef erhob sich und ging mit schwerem Schritt nach vorne. Indessen begleiteten ihn die erstaunten Mitschüler mit recht sonderbaren Gedanken: Was, der Engling, der langsame Ostpreuße, der so aussieht wie ein Bauernknecht, der mit der schweren Zunge, der soll Primus sein? Das hätte wahrhaftig niemand vermutet. Vorne machte Josef beim Empfang des Buches eine nicht besonders gelungene Verbeugung und trottete verlegen auf seinen Platz zurück. Nur die Sextaner teilten nicht die allgemeine Überraschung. So ungefähr hatten sie es schon geahnt. Und wie sie später auf ihren Primus zustürmten um ihm Glück zu wünschen sah man ihnen an, daß sie sich neidlos und aufrichtig über seine Auszeichnung freuten. Und in den befriedigten Gesichtern stand zu lesen: ,,Der Spruch war gerecht. Von uns allen hat es der Engling am meisten verdient. Und keinem wird es so sehr gegönnt wie gerade ihm.“ Wie ganz anders hatte doch das Urteil seiner Mitschüler zu Beginn des Schuljahres gelautet. Manche taten ihn damals geringschätzig ab; einige wollten sich über seine klobigen Manieren ärgern; andere empfanden Mitleid mit ihm; die meisten aber waren sich schon nach den ersten Schulstunden darüber klar gewesen, daß er bald wieder die heimatlichen Gefilde beackern werde. Und nun war er ihr angesehener Primus geworden. Wie war es zu einem solchen Wandel der Dinge gekommen?

Josefs Aufstieg zum Klassenbesten hatte einiges zu tun mit der Klassengeschichte des verflossenen Schuljahres. Die Sexta machte in dieser Zeit eine Periode des Niederganges durch, der gegen Ende des Schuljahres ungefähr seinen tiefsten Stand erreichte. Das kam nicht daher, weil etwa die Klasse eine ungewöhnliche Zahl von weniger brauchbaren Schülern gehabt hätte. Im Gegenteil, sie war reich an wertvollen, begabten und fast überschäumenden Kräften. Eine solche Klasse brauchte eine starke Führung, die sie zügelte und zu Leistungen erzog. Gerade daran fehlte es ihr aber. Krankheitsfälle führten einen häufigen Lehrerwechsel herbei, sodaß keine stetige und zielstrebige Anleitung zum gewissenhaften Studieren gegeben wurde. Während der Dauer der Krankheit fielen zudem zahlreiche Schulstunden aus. Mit der freien Zeit wußten die Sextaner aber garnichts anzufangen und sannen deshalb auf Abwechslung. Da gerieten sie ins Bummeln und begannen im Studium zu verlottern. Der Klassenlehrer, ein ehemaliger aktiver Offizier, war nicht der rechte Mann, diesem Notstand abzuhelfen und einen Ausgleich zu schaffen. Unter seiner wenig geschickten Hand sollte sich das Übel noch verschlimmern. Es gab zwar Schüler in der Klasse, deren Charakter reif und selbständig genug war, trotzdem tapfer den Weg der Pflicht zu gehen. Sie bildeten jedoch eine Minderheit. Die meisten suchten sich in der freien Zeit für die harte Arbeit des Studierens einen Ersatz.

Dort saß einer mit heimwehschwerem Gemüt hinter seinen Büchern und kam aus den Träumereien nicht mehr heraus. Ganz hinten in der Ecke des Studiersaales hockte ein anderer, eine richtige Leseratte, ganz vergraben hinter einem Berg von Schulbüchern. Dazwischen lag, sorgfältig verdeckt, der ,,Schmöker“. Er wollte sich gerade noch vergewissern, ob der Indianerhäuptling Winnetou seiner fatalen Lage entronnen sei. Und jetzt nahm die Kette der atemberaubenden Abenteuer kein Ende mehr. Andere hatten in der letzten Nummer der „Burg" (eine Schülerzeitschrift) die Anleitung zum Bau eines Flugzeugmodells gelesen. Nun ließ sie das schwierige Problem nicht mehr los, auch nicht in der Studierzeit. Nicht weit von diesen hatte einer seinen Platz, dem saßen ein paar Schelmenaugen mitten in einem richtigen „Ohrfeigengesicht", wie einer der Lehrer zu sagen beliebte. Die hielten lauernd Ausschau, welch ahnungsloses Opfer wohl jetzt aus dem Hinterhalt mit Papierkugeln befeuert werden könnte. Und dem kleinen Bengel da vorn in der ersten Bank, dem wurde das Stillsitzen recht sauer. Seine begabte Phantasie erfand ständig neue Ausreden, um wieder einmal den Studiersaal verlassen zu können. Bei dieser Lage der Dinge kam die Sexta mit ihren Schularbeiten nie zu gediegener Leistung. Unter den Lehrern hatte sie deswegen natürlich einen bösen Leumund. Man sagte ihr nach, sie sei zerfahren und zuchtlos. Kein Wunder, daß sie auch mit dem Pater Präfekt ständig auf dem Kriegsfuß stand.

Josef gehörte damals zu jener Minderheit, die sich von dem allgemeinen Treiben nicht anstecken ließ. Die Versuchung, gleich den anderen die freie Zeit des Studiums zu verträumen oder zu verspielen, ist bei ihm nicht einmal sehr groß gewesen. Seine hohe Auffassung vom Beruf war dafür viel zu ernst. Der angeborene geistige Tätigkeitsdrang trieb ihn förmlich zu den Büchern. Und er saß dahinter mit eisernem Fleiß und begierigem Wissensdurst. Neben ihm studierten andere, die teilten die Schulfächer ein in interessante und trockene. Bei den einen waren sie ganz dabei, bei den anderen pflegten sie die Lehrer anzugähnen. Josef fand unter den einzelnen Fächern kaum einen Unterschied. Wie ein Löschblatt jede Flüssigkeit einsaugt, so nahm er begierig jeden Bildungsstoff auf. Seine Mitschüler wunderten sich oft darüber, wie er von jedem Gegenstand des Unterrichtes gefesselt werden konnte. Er schien eben ein rechtes Landkind zu sein, das bei jedem neuen Wissenszweig nicht aus dem Staunen herauskam. Im Unterricht ließ er den Lehrer nicht aus dem Auge. An schlagfertigen Antworten zeigten sich die meisten seiner Klasse weit überlegen. Sie meldeten sich wohl auch öfter zu Wort als er. Bei ihm reifte der Gedanke und erst recht das gesprochene Wort ziemlich langsam. Dafür sagte er aber auch oft in einem Satz mehr als andere in einer langen Rede. Seine besinnliche Art brachte es mit sich nachzudenken und das Gehörte bei sich selber erst ganz selbständig zu verarbeiten. Darum beherrschte er am Ende den durchgenommenen Stoff viel gründlicher als so mancher seiner zungenfertigen Mitschüler. In seinem zähen Lerneifer überholte er sogar

die besser Begabten. So kam es, daß er am Schlusse des Jahres an der Spitze der Klasse marschierte.
Bedrohlich wurde die Lage der Sexta, als einige ungute Elemente sich hervorzutun begannen. Es handelte sich um einen kleinen Kreis von Jungen, die durch ihr keckes Wesen, ihr überlegenes Mundwerk und ihre schlechte Gesinnung einen recht ungünstigen Einfluß ausübten. Unter den augenblicklichen Verhältnissen war es ihnen nicht schwer, in der Sexta Oberwasser zu bekommen. In der Klasse riß auf einmal eine sonderbare Indianerromantik ein. Die Sextaner schnitzten sich Dolche, strichen sie rot an und trugen sie unter der Jacke bei sich. Bei den Spaziergängen unternahmen sie auf ihre Mitschüler Überfälle wie Wegelagerer. Sie führten die Gefangenen ab ins Gebüsch, um sie dort nach Indianerart zu behandeln. Da entlud sich über die Sexta eines Tages ein Donnerwetter. Vor allen Schülern des Hauses bekam sie im Speisesaal eine gehörige Zurechtweisung. Sie mußte sich sagen lassen, daß sie die zuchtloseste Klasse des Hauses sei. Scharfe Maßnahmen bis zur Strafe der Entlassung sollten künftig diejenigen treffen, die das gerügte Treiben forsetzten. Der traurige Zustand der Klasse ging Josef sehr zu Herzen. Gleich nach der öffentlichen Zurechtweisung fanden sich die Sextaner gruppenweise zusammen und berieten, wie sie die arg mitgenommene Klassenehre wiederherstellen könnten. Da tat Josef natürlich mit allen Kräften mit. Ja, er wurde im Laufe der Zeit sogar die Seele aller Reformbestrebungen. Damals bahnte sich eine Entwicklung an, die ihn später zum geistigen Führer seiner Klasse werden ließ. Ein völliger Wandel im Leben der Klasse vollzog sich erst im folgenden Jahre in der Quinta. Die Anführer der unguten Strömung verließen bald freiwillig die Anstalt oder bekamen den Rat, sich einem anderen Beruf zuzuwenden.
Als ihm nach jener Schlußfeier seine Klassenkameraden zu der Auszeichnung Glück wünschten, konnte Josef noch einen anderen Erfolg buchen. Und der war fast noch höher zu bewerten als sein errungener Preis. Er besaß unter seinen Mitschülern kaum einen Neider, der ihm die ehrenvolle Stellung als Primus mißgönnt hätte. Warum wurde denn gerade bei ihm eine solche Ehrung mit soviel ungemischter Freude aufgenommen? Für solche Urteile und Empfindungen haben Bubenherzen meist ihre eigene Logik. Es gab auch noch andere in der Klasse, die durch ihr Können oder ihr ganzes Wesen hervorragten. Sie genossen aber doch nicht die ungeteilte Gunst des kleinen Volkes. Wäre beispielsweise der Johannes Greven an Englings Stelle gewesen, dann hätte es bestimmt nicht solch herzliche Glückwünsche gegeben. Der

Johannes besaß großes Ansehen in der Klasse, denn er konnte durch sein sicheres Auftreten imponieren. Man sagte aber von ihm, er sei stolz und selbstbewußt. Beim Schlagball schlug er die weitesten Bälle. Aber nach jedem Schlag schaute er theatralisch umher, um bei den Umstehenden die bewundernden Blicke einzusammeln. Wenn der Primus geworden wäre, hätte er gewiß den Kopf noch höher getragen. Daß aber Josef nach irgendeinem Erfolg etwas derartiges nie tat, das konnten alle gut an ihm leiden. Er gab sich so schlicht und anspruchslos, daß man gleich herausmerkte: der bildet sich nichts ein.
Und wäre die Ehrung dem Peter Busch zuteil geworden, der hätte auch nicht so viele freudige Anteilnahme gefunden. Er war sonst ein ganz ordentlicher Junge, aber er neigte ein bißchen zu ungezügeltem Ehrgeiz und Prahlerei. Wie lange würde der wohl noch von seinem Buch erzählt haben! Und die Sextaner des kommenden Jahres hätten es schon in den ersten Tagen aus seinem eigenen Munde erfahren können, daß er Primus seiner Klasse sei. Bei Josef konnte man sich ein solches Gehaben gar nicht denken. Daß ihm Ehrgeiz und Ruhmsucht wirklich fern lagen, dafür bekam die Klasse manchen überzeugenden Beweis. Einer davon machte auf sie besonderen Eindruck. Der Lehrer war es im Laufe der Zeit gewohnt, daß Josef meist fehlerfreie Arbeiten schrieb. Wenn er nun bei der zahlenmäßig so großen Klasse einen ganzen Berg von Heften durchzusehen hatte, war es ihm nicht unangenehm, daß er Englings Heft einfach übergehen konnte. So brachte er eines Tages die Arbeiten zurück und überreichte Josef die seine mit dem Bemerken: „Ich habe sie gar nicht durchgesehen, sondern gleich mit ‚Sehr gut' unterschrieben. Du hast ja doch keinen Fehler." Kaum war die Arbeit durchbesprochen, da meldete sich Josef zu Wort und sagte ganz schlicht: „Ich habe aber doch einen Fehler gemacht." Die Mitschüler schauten erstaunt auf. Manche dachten sich: „Ist der aber dumm!" Andere hielten ihn für einen Wahrheitsfanatiker. Im Grunde des Herzens aber konnte seiner Tat keiner die Achtung versagen, und die Reiferen sprachen es auch offen aus. Ja so war er auch sonst. Die Ehrlichkeit und unbefangene Offenheit stand ihm ja geradezu im Gesicht geschrieben.
Ganz ähnlich wie bei den Vorgenannten wäre wohl auch die Klassenstimmung gewesen, wenn an Stelle Josefs der Franz Pelzer Primus gewesen wäre. Der war im allgemeinen recht gut gelitten; denn der stille Junge trat selten jemand auf die Füße. Begabt war er auch. Aber manche hatten ihn im Verdacht, er sei ein heimlicher Streber. Es kam nämlich vor, daß man sich in der Klasse fast die Köpfe zerbrach an einer

schweren Rechenaufgabe. Nicht selten hatte der Franz die Lösung schon lange gefunden. Er tat aber keinen Schnaufer deswegen, um nur ja am folgenden Tage ganz allein mit seiner Leistung aufwarten zu können. Da gab sich nun Josef wieder ganz anders. Was ihn vor jedem Strebertum bewahrte, war vor allem sein gutes Herz. Er konnte keinen in Not sehen. Das machte ihn zum allzeit bereiten Helfer der anderen, auch wenn sie zum Nutznießer seiner Arbeit wurden. Manche sahen es einfach als die größte Selbstverständlichkeit an, daß er sich für jedwede Nachhilfe zur Verfügung stellte. Schon damals galt, was ein Jahr später ein Mitschüler von ihm zu berichten wußte: „Ein besonderes Zutrauen zu ihm gewannen die weniger Begabten. Da kam dieser und fragte nach einem lateinischen Ausdruck, jener ließ sich die Lösung einer Rechenaufgabe zeigen oder legte ihm einen Aufsatz zur Begutachtung vor. Jeder schien zu glauben, Josef sei nur für ihn da, und das freundliche Entgegenkommen schien sie in ihrer Ansicht nur zu bestärken. Trotz dieser Aufopferung für das Wohl seiner Mitschüler blieb er im Studium obenan." Wer so selbstlos sich seinen Klassenkameraden hingab, der konnte kein Streber sein.
Wenn Josef am Ende des ersten Schuljahres an der Spitze seiner Klasse stand, so verdankte er diesen Erfolg dem ernsten Ringen um das Priesterideal. Er hatte sich nicht aus unlauteren Beweggründen um die Ehrenstellung des Primus bemüht. Umso neidloser wurde ihm jetzt die Palme zugesprochen.

In der Schule Pater Spirituals

Man schrieb das Jahr 1913. Die Sommerferien waren um, und in Schönstatt zog mit 38 Mann eine neue Sexta ein. In den Räumen des Hauses kannten sie sich bald aus. Nur vor einer Türe blieben sie halb neugierig, halb unschlüssig stehen und buchstabierten langsam die Aufschrift: „Instruktionssaal". Nicht weit davon endeckten sie ein Zimmer, das trug einen Namen, der genau so geheimnisvoll klang: „Pater Spiritual". Was es doch hier für Fremdwörter gab! In eine recht begreifliche Spannung aber gerieten die Neuen, als es eines Tages hieß: für Sexta und Quinta hält heute P. Spiritual Instruktion. Jetzt sollten sie mit einem Schlage hinter das Geheimnis beider Fremdwörter kommen. Im Instruktionssaal war bereits die Quinta versammelt und vollführte einen Krach, daß es dröhnte. Ein bißchen erstaunt fragten die ankommenden Sextaner, ob man das denn dürfe.

,,Nein, das darf man nicht, aber P. Spirtual sagt nichts dazu."
Ja, ob er es auch nicht den Obern melden würde.
,,Ausgeschlossen, der hält dicht. Und bei den Konferenzen, in denen über die Zeugnisse oder über die Monatskarten beraten wird, ist er gar nicht dabei; denn er gibt weder Unterricht noch führt er Aufsicht."
Was denn der P. Spiritual im Hause überhaupt zu tun habe, forschten die Sextaner weiter.
,,Der hört hier freitags Beichte und gibt jede Woche eine Instruktion. Auch sonst kann man zu jeder Zeit zu ihm gehen, sogar nach dem Nachtgebet, falls man noch etwas Wichtiges zu besprechen hat."
Und einer, der die Sexta schon zum zweiten Male machte, ergänzte mit wichtiger Miene: ,,Zum Beispiel, wenn einer Heimweh oder Glaubenszweifel hat."
Nun war den Sextanern das Gewissen gebildet, und sie taten an dem allgemeinen Spektakel mit.
Die Instruktionen waren wirklich etwas Besonderes. Sie handelten vom Priesterberuf und von der Selbsterziehung. Aber in der Art, wie sie es taten, wichen sie von jeder Unterrichtsstunde, ja von jeder anderen Form der gewohnten religiösen Belehrung ab. Die Amtsvorgänger des jetzigen P. Spirituals hatten nach allgemeinem Brauch geistliche Vorträge gehalten. Die waren genau gegliedert in ,,erstens, zweitens, drittens" und brachten stets einen erbaulich frommen Inhalt. Der jetzige Spiritual packte die Sache anders an. Er verstand es, mit ein paar geschickten Fragen eine Aussprache einzuleiten und die Jungen zur geistigen Mitarbeit anzuleiten. Nicht selten entfesselte er unter ihnen einen regelrechten Meinungskampf. Da war man also nicht einfach in die Rolle des stillschweigenden oder schlafenden Zuhörers verwiesen, sondern durfte sich zu Worte melden und mittun. Im übrigen wurde schon dafür gesorgt, daß aus dem Streit der Geister immer ein Ergebnis herauskam. Jedesmal aber wußte P. Spiritual im Anschluß an die Aussprache eine sehr interessante Geschichte zu erzählen, die auf das gewonnene Ergebnis genau paßte. Im Laufe der Zeit regte er sogar an, über das bisher Besprochene einen freien Vortrag zu halten. Das schien den meisten aber ein gewaltiges Wagnis. Es fand sich trotzdem einer, der als erster den nötigen Schneid aufbrachte. Das war der kleine Arnold aus der Quinta. Später im Weltkrieg hat er sich bei einem kühnen Überfall auf einen feindlichen Spähtrupp das E. K. 1 geholt. Damals in der Instruktion endete aber sein gewagtes Unternehmen nicht mit dem gleichen ruhmvollen Ausgang. Er verlor nämlich bei seinem Vortrag den Faden und geriet in eine beängstigende Kunstpause. Verzweifelt

rang der kleine Mann nach Atem und blähte die Nüstern wie ein edles Roß. Das pflegte er auch bei andern Anlässen zu tun. Ein paar Bösewichter nannten ihn darob: „Die Pulvernase". P. Spiritual half ihm gütig über die Panne hinweg und brachte ihn wieder in Fahrt.
Mit den Instruktionen kam Josef in sein eigentliches Element. Was er da gleich in den ersten Stunden vernahm über Schönheit und Würde des Priestertums, das gehörte bereits zu den tiefsten Erlebnissen seiner Seele. Hier sprach P. Spiritual in Worten die Gedanken und Empfindungen aus, die ihn schon seit früher Jugend bewegten. Genau so empfand er, als in den folgenden Stunden die Aussprache darüber ging, daß man auch unter den größten Schwierigkeiten an seinem Beruf festhalten müsse. Da wurde ja geradezu ein Stück seiner eigenen Seelengeschichte aus dem Anfang des letzten Jahres berührt. P. Spiritual las die Erzählung vor: „Jung, halt fest!" Ein Schiffsjunge wurde von den rohen Matrosen oft übers Faß gelegt und bekam das Schiffstau zu spüren. Dabei biß er immer auf die Zähne und erinnerte sich an das Lieblingswort seines Kapitäns: Jung, halt fest! Das wurde in allen schweren Lagen sein Wahlspruch und das Geheimnis seines Erfolges. In diesem Beispiel fand sich Josef wieder, denn so ähnlich ging es ihm ja auch. Wenn er an seine Anfangsschwierigkeiten, an die Zwischenfälle wegen seines Sprachfehlers und wegen seiner körperlichen Mängel dachte, dann mußte er sich wie der Schiffsjunge vorkommen. Auch ihm war es oft so gewesen, als werde er förmlich übers Faß gelegt und bekäme es mit dem Schiffstau zu tun. In den Instruktionen lernte er aber auch mit dem Kapitän das Wort zu sprechen: „Jung, halt fest!"
Erst recht horchte Josef auf, als es eines Tages in den Instruktionen hieß, schon in der Jugend müsse man damit beginnen, sich auf das Priestertum vorzubereiten. Das geschähe am besten, indem man den eigenen Charakter bilde. Nun arbeiteten sie eine Anleitung heraus, wie jeder Junge sich selber erziehen könne. Da trafen die Instruktionen bei Josef auf ein unausgesprochenes, aber schon lange drängendes Herzensbedürfnis. Schon in den Tagen der Kindheit war dieser dunkle Drang in ihm wach geworden und hatte sich im Laufe der Jahre immer mehr verstärkt. Aber er wirkte in ihm wie ein ungegorener und ungeordneter Naturtrieb. Jetzt sollten also endlich diese angestauten Naturkräfte sich entfalten dürfen.
Der Inhalt der Instruktionen bestand fortan für längere Zeit in Entdekkungsfahrten, die hineinführten in das geheimnisvolle Land der eigenen Seele. Man fand dort ein „Engelchen" vor (geistiges Strebevermögen) und ein „Tierchen" (sinnenhaftes Strebevermögen). Das „Engel-

chen" erlebte man in der Begeisterung für alles Schöne und Große, in dem Willen, etwas Ganzes zu werden und zu leisten. Das „Tierchen" tat sich kund in dem ungeordneten Triebleben, in der Neigung zur Sinnenfreude und zu allen Unarten. Beide liegen in ständigem Streit miteinander. Wer den Engel zum Siege führt, der wird ein ganzer Mann. Das zeigte P. Spiritual an jugendlichen Helden und Heiligen. Aber auch wie der Sieg des Tieres aussehen könnte, machte er klar. Er las eine erschütternde Erzählung vor von einem Jungen, der seinen Unarten nachgegeben hatte. Immer tiefer war er gesunken und schließlich sogar zum Gottesräuber geworden. Wenn Josef in sich selber nachforschte, wo bei ihm das „Tierchen" sich geltend machte, dann brauchte er nicht lange zu suchen. Er kannte es längst. Das war seine Neigung zum Jähzorn. Später sollte er noch eine andere Charakterschwäche entdecken: die Gefahr mißmutiger Stimmungen.

Sein Jähzorn entbrannte nicht so sehr aus verletzter Eigenliebe, etwa, wenn er beleidigt, verulkt oder geringschätzig behandelt wurde. Er entlud sich aber sehr rasch, wenn man sein Rechtsgefühl verletzte oder ihn bei einer eifrigen Beschäftigung mutwillig störte. Es gab natürlich Taugenichtse genug, die diese empfindliche Stelle bald heraus hatten. Sie legten es förmlich darauf ab, den sonst so gutmütigen Engling einmal außer Fassung zu bringen. Das sollte ihnen mehr als einmal glükken. Mittwochs und samstags war im Studienheim Hausputz, der von den Schülern selbst besorgt wurde. Der „amtliche" Ausdruck dafür lautete: „Offizien". Josef, der von daheim aus sehr häuslich veranlagt und erzogen war, machte sein Offizium stets mit großem Eifer und mit gewissenhafter Gründlichkeit. Alle Schüler des Hauses konnten natürlich bei diesen Arbeiten nicht beschäftigt werden. Für so manchen Nichtstuer war nun die Zeit der Offizien eine willkommene Gelegenheit, im Haus herumzustrolchen und auf allerhand Schabernack zu sinnen. Der eifrig beschäftigte Engling galt selbstverständlich dabei als eine sehr geeignete Zielscheibe. Hier stolperte einer – scheinbar aus Versehen – über Englings Putzeimer. Dort ließ ein anderer im Handumdrehen den Schrubber in einen versteckten Winkel verschwinden. Das ging eine Weile gut, bis der Gefoppte schließlich wutentbrannt den Störenfrieden nachsetzte und mit dem Schrubber in der drohenden Faust über die Gänge fegte. Bekommen hat er keinen. Man hatte sich vorsichtigerweise zum Opfer seines Übermutes einen ausgewählt, dem man im gefahrdrohenden Augenblick durch schnelle Flucht entwischen konnte.

Ein andermal war das Schlachtenglück in einem solchen Zweikampf auf Josefs Seite. Statt des Spaziergangs am Donnerstagnachmittag wurde des öfteren körperliche Arbeit angesetzt. Für den geplanten großen Garten hinter dem Haus mußten beträchtliche Lößmassen bewegt werden. Diese Arbeit mit Spaten und Schaufel war für den starken Engling nur eine Erholung. Er war geradezu froh, daß er seine Körperkraft einmal daran loslassen konnte. Einige seiner Mitschüler aber hatten in den Dingen einen etwas anderen Geschmack. Sie galten bei körperlichen Arbeiten nicht mit Unrecht als Faulenzer. Statt mitzuhelfen fanden sie weit mehr Gefallen daran, den klebrigen Lehmboden zu kleinen Kugeln zu ballen und eine Schlacht anzuzetteln. Die meisten Überfälle aus dem Hinterhalt galten natürlich dem eifrig schaffenden Engling. Es war ja auch gar zu ergötzlich, wenn der harmlose Kerl sich plötzlich umwendend nach dem Täter Ausschau hielt. Dann schaute er jedesmal in die arglos dreinblickenden Gesichter der Schuldigen und wurde wieder ganz unsicher; denn darin stand eine vortrefflich vorgetäuschte Unschuld zu lesen. Aber einmal riß ihm doch der Geduldsfaden. Mit raschem Griff preßte er plötzlich eine „geballte Ladung“ Lehmerde zusammen. Im nächsten Augenblick hing die klebrige Masse einem der Hauptschuldigen mitten im Gesicht, daß er nicht mehr aus den Augen gucken konnte. Über diesen Zornesausbruch waren die andern richtig erschrocken, am meisten Josef selber. Tagelang wurde er nun von tiefem Reugefühl heimgesucht über dieses unbeherrschte Verhalten. Die Erinnerung an diesen Vorfall ist ihm später übrigens noch manchmal neckend unter die Nase gerieben worden.

Noch heftiger konnte er erregt werden, wenn sein Rechtsgefühl verletzt wurde. Das war seine Achillesferse, an der er am empfindlichsten getroffen werden konnte. Wäre er nicht von solch angeborener Willigkeit und Ehrfurcht vor jeder Autorität gewesen, sein Zorn hätte sich wohl auch im Umgang mit Vorgesetzten oder Lehrern entladen. Mitschüler haben es mehr als einmal beobachtet, wie er sich äußerste Gewalt antun mußte, um nicht über eine wirkliche oder angenommene Ungerechtigkeit von Seiten der Lehrer oder Vorgesetzten loszufahren. In einer der größeren Erholungspausen machte Josef eines Tages mit noch einigen anderen in durchaus rechtmäßiger Weise Gebrauch von einer Erlaubnis. Dem aufsichtführenden Erzieher war es inzwischen aber ganz entfallen, daß er einmal eine solche Erlaubnis gegeben hatte. Er erteilte deshalb den vermeintlichen Übertretern des Gesetzes eine Rüge. Zur Strafe mußten sie sich außerdem während der Erholung auf die Seite an einen Baum stellen. Josef war durch dieses Unrecht so auf-

gebracht, daß er vor Zorn bebte und seine Erregung kaum meistern konnte. Es dauerte lange, bis er sich wieder beruhigt hatte.
Für sein selbsterzieherisches Streben, das dem ,,Engelchen" zum Sieg über das ,,Tierchen" verhelfen sollte, tat sich also im Kampf gegen den Jähzorn ein weites Feld der Betätigung auf. Die Instruktionen gaben ihm für diesen Kampf bald eine brauchbare Anleitung. Sie erläuterten nämlich die Übung des besonderen Vorsatzes oder des sogenannten Partikularexamens. Sie erklärten auch, wie diese Kampfesweise zu handhaben sei. Um die bewährte Kriegskunst zu veranschaulichen, mußte das bekannte Gedicht über Blücher herhalten, das den Marschall ,,Vorwärts" sprechen läßt: ,,Wo liegt Paris?" – ,,Paris, dahier" – ,,Den Finger drauf, das nehmen wir." Im Streit wider seinen Jähzorn machte Josef die ersten Versuche, die neuerlernte Kampfesweise anzuwenden. Gelegenheit dazu war oft gegeben; denn es gab Wildlinge genug, die einen unwiderstehlichen Reiz darin fanden, an ihm ihren Übermut zu kühlen. Josef vermutete damals wohl kaum, welche Bedeutung das Partikularexamen in seinem späteren Lebenskampf bekommen würde. Auch mochte niemand ahnen, daß sich die damaligen Anfänge einmal zu einer hohen Meisterschaft in der Feldherrnkunst der Selbsterziehung entwickeln sollten.
Ein etwas aufreizendes Thema der Instruktion war die Aussprache über den Massenmenschen. Wenn dessen Bild gezeichnet wurde, griff man ja unmittelbar hinein in das alltägliche Leben. Da wurde der Augendiener entlarvt, der die Hausordnung beobachtet oder zur Kommunionbank schreitet, weil Obern und Mitschüler es sehen. Es wurde der gedankenlose Mitläufer angeprangert, der gewohnt ist, mit den Wölfen zu heulen und nie eine eigene Meinung zu haben wagt. Das Ergebnis der Aussprache faßte man zusammen in dem Satz: ,,Ein Massenmensch ist ein Mensch, der das tut, was andere tun, weil sie es tun." Die erzieherische Aufgabe, die daraus abgeleitet wurde, lautete: Wie werte ich die Hausordnung und das Zusammenleben aus für meine Selbsterziehung? Mit den Anregungen, die sich dabei ergeben, machte Josef sofort Ernst. Zusammen mit einem vertrauten Mitschüler ging er sogar noch darüber hinaus. Sie stellten sich auf einem Zettel besonders wichtige Übungen aus dem Gebiet der täglichen Pflichten zusammen. Sie gaben sich schriftlich Rechenschaft darüber, wie sie diese Übungen gehalten. Für Verfehlungen durfte der eine dem andern eine Buße auferlegen.
Ganz ähnlich wirkte in der Instruktion das Kapitel über den Prügelknaben. P. Spiritual erzählte, wie man früher an den französischen

Höfen die königlichen Prinzen erzogen habe. Die hatten einen sogenannten Prügelknaben. Beging der Prinz eine Unart, dann bezog der Prügelknabe vor seinen Augen eine Tracht Prügel. Er selbst wurde geschont, denn er war ja ein Prinz. Durch den Anblick des seinetwillen unschuldig verprügelten Knaben sollte er von seinen Fehlern abgeschreckt werden. Als die junge Schar von diesen Methoden der fürstlichen Erziehung hörte, packte sie ein schlecht verhaltener Unwille. „So eine Gemeinheit", polterten sie los. Sie wurden aber bald recht kleinlaut; denn P. Spiritual wies ihnen sehr überzeugend nach, daß jeder nicht bloß mit einem, sondern mit einer ganzen Menge Prügelknaben herumlaufe. Jeder Mitmensch, der unter unseren Charakterfehlern zu leiden habe, sei unser Prügelknabe. Der müsse ja ständig büßen, was wir verschuldet hätten. Jetzt war die Erziehung zur brüderlichen Liebe angeschnitten. Die Belehrungen, die von diesen Stunden ausgingen, trafen bei Josef zusammen mit der stärksten Neigung seiner Naturanlage. Es war das teilnehmende, grundgütige Herz und der starke Drang, überall helfend zuzupacken, wo er fremde Not sah. Ein Jahr später entwickelte sich aus dieser Anlage sein großes und beherrschendes Lebensideal: Allen alles zu werden.

In dieser Weise kamen der Reihe nach alle Gebiete des täglichen Lebens in der Instruktion zur Sprache: das Gebet, die hl. Kommunion, die hl. Beichte, die Marienverehrung usw. An Josefs Seele ging keine dieser Stunden ohne Spur vorüber. Das kann man am besten an seinen späteren Aufzeichnungen feststellen. Da kehren sehr oft Wendungen, Vorsätze, Beispiele und Belehrungen wieder, die auf die damaligen Instruktionen zurückgehen. Wie sehr er ihren Inhalt verarbeitet und in das Leben übertragen hatte, sollte auch noch durch einen anderen Beweis offenbar werden.

Vor den Osterferien kam Pater Spiritual mit einem überraschenden Vorschlag. Ob die Sextaner und Quintaner bereit seien, in den Osterferien einmal alles niederzuschreiben, was im letzten Jahre die Instruktionen behandelt hätten. Natürlich waren sie dazu bereit. Schon allein deswegen, weil es nicht Pflicht sein sollte. Zudem waren die Instruktionen auch zu interessant und die erzählten Geschichten auch gar zu schön gewesen. Das Thema sollte lauten: „Wie erhalte und pflege ich meine Berufsgnade?"

Wie sie aber nun mit dem Federhalter bewaffnet vor dem leeren Bogen Papier saßen, da kam doch mancher in Verlegenheit. Was hatte man denn nun eigentlich durchgenommen? Am besten waren ja noch die Beispiele und Erzählungen im Gedächtnis. Aber die konnte man jetzt doch nicht alle niederschreiben. Und das andere? Ach, wie lange war es schon her, daß man die Dinge gehört hatte! Da kam ein ganz Schlauer auf einen rettenden Ausweg. Wozu hatte ihm denn die gute Tante beim Eintritt in Schönstatt das fromme Erbauungsbuch geschenkt? Da standen doch eine Fülle solcher Gedanken drin, wie sie in der Instruktion besprochen worden waren. Nicht ganz genau so, aber doch so ähnlich, dachte er sich. Nun kam das fast vergessene Buch, das schon ganz verstaubt unter dem Wust von Schulheften lag, endlich zu Ehren.. Er machte also darin eine umfangreiche Anleihe und hatte bald seine Aufgabe gelöst. Wie wird P. Spiritual über diesen Aufsatz erfreut sein, überlegte er im Stillen. Der strotzt ja nur so von erbaulichen Redensarten. Jetzt noch den Namen drunter und einen schwungvollen Schnörkel dazu. So, Hans Ritten, die Sache hättest du mal wieder fein gemacht.

Andere kamen natürlich nicht auf solch kapitale Einfälle. Sie machten weite Streifzüge in die Jagdgründe ihrer Erinnerungen. Dort hatten sie ja aus den Ermahnungen der Eltern und Lehrer, aus dem Stoff des Religionsunterrichts ein krauses Durcheinander von religiösen Belehrungen zusammengetragen. Da stand ihnen also für den Aufsatz ein unerschöpflicher Vorrat von Gedanken zur Verfügung. Daß so manche der niedergeschriebenen Herzensergüsse mit dem gestellten Thema oder mit dem Inhalt der Instruktionen kaum mehr etwas zu tun hatten, merkten sie im Eifer für die gute Sache gar nicht. Warum hätte man in dieser Frage auch kleinlich sein sollen? Was man da niederschrieb, waren doch alles so erbauliche Dinge. Und das ist gewiß dem P. Spiritual die Hauptsache, daß der Aufsatz recht fromm wird.

Der las mit Interesse und manchmal wohl auch mit einem stillen Lächeln, was das junge Völkchen zusammengeschrieben hatte. Das alles sollte er sie gelehrt haben? Wieviele phantasiebegabte Köpfe doch dazwischen steckten. Andere wieder waren umso karger mit dem Worte umgegangen und hatten nur sehr dürftige Bruchstücke geliefert. Als er an die Arbeit Josef Englings kam, mußte er allerdings staunen. Das war ja eine knappe, sehr getreue und im ganzen genommen eine vollständige Wiedergabe sämtlicher Instruktionen! Keine Wiederholungen, kein wortreiches Gerede, keine Erzeugnisse der eigenen Phantasie. Jeder Satz brachte einen neuen wesentlichen Gedanken. Und es waren doch die Aussprachen mehr als einmal auf unbedeutende und nebensächliche Dinge abgelenkt worden. Josefs Arbeit stellte unstreitig die beste Leistung dar. P. Spiritual überlegte: Ob der sechzehnjährige Verfasser über ein solch ungewöhnliches Gedächtnis verfügte, daß er einen

Jahresstoff mit dieser Treue wiederholen konnte? Davon hatte bis heute noch kein Lehrer etwas gemerkt. Oder ob ein hochbegabter Verstand ihn befähigte, mit einem treffsicheren Urteil überall das Wesentliche zu erfassen und wiederzugeben? Auch das wäre eine ungenügende Erklärung gewesen. Engling galt als guter Schüler, aber keineswegs als ungewöhnliches Talent. Zwar besaß er ein durchaus verlässiges Urteil. Seine Antworten in den Instruktionen bewiesen, daß er die Kerngedanken einer Erklärung gut zu erfassen verstand. Ein ausgesprochenes Talent war sein neu eingetretener Mitschüler Hans Wormer, der ihm gewiß auch sehr bald den Platz als Klassenbester entreißen würde. Wormers Arbeit war gut, aber sie blieb doch hinter derjenigen Enlings beträchtlich zurück. Der Grund, warum er die beste Arbeit schrieb, konnte also nicht ausschließlich in seiner Begabung gesucht werden. P. Spiritual sah den eigentlichen Grund auf einem anderen Gebiet liegen.

So wie Josef mit gespannter Aufmerksamkeit und mit bildungshungrigem Herzen dem Unterricht folgte, so ging er mit noch größerem Eifer auf die Gedanken der Instruktionen ein. Der stille und besinnliche Junge pflegte sie gründlich zu überdenken und selbständig zu verarbeiten. So wurden sie zu seiner eigensten Überzeugung. Wichtiger aber war noch, daß er sie sofort mit Ernst und Ausdauer im alltäglichen Leben zu verwirklichen trachtete. Was er in den Instruktionen gehört, blieb darum nicht eine bloß verstandene oder auswendig gelernte Lehre. Es verwandelte sich unmittelbar in eine blutechte, lebendige Erfahrung. Der Ablauf der Instruktionen wurde fast zum Ablauf seiner Seelengeschichte. Wenn er darum ihren Inhalt so trefflich wiedergeben konnte, verdankte er das gewiß einem gereiften Urteil. Weit mehr aber noch kam es daher, weil er dabei nur seine eigene Seelengeschichte zu wiederholen brauchte. Was er schrieb, waren mehr gelebte als gelernte Gedanken. Die konnten aber einfach nicht mehr in seinem Gedächtnis untergehen.

Die Instruktionen durfte Josef noch mit einem zweiten, für ihn sehr bedeutsamen Ergebnis abschließen. Im Laufe der Zeit wurde P. Spiritual in wachsendem Maße der Mann seines Vertrauens. Wie rasch konnte der doch die jungen Herzen erobern! Und wie fein wußte er das dunkle, ungegorene Drängen zu deuten, das in der Seele vor sich ging! Josef erspürte auch gleich, mit welch väterlicher Güte er sich seiner in den üblichen Beichten annahm und ihm in dem selbsterzieherischen Streben zurechthalf. Da öffnete er, der schwer erschließbare Ermländer, ihm seine Seele und schenkte ihm sein ganzes Vertrauen. Und nun folgte er mit einer grenzenlosen Willigkeit den Gedanken seines geistlichen Erziehers und machte sie zu seiner innersten Herzenssache. In der Schule P. Spirituals sollte er später zum Vorkämpfer einer großen Sache heranreifen. Die beiden ersten Jahre in Schönstatt legten für diese kommende Entwicklung lebenskräftige Keime.

Josef wird Klassenpräfekt

Im Studienheim war man beim Abendessen. Kaum hatte der Vorleser die übliche Lesung aus der Heiligen Schrift beendet, da schlug P. Präfekt auf die Tischglocke. Mit einem Schlag brach das Geklapper der Messer und Gabeln ab, und ebenso ruckartig gingen die Köpfe hoch. Da mußte etwas ganz Besonderes los sein. P. Präfekt hatte einen Zettel in der Hand. Davon las er nun langsam eine Reihe Namen ab. Auffälligerweise lauter Quintaner. Zögernd erhoben sich die Aufgerufenen von ihren Plätzen. Manchen schoß eine jähe Blutwelle ins Gesicht. Fast alle ließen verlegen die Köpfe sinken und schauten unbeweglich vor sich hin. Durch die gespannte Schar der Jungen ging eine Ahnung. Aha, die haben was verbrochen? Sogar der Klassenpräfekt der Quinta war dabei. Was mochte denn da passiert sein? Auf diese heimliche Frage gab P. Präfekt gleich eine Antwort. „Die Genannten haben sich beim letzten Klassenausflug auf die Marksburg widerrechtlich von der Gemeinschaft getrennt, heimlich Zigaretten gekauft und geraucht." Die Zuhörer wußten nicht, ob sie ernst bleiben oder auflachen sollten. Die Quintaner haben Rauchgelüste! Sogar der kleine Albert, dieser Dreikäsehoch, der von den Oberklassen zu den Nippfiguren des Hauses gerechnet wurde, stand unter den Schuldigen. Nun kam auch gleich das Strafurteil. Die Aufgerufenen mußten „rausknien", wie der Fachausdruck lautete. Unweit des Präfektentisches, dort, wo das Klavier stand, mußten sie niederknien und in dieser Stellung während der meisten Zeit des Abendessens verbleiben. Diese Strafart war die gewöhnliche Buße für gröbere Fehler. Die Umgangssprache hatte dafür eine zarte Umschreibung geprägt. Sie sagte dem so vom Schicksal Heimgesuchten nach, er habe „am Klavier ministriert".
Das Ereignis des Abends sollte in der Quinta noch ein Nachspiel haben. Der Klassenpräfekt, der so schimpflich seine Amtswürde verleugnet hatte, wurde von dem Obern abgesetzt. Wer würde nun der Nachfolger werden? Dafür kamen in erster Linie zwei in Frage: Josef Engling und Hans Wormer. Hans war erst mit Beginn des neuen

Schuljahres in die Quinta eingetreten. Infolge seiner ungewöhnlichen Begabung und seines hervorragenden Charakters stieg er rasch zu hohem Ansehen empor. Am Ende des Schuljahres entriß er Josef bereits die Stellung als Primus. Die Wahl der Obern fiel aber doch auf Engling. Die Zukunft sollte beweisen, daß sie damit keinen schlechten Griff getan hatten.
Als Klassenpräfekt thronte nun fortan Josef während der Studierzeit auf dem Lehrerpult. Von dort konnte er seine Gemeinde gut überschauen. Seine erste Aufgabe bestand darin, in der Studierzeit für Ruhe und Ordnung zu sorgen. In der Quinta machten sich seit dem neuen Schuljahr ernstliche Anzeichen einer gründlichen Besserung bemerkbar. Die hatte ihren Grund hauptsächlich in der Tätigkeit ihres neuen Klassenlehrers. In ihm fand sie endlich den rechten Mann, der sie zu packen verstand. Der Lerneifer wuchs, und die Leistungen in der Schule besserten sich zusehends. Josefs ganze Sorge ging darauf hinaus, die Bemühungen des Klassenlehrers überall zu unterstützen. Eines wollte dem Klassenpräfekten trotz des erwachenden Eifers noch nicht recht behagen. In der Studierzeit wurde wegen der Schulaufgaben noch viel zu oft untereinander gefragt. Das schuf eine ständige Unruhe im Saale, die das gesammelte Lernen beeinträchtigte. Nicht zuletzt fanden sich am Pulte des Klassenpräfekten zahlreiche Fragesteller ein. Der allzeit hilfsbereite Engling wurde gründlich ausgenützt. Sollte der Übelstand in der Klasse abgestellt werden, mußte er, der Präfekt, damit anfangen. Anfänglich versuchte er die Frager auf die freie Zeit zu vertrösten. Damit drang er aber auf die Dauer nicht durch. Da wandte er nun ein Radikalmittel an. Statt zu antworten, machte er ein Kreuzchen auf die Lippen und bedeutete damit dem Frager, daß in der Studierzeit Stillschweigen herrschen müsse. Die einen lachten, die andern spöttelten, wieder andere ärgerten sich und knurrten ihn an. Erfolg hatten sie nicht. Der Präfekt blieb beharrlich bei seinem Kreuzchen. Gleichgesinnte merkten bald, daß Josef gegen den Strom schwamm. Sie bekamen Mut und schlossen sich seinem Tun an. Es machte sich bald eine Strömung breit, die im Studiersaal auf bedingungsloses Stillschweigen drängte. Nicht mit einem Schlag, aber im Laufe der Zeit erreichte sie tatsächlich das erstrebte Ziel. Dahinter stand der zähe und unbeugsame Wille des Klassenpräfekten.
Auf das Bemühen, Ruhe und Ordnung im Studiersaal zu halten, glaubte der Präfekt seine Tätigkeit nicht beschränken zu dürfen. Es ging ihm noch viel mehr um das allgemeine Verhalten und um das Berufsstreben seiner Klasse. Da sah er sich freilich vor eine recht schwie-

rige Aufgabe gestellt. Um sich in diesem Sinne unter den andern betätigen zu können, mußte er zumeist die Herzen und das Vertrauen seiner Mitschüler gewinnen. Zwar besaß er schon lange eine geachtete Stellung unter ihnen. Aber die reichte doch wohl nicht aus, um die Mehrzahl seiner Klasse zu einem gesteigerten und begeisterten Streben nach dem Berufsideal mitzureißen. Wie sollte er nun darin vorgehen?
Hielt er Umschau in seiner Umgebung, dann fand er manchen, von dessen Tun in irgendeiner Weise ein nachhaltiger Einfluß auf die nähere Umgebung ausging. Einer seiner Mitschüler wußte durch sein schneidiges Auftreten vielen zu imponieren. Darum zog er immer einen ganzen Anhang derer hinter sich her, die auf sein Wort etwas gaben. An seiner Art mochte sich aber Josef kein Beispiel nehmen. Ein solcher Versuch hätte ja schon an seinem ungelenken und bäuerischen Gehaben scheitern müssen. Es wäre aber auch seiner innersten Natur zuwider gewesen, durch äußeres Auftreten Eindruck machen zu wollen. Andere wieder sah er in der Klasse, die kamen zu Einfluß durch die Macht ihres gewandten Wortes. Ein phantasiebegabter Häuptling der Indianeromantik wußte viele zu fesseln durch seine spannenden Nacherzählungen aus Karl May. Auf dem Spaziergang hatte er immer einen Schwarm von Zuhörern um sich, die ihm begierig lauschten. Auch diesen Weg konnte Josef nicht beschreiten. Er war ein langsamer Ostpreuße und dazu noch einer mit einer schweren Zunge. Die Macht des gesprochenen Wortes vermochte er also im Ringen um seine Klasse nicht in die Wagschale zu werfen. Sein gesundes Urteil sagte ihm, daß er überhaupt nicht in der Rüstung der andern einherschreiten dürfe, wenn er um seine Ideale kämpfen wollte. Jetzt erst recht mußte er sich selber treu sein und jene Kräfte einsetzen, die Gott ihm als Naturanlagen gegeben hatte.
So blieb denn Josef nach wie vor dabei, sich unter seinen Mitschülern als schlichter Junge vom Lande zu bewegen. Er fühlte sich als Kind einfacher Eltern und wollte auch nicht anders auftreten. Sein Äußeres hielt er sauber und in Ordnung. Es ärgerte ihn aber gar nicht, wenn man ihn wegen seiner altmodischen Hose neckte, die im Schnitt fast einer Reithose glich. Er liebte es auch nicht, Dinge mitzumachen, die damals als Modesache aufkamen. Das traf beispielsweise auf die Art zu, wie manche die Schülermütze trugen. Sie nahmen den eingelegten Spanndraht heraus und knickten den oberen Mützenrand mehrmals ein. Dann zogen sie die Mütze schief über das rechte Ohr herunter. So hatte man es gesehen bei den Pennälern draußen an den Gymnasien. Man meinte, der Mützenträger bekäme dadurch das kecke Aussehen

eines flotten Musensohnes. Josef fand an dieser Mode keinen Geschmack. Er fühlte sich selber nicht als flotten, kecken Musensohn und wollte es darum auch nicht scheinen. Bekam er eine neue Mütze, dann dachte er zuerst an seine Eltern daheim. Auf der Rechnung würden nun nächstens 2.50 Mark mehr stehen. Er überlegte, wie lange der Vater arbeiten und wieviele sauer ersparte Groschen die Mutter zählen müsse, bis sie das Geld zusammen hatten. Darum meinte er, die Mütze ganz schonend behandeln zu müssen. Er ließ den Spanndraht darinnen und setzte sie auf wie sie war. Er trug sie also tellerförmig auf dem Kopf, so wie ein Schaffner der Eisenbahn seine Dienstmütze. Manche lachten über ihn und hielten ihn für altmodisch und rückständig. Es gab sogar welche, die sich deshalb auf dem Spaziergang schämten mit ihm zusammen zu sein. Josef blieb dabei und ließ sich nie zu etwas anderem bewegen.

Daß Josef in diesen und auch in allen anderen Dingen sich selber so treu blieb, gab ihm für sein Wirken in der Klasse aber trotzdem eine ungewollte Autorität. Die jugendlichen Herzen mochten sich nicht immer darüber klar sein, weshalb sie ihn anerkannten. Sie fühlten aber eines deutlich heraus: der Engling ist immer wahr und echt. Er macht nichts aus sich, er tut sich nicht wichtig und sucht keinen ,,Eindruck zu schinden". Wenn er nun als Vorkämpfer für eine ideale Gesinnung auftrat, nahmen sie ihn ernst. Und redete er einmal einem kleinen Bösewicht ernstlich ins Gewissen, dann hörte er ihn willig an. Sie konnten sogar an ihm wegen seines äußeren Gehabens weidlich ihren Übermut auslassen, und trotzdem gaben sie etwas auf sein Wort. Das zeigte sich an manchem Beispiel.

Wurde im Speisesaal aus besonderen Anlässen ein Orchesterstück aufgeführt, dann wirkte Josef oft mit seiner Baßgeige mit. In dieser edlen Kunst hatte er sich mit viel Fleiß einige Fertigkeit angeeignet. Die Jüngsten im Hause fanden es immer überaus spassig, wenn sie Josef spielen sahen. Der ging nämlich vor Eifer derart im Spiel auf, daß der ganze äußere Mensch dabei mittat. Die Fusspitze schlug kräftig den Takt, der Kopf nickte, die Lippen zählten und der Oberkörper wippte. Die Kleinen stießen sich in die Rippen und rutschten vor Vergnügen auf ihren Bänken. Und wenn das Stück beendet war, spendeten sie brausenden Beifall. So mancher vom Orchester zog ob dieser begeisterten Kundgebung der jungen Zuhörer mit geschwelllter Brust beglückt von dannen. Er konnte ja nicht ahnen, daß dieser Beifallssturm nur einem einzigen Spieler galt. Er gehörte dem braven Baßgeiger, der heute wieder so tüchtig die ,,Baßkuh gestreichelt" hatte. Besonders der kleine Kiefer aus Berlin wollte sich vor Begeisterung gar nicht beruhigen. Bei einem der nächsten Spaziergänge sah man den Klassenpräfekten neben ihm einherschreiten. Er gab ihm eine väterliche Ermahnung, weil er im Studium wieder soviel geschwätzt hatte. Und ein anderer übermütiger Wildling, der Josef genau soviel neckte, saß eines Abends während der langen Erholung bei ihm in der Turnhalle. Auch er bekam eine Bußpredigt; denn er hatte heute abend nach der Wäscheausgabe auf dem Schlafsaal Sprungübungen über das Bett gemacht. Gerade auf dem Schlafsaal durfte aber kein Unfug getrieben werden. Die Übertreter der Ordnung ließen sich von dem Klassenpräfekten ohne Widerrede ins Gewissen reden. Das durfte sich noch lange nicht jeder erlauben. Ein anderer wäre gewiß als anmaßender und lästiger Nörgler gründlich abgetan worden. Josef besaß eben eine willig anerkannte Autorität.

Neben seinem einfachen, lauteren Charakter gab es noch einen zweiten Zug in seinem Wesen, der ihm zu einer erfolgreichen Tätigkeit in seiner Umgebung verhalf. Es war seine echte und treuherzige Güte. Das Amt des Klassenpräfekten lud ihm mancherlei zeitraubende Dienste auf. Er hatte alle für den Unterricht erforderlichen Gegenstände zu besorgen, mußte seine Mitschüler mit dem nötigen Schreibzeug, Heften u. dgl. versehen und sollte Verbindungsmann sein zwischen der Klasse und den Lehrern. Solche und ähnliche Marthadienste tat er mit unverdrossenem, allzeit frohem Eifer. Ganz besonders vertrauten sich ihm jene an, die im Studium mit Schwierigkeiten zu kämpfen hatten. In der Zeit der Erholung oder auf dem Spaziergang konnte man ihn oft mit dem einen oder andern zusammen sehen. Dann wurden die Stammformen der unregelmäßigen lateinischen Zeitwörter abgefragt oder die Regeln der lateinischen Grammatik erklärt.

Besonders hoch rechneten ihm seine Mitschüler an, daß er so duldsam gegenüber fremden Charakterschwächen war. Wenn über einen andern losgezogen wurde, stand Josef immer als schweigender Zuhörer daneben oder sagte ein begütigendes und entschuldigendes Wort. In seiner zarten Zurückhaltung ging er sogar soweit, daß er sich im Umgang mit andern kaum einmal eines der allgemein gebräuchlichen Spitznamen bediente. Gerade seine Klasse zeigte sich darin sehr erfinderisch und freigebig. Meist knüpften diese Namen bei irgendeiner harmlosen Eigenheit des Namensträgers oder bei einem drolligen Zwischenfall an. Sie waren auf einmal da und gingen in den alltäglichen Sprachgebrauch über. Den „Schlitz“ nannte man so wegen des langen Einschnittes am hinteren Ende seines Sonntagsrockes. Der „Guckel“

bekam seinen Namen, weil ihn die Mutter mit diesem Kosewort in ihren Briefen anredete. ,,Buschmann" hieß einer, der bei den Spaziergängen durch Busch und Wald als wilder Draufgänger bekannt war. Hans Wormer sagte oft beim Schlagballspiel, wenn der Ball eingeworfen werden sollte: ,,Schuckle mal rein!" Seitdem riefen sie ihn mit dem Namen ,,Schuckle". Ein anderer las bei Tisch die Erzählung vom ,,Hölzernen Bengele" vor. Dabei sprach er den Buchtitel jedesmal mit einem sehr spaßigen Tonfall aus. Sofort war der Vorleser ,,das hölzerne Bengele", zumal er auch die entsprechend hagere Gestalt besaß. In diesen Benennungen lag eine an sich harmlose Neckerei. Josef hat selten einmal davon Gebrauch gemacht. Es war kein enges oder ängstliches Gewissen, das ihn davon abhielt. Zu diesem Verhalten bewog ihn die Besorgnis, es könnte sich doch ein Schatten von Kränkung oder Geringschätzung einmischen.

Was ihn selber anging, zeigte er sich um so weitherziger. Es geschah wirklich nicht selten, daß er zur Zielscheibe des übermütigen Witzes gemacht wurde. Meistens ging er mit einem gutmütigen Lächeln darüber weg. Er lachte sogar unbefangen mit, wenn dabei ein lustiger Zeitvertreib zustande kam. So mischte sich in seiner Person ein seltsamer Gegensatz. Äußerlich eine baumstarke Gestalt mit derben Fäusten und einem markanten, etwas knochigen Gesicht. Innerlich ein Mensch von fast mädchenhaft zartem Empfinden und einer mütterlichen Güte. Ihm war die Körperkraft zum Helfen, nicht zum Dreinschlagen gegeben. In der Gemeinschaft galt er zwar oft als Angriffsziel des sprudelnden Übermutes und stand doch in ihr mit dem Ansehen einer freiwillig zuerkannten Führerautorität.

Die Quinta eroberte sich im Laufe des Jahres im Hause den Ruf einer spieltüchtigen Klasse. Wenn zwischen den einzelnen Klassen ein Wettspiel ausgetragen werden sollte, stellte sie jedesmal eine gefürchtete Mannschaft auf. Das war nicht immer so gewesen. Noch vor gar nicht langer Zeit galten sie als die Schrittmacher einer anrüchigen Indianerkultur. An dieser Umwälzung in der Klasse, die sie auf die Höhe sichtbarer Spielerfolge trug, nahm ihr Präfekt hervorragenden Anteil. Der Trieb zum Bewegungsspiel lag ihm im Blute. Er folgte dabei einem geradezu ungestümen Naturdrang, so daß er es in der freien Zeit ohne Spiel nicht aushalten konnte. Einen besonderen Vorzug genossen: Handball, Jägerball, Schlagball und Barlauf. Fußball war damals im Studienheim noch unbekannt. Vom Spiel ließ sich Josef weder durch Wind noch Wetter abhalten. Er ging solange werbend umher, bis er eine Mannschaft zusammen hatte. Ein Spiel konnte ihn so fesseln, daß

er vor Eifer darin förmlich aufging. Äußerlich gesehen machte er dabei eine wenig glückliche Figur. Wenn er mit schwerem Schritt über den Spielplatz fegte, dröhnte der Boden unter seinen großen Füßen. „Wo der hintritt, wächst kein Gras mehr", sagten dann wohl seine Mitschüler. Auf die beträchtliche Größe seiner Schuhe anspielend sprachen sie von „Elbkähnen" oder „Quadratlatschen". Andere, die seine Gangart kennzeichnen wollten, sagten: „Engling, du Trapper."
Sein unverwüstlicher Spieleifer brachte es auf die Dauer aber doch zu Erfolg. Trug die Klasse ein Wettspiel aus, kam er in die ausgewählte Mannschaft. Als Läufer besaß er eine unermüdliche Ausdauer. Er hielt auch da noch aus, wo den gewandten Spielern der Atem oder die Kraft ausging. Bei den Geländespielen berief man ihn sogar auf die führende Stelle einer Partei. Er bewies mehr als einmal, daß er ein ebenso kluger wie entschlossener Draufgänger war. Wohl mehr als die Quintaner ahnten, beeinflußte der erwachende Spieleifer ihre geistige Umwandlung zum Guten. Er reinigte die Luft und gab den überschäumenden Kräften ein rechtes Betätigungsfeld. Der Ruf, zu den tüchtigen Spielern zu gehören, hob nicht wenig Josefs Ansehen. Man empfand den Präfekten als Vertreter einer Frömmigkeit, der jedes muffige und betschwesterliche Wesen abhold ist.
Dank ihres eifrigen Klassenlehrers und ihres vorbildlichen Präfekten erlebte die Quinta damals eine Glanzzeit ihrer Klassengeschichte.

DAS JAHR DER AUSSAAT

Die Kriegsfackel brennt

Zum zweiten Male ging für Josef Engling in Schönstatt das Schuljahr zu Ende. In der letzten Juliwoche, die zugleich die letzte vor der Heimreise war, brach im Studienheim allenthalben die Ferienstimmung aus. Man brauchte sich nur in den Unterklassen die Tabelle des Stundenplanes anzusehen. Die hatten sie recht sonderbar zugerichtet. Kaum waren die Unterrichtsstunden vorbei, wurde mit einem farbigen Stift der überstandene Schultag durch einen dicken Strich feierlich ausgelöscht. Der Gesanglehrer übte bereits die Lieder für die Schlußfeier. „Holder Friede, süße Eintracht" klang es aus den Übungsstunden des Knabenchores. Noch vor kurzem hatten sie diese Stelle aus Schillers „Glocke" auswendig gelernt. Wenn sie gewußt hätten, daß sie schon nach ein paar Tagen an Stelle dieser Hymne auf den Frieden ganz andere Weisen singen würden! Weder Lehrer noch Schüler ahnten, welch dramatischen Abschluß das Schuljahr finden sollte. Eines Morgens wurde die erste Stunde plötzlich unterbrochen. Auf Geheiß von P. Rektor sollten sich alle Schüler sofort im Speisesaal versammeln. „Was hat denn das zu bedeuten?" fragten sie sich mit erstaunten Gesichtern. Da mußte doch etwas ganz Ungewöhnliches geschehen sein. Und erst als P. Rektor kam! Nein, so ernst hatte man ihn noch nie gesehen.
Die atemlos lauschende Schar hörte nun zum ersten Mal ausführlich, was sich im politischen Leben der Völker in den letzten Tagen ereignet hatte. Es bestehe die ernste Gefahr, daß ein großer Krieg ausbreche, meinte P. Rektor. Der Befehl zur Mobilmachung sei ständig zu erwarten. Die Schüler müßten noch die Heimat erreichen, ehe die Eisenbahn für Militärtransporte in Anspruch genommen werde. Darum sollten alle sofort ihre Sachen packen und mit dem nächsten passenden Zug die Heimreise antreten. Im Kriegsfalle müßte das Studienheim in ein Lazarett verwandelt werden. Wo und wann sie künftig die Studien fortsetzen könnten, werde den einzelnen später mitgeteilt.
Auf diese Botschaft folgte eine unbeschreibliche Aufregung. In wenigen Minuten herrschte in allen Räumen des Hauses ein solches Leben und Treiben, als sei ein Jahrmarkt im Gange. Mit Staunen sahen die Jüngsten zu den Oberklassen empor, die nun bald des Kaisers Rock tragen und auf die Schlachtfelder ziehen würden. Am liebsten hätten

sie vor lauter Begeisterung die Wacht am Rhein gesungen. Und als sie sich die Hand zum Abschied reichten, sagten sie mit todernsten Mienen zueinander: „Wer weiß, ob wir uns wiedersehn."
Josef Engling fuhr noch am selben Abend mit seinen Landsleuten der ostpreußischen Heimat zu. Dort begann für ihn erst recht eine Zeit voll aufregender Ereignisse. Gleich nach dem Ausbruch des Weltkrieges wälzte sich gegen die deutsche Ostgrenze die sagenhafte „russische Dampfwalze". Zwei große Armeen fielen in Ostpreußen ein und drängten den schwachen deutschen Grenzschutz immer weiter zurück. Die Vorhut des russischen Heeres berührte bereits Englings engere Heimat. Am Sonntag, den 23 August, verkündete der Pfarrer von Prossitten, man möge Vorbereitungen zur Flucht treffen, zumal es wahrscheinlich in der Umgegend zu einer Schlacht komme. Eine Weisung der Behörde rief alle vierzehn- bis achtzehnjährigen jungen Leute zur Musterung nach Heilsberg. Die Viehbestände der Bauern mußten nach dem Innern des Landes abgetrieben werden. Der Pfarrer erklärte, im Ort bleiben zu wollen, solange noch jemand da sei. Josef stand ihm als Helfer und Vertrauensmann zur Seite. Die wichtigsten und wertvollsten Kirchengeräte wurden von beiden in einem Versteck in Sicherheit gebracht.
Inzwischen ließ Generaldfeldmarschall von Hindenburg seine Streitkräfte aufmarschieren zur Abwehrschlacht. In Prossitten sah man den ganzen Tag durchziehende deutsche Truppen. Für Josef gab es nun die Hände voll zu tun; denn die durstigen und von Eilmärschen fast erschöpften Soldaten mußten mit Trinkwasser versorgt werden. In seinem Eifer verschenkte er kurzerhand die letzten Äpfel, die er im Hause vorfand. Am 26. August rollte aus südlicher Richtung schwerer Kanonendonner herüber. Hindenburg schlug die historische Schlacht von Tannenberg. In Prossitten harrte man in höchster Spannung auf ihren Ausgang. Am Abend rötete sich der Himmel vom Widerschein brennender Dörfer und beleuchtete den völligen Untergang der russischen Narew-Armee. Schon am folgenden Tage eilte Josef in die zehn Kilometer entfernten Nachbardörfer und machte einen Besuch in den Randgebieten des Schlachtfeldes. Dort sah er haufenweise die gefangenen Russen; sah auch zum ersten Male die Verwüstungen einer modernen Schlacht.
Mit dem Siege von Tannenberg war für Ostpreußen die Gefahr des Russeneinfalles noch nicht endgültig beschworen. Von Nordosten her schob sich eine zweite mächtige Heeressäule ins Land hinein. In Prossitten bekam man ihr Herannahen bald zu spüren. Wieder dröhnte aus

der Ferne der Donner der Geschütze herüber. Ende August tauchten in den Gemarkungen des Dorfes die ersten russischen Spähtrupps auf und lieferten leichte Scharmützel mit berittenen deutschen Patrouillen. Im nahe gelegenen Walde entwickelte sich sogar ein kleines Gefecht, das von den zurückgebliebenen Dorfbewohnern mit begreiflicher Unruhe verfolgt wurde. Da kam das Gerücht auf, alle jungen Leute würden von den Russen gefangen genommen und verschleppt. Im Dorfe entstand darüber große Aufregung. Auch Josefs Mutter packte die Angst um ihre Söhne. Auf ihr Drängen hielt sich Josef einen halben Tag im Busch verborgen. Nachts beteiligte er sich aber wieder an den aufgestellten Wachen, die vor dem herannahenden Feind zu alarmieren hatten. Am Sonntag war er mit ganz wenig Leuten beim Gottesdienst. Nach Tagen höchster Spannung machte sich endlich eine Wendung der Dinge bemerkbar. Wieder zogen deutsche Truppen durch Prossitten oder quartierten sich dort ein. In der ersten Hälfte des September schlug Hindenburg die Schlacht an den Masuren. Noch im kommenden Winter wurde Ostpreußen endgültig frei.
Die aufregenden Wochen der letzten Zeit hatten Josef als tapferen und beherzten Jungen gesehen. Inmitten der allgemeinen Verwirrung blieb er völlig ruhig. Er griff überall entschlossen zu, wo es galt, den durchmarschierenden deutschen Truppen mit kleinen Dienstleistungen zur Seite zu stehen. Er fand sogar noch soviel Zeit und Besinnung, ein kleines Tagebuch zu führen. Im Telegrammstil hielt er darin die wichtigsten Ereignisse fest. Wie aus späteren Äußerungen ersichtlich ist, blieben die Eindrücke jener Zeit noch lange in seiner Seele wach.
Unterdessen war der September vergangen und mit ihm auch die Ferienzeit längst abgelaufen. Josefs Gedanken eilten sehnsüchtig nach Schönstatt. Es dauerte aber noch bis Ende Oktober, als endlich die Nachricht eintraf, die ihn wieder dorthin zurückrief. Wie vieles hatte sich unterdessen in Schönstatt verändert! Im Studienheim waren 200 bis 250 leichtverwundete Soldaten eingezogen. In den Studiersälen, in der Aula, in allen verfügbaren Räumen des Hauses standen in langen Reihen ihre Betten. Wo in aller Welt, so fragten sich die zurückkehrenden ehemaligen Bewohner, soll denn hier das gewohnte Leben eines Studienheimes weitergeführt werden? Doch die Oberen hatten schon Vorsorge getroffen. Drunten im Tale, in den Restgebäuden des Klosters Schönstatt, im sogenannten „Alten Haus", erwartete die Ankömmlinge bereits ein neues Heim. Das konnte freilich mit dem Neubau auf dem Berge keinen Vergleich aushalten. Noch bis vor kurzem waren im „Alten Haus" die Werkstätten untergebracht. Jetzt hatte

man darin in Eile notdürftige Schlafräume und Studiersäle eingerichtet. Der Krieg würde ja doch, so meinte man, in einem Vierteljahr zu Ende gehen. Für diese kurze Zeit müßte man sich eben behelfen.
Daß das „Alte Haus" tatsächlich ein Notbehelf war, konnten die neuen Bewohner bald feststellen. Die Wände ohne Anstrich gaben den Räumen ein recht unfreundliches Aussehen, das durch so manche schadhafte Böden, Türen und Fenster gewiß nicht gemildert wurde. Wie würde es wohl erst im Winter werden, wenn man hier nicht in so bequemer Weise wie im ehemaligen Studienheim einfach die Dampfheizung andrehen konnte? Den Charakter des Notbehelfs trugen am meisten die Schlafsäle. Da lagen reihenweise am Boden dicht nebeneinander einfache Strohsäcke, sonst nichts. Die Gelegenheit zum Waschen war im zweiten Stock am Ende des Ganges auf ein paar Holzdielen ebenso behelfsmäßig hergerichtet. In den Strohsäcken des Schlafsaales würden sich wohl bald die Mäuse einnisten. Und in den feuchten Kellern, das wußte man bereits, hausten die Ratten. Zum Gottesdienst und zu den Mahlzeiten ging es hinauf ins neue Haus. Viermal wenigstens mußte am Tag der Gang bergauf gemacht werden. „Es ist halt Krieg", war die kurze und einfache Erklärung, mit der man sich schnell in der neuen Lage zurechtfand. In der zweiten Hälfte des Oktober 1914 begann also hier mit 80 bis 100 Schülern das neue Schuljahr. Josef gehörte damals dem dritten Kurs an.

Ein denkwürdiger Tag

Unter den Veränderungen, die das Staunen der zurückkehrenden Schüler erregte, fiel eine besonders ins Auge. Sie betraf das Michaelskapellchen ein paar Schritte neben dem „Alten Hause". Gleich dem Kloster Schönstatt war auch dieses kleine Gebäude bereits umwittert von einer ehrwürdigen Geschichte. Den Augustinerinnen, die im 13. Jahrhundert hier ihr Kloster gründeten, diente es als Friedhofskapelle für den angrenzenden Gottesacker. Seither hat es alle bewegten Zeiten in der Geschichte des Klosters miterlebt. In den letzten Jahren teilte es mit ihm auch das Schicksal der Verwahrlosung. Schon seit vielen Jahren wurde in ihm keine Messe mehr gelesen. Der alte, wackelige Altar hätte es wohl auch nicht mehr ausgehalten. Inzwischen sank die ehemalige Friedhofskapelle fast zu einer Rumpelkammer herab. Neben ein paar alten Bänken beherbergte der Raum die Gartengeräte, die zum Instandhalten der umliegenden Anlagen benötigt wurden. Sogar eine

Gartenwalze hatte man dort untergebracht. Noch voriges Jahr versuchten ein paar Schlingel aus den Unterklassen an den offenliegenden Drähten der elektrischen Leitung Experimente zu machen. Dabei gab es mehr als einmal Kurzschluß und im anliegenden „Alten Haus" jedesmal durchgebrannte Sicherungen zum großen Ärger des Präfekten. Während der Ferien war nun dem Michaelskapellchen wieder das Aussehen eines sakralen Raumes gegeben worden. Den Fußboden hatte man erneuert und trockengelegt, den Altar wieder hergerichtet und die Decke des Chores mit einem frischen himmelblauen Anstrich verschönert. Aber wozu sollte denn die neu eingerichtete Kapelle eigentlich verwandt werden, fragten sich erstaunt die Ankömmlinge. Für den täglichen Gottesdienst stand doch nach wie vor die Hauskapelle des Studienheimes auf dem Berg zur Verfügung. Auf diese Frage wußten die Oberklassen bereits eine Antwort. Das Kapellchen sei künftig bestimmt für die Veranstaltungen der Marianischen Kongregation. Mit diesem Namen tauchte nun wieder jenes Wort auf, das im letzten Jahre unter den Schülern der oberen Hausabteilung einen heftigen Streit der Geister entfesselt hatte. Nun sollte es auch in den übrigen Klassen eine Rolle spielen.
Die Marianische Kongregation in den Oberklassen war noch ziemlich jung. Erst am Weißen Sonntag 1914 hatte sie ihr Gründungsfest erlebt. Damals konnte sie allerdings bereits auf eine recht bewegte Vorgeschichte zurückblicken. Der eigentliche Urheber, auf den ihre Einführung in das Studienheim zurückging, war niemand anderes als P. Spiritual. Seiner Jugendseelsorge lag der einfache Leitsatz zugrunde, daß eine selbsttätige Formung des eigenen Charakters am ehesten auch einen selbständigen Charakter bilde. Gerade diese Selbständigkeit verlangte ja vor allem das spätere Berufsleben. Seine Instruktionen, in denen er zu einer jugendgemäßen Selbsterziehung anleitete, hatten bei seinen Schutzbefohlenen begreiflichen Anklang gefunden. Nun galt es, die Früchte dieser Arbeit zu sichern und der selbsterzieherischen Betätigung eine bleibende Form zu geben. Dafür schien ihm die Marianische Kongregation am meisten geeignet zu sein.
P. Spiritual brachte den Plan unter die Jungen, und damit war der Streit der Geister da. Viele von ihnen hatten von einer Marianischen Kongregation eine sehr abschreckende Vorstellung. Sie dachten sich darunter einen in äußerer Form erstarrten Verein mit ein bißchen muffiger Frömmelei. Solche Zerrbilder kannte man zur Genüge aus eigener Erfahrung in den heimatlichen Pfarreien. Für und wider die Marianische Kongregation wurden also unter den Jungen geistige Kämpfe geführt

und förmliche Redeschlachten geschlagen. So aber wollte es P. Spiritual haben. Die Gründung sollte nicht durch einen Beschluß von oben verordnet werden. Sie durfte auch nicht mühelos als Geschenk den Jungen in den Schoß fallen. Sie konnte nur von ihnen selber erobert werden. Um aber die Kongregation aus Überzeugung einführen zu können, mußten sie zuvor im Meinungsstreit ihre Ansicht darüber klären. Nur so würde sie ihr eigenes Werk. Das kam noch mehr in der Arbeitsweise der Kongregation zum Ausdruck. Sie war das freie Reich der Jungen, das sie durch die selbstgewählten Führer verwalten und nach eigenen Arbeitsplänen gestalten konnten. Diesem Reiche anzugehören, stand jedem frei. Gegen die neuartige Erziehung, die der Eigentätigkeit der Jugend soviel Spielraum ließ, meldeten manche Lehrer und Vorgesetzte des Hauses ernste Bedenken und Widerstände an. Nach einer recht bewegt verlaufenen und kampfreichen Vorgeschichte konnte sie aber dennoch am Weißen Sonntag 1914 in aller Form ins Dasein treten.

Von den Ereignissen um die Einführung der Marianischen Kongregation waren bis zu den niederen Klassen nur ganz spärliche Mitteilungen durchgesickert. So sehr hatten die Begründer der Kongregation das Gefühl, es handle sich um ihre eigene Sache, daß sie sogar bei der Gründungsfeier ganz allein sein wollten. An der Türe der Hauskapelle hielten sie eifersüchtig Wacht, daß ja kein Unbefugter sich einschleiche. Und doch gelang es einem verstohlenerweise einzudringen. Aber nur einem einzigen, und der war Josef Engling. Er hatte ein eigenes Gespür dafür, wenn irgendwo etwas Großes und Ideales im Werden war. Nicht mit Unrecht witterte er hinter der neuen Gründung die Tätigkeit des Spirituals. Das war für ihn und seine Freunde Grund genug, sich für die Sache lebhaft zu interessieren.

Genau so erging es ihnen, als sie nun zu Beginn des Schuljahres hörten, das neu eingerichtete Kapellchen sei für die Veranstaltungen der Kongregation bestimmt. Wenn sie doch nur einmal das Geheimnis hätten lüften können, das über der Kongregation und ihrem Tun ausgebreitet lag! Am 18. Oktober 1914, am ersten Sonntag nach der Rückkehr aus den langen Ferien, sollte im Kapellchen zum ersten Mal eine kirchliche Versammlung der Marianischen Kongregation stattfinden. An diesem Tage beging man in Schönstatt das Fest der Hauspatronin, der Mutter der Reinheit.

Im Kapellchen vollzog sich in dieser Stunde ein bedeutsames Ereignis, dessen Tragweite erst im Lichte einer späteren Entwicklung offenbar wurde. P. Spiritual hielt damals jenen Vortrag, der für die kommenden

Zeiten unter dem Namen ,,Gründungsurkunde" in die Geschichte der Schönstatt-Bewegung eingehen sollte. In diesem Vortrag entwarf er vor den aufhorchenden Jungen einen ganz kühnen Plan. Er knüpfte dabei an eine Übung an, die auf seine Anregung schon seit Wochen in der Kongregation Eingang gefunden hatte. Die Sodalen betätigten nämlich ihre Marienliebe vor allem in der Weise, daß sie ihre Gebete, Arbeiten und Leiden in der täglichen Pflichterfüllung und Selbsterziehung der Gottesmutter als freiwillig dargebrachtes Opfer anboten. Kraft ihrer Fürsprache sollten diese Opfer in einen Gnadensegen umgewandelt werden zum Aufbau des Gottesreiches hier auf Erden. In der Jungensprache nannte man später diese Übung einfach: ,,Beiträge zum Gnadenkapital der Gottesmutter". Der große Plan des P. Spiritual ging nun dahin, die damals schon bestehende Übung in eine ganz enge Verbindung zu bringen mit dem Kapellchen. Durch die Gebete und Opfer sollte die Gottesmutter bestürmt werden, ihren Gnadenthron, ähnlich wie sie es schon an so vielen Wallfahrtsorten getan, auch im Kapellchen zu Schönstatt aufzuschlagen. Dadurch würde ihre Gnadenvermittlung in besonderer Weise mit diesem Ort verknüpft. Darum sollte ihr im Kapellchen ein möglichst großes ,,Gnadenkapital" angelegt werden, damit sie gerade an dieser Stelle die Sodalen in reichlichem Maße segnen könne. So werde durch die Gnade der Gottesmutter, aber auch durch eigene Mitwirkung, das Kapellchen in Wahrheit umgestaltet zu einer geistigen Heimat der Sodalenfamilie, zum Brennpunkt ihres Lebens und Strebens. Die Zukunft der Kongregation müsse beweisen, ob die Gottesmutter dieses Angebot angenommen habe.

Die Herzen der jungen Zuhörer fingen für den vorgelegten Plan sofort Feuer. Wohl keiner von ihnen aber ahnte, daß sie in diesem Augenblick eine große Stunde erlebten.

Josef Engling hat die Versammlung der Marianischen Kongregation vom 18. Oktober 1914 selber nicht miterlebt. Etwa zwei Wochen später kam er ja erst aus den Ferien wieder nach Schönstatt zurück. Von dem Inhalt des Vortrages erhielt er im Laufe der Zeit so unter der Hand nähere Kunde, am meisten wohl im Umgang mit P. Spiritual. Den ausgerufenen Plan erfaßte er vor allem unter dem kennzeichnenden Ausdruck: ,,Beiträge zum Gnadenkapital der Gottesmutter" So entsprach es am meisten seinem praktischen Sinn, der eine Idee oder eine Lehre, die sein Herz gefangen genommen hatte, sofort in den Alltag des Lebens umsetzte.

Die inhaltsschwere Versammlung der Marianischen Kongregation vom 18. Oktober war verklungen. Im alltäglichen Leben der Sodalen schien es fast so, als habe sie überhaupt keine Spuren hinterlassen. Die Begeisterung für den großen Plan des P. Spirituals machte bald der nüchternen Werktagsstimmung Platz. Ja, der Plan selber wirkte zunächst im öffentlichen Bewußtsein der Sodalenfamilie kaum oder gar nicht weiter. Fast sah es so aus, als sei er wieder völlig untergegangen. Das war aber nicht so. Hier ging es wie bei einer Aussaat. Der ausgestreute Samen muß zuerst lange im schützenden, fruchtbaren Erdreich verborgen sein. Dort lebt und keimt er im stillen und dem Auge unsichtbar weiter. Erst die spätere Entfaltung läßt sein Leben und sein Wachstum wieder offenbar werden.

Im „Alten Haus“ nahm indes der übliche Gang des häuslichen Lebens und die gewohnte Schularbeit die neuen Bewohner ganz in Anspruch. Man saß genau wie früher hinter den Büchern. Man suchte sich in die ärmlichen Verhältnisse einzuleben und hoffte im übrigen auf ein baldiges Kriegsende. Das öffentliche Bewußtsein der Jungen aber war ganz erfüllt von den gewaltigen Geschehnissen des Weltkrieges, von den Nachrichten und Schilderungen, die von den Schlachtfeldern kamen. Andere Gedanken und Erlebnisse schienen da kaum noch Raum zu haben. Auch nicht die Erinnerung an den 18. Oktober. Ja, nicht einmal in den folgenden Vorträgen und Instruktionen des P. Spirituals sollte der ausgerufene Plan eine sonderliche Rolle spielen. In der mittleren Abteilung wenigstens, die sich aus dem dritten und vierten Kurs zusammensetzte, wandte er sich sogar einem ganz anderen Thema zu. Er sprach von dem, was die jungen Herzen so sehr bewegte: von der großen Zeit des gigantischen Völkerringens. Der Weltkrieg bekam eine tiefere Deutung. Im Grunde genommen sei er aufzufassen als der Beginn einer gewaltigen entscheidenden Geistesschlacht. Sie werde letztlich ausgetragen zwischen dem Gottesreich hier auf Erden und den dunklen Mächten der Finsternis im Verein mit den entfesselten Leidenschaften. Dann ging er auf die Forderungen ein, die eine solche Zeit an das Geschlecht der jungen Kirche stellen müsse. Und mit einer kühnen Wendung faßte er alle diese Forderungen zusammen in dem knappen Satz: „Unsere Zeit braucht Heilige“. Dabei wollte er das Wort nicht als eine fromme, im übrigen aber nichtssagende Redeweise verstanden wissen. Er meinte es ganz ernst damit. Tatsächliche Heilige sollten sie werden, so wie die Kirche das Heiligsein immer aufgefaßt hat.

Den jungen Zuhörern kam diese Parole des P. Spirituals etwas überraschend. Als er bisher die Zeitlage ausdeutete, waren sie ihm bereitwillig gefolgt. Aber jetzt meinten doch nicht wenige, ihm zu seiner plötzlichen und ungewöhnlichen Schlußfolgerung die Zustimmung verweigern zu müssen. Echte Jungen, ganze Männer, ideale Priester, ja, das wollten sie werden. Aber Heilige? Nein, das ging entschieden zu weit. Wie doch nur P. Spiritual auf einen solch verwegenen Gedanken kommen konnte! Er war doch sonst ein so vernünftiger Mann. Im letzten Jahr sahen jedenfalls die Instruktionen ganz anders aus. Da hatte er ihre jungen Herzen begeistert für das Priesterideal. Und jetzt sollten sie auf einmal Heilige werden!
Was damals in so manchen Jungenherzen vor sich ging, das hat Josefs Freund Karl am besten ausgesprochen. Er war nämlich im Besitze einer alten Heiligenlegende, die er sich bei seinem frommen Paten geliehen hatte. In den vergilbten Blättern dieses ehrwürdigen Buches konnte man ganz genau lesen, was ein Heiliger sei, und wie er aussehe. Welches Bild sich dabei in Karls Phantasie malte, das erzählt er mit folgenden Worten: ,,Wenn ich das Wort Heiliger hörte, dann tauchte immer eine tiefernste, grauenerregende Gestalt vor meinem Geiste auf, mit fahlem Gesicht, hervorstehenden Backenknochen, eingefallenen Augen, umkleidet mit einem härenen Bußgewand, in der linken Hand womöglich das Kruzifix, in der rechten die fürchterliche Geißel.'' Karl war nicht der einzige, der mit dem Begriff des Heiligen eine solche Vorstellung verband. Andere hatten das Gefühl, als sollte ihnen mit diesem Ideal eine altmodische und schwächliche Frömmigkeit zugemutet werden. Da werde man ja zu einem rechten Betbruder, der unfroh und untüchtig durchs Leben geht. Das konnte aber P. Spiritual unmöglich von ihnen verlangen. Oder ob er es wieder so machte wie bei der Einführung der Kongregation? Damals hatte dieses Wort die Geister anfänglich genau so in Aufregung gebracht. Aber nachher eroberte es doch alle Herzen, weil es im Laufe der Belehrung einen ganz neuen Inhalt bekam.
Jedenfalls hielt P. Spiritual an seiner Parole fest. Eines freilich hatten die widerstrebenden Zuhörer anfänglich ganz überhört. Er sagte nicht einfach: ,,der Heilige'', sondern: ,,der zeitgemäße Heilige''. Und nun entwickelte er ein Ideal, mit dem am Ende alle einverstanden waren. Der Heilige galt als der Inbegriff alles Großen und Starken, als die überragende, gotterfüllte Persönlichkeit. Nicht das Außergewöhnliche, die Visionen, die Ekstasen und Wunder machen den Heiligen aus, ja nicht einmal die ungewöhnlichen Bußübungen. Der Heilige ist der

Mann der heroischen Gottesliebe, die in den kleinen Dingen des Alltags die Feuerprobe besteht. Der Begriff des Heiligen wurde vor allem geklärt und geläutert an der Gestalt des hl. Franz von Sales. In ihm vereinigte sich die gottinnige Seele mit der adeligen Gesinnung des sittlichen Edelmenschen, die feine Bildung des Gelehrten mit der hochgemuten Tatkraft des apostolischen Mannes, der unbeugsame Charakter mit einem grundgütigen, gewinnenden Wesen.

Die Vorträge über das Ideal des Heiligen machten auf Josef einen außerordentlichen Eindruck. Schon immer hatte er in sich das Drängen einer unbändigen Kraft und Sehnsucht gespürt. Erst in einer übermenschlichen Leistung, so dünkte es ihm, werde er zur Ruhe kommen. Jetzt wußte er, worin die Großtat seines Lebens zu bestehen habe. Nicht bloß der Priester schlechthin stand fortan als Lebensziel vor seiner Seele. Es mußte der Priester sein, der zugleich ein zeitgemäßer Heiliger ist. In jenen Tagen fiel in seiner Seele die unwiderrufliche Entscheidung: „Ich will ein Heiliger werden." Man mag in diesem Entschluß nichts Besonderes sehen. Welcher echte katholische Junge, der in dem Heiligenideal alles Große und Starke wiederfindet, könnte nicht etwas Gleiches sagen? Und wieviele sind es, die in einer Stunde jugendfroher Begeisterung oder im Augenblick einer gehobenen Andachtsstimmung das gleiche Wort gesprochen haben? Bei Josef aber war es in der Tat etwas Besonderes; denn die Entscheidung, mit der er sich zum heldenhaften Ringen um das Heiligenideal bekannte, bekam von dieser Zeit an Geltung für sein ganzes Leben. Sie sollte nie mehr in seiner Seele untergehen. Freilich nicht als fromme Sehnsüchtelei wirkte sie in ihm weiter. Sie blieb verwurzelt in einem männlich starken Willen, den auch die schwersten Kraftproben des späteren Militärlebens nicht mehr zu brechen vermochten.

In der Vortragsreihe über das Ideal des zeitgemäßen Heiligen wurde um die Weihnachtszeit 1914 einer gehalten, der Josefs Seele besonders tief packte. Er war so erfüllt von der Begeisterung für das hohe Lebensziel, daß er sich gedrängt fühlte, seine Empfindungen mit Gleichgesinnten zu teilen. Zu wem sollte er aber gehen? Was in seiner Seele vorging, war so zart und heilig, daß eine verschämte Zurückhaltung ihm den Mund verschloß. Am ehesten wäre es vielleicht noch bei seinem Freund Karl gegangen. Ganz vorsichtig fühlte er bei ihm vor mit der allgemeinen Frage: „Sag, wie hat dir der letzte Vortrag gefallen?" Karl war inzwischen von seinen früheren Vorurteilen gegen das Heiligenideal gründlich geheilt worden. Auch ihn hatten die Vorträge tief bewegt. Und nun begegneten sich die beiden in der gleichen Gesinnung.

Es bedurfte nicht vieler Worte, bis sie sich einig waren. Sie schlossen eine Art Bund miteinander. Den Kampf um das hohe Ziel wollten sie gemeinsam führen. Einer müsse den anderen unterstützen, mahnen, auf Charakterfehler aufmerksam machen und immer wieder an das große gemeinsame Ideal erinnern. Auch dieser Abmachung blieb Josef zeitlebens treu und löste sie auch später ein, im bewegten Leben der Front.

Im übrigen trugen die weiteren Unterweisungen des P. Spirituals schon Sorge dafür, daß die aufbrechende Begeisterung für das Ideal des zeitgemäßen Heiligen keine kraftlose Schwärmerei wurde. Sie befaßten sich nämlich recht ausführlich mit der Frage, wie wohl der innere Werdegang eines solchen Heiligen aussehe. Nicht aus der Sucht nach ungewöhnlichen, auffallenden oder gar absonderlichen Dingen werde er geboren. Nein, mitten im alltäglichen Werktag wachse er. Als immer wiederkehrende Losung fiel damals das Wort: Er ist ein Mann der treuen und treuesten Pflichterfüllung. Gelegentlich hieß es auch: ordinaria extraordinarie! (Das Gewöhnliche außergewöhnlich gut.) Die letzte Wortprägung ging in Josefs Sprachschatz über und zwar so gründlich, daß sie bis zu seinem Tode nicht mehr daraus verschwand.

Ein glücklicher Umstand fügte es überdies, daß ihm das Ideal des Heiligen, der aus vollendeter Treue im Kleinen geboren wird, zu einem eindrucksvollen Erlebnis wurde. Und das kam so. Um jene Zeit ungefähr las man als gemeinsame geistliche Lesung in der Klasse die Lebensbeschreibung des kroatischen Jesuitenschülers Peter Barbaric*. Dabei oblag Josef, weil er Klassenpräfekt war, das Amt des Vorlesers. Wenn er irgendwo etwas öffentlich vorzutragen hatte, fanden einige Taugenichtse das immer sehr interessant. Mit seiner schweren Zunge stolperte der Präfekt über manches schwierige Wortgefüge. Solch halsbrecherische Sprünge kamen ihnen immer sehr spassig und unterhaltsam vor.

Bei der damaligen Lesung wurden seine Mitschüler aber durch etwas ganz anderes gefesselt. Es fiel ihnen auf, daß der Präfekt mit einer eigenartigen Ergriffenheit an dem Stoff der Lesung Anteil nahm. Man merkte es einfach an dem bewegten Ton der Stimme. So manch schläfriger Zuhörer guckte erstaunt auf und musterte ein wenig verwundert den Präfekten. Was der nur haben mochte? Das waren doch lauter ganz gewöhnliche Begebenheiten, die er da vorlas. Die hatten doch wirklich

* Puntigam, P. Barbaric Innsbruck, 1901.

nichts Spannendes und Aufregendes an sich. Im übrigen mochte man es nicht leiden, wenn jemand beim Vorlesen so begeistert tat. Man wollte eben die Gedanken des Buches und nicht die Gefühle des Vorlesers vorgesetzt haben. Beim Vorlesen des Präfekten traf das diesmal nicht zu. Man wußte selbst nicht, warum es so war. Aber es lag etwas in seiner Ergriffenheit, das zwang unwillkürlich zur Achtung. Es kam noch besser. Als das Buch zu Ende war, nahm er das Inhaltsverzeichnis her. Er begann die einzelnen Kapitel mit erläuternden und zusammenfassenden Bemerkungen aufzufrischen. Ob der Präfekt mit eigenen Worten wohl das ganze Buch noch einmal wiederholen will?, fragten sich die erstaunten Zuhörer. Der schien ja in diesen jungen Kroaten ganz vernarrt zu sein. Einige wollten witzige Zurufe machen. Aber schließlich ließen sie ihn gewähren und nahmen selbst die beigefügten väterlichen Ermahnungen ganz ohne Widerspruch hin. Wenn der treuherzige Engling in so gutgemeinter Absicht seines Amtes waltete, wollte man ihn aus Mitgefühl nicht kränken. Für einige Wochen hatte er allerdings einen neuen Spitznamen, und der hieß „Peter Barbaric". Dabei konnten etliche der losen Spottvögel sogar den eigenartigen Tonfall seiner Stimme täuschend ähnlich nachmachen.

Warum aber hatte das Lesen des Buches sein Innerstes so tief gepackt und förmlich erschüttert? Ganz gewiß nicht, weil sich darin etwas Ungewöhnliches oder Absonderliches fand. Und doch gab es einen Zug im Leben Peter Barbarics, der ihn zum jugendlichen Helden stempelte: er war mit dem Werktag fertig geworden. Das religiöse Innenleben, die Berufspflichten, der Umgang mit dem Nächsten, die unvermeidlichen Plackereien des irdischen Daseins, kurz, die ganze Unsumme der alltäglichen Kleinigkeiten hatte er mit einer bewundernswerten Treue im Kleinen zu meistern verstanden. Das war der Grund, weshalb sein Vorbild auf Josef eine derart mächtige Anziehungskraft ausübte. Darin fand er ja auf einmal in bildhaft anschaulicher Weise genau das wieder, was schon seit Wochen seine Seele so tief bewegte und manchmal geradezu aufwühlte. Kein Wunder, daß die Erinnerung an diese Lebensbeschreibung ihn nicht mehr verließ und in den späteren Jahren noch oft auftauchte. Sie zeichnete in seine Seelengeschichte eine unverwischbare Spur ein. Von jetzt ab unterstand sein Leben einem ganz bestimmt geprägten Heiligenideal. Dem Inhalt nach war es das gleiche, das man in der späteren Geschichte Schönstatts das Ideal des Werktagsheiligen nannte.

Außer dem genannten Lebensbild halfen auch noch andere kleine Erlebnisse mit, das neuentdeckte Ideal in der Seele tiefer zu verwurzeln.

Es lag in Josefs Art, mit gegebenen Anregungen oder gewonnenen Einsichten gleich mitten in das praktische Leben hineinzugehen. So war es ja auch gewesen, als im vorigen Jahr die Instruktionen über das Priesterideal gehalten wurden. Ihre Lehren hafteten vor allem deswegen sosehr in seinem Gedächtnis, weil er sich ernstlich bemühte, sie in die Tat umzusetzen. In der Erfahrung des nüchternen Alltags ging ihm erst richtig auf, was sie besagen wollten. Auch diesmal blieb er dieser Art treu. Die ärmlichen Verhältnisse des „Alten Hauses", die täglichen Berufspflichten, das stete Zusammenleben mit Gleichaltrigen boten an sich schon eine Fülle von Gelegenheiten, mit einer werktäglichen Frömmigkeit Ernst zu machen. Zuweilen gab es aber kleine Zwischenfälle, die sein Ringen um das Heiligenideal auf eine besondere Probe der Bewährung stellen konnten.

Zu Beginn des dritten Kurses war Josef nicht bloß von neuem das Amt des Klassenpräfekten, sondern auch des Klassenheizers übertragen worden. An sich nahmen ihm seine Pflichten als Klassenpräfekt schon viel Zeit weg. Noch mehr beanspruchte ihn das Amt des Heizers. Die heraufziehende Kriegsnot zwang dazu, an allem zu sparen, auch am Heizmaterial. Da gerieten die Heizer der einzelnen Klassen bei der Zuteilung des Heizmaterials zuweilen in Fehde miteinander. Und die Pfiffigen unter ihnen wußten die Langsamen oft zu begaunern. Josef hatte als gewissenhafter Mitschüler natürlich dabei einen sehr schweren Stand. Außerdem kam er aber auch noch aus einem anderen Grund in eine üble Lage. Sein Ofen war durchaus nicht leicht zu behandeln. Das alte Möbel hatte seine schwer berechenbaren Mucken, konnte qualmen, rußen oder gar ganz den Dienst verweigern. Das war aber noch nicht das Schlimmste. Weil Englings Klasse mit ihren vierzig Mann die meisten Schüler zählte, mußten sie auch den größten Studiersaal beziehen. Der lag zu ebener Erde und besaß große Fenster, die teilweise bis auf den Boden reichten. Dazu kam noch ein kalter Steinboden. Diesen Raum einigermaßen durchzuheizen, war ein Kunststück.

Bevor das Morgenstudium anfing, sollte das Feuer bereits brennen. Ehe man sich also in der Frühe im Studiersaal versammelte, begann Josef mit seiner mühsamen Arbeit. Meistens glückte es ihm, rechtzeitig fertig zu sein. Zuweilen war er aber noch damit zu Gange in der Zeit des Morgenstudiums. Da standen die einen in ihre Mäntel gehüllt frierend vor ihren Pulten; sie wippten ungeduldig von einer Fußspitze auf die andere und warteten mit Schmerzen, bis die wohlige Wärme herangekrochen käme. Andere gruben die steifen Finger tief in die Taschen

und waren im Herzen froh, nicht wie der Engling jetzt an dem eiskalten Ofen herumhantieren zu müssen. Der bemühte sich inzwischen mit allen Mitteln um sein aufglimmendes Feuerchen. Der Ofen schien wieder einmal genau so mißgelaunt zu sein wie einige der müßigen Zuschauer. „Braucht der tappige Kerl aber wieder lange heut", dachten sie ärgerlich. Aber keiner der faulen Besserwisser rührte auch nur einen Finger, dem geplagten Heizer beizustehen. Fing nun endlich der Ofen an zu glühen, dann kamen neue Beschwerden. Die in der Nähe saßen, konnten es nicht aushalten vor Hitze, während die anderen am Ende des Saales froren. Die einen sagten: „Engling, nun mach doch keine solche unvernünftige Höllenglut!" Die anderen riefen: „Engling, wann wird denn endlich mal der Studiersaal warm!"
Da stand nun der arme Heizer im Kreuzfeuer der Zwischenrufe und mußte sich für all seine Mühe noch obendrein ausschelten lassen. Josef aber tat Tag für Tag stillschweigend seine Pflicht. Er verlor kein Wort darüber, daß er diese lästige Arbeit ganz allein tun mußte. Er wurde nicht mißmutig und gereizt bei ungerechten Vorwürfen. Er beklagte sich auch nicht darüber, daß sich einige Mitschüler so undankbar zeigten. Jeden Tag begann er seine Marthadienste von neuem und erfüllte sie mit schlichter, selbstverständlicher Treue.
Noch ein anderes Amt wurde Josef Engling aufgetragen, an dem er seine Begeisterung für das Ideal des Werktagsheiligen erproben konnte. Im „Alten Haus" stellte eines Tages P. Präfekt die „Offizien" zusammen. Diesmal mußte er eines in die Liste setzen, das bisher noch nie darin gestanden hatte. Es handelte sich um die Reinhaltung der Aborte. Im neuen Haus oblagen derartige Arbeiten nicht den Schülern. Jetzt in der Kriegszeit stand aber niemand anders dafür zur Verfügung. Im öffentlichen Bewußtsein der Schüler betrachtete man das neue Amt als etwas Ungewöhnliches und zugleich als etwas Demütigendes. Die Aborte im „Alten Haus" waren noch recht primitiv und ohne Wasserspülung. Ihre Reinhaltung wurde darum von den Jungen als eine sehr peinliche Verrichtung empfunden. In ihrer Vorstellung mußte der Träger eines solchen Amtes einfach mit einem Makel behaftet werden. Es fehlte sogar nicht an vereinzelten Stimmen solcher, die erklärten, sie gingen eher aus dem Hause, als daß sie sich ein solches Amt aufhalsen ließen. Das war natürlich eine Übertreibung; aber sie zeigt doch, wie das Amt empfunden wurde. Auch P. Präfekt schien zu fühlen, daß er eine sehr schwere Aufgabe zu vergeben habe. Er wählte sich darum jemand aus, der nach seiner Meinung sicher die nötige Willigkeit und Gewissenhaftigkeit dafür mitbrachte. Seine Wahl fiel auf Josef Eng-

ling. Auch ihm wurde es schwer, den Auftrag des Präfekten auszuführen. Er tat es sichtlich mit innerem Widerstreben, aber er biß auf die Zähne und tat es doch.
Jeden Monat wurde die Verteilung der Offizien neu geordnet. Als nun P. Präfekt zum zweitenmal seine Liste herausgab, ließ er das bisherige Amt Englings offen. Er meinte, es sei ihm lieber, wenn sich dafür ein Freiwilliger fände. Welche Situation damals entstand, ist von den Beteiligten später mit einem treffenden Soldatenwitz geschildert worden. In der Kaserne fragt der Unteroffizier die Rekruten: „Was tut der Soldat, wenn es heißt: ‚Freiwillige vor!'?" Antwort: „Er macht Platz, damit die Freiwilligen vortreten können." Genau so soll es damals auch gewesen sein. Jeder habe verschämt vor sich hingeguckt oder verlegen nach der Seite gesehen, um nur gleich Platz zu machen für den Freiwilligen. Zur großen Beruhigung der Gemüter erfuhr man später, Josef Engling habe sich freiwillig erboten, sein Offizium weiterzuführen. Über zwei Jahre lang bis zum Beginn seiner Militärzeit erfüllte er gewissenhaft und sorgfältig die übernommene Aufgabe. Als er wegging, fand er zwar keinen freudigen Nachfolger, aber der Bann im öffentlichen Empfinden war gebrochen. In späteren Zeiten wurde das Amt als eine selbstverständliche Arbeit übernommen und ausgeübt.
Viel Ehre hat allerdings der jahrelange und selbstlose Dienst Josef Engling nicht eingebracht. Im Gegenteil gab es in den höheren Klassen Mitschüler, die gerade deshalb geringschätzig und mitleidig auf ihn herabsahen. Sie kannten ihn nicht und hielten ihn für einen dummguten Tölpel, der sich für alles gebrauchen ließ. Selbst in der eigenen Klasse dachten einzelne ganz ähnlich. Josefs Empfinden war nicht so stumpf, daß ihm diese Verachtung und Verkennung entgangen wäre. Niemand aber hat je von ihm ein Wort der Klage oder Bitterkeit gehört. Die meisten seiner Klasse haben für seine Tat allerdings Verständnis gezeigt. Aus dem täglichen Umgang waren sie vertraut geworden mit seiner innersten Gesinnung. Darum wußten sie, daß hinter seinem Tun nicht einfältige Tölpelei stand, sondern das mannhafte Ringen um ein großes Ideal. Er hatte den Mut, auch um den Preis schwerer Opfer damit Ernst zu machen.
In das Seelenleben Josefs zeichnete sich eine deutliche Linie ein. Unter der Leitung P. Spirituals war er tiefer eingedrungen in das Berufsideal. Vor allem hatten dessen Belehrungen sein selbsterzieherisches Streben geweckt und in geordnete Bahnen gelenkt. Vom Berufsideal war er weitergeschritten zum Heiligenideal und vom Heiligenideal zum Werktagsheiligen.

Die Mittelklassen sahen die Marianische Kongregation der oberen Abteilung immer noch in ein eigenartiges Dunkel gehüllt. Zwar standen an den Fenstern des Kapellchens keine „Schwarzhörer" mehr. Ein Verbot des P. Präfekten hatte sie für immer dort verjagt. Diese Schleichwege wären aber auch sowieso bald außer Übung gekommen; denn eines Tages kündete P. Spiritual an, auch in der mittleren Abteilung sollte eine Kongregation ins Leben gerufen werden. Um beide voneinander zu unterscheiden, werde man die der Älteren Congregatio Maior und die der Jüngeren Congregatio Minor nennen. Die Botschaft wurde bei den Mittelklassen mit sichtlicher Befriedigung aufgenommen. Nun sollten sie in gewissem Sinne den Großen ebenbürtig werden. Das hob nicht wenig ihr Selbstgefühl. Am 8. Dezember 1914 gründete der vierte Kurs die Congregatio Minor. Josefs Klasse begann gleichzeitig mit der Kandidatur. Der Präfekt der neugebildeten Minor übernahm die Aufgabe, die Kandidaten in die Kongregation einzuführen. Jetzt bekamen sie also endlich zu hören, was sie schon lange wissen wollten.

Zuerst wurde die Geschichte der Marianischen Kongregationen durchgenommen, namentlich ihr segensreiches Wirken zur Zeit der Gegenreformation. Die Kandidaten staunten nicht wenig, als sie erfuhren, was die Kongregation eigentlich sei, und was sie wolle. Da ging es also nicht um einen frömmelnden „Blaubändchenverein", sondern um eine wehrhafte geistige Streitmacht, die bereits in den schwersten Kampfzeiten der Kirche des ausgehenden Mittelalters eine ruhmreiche Vergangenheit durchlebt hatte. Sie lernten ihre drei Grundkräfte kennen: Selbsterziehung, Apostolat und Marienverehrung. Auch das ließ sich hören. Ganz besonders aber gefiel ihnen der Aufbau und die Arbeitsweise. An der Spitze stand ein Führerrat oder Magistrat, wie sie ihn nannten. Die drei ersten Führer wählte die Gemeinschaft der Sodalen; die übrigen Führer wurden von den so Gewählten ernannt. Die Kongregation teilte sich auf in zwei Sektionen: in eine eucharistische, der vor allem die Sorge für die Selbsterziehung oblag und in eine Missionssektion, die besonders den apostolischen Geist zu wecken hatte. Beiden gemeinsam sollte die Marienverehrung sein. Die eucharistische Sektion beschäftigte sich mit den Fragen der Selbsterziehung, indem sie sich anlehnte an das Leben Christi. Sie umschloß drei Gruppen: eine Herz-Jesu-Gruppe, die sich mit der Person Christi befaßte; eine Gebetsgruppe, die den betenden Heiland nachahmte; eine Höflichkeitsgruppe, die ihn im Umgang mit den Menschen betrachtete. Zu Beginn des Jahres fertigten die Sektionen Arbeitspläne an. Darin stellten sie den Stoff der Vorträge zusammen, die in den wöchentlichen Versammlungen gehalten und besprochen werden sollten.

Die Kongregation und ihre Einrichtungen erregten bei Josef ein begreifliches Interesse. Für alles Ideale konnte sich sein empfängliches Gemüt immer rasch entzünden. Er begriff bald, daß sich ihm hier eine vorzügliche Charakterschule auftue. Sein natürlicher Drang, sich im Dienste der Gemeinschaft zu betätigen, fand dabei einen weiten und ungeahnten Spielraum. Welcher Sektion sollte er nun beitreten? Die Frage schien ihm nicht ganz einfach. Sein Zug zum Großen, zur rastlosen apostolischen Tat, drängte ihn zur Missionssektion. Die Neigung zur Innerlichkeit, zur selbsterzieherischen Arbeit am eigenen Charakter rief ihn in die eucharistische. Die letzte Neigung überwog. Innerhalb der eucharistischen Sektion schloß er sich der Höflichkeitsgruppe an. Der Entschluß konnte nicht überraschen. Wie oft war ihm schon sein ungelenkes äußeres Gehaben sanft und unsanft zum Bewußtsein gebracht worden! Und wie schmerzlich hatte er selber all diese Mängel empfunden! Hier mußte also zuerst angepackt werden.

Während die beiden Mittelklassen sich damit beschäftigten, die Congregatio Minor aufzubauen und zum Leben zu erwecken, befaßten sich die kirchlichen Vorträge des P. Spirituals mit einem neuen Stoff. Der stand zu ihrem Bemühen in enger Beziehung. Es war ja immer so gewesen, daß die Vorträge gerade die Dinge behandelten, die zur Zeit am stärksten die Gemeinschaft bewegten. Um jene Zeit, im Frühjahr 1915, gingen sie hauptsächlich von dem Kennwort aus: die Sodalenkönigin. Sie enthielten also eine Anleitung zur rechten Verehrung der Gottesmutter. Der werdenden Kongregation hauchten sie gleichsam die Seele ein. Für Josef waren die Vortragsreihen des P. Spirituals bisher stets von einschneidender Bedeutung gewesen. Sie schrieben geradezu jedesmal ein Stück seiner Seelengeschichte. Das sollte nun in einer einzigartigen Weise auch auf die Marienvorträge zutreffen. In ihnen wurde zunächst die Person der Gottesmutter geschildert als Königin, die ausgestattet ist mit der Königswürde der Gnade und der Reinheit. Gott hat ihr ein Königreich übertragen; denn sie ist die amtliche Christusträgerin und die Schutzfrau der Kirche. Die Sodalen sind ihre Ritter, die sie an ihren Aufgaben teilnehmen läßt. Zuerst müssen sie aber das heilige Land ihrer Seele erobern. Das tun sie in wirksamer Weise durch die Beiträge zu ihrem Gnadenkapital. In Josefs Seele weckten diese Gedanken vertraute Klänge. Was die Sodalenkönigin von ihm

verlangte, war ja nichts anderes als das Ringen um das Ideal des zeitgemäßen Heiligen. In diesen Dingen war er bereits ganz zu Hause.
Bald behandelte P. Spiritual das Thema von einer anderen Seite: Maria, die helfende Mutter des Sodalen. Er knüpfte an bei den Erfahrungen und Erlebnissen in den Herzen seiner Zuhörer und ging mit ihnen den Verlauf des bisherigen Kampfes durch. Da kam es ihnen zum Bewußtsein, wie oft sie müde geworden waren an den berghohen Schwierigkeiten, wie oft sie von Willensschwäche gelähmt, von verkehrten Neigungen oder gar Sünden übermannt wurden. Josef übersah das Schlachtfeld seines Herzens. Ja, er mußte es zugeben: der Zorn hatte ihn manchesmal überrumpelt. Launen und Stimmungen waren oft über ihn Herr geworden. Wenn er zu seinem hohen Ideal aufschaute und dann wieder seine Schwächen und Fehler besah, wollte ihn ein tiefes Gefühl der Ohnmacht schier zu Boden drücken. Da erstand in den Vorträgen vor ihm das Bild der Gottesmutter, der mächtigen und gütig verstehenden Helferin. Am Leben der Heiligen wurde gezeigt, wie sie sich als mächtige Fürsprecherin erwiesen und schwache Menschenkinder zu den Höhen der Heiligkeit emporgeführt habe. Auch den Sodalen will sie zu einem brauchbaren Werkzeug Gottes machen. Deshalb verschreibt er sich ganz ihrem Dienste. In diesem Zusammenhang fiel oft das Wort Mariae specialiter mancipatus (Maria ganz zu eigen). Es war eine Wendung aus einem päpstlichen Rundschreiben über die Marianischen Kongregationen.
Die Marienvorträge brachten in Josefs Seele eine Wirkung hervor gleich jener, die unter dem Einfluß der Vortragsreihe über das Heiligenideal zustande gekommen war. Damals fiel unwiderruflich und ernst für sein ganzes Leben die Entscheidung: ,,Ich will ein Heiliger werden.“ Genau so lautete jetzt sein Entschluß: ,,Ich trete in den Dienst der Gottesmutter und bleibe ihr ganz zu eigen.“ Das Ringen um das Ideal des zeitgemäßen Heiligen und die völlige Hingabe an den Dienst der Sodalenkönigin verschmolzen zu einer unlösbaren Einheit. Das feierliche Siegel auf den neuen, tiefgreifenden Entschluß sollte die Weihe werden bei der Aufnahme in die Kongregation.
Kurz vor Ostern 1915 trat der Magistrat der Minor zu einer wichtigen Beratung zusammen. Die Kandidaten des dritten Kurses sollten am Weißen Sonntag feierlich aufgenommen werden. Da mußte man sich zuvor also darüber schlüssig werden, wen man zulassen sollte. Unter den Kandidaten herrschte darob große Spannung. Dem Magistrat schien die Entscheidung einiges Kopfzerbrechen zu machen; denn er beschloß zunächst, zwei urteilsfähige Kandidaten als Vertrauensmän-

ner zu den Beratungen hinzuziehen. Die Wahl fiel auf Josef Engling und Hans Wormer. Dagegen hatten die Kandidaten nichts einzuwenden. Jetzt würde sicher ein gerechtes Urteil herauskommen. Die Beschlüsse des Magistrates brachten aber doch für manche eine große Enttäuschung. Die Führung hatte eine scharfe Auslese gehalten und etliche zurückgewiesen, die sich ihrer Sache schon ganz sicher glaubten.

Am 11. April versammelte sich die Congregatio Minor im Kapellchen zur feierlichen Aufnahme der Kandidaten. P. Spiritual erklärte in einem Vortrag den Sinn der Weihe an die Gottesmutter. Zwei Sätze standen in dem Weihegebet, die eine besondere Aufmerksamkeit erheischten. „Eligo te hodie in Dominam, Advocatam et Matrem meam; tuere me servum clientem et filium tuum" (Ich erwähle Dich heute zu meiner Herrin, Fürsprecherin und Mutter; schütze nun Deinen Diener, Deinen Schützling und Dein Kind). Das war die kurze Formel, unter der zwischen den Sodalen und der Gottesmutter der „beiderseitige Vertrag" abgeschlossen wurde. Für Josef Engling konnte dieser Vertrag nur einen Sinn haben: er verknüpfte sein Leben untrennbar mit dem Dienst und den Aufgaben der Gottesmutter. Sie aber werde, so vertraute er, die Bürgschaft übernehmen, ihn kraft ihrer Fürsprache in einen zeitgemäßen Heiligen umzugestalten.

An den Stufen des Altares beteten die Kandidaten ihr Weihegebet. Über der Sodalenfamilie lag eine tiefe Ergriffenheit. Dann traten sie an die Fahne der Kongregation, legten die Hand darauf und sprachen: „Das ist die Fahne, die ich auserkoren, die laß ich nicht, Maria sei's geschworen!" Mehr als einer tat es mit klopfendem Herzen und mit bebender Stimme. Andere waren so bewegt, daß ihnen das Wort fast nicht aus der Kehle wollte, oder daß sie den kurzen Satz nicht mehr richtig zusammenbrachten.

Ungefähr zwei Wochen nach der Aufnahmefeier erlebten die Sodalen der Minor beim Betreten des Kapellchens eine Überraschung. An der Chorwand hing ein Marienbild. Die Sodalen der Maior hatten es dort aufgehängt. Der Gedanke, das Kapellchen mit einem Madonnenbild zu schmücken, war nicht neu. Wenn es die geistige Heimstatt der Sodalenfamilie sein sollte, mußte es natürlich auch ein Bildnis der Sodalenkönigin haben. Ein Schüler der Oberklassen hatte in diesem Sinne auch schon einer bekannten Malerin einen Brief geschrieben. Aber der Brief ging nicht ab; denn man fragte sich nicht ohne Grund, wo die Kongregation das Geld hernehmen sollte, um ein Original zu bezahlen. Da kam von Professor Huggle, einem Weltpriester und Lehrer des

Studienheimes, ein unerwartetes Angebot. Er habe in Freiburg i. Br. bei einem Antiquitätenhändler ein schönes Marienbild gesehen. Das wolle er der Kongregation für den gedachten Zweck schenken. Und eines Tages hielten die Sodalen das Geschenk in den Händen. Manchen wollte es nicht recht gefallen. Es sei zu orientalisch, meinten sie. Eine Madonna in deutscher Art und Gewandung sei ihnen lieber. Aber schließlich durfte man ja den gutmeinenden Geber nicht mit einer Ablehnung des Geschenkes verletzen. Da hängten sie es im Kapellchen auf und machten sich um den künstlerischen Wert des Bildes keine Gedanken.

Es dauerte nicht lange, da konnte man von den Sodalen der Maior hören, daß das Bild bereits einen Namen erhalten habe. Hier im Kapellchen werde es verehrt unter dem Titel: „Mater ter admirabilis" (Dreimal wunderbare Mutter). Der klang seltsam genug. Bei den Jüngeren herrschte kein geringes Staunen, warum die Großen auf diesen merkwürdigen Namen verfallen waren. Das hatte allerdings seine besondere Bewandtnis. Die Ursache dazu lag bei einem Buch. Es hießt: „Pater Rem und seine Marienkonferenzen". Vor gar nicht langer Zeit war es zufällig dem P. Spiritual in die Hände gefallen. Von ihm wanderte es unter die Sodalen der Maior. In diesem Buche konnte man die Geschichte der Ingolstädter Studentenkongregation aus dem 17. Jahrhundert lesen, die unter der Leitung des heiligmäßigen Jesuitenpaters Rem eine wahre Führerschule geworden war. In sturmbewegter Zeit ging von ihr eine erfolgreiche Erneuerungsbewegung ins bayerische Land hinein. Die Sodalen der Ingolstädter Kongregation verehrten die Mutter Gottes unter dem Titel: „Dreimal wunderbare Mutter". Daß eine Gemeinschaft junger ideal gesinnter Menschen unter der besonderen Gnadenführung der Gottesmutter Träger und Vorkämpfer einer religiösen Erneuerungsbewegung werden konnte, war für die Sodalen in Schönstatt natürlich ein hinreißendes Vorbild. Wollten sie nicht auch unter dem Schutze der Gottesmutter eine Führerschule werden, um später als Priester die Schlachten Gottes schlagen zu können? Was lag da näher, als dem neuerworbenen Marienbilde im Kapellchen ebenfalls den Namen „Dreimal wunderbare Mutter" zu geben? Das würde sie am wirksamsten an jenes Vorbild erinnern, das so starken Eindruck auf sie gemacht hatte. Der Hinweis auf das Ingolstädter Vorbild sollte für die weitere Entwicklung der Kongregation noch eine große Bedeutung bekommen. In der Minor ist diese Tatsache aufs engste verknüpft mit dem Namen Engling.

Anfang Mai 1915 beschäftigten sich die Sodalen des dritten Kurses mit einer sehr wichtigen Frage. Die vorhergehende Klasse sollte demnächst in die Congregatio Maior übergehen. Darum mußten aus den eigenen Reihen schon in absehbarer Zeit die wichtigsten Ämter des Magistrates besetzt werden. So hatten sie es jetzt hauptsächlich mit der Frage zu tun: Wer soll Präfekt werden? Die Mehrheit der Sodalen schlug unbedenklich Josef Engling vor. Eine kleine, aber rührige Minderheit setzte sich für Hans Wormer ein. Der Hans sei doch ein ganz anderer Kerl als der steife, ungeschickte Engling, sagten sie; er habe wenigstens Schneid, sei auch viel begabter und werde gewiß Schwung in die Sache bringen. Der Hans war viel zu edel, als daß er an der Propaganda für seine Person und gegen Josef Gefallen finden konnte. Es war ihm sichtlich unangenehm, daß er in dieser Weise als Rivale ausgespielt wurde. Aber gerade das erhöhte die Aussichten bei der Wahl. Es kam aber doch anders. Als am 13. Mai die Sodalen ihre Stimme abgaben, fiel eine hohe Mehrheit auf Josef Engling. Damit war er Präfekt der Kongregation. Hans Wormer wurde sein erster Assistent.

Träger einer Idee

In der Folgezeit sah man den neuen Präfekten häufig auf dem Zimmer des P. Spirituals. Er brauchte noch mancherlei Belehrung, wie er sein verantwortungsvolles Amt ausüben sollte. Von den Vorgängern hatte man wenig an Erfahrungen übernehmen können. Die waren ja selber noch nicht eingeschult und hätten aus der Kongregation fast eher einen Redeverein gemacht als eine Charakterschule. Aber in den Aussprachen mit dem P. Spiritual spielten auch noch andere Fragen eine wichtige Rolle. Er ließ Josef Einblick nehmen in das Leben der Congregatio Maior und in seine eigenen Pläne und Überlegungen. Fast acht Monate waren bereits seit jenem denkwürdigen 18. Oktober ins Land gegangen. Was war aus dem großen Plan geworden? Die Gottesmutter sollte ja durch die Beiträge zum „Gnadenkapital“ bewogen werden, im Kapellchen ihren Gnadenthron aufzuschlagen und es zu einer gesegneten Heimstatt der Sodalenfamilie zu machen.

Der Chronist konnte von einem aufblühenden Leben beider Kongregationen berichten, von dem wachsenden Eifer für den Gedanken des „Gnadenkapitals“ und von einem anbrechenden marianischen Frühling. Durfte man in diesen Vorgängen nicht Anzeichen dafür erblikken, daß die Gottesmutter das damalige Angebot angenommen habe? Viele Monate hatte der Plan einen Dornröschenschlaf gehalten. In der

Maior aber begann er zu erwachen. Das Beispiel der Ingolstädter Kongregation gab ihm sogar eine neue, noch kühnere Wendung. Bislang hatte man gehofft, die Gottesmutter werde das Kapellchen zum Brennpunkt machen für das Leben der Kongregation. Durfte man im Vertrauen auf sie noch einen Schritt weitergehen? Es stand doch ohne Zweifel in ihrer Macht, das Kapellchen zum Ausgangspunkt einer religiös-sittlichen Erneuerung zu erwählen für weite und weiteste Kreise des Volkes. Kurz: könnte nicht Schönstatt ein zweites Ingolstadt werden? In der Maior hatte der Gedanke schon bei vielen verfangen. P. Spiritual schien es vorerst nicht ratsam, mit einem Plan von solch unerhörten Ausmaßen bereits an die Öffentlichkeit der Hausgemeinschaft zu treten. Die Kongregation wurde ja seit der Gründung wegen ihrer neuartigen Ideen von allen Seiten mißtrauisch beobachtet. Ihre weitgesteckten Ziele hätten gewiß neue Stürme heraufbeschworen. Ohne daß die Jungen eigentlich recht wußten warum, kleidete er deshalb den neuen Plan in einen Decknamen. Man sprach von einer Parallele: Schönstatt-Ingolstadt. Das Wort geisterte bereits durch die Reihen der Sodalen. Gelegentlich fiel es auch in den kirchlichen Vorträgen. Was es eigentlich bedeuten sollte, darüber bestanden bei den meisten noch recht nebelhafte Vorstellungen.
Von all diesen Fragen und Vorgängen erhielt Josef tiefere Kenntnis in den Unterredungen mit P. Spiritual. Auch was dieser selbst zu dem Gedanken einer Parallele „Schönstatt-Ingolstadt“ meinte, konnte er

von ihm erfahren. Ob Gottes Vorsehung das Kapellchen in Wahrheit zum Mittelpunkt einer religiös-sittlichen Erneuerungsbewegung auserwählt habe, das müsse der Gang der Ereignisse in der Zukunft noch lehren. Vorerst könne man mit gutem Grund sagen, daß die Gottesmutter die junge Kongregation reichlich gesegnet habe. Die Sodalen sollten in Treue ihr auch weiterhin dienen und vertrauensvoll sich ihrer Führung überlassen.
Josef mochte von der Tragweite der gedachten Parallele kaum mehr als eine dunkle Ahnung haben. Auch wie sie einmal Wirklichkeit werden sollte, war für den Augenblick nicht abzusehen. Wie könnte eine unscheinbare Schülerkongregation sich auch vermessen, etwas derartiges in Angriff zu nehmen? Doch warum sollte er sich darüber Gedanken machen? P. Spiritual, unter dessen Hand bis heute alles so vortrefflich gediehen war, würde es schon zur rechten Stunde zu sagen wissen. Eines war jedoch in all diesen Erwägungen, das wollte ihn nicht mehr recht zur Ruhe kommen lassen. Die Segnungen, die bislang die Sodalenfamilie von ihrem kleinen Heiligtum aus erfahren hatte, drängten offensichtlich hinaus über die engen Mauern des Internates. Mußte da die Sodalenkönigin von ihren Getreuen nicht neue und größere Beiträge erwarten für das ,,Gnadenkapital"? Und verlangte sie nicht von ihm selber, daß er nun alles, seine ganze Lebensarbeit dafür zur Verfügung stellte? So sehr rüttelte dieser Gedanke sein Innerstes auf, daß sich in seiner Seele in jenen Tagen ein wichtiges Ereignis begab. Wiederum fällte er eine Entscheidung, die sein Lebensschicksal tiefgreifend mitbestimmen sollte. Er stellte sich entschlossen und gläubig auf den Boden der Parallele ,,Schönstatt-Ingolstadt". Wenn er sie auch noch nicht in ihrem ganzen Umfang erfaßte, soviel verstand er, daß die Sodalenkönigin von dem Kongregationskapellchen aus nicht nur die Sodalen, sondern auch weitere Kreise segnen wolle. Auch das begriff er, daß zu diesem Zwecke sein ganzes Leben ein einziger Beitrag werden müsse für das ,,Gnadenkapital". Von der Gottesmutter fühlte er sich gleichsam gerufen zu einer großen Sendung. Er sollte mithelfen, das kleine Heiligtum der Kongregation umzugestalten zum Quellgrund eines Gnadenstromes, der hinausflutet in die Lande zur religiös-sittlichen Wiedergeburt der Zeit. In sein bisheriges Lebensideal aber wurde damit ein neuer und wesentlicher Bestandteil aufgenommen. Jetzt konnte es nicht bloß mehr heißen: Der zeitgemäße Heilige. Auch nicht mehr ganz allgemein: Der Heilige im Dienste der Gottesmutter. Von jetzt ab lautete es: Der Heilige im Dienste der Gnadenmutter von Schönstatt.

Wie kam Josef dazu, sich mit eindeutiger Bestimmtheit ein für allemal auf den Boden einer solchen Überzeugung zu stellen?
Bewog ihn dazu der natürliche Leistungsdrang, der im Kampf um eine derart große Aufgabe ein unbegrenztes Feld der Tätigkeit fand? War es das Vertrauen zu seinem Spiritual, dessen Gedanken und Plänen er stets mit der größten Willigkeit folgte? Oder kam seine Entscheidung zustande, weil ein eigenartiges Gespür ihm sagte, daß Gottes Vorsehung hier die Anfänge eines großen Werkes legte? Wer wollte es sagen? Es mag sich Gnadenhaftes und Naturhaftes miteinander verbunden haben. Jedenfalls bedeutete sein Entschluß eine Weichenstellung, die seinem Leben eine ganz neue Wende gab.
Inzwischen trug sich Josef mit neuen Überlegungen. Das neugeformte Lebensideal mußte ins praktische Leben umgesetzt werden. Nur etwa einen Monat noch, dann würden sie in die großen Ferien fahren. Da bot ja die lange Ferienzeit eine prachtvolle Gelegenheit, das Wirken der Kongregation hinauszutragen über die bisherigen engen Grenzen des Hauses mitten hinein in das Volk. Die durfte auf keinen Fall ungenutzt vorübergehen. Nach einigen Aussprachen mit dem P. Spiritual hatte der Präfekt für seine Kongregation bereits einen fertigen Plan. In den Ferien würde es viel schwerer sein, die Selbsterziehung zu pflegen. Gerade jetzt müsse sich der Sodale bewähren. Die schwereren Opfer aber bedeuteten gesteigerte Beiträge für das „Gnadenkapital". Das sei das Ziel der diesjährigen Ferienarbeit. Damit aber der Plan nicht in der Luft hinge, hatte der Präfekt einen ganz greifbaren Vorschlag. Jeder Sodale möge sich eine geistliche Tagesordnung für die Ferien aufstellen. Abends sollte er sich schriftlich Rechenschaft darüber geben, wie er sie gehalten habe. Auf dieser Tagesordnung könnten passende religiöse Übungen und besondere Opfer der Selbstüberwindung stehen. Außerdem gelte für den Sodalen das Apostolat. Auf allen erreichbaren Gebieten müsse er sich mit seiner Tätigkeit für das Gottesreich einsetzen. Wie das im einzelnen zu geschehen habe, solle die Missionssektion beraten und vorschlagen. Ja, wenn dieses Ferienprogramm von der ganzen Kongregation verwirklicht würde! Das wäre ja schon der erste Schritt auf dem Weg zum Ziel: Schönstatt ein zweites Ingolstadt! Der Präfekt rieb sich voll heimlicher Freude die Hände. Aber nun mußte bis zu den Ferien noch mancherlei getan werden.
In den nächsten Wochen sah man Josef emsig beschäftigt. In den Pausen, beim Spaziergang, in der Abenderholung, überall suchte er einen seiner Mitsodalen unter vier Augen zu bekommen. In stiller Kleinarbeit, im Verkehr von Seele zu Seele wollte er jeden einzelnen gewinnen

für den Ferienplan. Mit Hans Wormer, dem Obmann der Missionssektion, hatte er sich schnell verständigt. Hans übernahm die Aufgabe, mit seiner Sektion das Apostolat in den Ferien vorzubereiten. In den Gruppenführern der Eucharistischen Sektion fand Josef ebenso eifrige Helfer, die sich für die schriftlichen „Beiträge zum Gnadenkapital" einsetzten. Es dauerte nicht lange, da war unter den Sodalen die kommende Ferienarbeit das allgemeine Tagesgespräch.

Gegen Ende des Schuljahres hielt die Minor eine Versammlung über das Thema: Der Sodale in den Ferien. Mit dem Eintritt in die Kongregation hatten die Sodalen ein neues Standesbewußtsein bekommen. Darin waren sie alle einig, daß sie jetzt als Sodalen ganz andere Ferien verbringen müßten als in den früheren Jahren. Für Josef aber standen sie diesmal im Dienste eines großen Zieles. In der Chronik der Minor hat er später über die Vorbereitung der Ferien folgende Sätze niedergeschrieben:

„Es wurden dabei (bei der Ferienarbeit) zwei Zwecke verfolgt. Der erste und größte war, unserer Mater ter admirabilis durch unsere Opfer und Überwindungen einen möglichst großen Gnadenschatz zu verschaffen, damit sie davon von unserem kleinen Heiligtum aus ausspende, wenn wir oder andere flehen oder in Not sind und so die Parallele „Ingolstadt-Schönstatt" verwirklicht werde. Der zweite war, ein möglichst sicheres Hilfsmittel zu schaffen, um leichter in den Ferien standhalten zu können in unserer Selbsterziehung."

Vielleicht war Josef der einzige, der von P. Spiritual angeleitet, die Ferienarbeit in solch großen Zusammenhängen sah. Bei den andern herrschte im allgemeinen der Gedanke vor, daß ein Sodale Mariens sich in den Ferien bewähren und im Apostolat betätigen müsse. Ihre ganze Aufmerksamkeit wandte sich in jener Versammlung darum auch fast ausschließlich den greifbaren Vorschlägen zu.

Einer aus der Missionssektion nahm das Wort und meinte, in den Ferien könne man Stanniol und Silberpapier sammeln für die Missionen. Ein anderer ergänzte ihn und regte an, in der Heimat Missionskalender zu verkaufen. Wieder einem andern schien das Büchlein „Der goldene Himmelsschlüssel" sehr wichtig. Darin wurde eine Anleitung gegeben, täglich die Vollkommene Reue zu erwecken. Auch die Verteilung der Marienbildchen dürfe nicht übersehen werden. So reihten sich in bunter Folge eine Fülle von gutgemeinten Vorschlägen aneinander. Einige Schwierigkeit bereitete die Frage, wie man sich in der Familie apostolisch betätigen könne. Natürlich kam dabei zuerst die Rede auf das gute Beispiel. Besonders aber wurde empfohlen, sich für die gemeinsamen Gebete in der Familie einzusetzen, sich der jüngeren Geschwister anzunehmen und für die öftere heilige Kommunion zu werben. Im Anschluß an den letzten Punkt wurden die Antworten zurechtgelegt auf die üblichen Einwände, die gegen die öftere heilige Kommunion zu erwarten seien. Schließlich kam die wichtigste Frage: ,,Führen wir in den Ferien eine schriftliche Gewissenserforschung durch über unsere geistliche Tagesordnung?" Daß man in den Ferien ganz besonders Opfer bringen müsse für das ,,Gnadenkapital", leuchtete allen ohne weiteres ein. Aber wozu eine geistliche Tagesordnung? Durfte man sich denn nicht ehrlich freuen, nun für etliche Wochen einmal von der strammen Hausordnung befreit zu sein? Und jetzt sollte man sich sogar selber dieser goldenen Freiheit berauben? Es kostete etwas, bis so manche widerstrebende Köpfe davon überzeugt waren, daß es in der Selbsterziehung eigentlich nie Ferien gebe. Und wenn es in der Seele unordentlich und zuchtlos zugehe, könnten einem auch die Ferien keine rechte Freude machen. Fast alle Sodalen fertigten sich noch vor der Heimfahrt eine schriftliche geistliche Tagesordnung an.

Mit der Vorbereitung auf die Ferien konnte der Präfekt zufrieden sein. Würden die guten Vorsätze nun auch alle in Erfüllung gehen? Daß diesmal die junge Schar hinauszog mit einem Eroberungswillen, das war bereits ein großer Unterschied zu den früheren Jahren. Sie kamen sich vor wie die Sendboten der Dreimal wunderbaren Mutter von Schönstatt, hinausgesandt in den Kampf des Lebens. Und als sie nach sechs Wochen wieder heimkehrten, da hielt der Präfekt mit seinen Mitsodalen eine große Rückschau. In der Chronik der Kongregation hat er später die Ergebnisse der gesamten Ferienarbeit in einem ausführlichen Bericht zusammengefaßt. Da konnte er mit großer Befriedigung das Urteil niederschreiben, daß die Kongregation das aufgestellte Ferienprogramm in der Tat durchgeführt habe.

Das gleiche durfte er mit Ehrlichkeit auch von sich selber sagen. Im Mittelpunkt seiner eigenen Ferienarbeit stand eine umfangreiche Tagesordnung. Sie enthielt folgende Übungen: Rechtzeitiges Aufstehen, Morgengebet, Sodalengebete, Partikularexamen, hl. Messe, hl. Kommunion, Geistliche Lesung, Geistliche Kommunion, Rosenkranz, gute Meinung, kleine Selbstüberwindung, Apostolische Tätigkeit, Wachestunde, Vollkommene Reue, Nachtgebet, rechtzeitiges Schlafengehen, Sprechübungen. An den Kopf des Kontrollzettels schrieb er mit kräftigen Buchstaben die Worte: ,,Beiträge für das Gnadenkapital unserer Mater ter admirabilis." Wie er sich bemüht hat, apostolisch tä-

tig zu sein, das lesen wir in dem erwähnten Chronikbericht, wo er, ohne seinen Namen zu nennen, über sich selber schreibt:
,,Ein Sodale arbeitete in seiner Gemeinde erfolgreich für die öftere hl. Kommunion. Seine Mutter gewann er zuerst. Durch sie ließ er das Büchlein über die öftere hl. Kommunion austeilen, teilte auch selbst solche aus und sprach mit den Leuten darüber. Am Schlusse der Ferien gingen wenigstens einige Frauen an den Wochentagen zur heiligen Kommunion. Ein Mann meinte, die öftere heilige Kommunion sei sehr gut, er würde auch gehen, wenn andere Mannsleute gingen. Sein (des Sodalen) Vater müsse eigentlich den Anfang machen. Damit nach den Ferien die öftere heilige Kommunion nicht aufhöre, regte er seine Mutter an, weiter dafür zu arbeiten. Er läßt sich stets davon unterrichten und erweckt durch Briefverkehr neues Interesse für die Sache. Seine Schwester bewog er, die Aloysianischen Sonntage zu halten, was in jener Gegend bei den jungen Leuten etwas sehr Seltenes ist."
So war also Josef seinem Entschluß treu geblieben. Dem Segensstrom, der von dem kleinen Heiligtum ausgeht, wollte er Wege öffnen in die Lande. Das hatte er der Gnadenmutter von Schönstatt gelobt. Seine Ferienarbeit erbrachte den Beweis, daß es ihm mit seinem Versprechen ernst war.
Das Jahr 1915 sah im Seelenleben Englings einen bedeutsamen Aufstieg. Hatten die beiden Jahre vorher das Erdreich seines Herzens aufgelockert, so hatte das letzte triebkräftige Saatkörner ausgestreut. Das Ideal des zeitgemäßen Heiligen war ihm klar geworden und stand nun als unverrückbares Lebensziel vor seinen Augen. Ein wirklicher Heiliger wollte er werden, dessen Grundzug die werktägliche Frömmigkeit, die vollendete Treue im Kleinen ist. Dann hatte ihn die Marianische Kongregation in die Schule genommen. Seitdem hieß sein Entschluß: Ein zeitgemäßer Heiliger durch die Gnadenhilfe der Gottesmutter. Darum sollte sein Leben in treuer Liebe ihr zu eigen sein. Schließlich zog ihn die Idee der Parallele ,,Ingoldstadt-Schönstatt" in ihren Bann. Da bekam sein Lebensideal einen neuen, erweiterten Inhalt: Der Heilige im Dienste der Gnadenmutter von Schönstatt und ihrer Sache. Zwar war sich Josef all dieser Vorgänge in seinem inneren Wachsen und Reifen nicht voll bewußt geworden. Sie schlummerten wie eine dunkle Ahnung auf dem Grunde seiner Seele. Es sollte aber schon bald der Augenblick kommen, da sie in sein helles Bewußtsein traten. Das Jahr 1915 war wirklich ein Jahr der Aussaat geworden.

RINGEN UND REIFEN

JOSEF ENTWIRFT EINEN KAMPFPLAN

Anfang Dezember 1915 hielt man in Schönstatt die üblichen Jahresexerzitien. Josef hatte diese Tage der Einkehr und des Gebetes noch in jedem Jahre mit großer Anteilnahme und sichtbarer Sammlung mitgemacht. Diesmal war er ganz besonders besinnlich und nachdenklich gestimmt. Ob ihn die Vorträge über die ewigen Wahrheiten so sehr erschütterten? Gewiß, die machten Eindruck auf ihn; aber seine Seele wurde von etwas anderem beherrscht. Das letzte Jahr war zu erlebnisreich gewesen. Was sich in dieser Zeit in seinem Innenleben abgespielt hatte, das schien in diesen Tagen der Stille mit einem Schlage wieder lebendig werden zu wollen. Eine verwirrende Fülle von ungegorenen Gedanken und Empfindungen drängten sich in seiner Seele zusammen. Hier mußte einmal Ordnung geschaffen werden. Am besten ging das wohl, wenn er es schriftlich machte.

Da saß er nun grübelnd an seinem Pult. Vor ihm lag ein aufgeschlagenes Oktavheftchen. Er lauschte gleichsam in sein eigenes Innere hinein, um den Grundton zu erfassen, auf den alle Erlebnisse der letzten Monate abgestimmt waren. Nun hatte er ihn. In sein Büchlein schrieb er langsam und sorgfältig den Satz: „Ich will ein Heiliger werden." Dann sann er weiter. Wie sah denn das Bild eines Heiligen aus, das seinem geistigen Auge vorschwebte? Einen Zug ins Große mußte er an sich haben, in eine übermenschliche Leistung, das war klar. Aber auch radikal mußte er sein, mußte Wagemut haben, aufs Ganze zu gehen. Da schrieb er einen zweiten Satz nieder: „Lieber Gott, laß mich lieber sterben, als dich auch nur durch eine läßliche Sünde zu beleidigen." Er suchte weiter nach Kennzeichen des Heiligenideals, die ihn am meisten packten. Da fand er etwas Neues. Im Dienste der Gottesmutter von Schönstatt wollte er ja stehen, sich ganz für ihre Sache verzehren. Um das auszudrücken, hatte ihm immer das Wort gut gefallen: Mariae specialiter mancipatus (Maria ganz zu eigen). Auch jetzt fiel es ihm ein. Und wie sollte der Kampf für das Reich der Gnadenmutter von Schönstatt aussehen? Nicht gewalttätig, auch nicht geräuschvoll, nein, das lag seiner Art nicht. Sein gutes Herz, sein Drang zu helfen, hatte ihm stets etwas anderes eingegeben. Dienen wollte er den andern, in stiller Kleinarbeit sich betätigen und ihre Herzen gewinnen. Am schönsten sagte das wohl der heilige Paulus mit den Worten: Omnibus omnia, allen alles werden. Da griff er zum drittenmal zur Feder und schrieb: „Volo omnibus omnia fieri, Mariae specialiter mancipatus." (Ich will allen alles werden und Maria ganz zu eigen.) Und noch einen vierten Satz fügte er hinzu: „Ich will bis ins Kleinste gewissenhaft sein." Die Treue im Kleinen, das Kennzeichen des Werktagsheiligen, durfte selbstverständlich nicht übersehen werden. Dazu mahnte ihn die Erinnerung an Peter Barbaric. Außerdem gehörten ja auch die kleinen Dinge des Alltags zu den wichtigsten Beiträgen des „Gnadenkapitals".

Jetzt standen vier markante Sätze in seinem Heftchen. Wie die Grundlinien eines großen Lebensplanes kamen sie ihm vor. Nach denen müßte also die Zukunft gestaltet werden. Und jeder Satz enthielt wieder ein ganzes Programm. Das fühlte er ganz deutlich, wenn er ihn las. Aber nicht nur fühlen wollte er, was darin widerklang, so nach Art einer dunklen Ahnung. Nein, ganz klar mußte es ihm werden. Er fing an, den Inhalt der einzelnen Sätze zu zergliedern und in Fragen aufzulösen. Unter den beiden ersten Sätzen dachte er sich das rastlose Streben, die zähe Kleinarbeit am eigenen Charakter, die rechte Pflege des Gebetslebens. So war es ja eigentlich immer schon in seinem Leben gewesen. Sein ruheslos vorwärtsdrängender Geist mochte nirgendwo müßig stille stehen. Seine geduldige, emsige Arbeitsfreude suchte gerade die alltäglichen Pflichten auf. Und sein reiches Gemüt verlangte nach besinnlicher Innerlichkeit. Ganz wie von selber kamen ihm darum bei den beiden ersten Sätzen folgende Fragen in die Feder:

„War ich mir über mein Ziel klar? – Bin ich im Streben nach Vollkommenheit verharrt? – Wurde ich durch die Beichte vollkommener? – Machte ich die tägliche Gewissenserforschung gründlich? – Wie hielt ich das Partikularexamen? – Wie stand es mit meinem Gebet? – Überwand ich mich stets beim Mittag- und Abendtisch? – Legte ich mir sonst täglich freiwillige Opfer auf? – Mied ich aufs gewissenhafteste jede Sünde? – Jede Unvollkommenheit? – Folgte ich stets meinem Gewissen?"

Besonders umfangreich wurden die Ausführungen über den dritten Satz. Nach ein paar Fragen über das gute Beispiel fuhr er fort:

„Verleidete ich keinem das Zusammenleben? – Beleidigte ich keinen? – Tat ich niemandem Unrecht oder wehe? – Wurde ich nie grob? – mürrisch? – Störte ich keinen im Studium? – Ertrug ich die Fehler der Mitschüler in der rechten Weise? – Beachtete ich dabei die Regeln des Anstandes? – War ich nie zu frei? – War ich stets dienstbereit? – Half ich

andern beim Studium? – Legte ich mir für sie Opfer auf? – War ich zuvorkommend? – Habe ich alle Bitten erfüllt? – Hatte ich einen Blick für das Seelenleid anderer? – Fühlte ich mit ihnen? – Suchte ich sie zu trösten? – Wußte ich jeden interessant zu unterhalten? – War ich apostolisch tätig unter meinen Mitschülern? – sonst, wo ich nur konnte? – Wie war mein Betragen gegen die Obern? – Gegen die Lehrer? – Liebte ich sie? – War ich gehorsam? – Betete ich für sie? – Betrachtete ich sie als Gottes Stellvertreter? – Habe ich meinen Eltern keinen Kummer bereitet? – Betete ich für sie? – Half ich ihnen, meine Geschwister zu erziehen? – War ich gegen jeden dankbar? – War ich stets rücksichtsvoll? – Bereitete ich jedem Freude? – War ich vollständig uneigennützig?"
Warum er wohl den dritten Satz seines Kampfplanes so ausführlich behandelte? Das hatte seinen guten Grund. Die treuherzige, helfende Liebe war seine Stärke, die Grundkraft seiner Seele. Sie gab ihm eben die meisten Gedanken ein. Zudem hatte er gerade auf diesem Gebiet bereits eine große Erfahrung hinter sich. In der Zukunft sollte sie die beherrschende Großmacht seines Innenlebens werden.
Mit dem vierten Satz verfuhr er genau so wie mit den drei andern. Da wurden alle Gebiete der täglichen Pflichten hergenommen. Die Fragen befaßten sich hier unter anderem mit der Hausordnung, z. B.: „Stand ich (morgens) sogleich auf? – War ich stets und überall pünktlich?" Oder sie prüften das Verhalten im Studiersaal, ob er beispielsweise das gebotene Stillschweigen gehalten habe, oder ob er zu den Pausen immer gleich den Saal verlassen habe. In anderen Fragen wiederum untersuchte er, wie er am Unterricht teilgenommen. Da stand also zu lesen: „Entging mir kein Wort in der Schule? – Studierte ich für alle Fächer? – Benützte ich jede Gelegenheit, mich weiter auszubilden? – Was tat ich zu diesem Zweck? – Verlor ich keine Minute?" usw.
Als er nun alle vier Sätze in dieser Weise aufgegliedert hatte, konnte er befreit aufatmen. Jetzt war das wogende Durcheinander seiner Seele endlich in eine klare Ordnung gebracht. Vor ihm lag ein großangelegter Kampfplan. Er umfaßte sein ganzes Leben und straffte es hin auf ein klar erkanntes Ziel. Noch eine Frage blieb ihm übrig. Wie sollte er es anstellen, daß sein wunderschöner Kampfplan im Werktag des Lebens nun aber auch greifbare Gestalt annehme? Er durfte doch nicht auf dem geduldigen Papier gleich einem Winterschlaf verfallen. Zweifellos mußte er öfters Einkehr bei sich selber halten, um sein alltägliches Tun mit den Forderungen seines Planes zu vergleichen. Kurz entschlossen schrieb er in sein Heftchen den Vorsatz nieder, jeden Monat schriftlich eine große Gewissensrechenschaft vorzunehmen. Dabei wollte er sich

prüfen, wie er seine Vorsätze durchgeführt habe. Damit schien der Kampfplan endgültig fertig. Die nächsten Wochen schon mußten den Beweis erbringen, ob er etwas tauge.
Etwa vier Wochen später, in den Weihnachtsferien, hatte Josef wiederum sein Heftchen mit dem Kampfplan vor sich liegen. Er war daran, eine dreitägige Erneuerung seiner Exerzitien abzuhalten. Dabei spielte selbstverständlich eine wichtige Rolle die Frage, was aus seinem Kampfplan geworden sei. An Hand der darin aufgestellten Richtlinien gab er sich jetzt Rechenschaft über den Stand seines Innenlebens. Mit dem Ergebnis war er nicht ganz zufrieden. Sein Plan wäre schon recht. Aber wie oft hatte er ihn im Gedränge des Alltags vergessen! Er müßte ihm noch mehr in Fleisch und Blut übergehen!
Da tauchte ein neuer Gedanke in ihm auf. Wozu war denn eigentlich die wöchentliche Beichte da? Ach ja, die Beichte! Wie alle Jungen hatte er mit ihr seine Nöte. Von den Tagen der Kindheit an empfand er gegen die Sünde, auch gegen die kleinste, einen ehrlichen Abscheu. Im Laufe der Jahre war dieses Empfinden immer zarter und tiefer geworden. Und wenn er in seinem Kampfplan den Wunsch niederschrieb, lieber zu sterben als Gott auch nur durch eine läßliche Sünde zu beleidigen, dann war das wirklich keine leere oder übertriebene Redeweise. Sein Beichtvater hätte ihm bereits in jener Zeit das Zeugnis ausstellen können, daß die freiwillige läßliche Sünde für ihn tatsächlich ein überwundener Standpunkt war. Die Überraschungsfehler oder andere Schwächen in der wöchentlichen Beichte zu bereuen und anzuklagen, empfand er als ein ehrliches Herzensbedürfnis. Aber wenn er bei der Gewissenserforschung im Beichtspiegel die zehn Gebote durchging, dann ergab sich fast jedesmal dieselbe Anklage. Beim Beten unandächtig, im Umgang mit anderen ungeduldig, und in der Hausordnung hie und da nachlässig gewesen; so ungefähr lautete immer das alte Lied seiner Wochenbeichte. Das aber machte sie bald zu einer ausgeleierten Gewohnheitssache. Auch die Reue und der Vorsatz wollten nicht mehr recht das Herz ergreifen. Zwar hatte er sich in seinem Kampfplan die Forderung aufgestellt, die übliche Beichte gut auszuwerten. Aber damit war es ja noch nicht getan. Wie wäre es nun, dachte er sich, wenn er den Kampfplan einfach zu seinem persönlichen Beichtspiegel machte? Den müßte er künftig statt der zehn Gebote bei der Gewissenserforschung zugrunde legen. Da könnte doch die Beichte ganz anders zu einer persönlichen Angelegenheit werden, als wenn er das allgemeine Schema der zehn Gebote dazu nähme. In Zukunft würde also die Frage seiner Gewissenserforschung nicht bloß lauten: „Wie habe ich gefehlt gegen

die Gebote Gottes?" Es käme eine neue und entscheidende dazu: „Wie bin ich dem Rufe Gottes gefolgt, der sich in meinem Lebensideal und in den greifbaren Forderungen des Kampfplanes kundtut?" Der Gedanke fand seine Billigung. In sein Büchlein schrieb er den Vorsatz nieder, vor jeder Beichte den Kampfplan durchzulesen. Wie seine Notizen der folgenden Zeit besagen, hat er den Vorsatz auch fast jedesmal gehalten.

Als Josef damit begann, seinen Kampfplan mit der wöchentlichen Beichte zu verbinden, brachte er in sein Ringen mit sich selbst eine bedeutsame Neuerung. Wenn er künftig sein Inneres prüfte und sein Gewissen erforschte, hatte er dafür andere Maßstäbe als früher. Er beurteilte sich nicht bloß nach den Maßstäben der Pflicht, die zu erfüllen ihm einfach geboten war. Mehr noch maß er sich nach dem Maßstab des Heroismus, für den er sich freiwillig entschlossen hatte. Das Leben des Christen umschloß hier einfach das Ringen um den religiös-sittlichen Helden, nicht bloß die geforderte Beobachtung der Gebote Gottes. Wenn er sich nun fortan noch gründlicher mit sich selber beschäftigte, dann starrte er nicht hin auf das eigene Ich. Sein Blick verfing sich nicht in den menschlichen Gebrechen und Fehlern, um darin haften zu bleiben und gleichsam darin zu wühlen. Sein Auge war gebannt von einem großen Lebensideal. Erst auf dem Hintergrund dieses Lebensideals hoben sich, freilich um so deutlicher, auch die kleinsten Schwächen ab. Als Schuld galt nicht bloß die Sünde, sondern auch jede Untreue gegen die klar erkannten Forderungen seines Ideals. Unter dem Einfluß dieser neuen Denkweise sollte der hochgemute Schwung seiner Seele noch größer und die Zartheit seines Gewissens noch feiner werden.

So klangen also in seinem Streben drei Dinge zusammen: Ein klar umrissenes Lebensideal, die übliche Beichte und die Gewissensrechenschaft nach seinem Kampfplan. Aber völlig ausgebaut hatte er damit seinen Kampfplan immer noch nicht. Er war es bislang gewohnt, den besonderen Vorsatz oder das sogenannte Partikularexamen zu üben. Von allen Fehlern griff er jenen heraus, der ihm am meisten zu schaffen machte. Darauf richtete er seine ganze Kraft und eine erhöhte Aufmerksamkeit. Schon seit mehr als einem Jahre hatte sich das Partikularexamen bei ihm eingebürgert. Wie sollte er nun diese gewohnte Übung in seine neue Kampfesweise eingliedern? Dafür wußte er bald Rat. Es war ihm schon von Anfang an klar geworden, daß die große Zahl der Vorsätze in seinem Kampfplan nicht mit einem Schlage durchzuführen sei. Auch hier mußte man geordnet vorgehen und einen

nach dem anderen hernehmen. Das aber sollte die Aufgabe des Partikularexamens sein. Der Kampfplan stellte einen schier unerschöpflichen Vorrat dar, aus dem ganz nach Bedarf der jeweilige Gegenstand des Partikularexamens ausgewählt werden mußte. So würde im Laufe der Zeit der ganze Plan durchgearbeitet. Schon vor einiger Zeit hatte er sich folgende Einzelübungen herausgeschrieben, die zuerst an die Reihe kommen sollten: „Gebetsleben, Körperhaltung, Anstand, Sprache, Gewissenhaftigkeit, Verkehr mit den Mitschülern und zwar Dienstfertigkeit, Rücksichtnahme, Teilnahme, Opferfreudigkeit, Heiterkeit, Kunst der Unterhaltung, Arbeit für die Kongregation."
Sein Partikularexamen sollte nun fortan im Mittelpunkt der Gewissensrechenschaft stehen, die er bei der wöchentlichen Beichte ablegte. Um sie möglichst gründlich machen zu können, entschloß er sich, jeden Tag schriftlich zu verzeichnen, wie er es durchgeführt habe. Jetzt war sein Kampfplan endgültig fertig. An der Spitze stand also sein Lebensideal. Für die Anwendung auf den nüchternen Alltag bürgte der Kampfplan. Er war der persönliche Beichtspiegel bei der Gewissenserforschung zu der üblichen Wochenbeichte. Der Brennpunkt des Kampfplanes lag im Partikularexamen, über das er sich jeden Abend schriftlich Rechenschaft gab.
Und wie sah der Kampf aus? Den hat Josef selber beschrieben. Es war in den ersten Tagen des Januar 1916. Müde streckte er sich abends auf seinem Strohsack aus und überdachte vor dem Einschlafen noch einmal die Ereignisse des vergangenen Tages. Da kam ihm folgender Gedanke: Wie wäre es, wenn ich ein Tagebuch führte und dort alles festhielte, was besonderen Eindruck in der Seele hinterlassen hat? Schon am folgenden Tag fing er mit den Niederschriften an. So ist er Berichterstatter geworden, der uns Kunde davon gibt, wie es auf dem Kampffeld des eigenen Herzens zugegangen ist. Und ein ehrlicher Berichterstatter ist er, so ehrlich wie sein biederes Wesen und sein arglos dreinschauendes Auge.

Den Tag entlang

Morgens um 5.30 Uhr zog P. Präfekt den Strang der Hausglocke. Sie hatte schon manches Dienstjahr hinter sich und darum einen etwas blechernen Klang. Und für so viele junge Schläfer hoch oben auf dem großen Speicherschlafsaal war ihr Ruf ein einziger störender Mißton. Eigentlich hätte schon in wenigen Sekunden der Schlafsaal wimmeln müssen wie ein Ameisenhaufen. So wenigstens sollte es dort aussehen, wenn es immer nach der Meinung des P. Präfekten gegangen wäre. Erschien er hin und wieder plötzlich auf der Bildfläche, dann war dem auch wirklich so. Aber es gab ja Tage im Winter, da war es auf dem zugigen Speicherschlafsaal unheimlich kalt und im Bett, oder besser auf dem Strohsack am Boden, mollig warm. Schon Tage lang standen an den Dachfenstern die Eisblumen, im strengen Winter 1917 sogar etliche Wochen hindurch. Jedenfalls fehlte es nie an dem einen oder andern, der am Morgen immer noch eine vertrauliche Verhandlung mit dem Kopfkissen zu führen hatte. Und der dicke Paul, dieses behäbige Phlegma, rekelte sich auf seinem Strohsack wie die Robbe auf der Sandbank. Ausgerechnet am Morgen nach dem ersten Glockenschlag wurde er zum Philosophen. Er stellte eine tiefgründige Betrachtung darüber an, wie im Leben doch alles so verkehrt eingerichtet sei. Abends, wenn das Bett kalt ist, müsse man hinein, und morgens, wenn es warm ist, solle man hinaus.

Gar nicht weit von dem faulen Siebenschläfer stand bereits halb angekleidet Josef Engling. Er galt bei seinen Nachbarn als Muster der Pünktlichkeit. Er selber war mit dem Urteil über sich ein wenig strenger. Zögerte er am Morgen ein wenig, statt auf den ersten Ruf mit einem frischen Schwung aus dem Bett zu fahren, dann rechnete er sich das als Fehler an. In seinen Aufzeichnungen vermerkte er, daß er im Januar das eine oder anderemal, im Februar sogar dreimal nicht ganz pünktlich gewesen sei. Jetzt hantierte er an seinem Strohsack herum. Er versuchte, ihm mit ein paar kräftigen Püffen wieder etwas Form zu geben. Es war aber auch gar zu schlimm. Unter der beträchtlichen Körperlast wuchs das Ungetüm sichtlich in die Breite. Seinen Nachbarn ging es nicht viel besser. Bald blieb von einem Strohsack bis zum anderen überhaupt kein Zwischenraum mehr. Daß sie so nahe beieinander schlafen mußten, sagte ihm eigentlich nicht recht zu. Sein zartes Empfinden bewog ihn, in seinem Kampfplan den Vorsatz einzusetzen, die Augen auf dem Schlafsaal in sorgliche Obhut zu nehmen.

Und jetzt hinunter zum Waschen! Aber was war denn das? Das Wasser in der Waschschüssel hatte sich mit einer feinen Eisdecke überzogen. Kein Wunder, denn im ganzen Hause herrschte eine Kälte, daß man zu Stein und Bein erfrieren konnte. Wie sollte es auch anders sein, wenn tagsüber nur die Studiersäle und diese noch recht dürftig geheizt wurden! In Josefs Nähe stand der kleine Titus. Er grub zähneklappernd die Hände in die schützenden Hosentaschen und starrte verschlafen auf das Eis in seiner Schüssel. Da sollte er sich waschen? Wie war es früher im geheizten Studienheim auf dem Berge droben doch so schön gewesen! Indessen löste Josef die Eisscheibe auf seiner Schüssel. Klirrend zerschellte sie im Ausguß. Die Hemdärmel hochgekrempelt, die Brust so weit als möglich entblößt, griff er herzhaft in das eisgekühlte Wasser. Sich die ganze Brust auch bei grimmiger Kälte abzuwaschen, hatte er sich eigens vorgenommen. Er wollte sich abhärten. Das Waschen selber machte einige Not. Wenn man nur rechte Seife gehabt hätte! Es war ein Elend mit dieser „Kriegsseife"! Sie enthielt mehr Tonerde als Fettstoffe. Wer nicht achtgab, dem klebte nachher eine feine Tonschicht hinter den Ohren.

Als Josef wieder auf den Schlafsaal kam, waren auch die paar Nachzügler unter den Decken hervorgekrochen. Der dicke Paul machte natürlich wie immer den würdigen Abschluß. Am Fußende seines Strohsakkes kniete Josef und betete. War denn das Morgengebet nicht gemeinsam? Doch, das war es. Aber Josef hatte sich außerdem noch ein privates festgesetzt. Wer sich auf dem Schlafsaal umsah, konnte sogar feststellen, daß er nicht als einziger vor dem Strohsack kniete. Mit dem privaten Morgen- und Abendgebet hatte es seine eigene Bewandtnis. Eines Tages fing Josef damit an. Seine Mitschüler sahen ihm ein wenig verwundert zu. Einige stießen sich an und deuteten auf ihn hin oder lachten sogar. Natürlich wurde er von seinen Freunden gefragt, warum er sich so auffällig benehme. Das gemeinsame Morgen- und Abendgebet, so meinte er, sei eine Verpflichtung. Ein rechter Charakter aber müsse es fertigbringen, seine täglichen Gebete durchzuführen, auch wenn er nicht von der Hausordnung dazu angehalten werde. Um das zu erlernen, habe er sich vorgenommen, die Sodalengebete als privates Morgen- und Abendgebet zu verrichten. (Unter dem Sodalengebet verstand man drei Ave-Maria mit dem Gebetchen: O meine Herrin, o meine Mutter . . .) Anfänglich kostete es Josef einige Überwindung, mit dem Vorsatz Ernst zu machen. Er ahnte, daß man über ihn verwundert den Kopf schütteln, ja, daß einige ihn belachen würden. Schließlich aber überwand er die Menschenfurcht und tat es doch. Er nahm die Übung sogar in seinen Kampfplan auf. Die Begründung, die er seinen Freunden gab, leuchteten manchem ein. Sein Beispiel wirkte ansteckend. Die Frage nach dem Sinn eines privaten Morgen- und Abendgebetes kam sogar eines Tages zur Sprache in einer Versammlung der Kongregation. Die Sodalen erkannten, daß ihr Präfekt einem durchaus vernünftigen Gedanken gefolgt war. Seither gab es eine größere Anzahl, die es ihm nachtaten.

Von den zwanzig Minuten, die zum Waschen und Ankleiden zur Verfügung standen, entfielen wenigstens fünf auf gymnastische Übungen. Eine regelrechte Anleitung zur Morgengymnastik gab es damals in Schönstatt noch nicht. Josef half sich selbst, so gut er konnte. Neben dem „Alten Haus“ fuchtelte er im Halbdunkel mit Armen und Beinen in der Luft herum. Ging es nun in die Kapelle des Studienheims zur Messe, dann straffte sich seine Gestalt zu gerader Haltung. In der Bank kniete er während der ganzen Zeit des Gottesdienstes unbeweglich wie eine Statue. Die hl. Messe und die hl. Kommunion war ihm die Feierstunde und der beherrschende Mittelpunkt des Tages. Die Zeit bis zum Mittag galt als Danksagung, den übrigen Teil benutzte er als Vorbereitung auf die folgende hl. Messe. Um das ganze Tagewerk auf diesen Mittelpunkt hinzuordnen, hielt er morgens und mittags die sogenannte Herz-Jesu-Wachestunde. Schon lange war sie ihm zu einer lieben Gewohnheit geworden. Innerhalb dieser Stunde pflegte er des öfteren sich für ein paar Augenblicke zu sammeln. Er dachte dann an den Heiland im Sakrament des Altares oder an den allgegenwärtigen Gott in seiner Seele. Dabei erweckte er Stoßgebete oder andere fromme Erhebungen des Herzens. Wenn er zur Kommunionbank schritt, spiegelte sich in seinen Zügen eine tiefe Sammlung wider. In diesem Augenblick spielte sich in seiner Seele ein zartes Geheimnis ab. Die Blätter des Tagebuches enthalten da und dort eine knappe Äußerung darüber. Wollte man die Grundstimmung, die sie durchweht, in Worte fassen, würde sie etwa so lauten:

„Ja, der Heiland und ich sind seit dem Tage meiner Erstkommunion unzertrennliche Freunde geworden. Nie mehr im Leben werde ich diesen Festtag vergessen können. Als ich mich entschloß, Priester zu werden, habe ich ihm unmittelbare Gefolgschaft und Treue bis in den Tod gelobt. Nach seinem Vorbild will ich allen alles werden. Nun habe ich im letzten Jahre erkannt, wie ich an seiner großen Erlösertat Anteil nehmen und für sein Reich wirken soll. Ich möchte meine Lebenskraft dafür einsetzen, daß vom Heiligtum der Sodalenkönigin ein Gnadenstrom hineingeht in die Lande zur Erneuerung der Welt in Christus. Die Beiträge zum ‚Gnadenkapital‘ der Dreimal wunderbaren Mutter haben mich das stete, stille Opfern gelehrt im Dienste des Gottesreiches. Da hat die Gottesmutter mir gleichsam das Auge geöffnet für den Sinn des Meßopfers. Ist nicht im Kreuzesopfer Christi die Welt erlöst worden? Wirke ich nicht mit an seiner Erlösertat, wenn ich in den Beiträgen zum ‚Gnadenkapital‘ teilnehme an seinem Opfern und Sterben? Mein Lebensideal, das mich so sehr gepackt, erlebe ich nirgendwo so tief wie im hl. Meßopfer. Darum ist das eine so gut wie das andere, der beherrschende Mittelpunkt meines Tagewerkes geworden. Mit dem Heiland bespreche ich alle Pläne, Sorgen und Geschehnisse meines Lebens. Seit ich mich der Gottesmutter ganz zu eigen gegeben, fühle ich mich aufs engste mit ihm verbunden. Besonders lege ich mein Partikularexamen als tägliche Opfergabe auf die Patene des Priesters. Die Messe am Morgen ist wirklich die Feierstunde des Tages, ohne die ich den Tag nicht beginnen möchte."

So ungefähr würde Josef gesagt haben. Vielleicht hätte er auch noch hinzugefügt, daß ihm die Danksagung nach der Messe eigentlich zu kurz sei. Wohl deshalb sah man ihn in der ersten Freizeit nach dem Ordnen der Betten zum Kapellchen eilen, um dort fast regelmäßig bis zum Beginn des Morgenstudiums im Gebete zu verweilen.

Es gab andere, denen dauerte die Zeit des Gebetes am Morgen gerade lang genug. Sie waren froh, daß es nun endlich zum Frühstück ging. Von der Kapelle bis zum Speisesaal entstand ein kleines Wettrennen. Das hatte seinen guten Grund. Auf den Tischen lagen an den Plätzen, jedem genau zugeteilt, zwei schmale Brotschnitten. Man lebte ja schon lange im Zeitalter der Lebensmittelkarten. Die mitten im Wachstum stehenden Jungen empfanden die Kriegsnot kaum ärger, als wenn sie die zwei dünnen Schnitten vor sich sahen. Das grau-schwarze „Kriegsbrot", das so eigentümlich nach Kartoffeln roch und auf den Zähnen wie Sägemehl wirkte, war ein viel begehrter Leckerbissen. Gewiß nicht, weil es diesen Ehrennamen verdient hätte. Wohl aber deswegen, weil man zu jeder der kärglichen Mahlzeiten einen Bärenhunger mitbrachte. Der wurde selten richtig gestillt. Zu den trockenen Schnitten gab es nichts weiter als eine Tasse schwarzen Kaffee. Beim Gang zum Speisesaal stürmte allen voran Paul Pabelmann, das dicke Phlegma. Soeben hatten er und noch einige von seinem Schlag ganz verschlafen in den Kniebänken der Hauskapelle gehangen. Sie fielen überhaupt sehr aus dem allgemeinen Rahmen der Gemeinschaft heraus. Darum hat sich auch keiner von ihnen lange in der Anstalt gehalten. Mit dem Schlußgebet der hl. Messe erwachten ihre Lebensgeister. Pauls geübter Kennerblick überflog beim Betreten des Speisesaales rasch die Reihen der Brotschnitten. Entdeckte er, daß seine Nachbarn eine größere hatten als er selbst, dann konnte er mit dem verblüffenden Geschick eines Taschenspielers die seine gegen die der anderen blitzschnell austauschen. Er war nicht der einzige, der das tat. Manche ließen sich die Gaunerei nicht gefallen, andere schwiegen dazu. Auch Josef ist mehr als einmal bei den betrogenen Schweigern gewesen.

Im Studiersaal des vierten Kurses wartete man auf den Lehrer. Auch

heute begann der Unterricht mit der gewohnten Verspätung. Ob der Lehrer wieder einen bösen Tag hatte? Dann konnte er ungemütlich werden. Es wurde aus den Schriftstellern des Altertums übersetzt. Für die Gestalt der großen Staatsmänner und Feldherrn empfand Josef aufrichtige Bewunderung. Sie waren eben große Männer, das sagte ihm alles. Ungleich größer freilich schien ihm der hl. Franz von Sales oder der hl. Franz Xaver zu sein. Das waren Geistesriesen, die gleichzeitig Staunenswertes für das Gottesreich geleistet hatten. An der Übersetzung der Schriftsteller hätte er seine helle Freude gehabt, wenn sie ihm nicht durch den Lehrer vergällt worden wäre. Was waren das für umständliche und unverständliche Erklärungen des Textes! Da sollte einer etwas verstehen oder gar noch lernen! In Josefs Seele regte sich ein Gefühl des Ärgers und des Mißmutes. Wie war es doch so ganz anders gewesen bei dem früheren Klassenlehrer Pater K.! Da machte einem das Lernen geradezu ein Vergnügen. Aber jetzt?
Unterdessen hatte der Lehrer den langen Schmitz dazwischengenommen. Es setzte eine heftige Rüge ab, weil sich der Schüler angeblich so schlecht vorbereitet habe. In Josefs Seele fing es an zu kochen. „Nein, die schlechte Methode des Unterrichtes ist an allem schuld. Bei Pater K. ist es doch immer gegangen. Und wenn der Lehrer doch nicht gleich seine Autorität ausspielen wollte, wenn er sich selber mal vertan hat!"
Das Verhalten des Lehrers reizte gewaltig sein Rechtsgefühl. In der Pause wäre er am liebsten vor Wut losgeplatzt. Aber es handelte sich ja um einen Vorgesetzten. Zudem taten es die andern schon zur Genüge. Und in seinem Kampfplan stand die Forderung, immer ehrfürchtig zu bleiben. Also biß er auf die Zähne und schwieg. Im naheliegenden Kapellchen der Gottesmutter machte er eine kurze Besuchung und legte das Opfer der Überwindung in ihr „Gnadenkapital". Irgendwo aber mußte sich seine mitteilsame Natur aussprechen. Da schrieb er es in sein Tagebuch. Am Schlusse vergaß er allerdings auch nicht, eine nützliche Folgerung zu ziehen. „Hier kann ich lernen, wie ich es später nicht zu machen habe, wenn ich Lehrer werden sollte."
Mit dem Lehrer der Mathematik standen sie besser. Der war Meister in seinem Fache. Und dann gab es in seinen Stunden manch drollige Zwischenfälle, die viel Stoff für humorvolle Unterhaltung boten. Es waren aber nicht bloß die Schüler allein, die an derartigen Lachsalven schuld waren. Auch die Person des Lehrers tat das ihrige. Eine vielbelachte Szene lieferte eines Tages der Lehrer mit einem Schüler zusammen. Der letzte war niemand anders als Josef Engling. In der Pause vor der Mathematikstunde redete sich die Neuigkeit herum, jemand aus dem

Lehrerkollegium habe in Bonn das Staatsexamen gemacht. Wer das sei, wußte man nicht. Die Vermutung fiel auf den Mathematiklehrer, der damals des öfteren nach Bonn an die Universität fuhr. In Wirklichkeit war es aber ein anderer. Das Volksgerücht machte aus der Vermutung kurzerhand eine Behauptung. Ein paar böse Schlingel kamen sofort auf den Einfall, daß sich hier eine vortreffliche Gelegenheit zu einem Schabernack biete. Bald stürzte ein ganzer Schwarm auf Josef zu, der damals Klassenpräfekt war. ,,Engling, du mußt im Namen der Klasse dem Mathematiklehrer Professor R. vor der Stunde gratulieren." Man setzte ihm die Lage auseinander. Ob es denn auch wirklich wahr sei, erkundigte sich vorsichtig der Präfekt. Ohne Zweifel, es waren ja genug Zeugen da, die es vom Hörensagen ,,ganz genau" wußten. Selbstverständlich war der Präfekt bereit, seine Pflicht zu tun. Aber, so fügte der Junge vom Lande ein wenig zögernd und verschämt hinzu, was man denn da sagen müsse. Einer der Bösewichter, die ihre Hand im Spiele hatten, sagte es ihm mit todernster Miene vor: ,,Im Namen der Klasse gratuliere ich Ihnen zu Ihrer Professura." Doch, so müsse er sagen, nickten die andern.

Die Stunde begann. Die ganze Klasse war gespannt auf das kommende Schauspiel. Richtig, da stapfte der überlistete Präfekt nach vorne. Er versuchte eine höfliche Verbeugung zu machen, die aber nicht gelang. Nun sagte er sein Sprüchlein aufs Wort genau. Da guckten sich eine Weile zwei Gesichter an, deren Ausdruck einfach nicht zu beschreiben war. Lehrer und Schüler standen sich schier fassungslos gegenüber. Die Klasse hielt krampfhaft an sich, um das Lachen zu verbeißen. ,,Was ist los?" sagte schließlich Professor R., der aus dem Staunen nicht herauskam. Josef machte von neuem eine Verbeugung, die aber noch viel weniger glückte, und wiederholte seinen Glückwunsch. Ratlos wandte sich der Lehrer an die Klasse und fragte: ,,Was ist denn los, was will er denn?" Die Antwort, die er bekam, löste zwar das Rätsel nicht. Er mochte aber ahnen, daß der arglose Engling das Opfer eines Scherzes geworden war. Sein Gesicht sah ja auch zu ehrlich aus, als daß er ihm eine böswillige Absicht zugetraut hätte. Schließlich meinte er mit einem Lächeln: ,,Na ja, geh mal rein jetzt. Da will ich heute mal nicht abfragen." Wie oft wurde der ulkige Auftritt später noch, auch in Josefs Gegenwart, zum Besten gegeben! Jedesmal aber stand der Gefoppte dabei und lachte ebenso unbefangen und herzlich mit wie die andern. Er war nicht zimperlich, wenn es um eine harmlose Neckerei ging. Im Gegenteil freute er sich, daß er einen Beitrag liefern konnte zur allgemeinen Erheiterung.

Gab zur Mittagszeit die Glocke das Schlußzeichen zur letzten Schulstunde, ging durch die Reihen der Schüler ein befreites Aufatmen. Der leidige Hunger quälte schon lange ganz empfindlich die leere Magengegend. Wie sollte man auch bei der dürftigen Kriegskost einen ganzen Morgen lang geistig arbeiten können! Und doch hatte Josef in seinem Kampfplan die Frage geschrieben: Entging mir kein Wort in der Schule? Sein natürlicher Wissenstrieb konnte ihn an jedweden Stoff fesseln, auch an den, der den andern oft höchst langweilig vorkam. Um aber den Vorsatz seines Kampfplanes zu verwirklichen, reichte der bloße Naturtrieb nicht aus. Gar oft hat er mit einem energischen Willensentschluß nachhelfen müssen. Ein Glück, daß er sich in den Pausen immer wieder zu einer kurzen Besuchung in das Heiligtum der Gottesmutter zurückziehen konnte. Der Augenblick stiller Sammlung straffte ihn wieder auf sein großes Lebensideal und weckte neue Kraft. Es mußte aber auch eine besondere Kraftquelle zur Verfügung stehen, denn die Lebensverhältnisse wurden immer schwerer. Nicht wenigen seiner Mitschüler sah man deutlich die Unterernährung an. In den letzten Stunden litten sie unter Kopfschmerzen und waren überhaupt nicht mehr zu gebrauchen. Hätte es nun ein zünftiges Mittagsmahl gegeben, dann wäre man bald wieder in Form gewesen. Aber so etwas gehörte ja schon lange zu den seligen Erinnerungen an die glückliche Friedenszeit. Wie überall im deutschen Land regierte auch in Schönstatt die Lebensmittelkarte. Sie beherrschte nicht bloß das Frühstück, sondern auch die Hauptmahlzeiten. Nur das Sauerkraut und die Steckrüben schienen in Schönstatt von ihrer Tyrannei ausgenommen zu sein.
Im Speisesaal war die Essenausgabe genau geregelt. Je vier Mann bekamen eine Schüssel. In die mußten sie sich gleichmäßig teilen. Wo aber der Hunger das rechte Augenmaß verdarb, da war dieses Problem genau so schwer zu lösen wie die Aufgabe, einen viereckigen Kreis zu zeichnen. In bestimmten Zeitabständen wurden die Vierergruppen bei Tisch gewechselt. Da tat eines Tages einer der Jüngeren einen Freudensprung. Bei der Neueinteilung war er ausgerechnet mit Josef Engling und Hans Wormer in eine Gruppe gekommen. Jetzt würde er wenigstens nicht mehr totgeteilt werden wie in den letzten Wochen. Er täuschte sich nicht. Weder Engling noch Wormer nahmen bei der Graupensuppe alle „Grundsätze" weg, wie man sagte. Sie fischten aus den Steckrüben auch nicht die Kartoffeln heraus. Aber das sah man Josef doch an, daß er nicht wenig hungerte. Der hochgewachsene, kräftige Junge hatte an sich schon einen gesegneten Appetit. Die fettarme Kost schien den überhaupt nicht mehr stillen zu können. Manchmal

zitterte ihm vor Schwäche der Löffel oder die Gabel in der Hand. Um seine drei Nachbarn nur ja nicht zu übervorteilen, nahm er stets etwas weniger als die andern. Einer, der es beobachtete, kam auf den Gedanken, Josef wolle obendrein noch fasten. Das schien ihm doch eine ganz unvernünftige Abtötung zu sein. Jedenfalls, so meinte er, müßte diesem Tun Einhalt geboten werden. Darum verklagte er ihn bei P. Spiritual. Aber im Herzen hatte er doch einen gewaltigen Respekt vor ihm. Wer das fertig brachte, aus Liebe zu seinen Mitschülern zu hungern, nicht nur einmal, sondern Tag für Tag, der mußte ein ganzer Kerl sein. Ja, der Engling, dachte er bei sich, wie man sich an dem doch vertun kann! So ganz unrecht hatte übrigens der Ankläger nicht. Tatsächlich stand in Josefs Kampfplan der Vorsatz, sich beim Mittag- und Abendtisch wenigstens einmal zu überwinden. Und was noch wichtiger war, in seinen Aufzeichnungen konnte er sich sagen, daß er es getan habe.

Die große Mittagspause schien wieder einmal recht langweilig zu werden. Die meisten waren zu einem Spiel offenbar nicht aufgelegt. Dem einen war das Wetter zu schlecht, der andere litt unter den Verstimmungen über die Mißerfolge in der Schule. Wieder andere hatten keine Lust, ohne zu wissen, warum. Da erschien Josef auf dem Plan. Eine Erholung ohne Spiel konnte er sich nicht denken. Bald hatte er seine Getreuen aufgestöbert. Auf Fritz Esser, Hans Wormer, Karl Burg und etliche andere konnte er mit Bestimmtheit rechnen. ,,Hallo, wir spielen Barlauf", scholl jetzt seine Stimme über den Platz. Setzte das Beispiel der kleinen Schar die andern noch nicht in Bewegung, dann rückte er den Eckenstehern selber auf den Pelz. Nicht bei allen hatten seine Worte Erfolg. Aber soweit brachte er es doch fast immer, daß unter der Mehrzahl ein ordentliches Spiel zustande kam. Er selber war geradezu mit Leidenschaft dabei. Elegant sah es ja gerade nicht aus, wenn er mit schwerem Schritt und gebeugter Haltung über das Spielfeld trabte. Das bekam er auch sehr oft zu hören. In der Turnstunde war ihm einmal gesagt worden: ,,Kerl, du machst ja einen Buckel, als wenn du die ganze Kriegskasse des Deutschen Reiches zu tragen hättest." Seitdem hieß es oft: ,,Engling, gib acht auf deine Kriegskasse." Dann straffte sich jedesmal seine ganze Gestalt hoch, um eine gerade Haltung anzunehmen.

Im übrigen gehörte der aufrechte Gang zu einem häufig geübten Partikularexamen. Er bat sogar einige Mitschüler, ihn darauf aufmerksam zu machen, wenn er wieder einmal gebeugt dahergehe. Von dieser Bitte hatten auch andere Kunde bekommen. Und nun fanden sich genug übermütige Wildlinge, die ihm in ihrer Art ihre Dienste anboten.

Sie nahmen seinen breiten Rücken zur Zielscheibe beim Ballspiel. Oder sie schlugen ihm mit der flachen Hand unversehens so heftig auf die ,,Kriegskasse", daß er erschrocken zusammenfuhr. Sie hätten ihn ja nur an seinen Vorsatz erinnern wollen, sagten sie ihm dann mit gutgeheuchelter Arglosigkeit.

Es gab Spiele, die gingen am besten, wenn man Armbinden und Parteifähnchen hatte. Eines Tages tauchte Josef auf und trug alles Gewünschte in den Händen. ,,Woher hast du denn das, Engling?" – ,,O, das ist gleich", meinte er. Hintenherum erfuhr man dann, daß er sie bei seinem Vater, dem Schneidermeister, hatte anfertigen lassen. Stellte man beim Ballspielen die Parteien auf, dann wurde Engling für gewöhnlich unter den ersten genannt. Zwar galt er nicht als ,,Kanone". Aber er hatte viele andere schätzenswerte Eigenschaften. Er war ein Läufer von unverwüstlicher Ausdauer und betrieb ein gutes Zuspiel. Er überließ auch gerne den andern die Gelegenheit, den ehrenvollen Treffer anzubringen. Flog der Ball über die Mauern des Spielfeldes, scholl wie von selber sein Name über den Platz. Dank seiner langen Beine konnte er nämlich mit mächtigem Schwung am schnellsten über die Mauer hinwegsetzen und am ehesten den Ball zurückholen.

Die Studierzeit, in der am Nachmittag die Hausarbeiten erledigt wurden, neigte sich dem Ende zu. Josef schrieb gerade das letzte Wort eines Hausaufsatzes. Jetzt waren die Aufgaben für morgen fertig. An dem Aufsatz hatte er lange und gründlich gearbeitet. Auch auf eine schöne Schrift war er bedacht gewesen. Von seinen Niederschriften in das ,,Klatschheft", das daneben lag, konnte er nicht dasselbe sagen. Als er sie mit der Reinschrift des Aufsatzheftes verglich, sprach er im stillen zu sich selber die Mahnung aus: ,,Auch da muß es nächstens sauber und geordnet aussehen. Wie der Aufsatz wohl ausfallen wird? Nun, gleichviel wie, die Übung habe ich doch." Um eine Atempause einzulegen, hielt er eine Weile inne. Sein Blick ruhte auf dem Bilde der Dreimal wunderbaren Mutter, das vor ihm auf dem Pult stand. Da kam ihm der Gedanke an seine Wachestunde und die morgige Messe. Für ein paar Augenblicke sammelte er sich zu betender Einkehr. Dann zog er die Uhr. Schon wieder war die Studierzeit fast abgelaufen. Wieviel wollte er doch noch heute studieren! Wenn er sich so seine Bücher besah, kam immer ein unbändiger Wissensdurst über ihn. Geradezu alles hätte er erforschen und wissen mögen. ,,Ein heiliger und gelehrter Priester", ja, wie oft hatte er sich das schon vorgehalten! Hastig nahm er seinen Zettelkasten aus dem Pult. Er hatte heute wieder einige wichtige Entdeckungen gemacht. Die mußten in seine Sammelgrube wandern. Fein säuberlich schrieb er Stichwort, Buchtitel und Seitenzahl nieder: „Aufsatzfreuden, vierter Brief, Nachbargebiete“ usw. So, das konnte ihm also nicht mehr verloren gehen.

Im Studiersaal merkte man, daß die letzte Viertelstunde angebrochen war. Es wurde allmählich unruhig. In Josefs Nähe fingen zwei von den Jüngeren an zu rumoren. Josef gab ihnen im Flüsterton eine väterliche Ermahnung.

„Wir sind fertig“, sagten die beiden.

„Dann studiert doch deutsche Grammatik oder löst zum Zeitvertreib geometrische Aufgaben.“

Statt einer Antwort deutete einer der beiden mit dem Finger an die Stirne. Nach einer Weile stieß er seinen Nachbar in die Rippen: „Du, schau mal, der Engling schmökert tatsächlich in der deutschen Grammatik.“ Ja, es war wirklich so. Als hätte er einen spannenden Roman dazwischen, saß er unbeweglich da, ganz vertieft in den Inhalt des Lehrbuches. Was war das Gebiet der deutschen Sprache doch für ein wunderbarer Wissenszweig! Laute, Wortbildung, Wortbedeutung, Wortwandel! Er hätte sich tagelang damit beschäftigen mögen, den Gesetzen der Sprache in ihren Feinheiten nachzugehen.

Da stand auf einmal der Rolf an seinem Pult und hielt ihm einen Schrieb unter die Nase. Aha, die geplante wissenschaftliche Zeitschrift. In gewissem Sinne war Josef ihr Urheber. Vor ein paar Tagen hatte er mit Rolf den Plan besprochen, einen Zirkel für wissenschaftliche Arbeiten zu gründen. Das brachte Rolf auf den Gedanken, eine Zeitschrift herauszugeben, in die literarische, wissenschaftliche und unterhaltende Beiträge aufgenommen werden sollten. Nun überreichte er Josef die erste Nummer. Als er sie las, huschte über sein Gesicht ein Schatten von Enttäuschung. Das war doch kein Blatt mit ernsten wissenschaftlichen Arbeiten! Die glich ja mehr einer Faschingszeitung. Und daß im letzten Teil ein Mitschüler gehörig verulkt wurde, wollte ihm erst recht nicht gefallen. Auf keinen Fall würde er sich dabei als Mitarbeiter zur Verfügung stellen. Den Rolf ließ er darüber nicht im Zweifel.

In der Pause nach dem Studium gab es hinter dem Haus einen mächtigen Spektakel. Wie Katzenmusik klang es in dreistimmigem Chor herüber: „Frische Fische in der Küche!“ Was sollte denn das bedeuten? Natürlich, fast alle berüchtigten Frechdachse des Hauses hatten sich da wieder zu einem tollen Treiben zusammengefunden. Und was noch erstaunlicher war, Josef schien der Anführer der wilden Bande zu sein. Nein, so war es doch nicht. Ganz im Gegenteil, man hatte ihn wieder einmal zur Zielscheibe des Übermutes gemacht. Um seinen Sprachfehler zu bekämpfen, veranstaltete Josef auf Anregung eines Lehrers regelmäßig Sprechübungen. Der Lehrer hatte ihm den Rat gegeben, besonders geeignete und von ihm selbst vorgeschlagene Übungssätze laut auszusprechen. Dabei sollte er die Stimme durch Schütteln der geballten Fäuste in eine zitternde Bewegung versetzen. Das tat Josef mit großer Ausdauer Tag für Tag. Sein heimlicher Übungsplatz hinter dem „Alten Haus" war aber bald entdeckt worden. Und da mußte er es sich oft gefallen lassen, daß ihn ein Schwarm lästiger Plagegeister überfiel. Die tobten an ihm ihre ausgelassene Stimmung aus. Sie gaben vor, ihn beim Hersagen seiner Übungssätze unterstützen zu wollen und vollführten dann im Sprechchor ein abscheuliches Gegröhle. Schließlich boten sie sich sogar an, ihm auch beim Schütteln der Fäuste behilflich zu sein. Sie taten das so heftig, daß sie mit dem widerstrebenden Engling in eine regelrechte Rauferei gerieten. Wäre Josef nicht von solch himmlischer Geduld gewesen, er hätte mit seinen kräftigen Fäusten die ganze Horde windelweich hauen können. Statt dessen bat er sie – und dabei zitterte eine gewisse Traurigkeit im Tone seiner Stimme –, ihn doch in Ruhe zu lassen. Wenn sie nun trotzdem keine Vernunft annahmen, ging er stillschweigend weg. Wenigstens verhielt er sich so den Jüngsten gegenüber. Gewahrte er aber einen großen Flegel unter ihnen, dann konnte er sich auch sehr energisch zur Wehr setzen. Am andern Tag stand er wieder an seinem alten Platz und setzte seine Übungen fort. Mehr als einer aus den Reihen der Lausbuben von damals hat später ein bißchen beschämt und reumütig gesagt: „Wir haben es manchmal doch zu arg getrieben mit dem guten Engling!"

Für die Abendunterhaltung kündigten einige aus dem vierten Kurs eine Überraschung an. Paul Reinhold habe wieder einen Schlager gedichtet. Paul, der Immerfroh und witzige Bänkelsänger, war ein richtiger Unterhaltungskünstler. Letzte Woche hatte er den Nikolaus Buschmann, den wilden Draufgänger, besungen, daß sich alle gebogen hatten vor Lachen. Wer mochte denn heute an der Reihe sein? Einige Eingeweihte wußten es schon, es gehe über Professor Huggle, den Lehrer im Französischen. Herr Professor Huggle war ein etwas nervöser Herr, der ständig den Kneifer zurechtsetzte, an seinem Spitzbart rupfte und seine Schüler gerne „Ohrfeigengesichter" nannte. Er hatte noch eine andere Eigenart. Wenn er rügte, pflegte er stets zu sagen: „In keiner Klasse ist es so." Nun hatte man herausgebracht, daß er diese Beteuerung in allen Klassen aussprach, bei den Älteren so gut wie bei den Jüngeren. Das sollte ihm zum Verhängnis werden.

Auf die Melodie: „Still ruht der See" begann Paul Reinhold zu singen:

„Still ruht der Kurs – die meisten schlafen,
Ein Schnarchen nur – man hört es kaum.
Der Ueggle[1] kommt – und setzt sich nieder,
Auf dem pupitre[2] – ruhen seine Glieder.
In keiner Klasse ist es so . . .
‚Silence, Silence'[3] – Jetzt kommt ein Satz,
Attention[4] – Paß auf du Fratz.
Wenn ich nun frag – Où est l'école de sac?[5]
Was sagst du drauf – Arnold Raffauf?"
„In keiner Klasse ist es so . . ."

So ging es noch eine Weile weiter. Hinter jeder Strophe kam nicht bloß die bewegliche Klage des Herrn Professors: „In keiner Klasse ist es so", sondern auch die stürmische Lachsalve der belustigten Zuhörer. Und wenn nun der Dichterling noch sein ergötzliches Gebärden- und Mienenspiel dazu lieferte, „dann blieb kein Auge trocken". Josef geriet bei diesem Lied in einen inneren Zwiespalt. Einerseits wollte er kein Spaßverderber sein. Bei einer geselligen und frohen Unterhaltung war er mit ganzem Herzen dabei. Er wußte auch, daß seinen Mitschülern eine böswillige Gesinnung gegen den Lehrer fernlag. Andererseits konnte er aber auch nicht recht verwinden, daß gerade ein Lehrer besungen wurde. Er lachte wohl dazu, sang auch manchmal den Kehrreim mit. Man merkte es ihm jedoch deutlich an, daß ihm dabei nicht ganz wohl war. Die Art der anderen zu verurteilen, war er zu duldsam und großzügig. Er selber hätte wohl ein solches Lied kaum über die Lippen gebracht.

Wenn die Abenderholung mit dem gemeinsamen Nachtgebet geschlossen hatte, dann ging im „Alten Haus" der Tag zu Ende. Auf dem großen Speicherschlafsaal schickten sich die Bewohner an zum Start ins Land der Träume. Vor seinem Strohsack kniete Josef Engling und verrichtete die Sodalengebete. Noch einmal legte er aufopfernd das ganze Tagewerk in die Hand der Gnadenmutter von Schönstatt; sein Beten und sein Ringen mit sich selbst, seine Arbeiten im Studium und die unvermeidbaren Plagen des alltäglichen Lebens. Alles sollte ein Beitrag zum „Gnadenkapital" sein, damit Schönstatt einmal ein zweites Ingol-

[1] Französische Aussprache von Huggle.
[2] Pult.
[3] Silentium: Ruhe.
[4] Achtung.
[5] Eigentlich Oú est le sac d'école? (Wo ist die Schultasche?) Die Umstellung erlaubt sich der Dichter des Reimes wegen.

stadt werde. So verlangte es von ihm sein großes Lebensideal. Dann erneuerte er den Gedanken an die morgige hl. Messe und hl. Kommunion. Nun durfte er sich zur Ruhe begeben. Für gewöhnlich lag in kurzer Zeit über dem ganzen Schlafsaal der tiefe Friede der Nacht. Manchmal kam es aber auch anders.
Während den müden Schläfern bleischwer die Augenlider zusanken, feierten in der anliegenden Rumpelkammer andere Lebewesen fröhliche Urständ: die Mäuse. Da geschah es gar nicht selten, daß sich einige der Tierlein auf den Schlafsaal verliefen und in den Strohsäcken Unterschlupf suchten. Wie sollte man aber schlafen können, wenn es unter einem im Strohsack ständig knapperte und knisterte! Es gab Dickhäuter, die scherten sich keinen Deut darum. Andere konnten es um so weniger ertragen und klopften mit der Faust von Zeit zu Zeit wütend auf den Strohsack. Ein Pfiffikus glaubte eine Patentlösung gefunden zu haben. Er steckte in den Strohsack eine Taschenuhr und meinte, das Ticken der Uhr würde die lästigen Viecher ins Bockshorn jagen. Er zog sie aber bald wieder ganz enttäuscht heraus. Da scholl eines Abends in die Stille des Schlafsaales der Ruf: „Da läuft eine!" Das war das Signal zu einer allgemeinen Volkserhebung. Mit Hose und Nachthemd dürftig bekleidet, stürzte sich eine aufgeregte Rotte auf das unvorsichtige Tierchen. Nun veranstalten sie zwischen den Strohsäcken eine tolle Treibjagd. Auch Josef ließ sich in das allgemeine Durcheinander hineinreißen und tat mit. Als er nachher wieder auf seinem Strohsack lag, kamen ihm aber einige Gewissensbisse. Wie vertrug sich das, was er eben getan, mit der Hausordnung? Gerade auf dem Schlafsaal befahl sie nach dem Nachtgebet strengstes Stillschweigen. Daß sie die Maus zur Stecke gebracht hatten, war gewiß kein Verstoß. Aber daß sie dabei soviel Lärm und Unfug machten, das gehörte sich doch nicht. Und er, der Präfekt der Kongregation war durch sein schlechtes Beispiel an dieser Unordnung mitschuldig geworden. Noch ehe er einschlief, faßte er den Entschluß, sich morgen bei seinen Mitschülern wegen des gegebenen Ärgernisses zu entschuldigen.
In diesem Alltag mußte sein Kampfplan die Feuerprobe bestehen.

Das persönliche Ideal entsteht

Über drei Monate waren vergangen, seit Josef seinen Kampfplan entworfen hatte. Mehrmals schon hielt er inzwischen eine große Heerschau auf dem Schlachtfelde seines eigenen Herzens und prüfte den

Ablauf der Kämpfe. War nun der Alltag mit seinen vielen kleinen Pflichten und Geschehnissen wirklich so gemeistert und geformt worden, wie es sein großangelegter Plan verlangte? Wenn er über diese Frage nachdachte, wurde er mit sich selber ganz und gar unzufrieden. Mußte er sich nicht gestehen, daß die letzten Monate eine ununterbrochene Kette von Mißerfolgen gewesen waren? Ihm wenigstens schien es so. Seit er an seinem Kampfplan einen persönlichen Beichtspiegel gefunden hatte und daran eine ehrliche Gewissensrechenschaft übte, gingen ihm förmlich die Augen auf. Jetzt entdeckte er erst, wie fehlerhaft er noch war. Und weil er die Fehler an seinem hohen Ideal maß, fielen sie alle schwer ins Gewicht.

So stand in seinem Kampfplan die feierliche Beteuerung, lieber den Tod zu erdulden, als eine läßliche Sünde zu begehen. Und neulich, wie war es doch? Der genaue Hergang des Ereignisses fiel ihm nicht mehr ein. Aber das war ihm noch klar in Erinnerung: er hatte zweimal gelogen. Ganz plötzlich kam es jedesmal. Ehe er es noch recht wußte, war es schon geschehen. Damals schrieb er tiefbewegt in sein Tagebuch: „Gott wieder beleidigt! Mutter, erwirke mir vollkommene Verzeihung!" Noch heute brannte ihm die Reue über seine Tat in der Seele. Und die anderen Forderungen seines Kampfplanes? Wie stand es beispielsweise mit dem Partikularexamen? Das sollte doch stets der Brennpunkt des Kampfes sein. In den letzten Wochen wollte er ein besonders gutes Gebetsleben pflegen. Die religiösen Übungen des Tages, vor allem natürlich die hl. Messe, die Wachestunde und das Morgen- und Abendgebet sollten mit größter Sammlung verrichtet werden. Wie er das Partikularexamen ausführte, das war aus der täglichen schriftlichen Rechenschaft klar zu ersehen. Die schriftliche Selbstprüfung hatte er zwar jeden Abend vorgenommen. Aber mit der Ausführung des Partikularexamens konnte er gar nicht zufrieden sein. Um das tägliche Studium stand es nicht viel besser. Vor seinem geistigen Auge leuchtete das Ziel auf: Ein heiliger und gelehrter Priester. Aber wie langsam ging es bei ihm mit dem Studium! Manchmal wurde er ja nicht einmal richtig fertig mit den pflichtmäßigen Schularbeiten. In der deutschen Sprache wollte er es zur Meisterschaft bringen. Und wie schwer glückte es ihm, die Sprachwerkzeuge in die Gewalt zu bekommen! Trotz der täglichen Sprechübungen machte sich im Kampf gegen den Sprachfehler kaum eine Wandlung zum Besseren fühlbar. „Allen alles werden", lautete einer seiner liebsten Vorsätze, um die Herzen seiner Mitschüler zu gewinnen für die große Sache der Gottesmutter. Wie schwerfällig und ungelenk war er dagegen im Umgang mit andern. Er merkte es ja zu deutlich, wenn man ihn deswegen hänselte. Wie oft riß er sich zusammen zu einer geraden Haltung, wie oft studierte er die rechten Umgangsformen im Anstandsbuch. Und wie wenig Erfolg hatte er trotz all dieser fast verzweifelten Anstrengungen!

Es kamen sogar Stunden, da steigerte sich das Gefühl der Unzufriedenheit mit sich selbst zu einer quälenden und niederdrückenden Last. Was war das in den letzten Wochen überhaupt für ein wunderliches Spiel geheimnisvoller Gewalten in seiner Seele! Wie Ebbe und Flut gingen die Stimmungen bei ihm auf und nieder, genau wie der Dichter es sagt: „Himmelhochjauchzend, zu Tode betrübt." Überflog er die Blätter seiner Aufzeichnungen, dann fand er darin die seltsamsten Gegensätze. Anfang Februar z. B. stand noch zu lesen von neuerwachtem Eifer, von emsiger Arbeit in der Kongregation. Eine Woche später lautete der Stimmungsbericht genau umgekehrt. Ganz verdrießlich und unzufrieden sei er und habe alle Lust verloren. Kurze Zeit darauf wandelte sich wieder das Bild. Da werden die letzten Tage Gnadentage genannt. Ja, er entsinnt sich noch gut. Wie überwältigend groß hatte auf einmal sein Lebensideal vor seiner Seele gestanden! Der Drang, ein ganzer Mann zu werden, rüttelte sein Innerstes auf. Übermenschliches wollte er leisten in der Kirche und in der Wissenschaft, hieß es in seinem Tagebuch. In einer Hochstimmung der Begeisterung waren diese Zeilen niedergeschrieben worden. Und eine Woche später? Da stand unter dem 18. Februar 1916 geschrieben: „Gestern und heute war ich voll feurigen Strebens und jetzt bin ich so verstimmt wegen ganz geringer (Ur)sachen!" So wechselte es manchmal von einem Tag auf den andern. Wie eine Nußschale auf bewegter See kam er sich vor. Die unberechenbaren Stimmungen wirbelten ihn mit Urgewalt einfach, wie sie wollten, hin und her. Er wurde nicht mehr klug aus sich.

Und hätte er um diese Zeit etwa die Menschen seiner Umgebung befragt, was sie von ihm dachten, dann wäre er sich selber noch mehr zum Rätsel geworden. Die meinten nämlich etwas ganz anderes als er. Daß er jäh aufbrechende Leidenschaften zu bändigen habe, ja, das sahen sie ihm zwar oft an. Man konnte es merken beim Spiel oder wenn die Rede auf einen Zwischenfall in der Stunde eines bestimmten Lehrers kam. Man sah es ihm auch an, wenn er wieder einmal bei seinen täglichen Sprechübungen bis zum Unerträglichen gehänselt worden war. Aber auf- und abwogende Stimmungen sollte er haben? Ganz im Gegenteil, man vermutete in ihm ein stets ausgeglichenes heiteres Gemüt, einen ungebrochenen zähen Kampfwillen im Ringen mit sich selbst. Noch nach Jahren hat jemand aus seiner damaligen Umgebung gemeint: „Ich

habe mich oft verwundert gefragt: Wie kann dieser Mensch nur immer so lustig sein?“ Und Mißerfolge sollte er haben im Kampf um sein Ideal? Dann wäre er doch nicht ihr angesehener Präfekt und anerkannter Führer der Kongregation geworden.
Mit diesen Urteilen hätte aber Josef wenig anzufangen gewußt. Er litt schmerzlich an dem klaffenden Zwiespalt zwischen seinem hohen Ideal und den unleugbaren Ergebnissen seiner nüchternen Selbstprüfung. Überdachte er seine Mißerfolge, dann wollte ihn lähmende Mutlosigkeit befallen. Ließ er die Tatsache auf sich wirken, wie sehr ihn der Wirbelsturm der Stimmungen hin und her warf, erging es ihm noch schlimmer. Dann kam er sich so haltlos vor, als habe er überhaupt keinen Boden unter den Füßen. Und nun sollte er noch glauben an sein hohes Ideal, sollte sogar seine Lebensaufgabe darin sehen, daß das Reich der Gnadenmutter von Schönstatt hinauswachse in die Welt? So viele seiner Mitschüler schienen ihm zweifellos dazu befähigt. Was hatte doch Hans Wormer für ein Talent und ein Auftreten! Und wie gewinnend konnte Fritz Esser mit den andern umgehen! Aber er? Was sollte er nur tun? Sollte er sein Ideal aufgeben? Nein, dagegen bäumte sich sein Innerstes auf. Aber an das Ideal glauben, das konnte er ebensowenig. Daran hinderte ihn das Gefühl unsäglicher Ohnmacht. Gab es in dieser Not überhaupt keinen Ausweg?
Da tauchte in seiner Seele ein Vortrag auf, den P. Spiritual vor etlichen Wochen im Kapellchen vor der Kongregation gehalten hatte. So gut gefiel er ihm damals, daß er sich die Grundgedanken in sein Tagebuch schrieb. Der Inhalt des Vortrages war etwa folgender: Der Gottessohn verwirklicht seinen Heilsplan hienieden mit Hilfe der Geschöpfe. Die größte Aufgabe hat er seiner lieben Mutter übertragen. Sie ist amtliche Christusbringerin und Schutzfrau der Kirche. Um ihre Aufgabe zu lösen, braucht sie menschliche Werkzeuge. Wen wird sie kraft ihrer Fürsprache dazu erwählen? Ganz gewiß den Sodalen. Denn in der feierlichen Weihe hat er ja mit ihr gleichsam einen Vertrag geschlossen. Er will sich für ihre Sache einsetzen. Und sie erfleht ihm die Gnade, ein brauchbares Werkzeug Gottes zu werden. Die Sodalen haben aber in ihren „Vertrag“ noch ein besonderes Angebot einbezogen. Sie bringen ihr Opfer in das „Gnadenkapital“, damit Schönstatt ein zweites Ingolstadt werde. Ob nun die Gottesmutter in diesem Sinne die Weihe der Sodalen auch angenommen hat? Die Zukunft mag es beweisen. Wer den Gnadensegen kennt, der bis jetzt auf die Kongregation offensichtlich niedergegangen ist, neigt dazu, es heute schon anzunehmen. Jedenfalls läßt sich die Gottesmutter an Großmut nicht übertreffen.

Wenn wir uns darum mit aller Kraft für ihre Sache einsetzen, dann wird sie auch mit ganz geringfügigen Werkzeugen etwas Großes vollbringen.
Wiesen ihm die Gedanken dieses Vortrages nicht den Weg aus der Enge, in die er hineingeraten war? Ja, sie taten es. Was P. Spiritual sagte, das war ganz gewiß wahr. Durfte er also überhaupt daran zweifeln, daß die Gottesmutter auch seine Sodalenweihe angenommen habe? Nein! Daß sie auch ihn mit einbezogen habe in den „Vertrag", den die Kongregation mit ihr geschlossen hat? Ein Zweifel wäre Mißtrauen gewesen in ihre Muttersorge und Mutterliebe. Nun, dann durfte er sich ihr auch in unbegrenztem Vertrauen überlassen. Sie würde ihn fähig machen für seine Lebensaufgabe. Sie würde ihn teilnehmen lassen an der Verwirklichung ihres Werkes trotz oder wegen seiner fühlbaren Ohnmacht. Wie sie das tat, das konnte er ja ganz ihr anheimstellen. Nur blindlings folgen wollte er ihr. Schon vor einem Monat waren ähnliche Gedanken flüchtig durch seine Seele gehuscht. Damals schrieb er in sein Tagebuch:
„Ich will und muß ein großer Mann werden in jeder Hinsicht. Meine Mutter darf mir das nicht versagen, weil ich mich ihr ganz geweiht habe und sie mich an die Spitze ihrer Auserlesenen stellte. Und der Heiland kann der Mutter keine Bitte abschlagen."
Mit dem erwachenden Vertrauen auf die Gottesmutter fühlte er wieder festen Boden unter den Füßen. Nun wurde es wieder ruhig in seinem Innern. Gleichzeitig vollzog sich damit in seiner Seele ein tiefgreifender Umschwung. Sein himmelstürmendes Idealstreben gründete sich fortan immer weniger auf das Bewußtsein der eigenen Kraft. Den Glauben an das eigene kraftstrotzende Können hatte er ja in den letzten Monaten gründlich verlernt. Er wurzelte aber um so tiefer in dem grenzenlosen Vertrauen auf die Gnadenmutter von Schönstatt. Und das gab seinem Idealismus – er fühlte es ganz deutlich – einen neuen, noch größeren Schwung und seinem Willen noch stärkere Antriebe.
Wie gut war es übrigens doch gewesen, daß er vor kurzem auf den Rat seines Beichtvaters den Gegenstand seines Partikularexamens gewechselt hatte! Seit dieser Zeit las er jeden Tag etwas über die Gottesmutter. Um das Gelesene noch mehr zu vertiefen, versuchte er, so gut es ging, mit seinen Freunden und seinen vertrauten Mitarbeitern sich darüber zu unterhalten. Jetzt entdeckte er, wie bereits in den letzten Wochen unter dem Einfluß dieser Lesung ein zartes Vertrauen in seiner Seele aufgekeimt war. Nun brach es sich vollends Bahn. Seit er sich so blind und unerschütterlich der Gottesmutter anvertraute, war es ihm, als sei

sein Inneres von einem Zauberstab berührt worden. Eine dankbare Anhänglichkeit und eine innige Liebe brach in seinem Herzen auf. Ein Frühling zartester Marienminne zog bei ihm ein. Der ganze Reichtum seines tiefen Gemütes schien erwacht zu sein und drängte hin zu seiner himmlischen Mutter. Ja, ihre Hand würde er nun nimmer loslassen. Bei ihr fühlte er sich kindlich geborgen. Ohne sie wäre er ganz gewiß wieder völlig haltlos geworden. So sehr durchdrang ihn dieses Gefühl, daß er mitten im Ringen mit sich selbst unwillkürlich sich an sie anlehnte. Für die nächste Zeit hatte er sich als Partikularexamen den Kampf gegen die Stimmungen aufgestellt. Aber sein Vorsatz hieß jetzt nicht einfach: „Ich will ankämpfen gegen die Stimmungen." In seinem Tagebuch steht der Satz: „Damit mir meine Stimmungen bei meinen Arbeiten nicht zu hinderlich sind, will ich gegen sie kämpfen, und zwar will ich mir täglich dreimal die Freundlichkeit meiner himmlischen Mutter vor Augen führen."

Das war ihm aber noch nicht genug. Mehr als sonst wollte er jetzt tagsüber zum Heiligtum der Sodalenkönigin, um sie zu grüßen und im Gebete bei ihr zu verweilen. Was sollte er außerdem noch tun, um die aufglimmende Minne seines Herzens zu steigern? Da fiel ihm ein, daß der März der Monat des hl. Josef, seines Namenspatrons, sei. Sogleich nahm er sich vor, jeden Tag ein Gebet zu ihm zu verrichten und ihn um eine innigere Liebe zur Gottesmutter anzuflehen. Er sann weiter. Die Gottesmutter sollte unumschränkte Königin seines Herzens sein. Ob sich dieser Bund der zarten Liebe nicht durch ein äußeres Zeichen besiegeln ließ? Bald hatte er es gefunden: Das Gelübde der heiligen Reinheit. Am 12 März 1916 legte er seiner himmlischen Mutter in ihrem Heiligtum zum erstenmal das Gelöbnis jungfräulicher Reinheit zu Füßen. Er konnte ihr ein Herz anbieten, das bis heute von keiner schweren Sünde berührt worden war. Sein Gelübde erneuerte und verlängerte er fortan von einer Beichte zu anderen. Als sich im Tode sein Auge schloß, da hielt er in Händen die ungebrochene Lilie der Reinheit. Seine himmlische Herrin schenkte ihm die Gnade, daß ihm ernste Kämpfe um diese Tugend erspart blieben.

Höhepunkt seiner auflodernden Marienliebe aber wurde der Monat Mai. Anfangs April erschien der P. Präfekt in der Mittagserholung. Plötzlich schrillt eine Trillerpfeife über den Platz. In wenigen Minuten waren alle Schüler des Hause um ihn versammelt. Langsam, fast feierlich nahm der Präfekt eine Prise. Aha, da kommt eine wichtige Ankündigung. Das gewohnte Vorzeichen sollte nicht trügen: „Mit Rücksicht auf die schwierige Ernährungslage des Hauses", hub P. Präfekt an,

,,werdet ihr die diesjährigen Osterferien nicht in Schönstatt, sondern in der Heimat verbringen.“ Der Botschaft folgte ein unbeschreiblicher Jubel. Josef vernahm sie allerdings mit gemischten Gefühlen. Für ihn würde sich die weite Reise ja doch nicht lohnen. Mit etlichen Mitschülern aus Ostdeutschland verblieb er darum während der Osterferien in Schönstatt. Er hatte bereits einen Plan. Die Zeit des Alleinseins kam ihm sehr gelegen. Nun würde er in den Kartagen für sich allein Exerzitien machen. Es sollten Tage gründlicher Erneuerung werden. Zuerst beschäftigte ihn die Betrachtung der ewigen Wahrheiten, dann wurde die Zukunft geordnet. Von neuem dachte er die Fragen durch: Wo sitzen meine gröbsten Schwächen? Wie muß ein zielstrebiges und praktisches Partikularexamen aussehen? Die schönste Frucht seiner beschaulichen und betenden Einsamkeit sollte ihm aber erst einige Tage später zufallen.

Als er in den letzten Tagen des April darüber nachdachte, wie er diesmal die Maienkönigin ehren könne, kam ihm ein guter Einfall. Das Erwachen des Frühlings in Gottes schöner Natur gab im den Gedanken ein, das hl. Land der eigenen Seele in einen blühenden Mariengarten umzuwandeln. Gleich nahm er Papier und fing an zu schreiben:

,,Maienblüten

aus meinem Herzensgarten der Maienkönigin dargebracht im Mai 1916.

Mutter, dir sei mein Herzensgärtlein geweiht, für dich will ich in ihm pflanzen und pflegen:

1. Die Rose der Liebe und Hochachtung. Zugleich mag die Rose dich, o Mutter, versinnbilden. Wie die Rose die Königin der Blumen ist, so sei du Königin in meinem Herzen. Dir, meiner Königin, sei alles zur freien Verfügung aufgeopfert, besonders:

1. Akte der Hingabe an dich – 2. Förderung deiner Ehre – 3. Lesen über dich – 4. Sprechen über dich – 5. Grüßen deines Bildes – 6. Besuch der Bundeskapelle – 7. Rosenkranz – 8. Kommunion – 9. Geistliche Kommunion – 10. Apostolische Tat – 11. Dich zum Mittelpunkt des Tages gemacht – 12. Stoßgebete.

II. Das Vergißmeinnicht der Treue in deinem Dienste. Treue will ich dir bewahren durch:

1. Gutes Verrichten der Sodalengebete – 2. Vorbereitung auf die Versammlung – 3. Aufmerksamkeit bei der geistlichen Lesung – 4. Gründliches Studium – 5. Silentium im Studiersaal – 6. Silentium beim Läuten – 7. Gutes Verrichten der Offizien – 8. Besonders gutes Bettmachen – 9. Ordnung im Pult – 10. Folgsamkeit bei Gnadenanregungen und dem Gewissen gegenüber.

III. Das Veilchen der Demut und Bescheidenheit. Dieses Veilchen will ich pflegen durch:
1. Geduldiges Hinnehmen von Zurechtweisungen – 2. Verzeihen von Beleidigungen – 3. Freudigen Gehorsam.
IV. Die Passionsblume des Kreuzes und der Opferliebe. Sie gedeiht durch:
1. Geduldiges Ertragen von Unnanehmlichkeiten – 2. Rücksichtsvolles Benehmen – 3. Zuvorkommenheit – 4. Überwindung bei Tisch – 5. Gutes Halten des Partikularexamens – 6. Lesen im Anstandsbuch – 7. Lesen in den Statuten – 8. Gefallen erweisen – 9. Andere Opfer.
V. Die Lilie der Unschuld.
1. Bewahren der Augen, besonders auf dem Schlafsaal – 2. Silentium auf dem Schlafsaal – 3. Bei der heiligen Kommunion darum beten."
Das also sollte seine Maiengabe und seine Huldigungsfeier sein an Unsere Liebe Frau: ein umfangreiches Programm von kleinen Opfern aus dem alltäglichen Leben für ihr „Gnadenkapital". Wie erfinderisch die Liebe sein kann! Und der Mai wurde wirklich ein Wonnemond seiner jungen Liebe. Tag für Tag ging er in sein „Herzensgärtlein" und wand der Gottesmutter einen Blütenstrauß. Für jede Opferblume, die er gesammelt, setzte er hinter dem entsprechenden Vorsatz einen Strich. Zählt man sie vom ganzen Monat zusammen, so bekommt man die stattliche Zahl 1712. Immer wieder eilte er ins Kapellchen, um die Maienkönigin zu besuchen und zu grüßen. Dann betete er wohl in glühend inniger Marienminne das Gebetchen, das am Ende seiner „Maienblüten" stand:
„Mutter, dir bringe ich mich ganz zum Opfer dar, dir übergebe ich mich mit allem, was ich bin und habe. Mutter, mache mit mir, was du willst. Ich will nichts von dir erbitten. Nur lieben laß mich dich, lieben und ehren ohne Ende."
Je mehr sich seine Marienminne steigerte, um so mehr rückte auch das Kapellchen in den Mittelpunkt seines Denkens und Fühlens. Ein geheimnisvoller Zauber schien das schlichte Heiligtum zu umwehen und seine Seele mit unwiderstehlicher Gewalt in seinen Bann zu ziehen. Im Monat Mai ging er durchschnittlich sechs- bis siebenmal am Tage zur Gnadenmutter von Schönstatt ins Kapellchen. Ob er ahnte, daß es einmal der Ausgangspunkt eines großen Gnadenstromes und Mittelpunkt einer machtvollen Erneuerungsbewegung werden sollte? Für ihn war es schon lange geweihtes Land, von dem die Gottesmutter Besitz ergriffen hatte. Es galt ihm als das äußere Sinnbild einer kühnen Idee und eines gewaltigen Werkes. Seine eigene Seelengeschichte hatte

sich aufs innigste mit ihm verwoben. Alle bedeutsamen Entwicklungen seines Innenlebens standen irgendwie mit dem kleinen Heiligtum im Zusammenhang. Hier hatte er alle Entscheidungen durchgekämpft, die sein bisheriges Leben gestalteten. Kein Wunder, daß es ihm immer mehr zu einer geistigen Heimat geworden war, in der er sich mit allen Fasern seines Lebens verwurzelt fühlte. Das erlebte er kaum so sehr als jetzt, da eine Marienminne von solch feiner Zartheit und tiefer Innigkeit sein Herz bewegte. Es wurde der Ort seiner Taborstunden, in denen er vertraute Zwiesprache pflog mit seiner lieben himmlischen Mutter.

Samstagsnachmittags hielten die Sakristane des Kapellchens, zwei Mitschüler aus Josefs Klasse, großes Reinemachen. Das Heiligtum wurde gründlich geputzt und für den Sonntag geschmückt. Besonders der Boden mit den blauweißen Steinplatten mußte blitzblank sein. Er war der Stolz der Sakristane. Kaum hatten sie ihre Arbeit getan, da erschien auch schon Josef Engling. Ganz vorne an der Kommunionbank nahm er Platz, unmittelbar vor dem Bilde der Dreimal wunderbaren Mutter. Da kniete er nun lange in tiefer Andacht versunken und betete.

„Frömmigkeit ist recht", dachte ein wenig ärgerlich der eine der beiden Sakristane, „aber so früh braucht er uns nicht über den frischgeputzten Boden zu laufen."

Am nächsten Samstag stand Josef plötzlich wieder auf der Türschwelle. „Engling, das gibt's nicht", hielt ihn der gestrenge Sakristan an. „Du mußt warten, bis der Boden vollständig trocken ist."

Er habe seine Schuhe gut abgeputzt, bat Josef. Sie seien gewiß ganz sauber.

„Das macht nichts, Flecken gibt es doch, du mußt später wiederkommen", entgegnete der Sakristan.

Und wenn er nun auf den Fußspitzen hineingehe und ganz große Schritte mache, und wenn er den Gang selbst nochmal aufwische, falls er doch Spuren hinterlassen sollte, ob sie ihn dann wohl hereinließen, bettelte er weiter. Und mit einem solch treuherzigen, gewinnenden Ton konnte er das sagen, daß die Sakristane ihm nicht mehr zu widerstehen vermochten. Da wurde er ihr regelmäßiger Gast. Mit der Zeit sahen sie ihn sogar gerne kommen. Warum, wußten sie eigentlich selber nicht. Aber wenn er so dakniete, lag soviel ungekünstelte Innigkeit in seinem Wesen. Davon fühlten sie sich immer sehr erbaut.

Als der Mai zu Ende war, opferte Josef im Kapellchen der Gottesmutter noch einmal alle Opferblumen auf, die er im Laufe des Monats gepflückt hatte. Da brannte in seinem Herzen der heiße Wunsch auf:

Könnte doch diese Stätte wirklich Quellgrund eines Gnadenstromes werden, der hinausflutet in die weiten Lande! In seiner Seele formte sich ein Gebet, das er zum Abschluß unter seine Maienblüten schrieb:

„Mutter, nimm an zu deiner Ehre alles, was ich im Mai Gutes getan habe, besonders aber das, was ich verzeichnet habe. Wohl opferte ich dir zu Anfang des Mai alles zur freien Verfügung auf. Doch jetzt hätte ich einen Wunsch. Bitte, nimm es an zur Verwirklichung der Idee: Schönstatt soll ein zweites Ingolstadt werden. Doch ist es nur ein bescheidener Wunsch, und ich überlasse es vollständig dir, o Mutter, zu machen, was du willst – Ave Maria."

Das herannahende Ende des Monats Mai gab Josef Gelegenheit, auf die vergangenen Wochen Rückschau zu halten. Wie immer maß er sich dabei an seinem großen Lebensideal. Und da meinte er sagen zu müssen, daß er im Mai nichts Besonderes, ja sehr wenig getan habe. Wenn er sich in die Erlebnisse der letzten Zeit vertiefte, kam es ihm überhaupt vor, als sei ihm jetzt erst der Inhalt seines Ideals richtig aufgegangen. Wie sehr hatte doch seit mehr als einem Monat die Liebe zur Gottesmutter seine Seele bis in ihre verborgensten Tiefen durchbebt! Er fühlte, wie seitdem geheimnisvolle Kräfte in ihm aufgebrochen waren, die er bislang kaum geahnt. Es war ein elementarer Drang zur Hingabe. Dem Heiland und der Gottesmutter wollte er sich verschenken, sich verzehren für ihr Reich wie eine reine, geweihte Opferkerze. An die Mitmenschen wollte er sich hingeben in uneigenützigem Dienstwillen. Wie wenn ihn eine unwiderstehliche Urgewalt ergriffen hätte, so fühlte er sich von diesem Drang der Hingabe erfaßt. Und ganz klar sah er es: das war alles so gekommen, seitdem er die Sodalenkönigin richtig lieben gelernt. Schon als er in den Kartagen private Exerzitien hielt, schien ihm etwas Ähnliches aufzudämmern. Damals schrieb er in sein Tagebuch, daß er als stärkste Grundkraft seiner Seele den Hingabedrang spüre.

Inzwischen hatte sich dieser angeborene Naturtrieb unter den Erlebnissen des Maimonats völlig entfaltet und war zur beherrschenden Großmacht geworden. Alle anderen Inhalte seines Lebensideals sog er gleichsam in sich auf. Und nun entdeckte Josef, daß sein Ideal viel größer, aber auch viel einfacher geworden war. Wollte er sich früher sein Ideal vorstellen, dann mußte er viele Teilglieder aufzählen. Da stand vor ihm das Priesterideal und das Ideal des zeitgemäßen Heiligen. Darin erblickte er den Menschen, der die Sünde überwunden und von Gott und Christus ganz ergriffen ist. Er sah in ihm den Zug ins Große,

in die übermenschliche Leistung. Er sah aber auch die Treue im Kleinen und die werktägliche Frömmigkeit. Andere Teilglieder zeigten ihm die vertrauensvolle, hochherzige Liebe zur Gottesmutter und die uneigennützige Hingabe an den Nächsten. Wieder andere deuteten hin auf die Gnadenmutter von Schönstatt und ihr Heiligtum, auf das Sinnbild einer großen Idee. Dann besagte sein Ideal rastloses Arbeiten für das „Gnadenkapital", damit Schönstatt Brennpunkt einer Erneuerungsbewegung werde.
Schon in seinem Kampfplan machte er damals einen Versuch, die vielgestaltigen Inhalte in einigen wenigen Sätzen zu vereinfachen. Die Erfahrung der letzten Wochen ließ nun die Erkenntnis in ihm aufleuchten, daß er alle genannten Teilinhalte in einem einzigen Gedanken vereinigen könnte. Er fand ihn am besten ausgesprochen in dem Satz: „Omnibus omnia, Mariae specialiter mancipatus". (Ich will allen alles werden und Maria ganz zu eigen sein.) Er prägte sich auch ein Kennwort für diesen Satz. Er nannte ihn fortan „meine Losung". In seiner Losung konnte er nach Art eines knappen Schlagwortes alle Ergebnisse einer vierjährigen Seelengeschichte zusammenfassen. Wenn er sich dieser Losung erinnerte, hörte sein Ohr alles mitklingen, was sich in dieser Zeit in seinem Innern abgespielt hatte. Sie wies aber auch auf die Zukunft hin. Sie besagte mit einem Satz seine ureigenste, von Gott ihm gestellte Lebensaufgabe. Um diesen einzigen Gedanken seines Lebens sollte künftig alles Denken und Fühlen kreisen. Als Mann eines einzigen ganz persönlichen Gedankens wuchs er zur eigenständigen Persönlichkeit. „Allen alles werden, der Gottesmutter ganz zu eigen", das war sein Persönliches Ideal.
Der Mai 1916 brachte ihm einen reichen Segen. Er weckte und steigerte in ihm eine innige Marienliebe. Das Vertrauen auf die Gottesmutter gab ihm inmitten mannigfacher Schwankungen wieder festen Boden unter die Füße. Es lehrte ihn von neuem glauben an seine Ideale. Vor allem aber schenkte ihm der Mai sein Persönliches Ideal.

VORKÄMPFER EINER GROSSEN SACHE

Auf Apostelpfaden

In den Jahren der Nachkriegszeit saßen einmal ehemalige Sodalen der Congregatio Minor beieinander und tauschten Erinnerungen aus an vergangene Tage. ,,Es war doch eine staunenswerte Leistung", meinte jemand, ,,daß die Kongregation unter den ungewöhnlich schweren Verhältnissen der damaligen Zeit ein solches Idealstreben in der Gemeinschaft hervorgerufen und wachgehalten hat."
,,Sie hätte es kaum gekonnt", ergänzte ein anderer, ,,wenn sie nicht in Josef Engling einen sieghaften Bannerträger gehabt hätte."
Das erste Halbjahr 1916 ist in der Lebensgeschichte Josef Englings die Zeit aufsprossender Saat gewesen. Ein Frühling zarter Marienminne war in seine Seele eingezogen und hatte die Samenkörner, die das Vorjahr ausgestreut, zu triebkräftigem Wachstum erweckt. Das Leben der Gemeinschaft um ihn herum bot dasselbe Bild. Die Congregatio Minor erlebte um diese Zeit ihre erste und schönste Hochblüte. Der Frühling in seinem Innern und das blühende Leben in seiner Umwelt waren freilich nicht zufällig nebeneinander laufende Ereignisse. Seit er zum Präfekt der Minor bestellt worden war, drängte seine ehrliche Begeisterung für die Ideale der Kongregation machtvoll werbend nach außen. Da ward er auf dem Wege zur Höhe ihr siegfroher Bannerträger.
Gegen Ende des Jahres 1915 standen ein paar Schüler des dritten Kurses bei Josef. ,,Sag' mal, Engling, die Kongregation ist doch nicht bloß für eure Klasse da; wann läßt man denn endlich auch uns dazu?" Sie hatten mit der vorhergehenden Klasse noch nie auf sehr freundschaftlichem Fuß gelebt. Das konnte auch nicht wundernehmen. Gab es doch in ihr kraftstrotzende und unternehmende Naturen, die für ihre Klasse überall eine Vorrangstellung beanspruchten und sie auch durchzusetzen wußten. Im nachfolgenden dritten Kurs fehlte es nicht an Köpfen, die eigenwillig, witzig und zungenfertig genug waren, sich dagegen zur Wehr zu setzen. Seit der vierte Kurs in der Kongregation war, das mußten die Jüngeren allerdings zugeben, dünkten ihnen die älteren Mitschüler bei weitem nicht mehr so anmaßend zu sein wie früher. Josef hörte das stürmische Begehren des dritten Kurses um Aufnahme in die Kongregation sehr gerne. Er lächelte auf ihre Anfrage und meinte,

schon in der allernächsten Zeit würden sie wöchentlich eine Instruktion bekommen. Dadurch sollten sie in die Kongregation eingeführt werden. Dann könnten sie gleichzeitig mit der Probezeit beginnen. Das Amt des Kandidatenführers übertrug P. Spiritual Josef selber. Da standen also zwei schwere Aufgaben vor ihm: Führer der Kandidaten und Präfekt der Sodalen zu sein. Wie er sie zu lösen habe, dafür zeichnete ihm sein großes Lebensideal eine klare Linie vor.
Nicht lange vor Weihnachten trat in das Klassenzimmer des dritten Kurses der Bernhard Heil. Er war ein berüchtigter Aufschneider, dem der Schalk allzeit hinter den Ohren saß.
„Habt Ihr es schon gesehen, die Sakristane bauen im Kapellchen bereits an der Krippe. Ganz neue Figuren kommen dieses Jahr hinein. Sie sind schon da. Nur das Jesuskindchen fehlt."
„Das gibt es doch gar nicht, eine Krippendarstellung ohne Jesuskind", hielt man ihm entgegen.
„Tja", meinte er listig mit den Augen zwinkernd, „mit dem Jesuskindchen wird es diesmal eine Überraschung geben." Geheimnisvoll die Stimme senkend fuhr er fast im Flüsterton fort: „Da kommt in diesem Jahr zu bestimmten Zeiten des Tages eine lebende Figur hinein."
Einige fingen an zu grinsen. Sie kannten den Bernhard. Die andern fragten um so neugieriger, wer das denn machen solle. Zuerst mußten sie dem Bernhard beteuern, daß sie wie das Grab schweigen würden. Es solle doch eine Überraschung werden. Dann erfuhren sie es: für das Jesuskind in der Krippe sei kein Geringerer vorgesehen als Josef Engling. Da brachen alle in ein schallendes Gelächter aus, bis auf einen. Er gehörte unter diejenigen, von denen der Volksmund sagt, daß sie nie „alle werden". Ganz verwundert und ungläubig wandte er ein:
„Warum denn gerade der Engling?"
„Weil das kleine Kerlchen genau in die Krippe paßt", meinte boshaft der Bernhard.
„Und weil er so ein liebes Gesichtchen hat", fuhr ein anderer fort.
„Und so zierliche Füßchen", ergänzte ein dritter.
Da gingen dem Gefoppten die Augen auf, und im Studiersaal entstand eine wilde Balgerei. Als aber Josef zum erstenmal seine Instruktion hielt, sagte jemand in den hintern Bänken halblaut: „Das Jesuskindchen". Da erschütterte die Klasse ein gewaltsam unterdrücktes Lachen und wollte sie lange nicht mehr loslassen. Heute neckten sie ihn noch, aber schon nach einigen Wochen sollten auch sie in ihm ihren anerkannten geistigen Führer sehen.

Mit den Instruktionen hatte Josef seine liebe Not. Sie waren keine Glanzleistungen der Redekunst und der geistigen Behendigkeit. Zwar bereitete er sie sehr gewissenhaft vor. Wenn er anfing, wußte man sogar schon im voraus, in welcher Reihenfolge er sich die Fragen der Aussprache geordnet hatte, und welche Antworten er erwartete. Bei P. Spiritual war man es anders gewohnt. Da konnte man selten sagen, wo es anfing und erst recht nicht, wo es hinaus sollte. Manche mochten auch deshalb Josefs Instruktionen nicht recht leiden. Sie waren ihnen zu schulmäßig. Aber eines gestanden sie ihm alle zu: Der Engling ist ein echter Kerl. Was er über die Ideale der Kongregation sagt, das kann man greifbar an seinem alltäglichen Leben wiederfinden.
Mit seiner Tätigkeit als Präfekt ging es ähnlich. In den Versammlungen der Kongregation trat er nicht übermäßig in Erscheinung. Es war ihm nicht gegeben, sich als Wortführer oder als Volksredner aufzuspielen. Überhaupt fühlte er, daß in der öffentlichen Belehrung nicht seine Stärke lag. Seine natürliche Anlage drängte ihn nach einer anderen Richtung. Er selber bezeichnet sie gerne als „stilles Apostolat". Es würde der längere, mühsamere, aber dafür auch der sichere Weg zum Erfolg sein.
Wie er es mit der apostolischen Kleinarbeit anzufangen habe, brauchte Josef sich nicht lange zu überlegen. Zuerst mußte er wohl versuchen, eine engere Fühlung herzustellen mit den Mitgliedern des Magistrates und mit den eifrigsten und tüchtigsten Sodalen. Wenn er so Umschau hielt, dann entdeckte er eine stattliche Anzahl, die für eine gemeinsame, zielstrebige Arbeit im Dienste der Kongregation fähig schienen. Sie würden sich auch ganz gewiß dafür gewinnen lassen. Da kam zunächst Hans Wormer in Frage, der erste Assistent. Vor dem hatte Josef einen ehrlichen Respekt. Was der sagte, war immer gut überlegt. Und was er als richtig erkannt, das setzte er mit Energie und ohne jede Menschenfurcht durch. Eine enge vertrauliche Fühlung mit ihm aber hatte bis heute noch nicht recht glücken wollen. Hans war kein sprudelnder Gesellschafter. Ein bißchen verschlossen und wortkarg, ließ er im Umgang kaum Herz und Gemüt, sondern mehr die sachliche Überlegung und den entschiedenen Willen mitsprechen. Wenn etwas in der Kongregation unternommen wurde, konnte der Präfekt mit seiner tatkräftigen Hilfe rechnen. Daß aber ihr bisheriger Verkehr untereinander kaum über die sachliche Aussprache hinausgegangen war, das wollte Josef nicht recht befriedigen. Er hätte gerne ein echt menschliches und herzliches Verhältnis zu ihm gehabt. Damit in der Kongregation eine fruchtbare Zusammenarbeit zustande komme, schien ihm das

sogar nötig. Jedenfalls wollte er sich in Zukunft sehr darum bemühen.
Besser waren schon die Beziehungen zu Fritz Esser gediehen. Den Fritz mochte er im Herzen manchmal beneiden. Der hatte gerade das, was er an sich selber so sehr vermißte, den gefälligen, liebenswürdigen Umgang. Im Studium mußte sich der arme Kerl zwar hart durchkämpfen. Um die Zeit der Versetzung ging es immer auf Leben und Tod mit ihm. Aber wie sehr wurde doch diese Schwäche ausgeglichen durch die prachtvolle Art, mit anderen zu verkehren! Darin lag soviel heitere, gewinnende Herzlichkeit. Sein feines Empfinden erriet schnell die verborgene Not des andern. Er konnte ihn mit seinem guten Herzen eine ehrliche Anteilnahme fühlen lassen, ohne viel zu sagen. Wenn er bei jemanden etwas erreichen wollte, fiel er nicht gleich mit der Türe ins Haus hinein. Er wußte geduldig zu warten und zur rechten Zeit das passende Wort zu finden. Er war darum auch sehr beliebt, und viele hatten ein großes Zutrauen zu ihm. Ja, mit dem Fritz mußte er noch viel engere Verbindung aufnehmen. Von dem konnte er manches lernen. Der war ein Meister der apostolischen Kleinarbeit.
Josefs Blick fiel ferner auf Karl Burg. Mit dem stand er ja schon lange auf sehr freundschaftlichem Fuß. Karl hatte einen guten Blick für die kleinen Fehler des alltäglichen Lebens. Die selbsterzieherische Zusammenarbeit mit ihm war Josef schon manchmal zugute gekommen. Noch neulich hatte Karl ihn darauf aufmerksam gemacht, daß er beim Studieren mit den Händen soviel im Gesicht herumfahre. Im Pult müsse er mehr Ordnung halten und aus seinem Anzug einige Flecken entfernen. Und dann war Karl ein allzeit bereiter Helfer, der die Gelegenheiten zu kleinen Diensten überall da herausfand, wo die andern gar nicht daran dachten. Ließ der Bruder Gärtner eine schwer beladene Karre mit Gemüse am „Alten Hause“ stehen, hatte sie Karl im Nu auf den Berg zur Küche des Studienheimes geschoben. So manche schwarz geränderte Waschschüssel stand eines Tages wieder blitzblank da, ohne daß der nachlässige Besitzer wußte, wie es eigentlich kam. Zweifellos könnte auch der Karl im Dienste der Kongregation eine gute Stütze sein. Außerdem waren noch die Gruppenführer der Eucharistischen Sektion da. Sie hatten guten Willen und zeigten auch für die Sache der Kongregation viel Eifer. Sie fühlten sich aber noch sehr durch ihre Schüchternheit gehemmt. Denen mußte geholfen werden, daß sie lernten, aus sich herauszugehen. Dann würden sie sicher brave Helfer werden. So sah er denn in seiner Umgebung genug Köpfe, die für die Kongregation etwas leisten konnten. Aber vorläufig gingen die einzel-

nen sozusagen noch auf eigene Faust vor. Sie waren Einzelposten, von denen jeder für sich selber stand. Damit eine Zusammenarbeit nach den gleichen Zielen entstehen könne, mußte er zunächst einmal mit allen eine ganz enge persönliche Verbindung anstreben.
Bei den Kandidaten galt es, fast die gleiche Aufgabe zu lösen. Wenn er die Lage überblickte, sah er klar, wo angesetzt werden mußte. Er brauchte eigentlich nur mit dreien unter ihnen Fühlung zu haben, um mit allen in Verbindung zu stehen. Das war Alfons Hoffmann, Joseph Schnierer und Albert Scheid. Mit Alfons Hoffmann, den die Kandidaten als ihren Vertreter in den Magistrat geschickt hatten, war das innere Verhältnis schon am Werden. Der Alfons war noch etwas scheu und verschlossen, manchmal auch leicht mutlos bei Mißerfolgen. In der letzten Zeit hatte Josef ihm mehrmals in solchen Fällen mit Rat und Tat zur Seite gestanden. Seither war das Verhältnis etwas vertrauter geworden. In der Klasse schätzte man ihn sehr wegen seiner echten Frömmigkeit, und weil er trotz seiner Jugend im Orchester bereits die erste Violine spielte.
Sehr gut verstand sich Engling auch mit Joseph Schnierer. Er war ein etwas älterer, sehr begabter und reifer Schüler. Ihre Herzen hatten sich eines Tages gefunden, als Josef herausmerkte, daß Schnierer eine zarte und glühende Liebe zur Gottesmutter in der Seele trug. Er freute sich sehr über diese Entdeckung und trug das kleine Erlebnis gleich in sein Tagebuch ein. Dabei war er innerlich so bewegt, daß er fühlte, wie sein Herz schneller schlug.
Der dritte, nach dem Josef Ausschau hielt, war Albert Scheid. In der Sexta hatte er das Amt des Klassenpräfekten inne gehabt und ein strammes Regiment geführt. Das trug ihm mancherlei Gegnerschaft ein, die heute noch andauerte. Er wußte sie aber mit seiner überlegenen Zunge in Schach zu halten. Zusammen mit dem befreundeten Alfons Hoffmann stand er kürzlich in der Stichwahl, als die Kandidaten ihren Vertreter in den Magistrat wählten. Josef war an Albert deswegen so viel gelegen, weil er im Studium unter den ersten marschierte und einen beträchtlichen Anhang mit sich führte. Einen kleinen Kreis unter ihnen betrachtete Albert als seine Freunde und Bundesgenossen. Mit ihnen teilte er seine Pakete, die er von daheim bekam. Die andern galten als seine Trabanten. Sie waren im Studium abhängig von ihm; denn er sah ihnen die Hausarbeiten durch und half ihnen vor den Klassenarbeiten. Mit ihm sollte es Josef schwer haben. Dem Albert imponierte anfänglich weit mehr Hans Wormer. Darum ging er auch zu ihm in die Sektion. Josef Engling sah er sehr kritisch von der Seite an. Er befaßte sich

nur dann mit ihm, wenn es galt, übermütige Neckereien an ihm loszulassen. Dessen äußeres Gehaben weckte zudem sein Abwehrgefühl. Und doch wurde auch der Albert Josefs Gefolgsmann. Das ging eigentlich sehr einfach. Albert lernte im Laufe der Zeit immer mehr die Kongregation und ihre Ideale verstehen. Da maß er an ihnen Josefs Person und begann sie zu bewundern. Seither stand er zu ihm.
So bildete sich langsam um den Präfekten ein Kreis von Getreuen. Es waren die besten Talente der beiden Klassen dabei. Alle genossen zudem bei den Obern einen guten Ruf und unter den Mitschülern eine geachtete Stellung. Josef bekam nun die Hände voll zu tun. Er war ständig auf Apostelpfaden. Fast in jeder Freizeit wußte er es so einzurichten, daß er einen seiner Mitarbeiter unter vier Augen zu sprechen bekam. Es waren aber beileibe nicht lauter „amtliche" Unterhaltungen, die der Präfekt mit ihnen führte. Da kam alles zur Sprache, das persönliche Wohlergehen des einzelnen, die Vorgänge in der Klasse und zwischendurch auch die Angelegenheiten der Kongregation. So machte er es wenigstens am Anfang. Bald aber steuerte Josef sofort auf sein Ziel los. Dann drehte sich das Gespräch um die Fragen, wie man in rechter Weise die Gottesmutter verehre, wie man ein gutes Partikularexamen führe, oder was es bedeutet: Schönstatt solle ein zweites Ingolstadt werden. Es war erstaunlich, wie sehr die Jungen auf seine Belehrungen eingingen. Dabei galten doch nicht wenige von ihnen als recht eigenwillige Köpfe. Ja, wäre an dem Engling nicht alles so wahr und echt gewesen, sie hätten sich gewiß nicht seinem Einfluß gebeugt. Weil er die Ideale so überzeugend vorlebte, ließ man sich von ihm auch gerne darüber belehren. Und dann merkte man auch zu deutlich sein edles und selbstloses Wollen. Er warb für die Sache der Gnadenmutter von Schönstatt, nicht für sich selbst. Seinen Mitschülern wollte er dabei in ehrlicher und herzlicher Liebe Gutes tun. Das leuchtete so sehr heraus aus seinen Bemühungen, daß man ihm nicht zu widerstehen vermochte. Auch die konnten es nicht, die sich manchmal über sein bäurisches Auftreten ärgerten.
Die enge Fühlungnahme mit einer größeren Schar strebsamer Sodalen schien Josef erst der Anfang zu sein. Nun müßten die einzelnen angeregt werden, in ihrer Umgebung das Gleiche zu tun. Wenn jeder wiederum einen Kreis von vertrauten Mitarbeitern um sich sammelte, dann hatten sie bald die ganze Gemeinschaft erfaßt und in Bewegung gesetzt. Die meisten seiner Freunde taten es bereits. Den Jüngeren mußte er wohl noch ratend zur Seite stehen. Selbst Albert Scheid, der ihm anfänglich Widerstand geleistet hatte, wurde im Laufe der Zeit

sein gelehriger Schüler. Da saßen die beiden eines Abends in der Erholung beisammen, als Josef unvermittelt mit der Frage herausrückte: „Sag, Albert, weißt du schon, was stilles Apostolat ist?" Der Gefragte konnte sich nichts Rechtes darunter denken, und so fing Josef an zu erklären. „Sieh mal, du kannst es doch ganz gut mit dem Peter Jakobsen, mit dem Paul Raikes und mit dem Ewald Fahr. Ihr kennt euch und wißt auch ganz genau eure Charkterfehler. Könntest du mit denen nicht einmal über Selbsterziehung sprechen? Du müßtest ihnen zeigen, wie man ein rechtes Partikularexamen führt, wie man es macht mit den Beiträgen zum ‚Gnadenkapital' usw." Albert überlegte. Gewiß, das könnte er tun. Die drei waren ordentliche Jungen. Sie würden sich wahrscheinlich sogar freuen, wenn er solch vernünftige Dinge mit ihnen bespräche. „Und dann", so fuhr Josef fort, „sieh dir einmal so manche Nichtsodalen in eurer Klasse an. Der Paul Pabelmann z. B. hat einen sehr schlechten Ruf wegen seiner Bequemlichkeit. Wenn der nicht anders wird, droht ihm die Entlassung. Der leichtsinnige Theo Kobler ist auch in Gefahr, den Beruf zu verlieren. Ähnlich ist es mit dem Alois Paitz. Der steht sehr schlecht im Studium und ist dazu noch ein ganz lauer Patron. Für die Kongregation werden sie sich kaum begeistern lassen. Aber das macht nichts. Wir dürfen sie auf keinen Fall laufen lassen; denn es sind doch unsere Mitschüler. Wir Sodalen müssen uns ihrer annehmen und sie auf bessere Wege zu führen suchen." Albert war noch nicht ganz gewonnen.

„Die lassen sich von uns doch nicht bekehren", wandte er ein.

Josef ließ nicht locker. „Du mußt es nur richtig anpacken. Sei einmal nett und freundlich zu ihnen im Umgang; z. B. darfst du den Alois Paitz nicht so sticheln und seine große Nase einen ‚Riechkolben' nennen. Das ärgert ihn. Man muß ihnen kleine Gefälligkeiten tun. Dann gewinnt man ihr Vertrauen. Du weißt doch, wie wir das neulich in der Missionssektion besprochen haben mit der indirekten Missionsmethode. Nachher läßt sich dann auch ein gutes Wort anbringen." So ungefähr sagte Josef Engling.

Albert Scheid versprach, es mit dem stillen Apostolat versuchen zu wollen.

Bald konnte er Josef befriedigt melden, es sei sehr gut gegangen. Seine drei Kameraden führten jetzt alle ein Partikularexamen. Er und Peter Jakobsen wollten sogar an die Nichtsodalen herangehen. Auf dem nächsten Spaziergang fand sich Jakobsen mit Paul Pabelmann, dem behäbigen Phlegma, zusammen. Als man im Feisternachtstale einen Berg hinauf mußte, zog Peter den dicken Pabelmann an der Hand im

Schweiße seines Angesichtes den steilen Hang hinauf. Albert hatte sich zu Alois Paitz gesellt. Der trottete heute mit einem finsteren Gesicht einher. Die Unterhaltung ging vom Wetter über auf die Schule. Da gestand Alois, daß er die lateinische Arbeit vollständig „verhauen“ habe. Die Coniugatio periphrastica und die Oratio obliqua, dieses Zeug, wolle ihm einfach nicht in den Schädel, sagte er. „Das ist aber doch gar nicht so schwer; paß mal auf“, antwortete Albert und begann zu erklären. Zwar wurden sie auf dem Spaziergang nicht fertig. Es ging noch manche Stunde drauf, bis Alois hinter die Geheimnisse der lateinischen Grammatik gekommen war. Den Albert kostete es eine ungeheure Geduldsprobe. Aber schließlich hatten sie beide einen großen Erfolg. Als die nächste Lateinarbeit zurückkam, meldete Alois freudestrahlend, daß er eine gute Arbeit geschrieben habe. Jetzt gedachte Albert der Belehrungen, die ihm Josef erteilt hatte. Er hielt die Stunde für gekommen, ein gutes Wort an den Mann zu bringen.

„Weißt du, Alois“, legte er los, „du mußt nicht bloß gute Arbeiten schreiben, sondern auch ein moderner Heiliger werden.“

Da rümpfte der Alois seine stattliche Nase und kratzte sich verlegen hinter den Ohren. Die Nachhilfestunden schienen ihm eine bedrohliche Wendung zu nehmen. Nach einer Weile meinte er: „Du, Albert, ich glaube, mit der Oratio obliqua werde ich jetzt allein fertig.“

Albert ließ schnell das gefährliche Thema fallen und sprach von etwas anderem. Am anderen Tage aber suchte ihn Alois ganz von selber auf, kratzte sich genau so wieder hinter den Ohren und sagte: „Sag mal, wie hast du das eigentlich gemeint mit dem modernen Heiligen?“ Jetzt hatten sie also doch das gewünschte Thema. In der Zukunft wechselten sie nun ab. Manchmal ging es über das Heiligwerden, dann wieder über die Oratio obliqua.

Josef zeigte sich mit seinem Schüler sehr zufrieden. Beide freundeten sich sogar miteinander an und Josef zog ihn immer mehr in sein Vertrauen. Eines Abends wählte er einen Gesprächsstoff, der sie bisher noch kaum beschäftigt hatte. Er sprach über die Person der Gottesmutter. Albert hörte schweigend zu. Er selber hätte es wohl kaum fertig gebracht, über dieses Thema mit einem Mitschüler ein Wort zu wechseln. Dem Engling stand es aber so natürlich, daß er ihm gerne lauschte. An jenem Abend war ihm ganz feierlich zu Mute. Seit dieser Stunde hat er Josef nie mehr gehänselt. Er konnte es auch nicht mehr vertragen, wenn andere es taten. Gewahrte er einen, dann machte er ihn unbarmherzig mundtot.

In der Gemeinschaft konnte man bald feststellen, daß von dem Präfek-

ten eine unterirdische Strömung ausging. Was er selber in der Seele so tief erlebte, das strömte gleichsam auf die andern über. Ohne daß sie es recht wußten, teilte er ihnen sein ernstes Ringen um die Ideale der Kongregation mit und riß sie mit sich fort zu gleichem Streben.
Mit den eifrigen Sodalen war also auf diese Weise die Arbeit gut in Gang gekommen. Aber es gab in der Gemeinschaft noch viele Sorgenkinder. Sein gutes Herz und das Bewußtsein der Verantwortung gestatteten ihm nicht, sie links liegen zu lassen. Da saß nicht weit von ihm im Studiersaal z. B. der Willi Schmitz. Was hatte sich in dem doch eine sonderbare Mischung von Talent, Leichtsinn und Gutherzigkeit zusammengefunden! In der Erholung trat er des öftern als viel belachter Komiker und Grimassenschneider auf. Einer seiner Lehrer war freilich schlecht auf ihn zu sprechen und setzte ihm im Unterricht häufig zu. Nach dem allgemeinen Urteil seiner Mitschüler geschah ihm allerdings dabei nicht selten Unrecht. In dem Willi war viel mehr guter Wille, als es nach außen schien. Josefs feines Empfinden spürte das bald heraus. Als der Willi wieder einmal eines Tages heftig gerügt und viel zu hart gestraft wurde, schloß er im Herzen mit ihm einen unausgesprochenen Bund. In der Freizeit sah man ihn nun oft bei ihm. Willi faßte großes Vertrauen zu Josef. Und er, der zu den längsten Gestalten des Hauses gehörte, nahm dessen Mahnungen hin wie ein williges Kind. Wäre er nur nicht ein solcher Leichtfuß gewesen! An seiner bodenlosen Leichtlebigkeit gingen die besten Vorsätze in die Brüche. Josef bewahrte ihm eine rührende Geduld, und Willi faßte immer wieder neuen Mut. Neuerdings gehörte er sogar zu den Kandidaten der Kongregation. Nach Ablauf der Probezeit erkannte der Magistrat sein ehrliches Streben an und beschloß, ihn unter die Sodalen aufzunehmen. Jede Aufnahme war erst gültig, wenn sie P. Präses, der Rektor des Hauses, bestätigt hatte. Josef trug ihm die Angelegenheit vor und erhielt die erbetene Bestätigung. Darüber empfand er und sein Schützling eine unbeschreibliche Freude. Nach einiger Zeit ließ ihn P. Präses wieder zu sich rufen. Er habe sich die Sache mit dem Willi Schmitz noch einmal überlegt. Er glaube, die Bestätigung wieder zurückziehen zu müssen. Josef war wie vom Schlag gerührt. Nun müßte er ja wieder dem Willi die ganze Freude verderben. Sein gutes Herz brachte es schier nicht über sich; denn er empfand mit dem Betroffenen ein unsagbares Mitleid. So sehr nahm ihn der Fall mit, daß er vor Aufregung Kopfschmerzen bekam.
Etwa einen Monat später schrieb er in sein Tagebuch einige Zeilen, aus denen Wehmut und nachdenkliche Besorgnis klingt:

„Gestern wurden drei Mitschüler, Kalen, Landar und Schmitz entlassen. Als ich es hörte, kamen mir allerlei Gedanken. Sollten wirklich alle unsere Bemühungen umsonst gewesen sein? Hat die Gottesmutter die Arbeit an ihnen nicht angenommen? Hätten wir vielleicht noch mehr tun können? fragte ich mich. Es tat mir um alle, besonders aber um Schmitz, leid. Nun, wir haben fast alles getan, was wir tun konnten. Gott allein weiß, wozu es gut ist, daß es so kam."
Im Mai 1916 hielt die Kongregation eine Festfeier ab. Als man die Lieder einübte, gab es unter den Sodalen einen Zwischenfall. Drei von ihnen blieben eines Tages den Übungen fern, weil sie mit dem Chorleiter, einem Mitschüler, in Streit geraten waren. Um ihn zu ärgern, sangen sie während der Übungszeit in der Nähe des Chores Kriegslieder und störten damit die Gesangproben. Darob gerieten die Sodalen natürlich in große Aufregung und wandten sich an Josef. Der aber war für ein sofortiges Eingreifen nicht zu haben. Er beruhigte seine Mitsodalen und bewog sie, sich um die Störenfriede überhaupt nicht zu kümmern. Er wollte unmittelbar vor der Festfeier nicht mit energischen Maßnahmen einen großen Krach heraufbeschwören. Das hätte gewiß die allgemeine Stimmung für die Feier verdorben. Den ungehorsamen Unruhestiftern solle aber nichts geschenkt werden. Nach der Feier werde er ihnen gehörig die Meinung sagen. Wenn sie ihr Vergehen nicht bereuten und wiedergutmachten, dann würde er gegen sie einschreiten. Er war fest entschlossen, beim Magistrat ihren sofortigen Ausschluß aus der Kongregation zu beantragen. Die drei Rebellen ärgerten sich sehr, als sie merkten, daß man sie links liegen ließ. Bei der Festfeier hockten sie in den hinteren Bänken. Sie hätten gerne gesehen, wenn der Gesangchor „umgeworfen" hätte. Merkte man, daß er eine schwierige Stelle nur mit Not meisterte, dann machten sie schnoddrige Bemerkungen. Im übrigen fühlten sie sich aber doch nicht ganz wohl in ihrer Haut. Das wurde erst recht offenkundig, als Josef sie später einzeln hernahm und jedem eine sehr eindringliche Strafpredigt hielt. Die schlug ein. Ganz klein gaben die Übeltäter bei und taten „in Sack und Asche" Buße. Es war ihr Glück. Josef hätte mit dem Ausschluß sicher Ernst gemacht.
In einer Ecke des Studiersaales, in dem die Abenderholung stattfand, saß einsam und mit traurigem Gesicht Ludwig Wasen. Er war ein hochgewachsener Junge von kräftiger Gestalt und von einem gefürchteten Appetit. Am Tisch wollte keiner mit ihm in der Vierergruppe sein. Wenn ihn der Heißhunger überkam, verlor er jeglichen Maßstab, um ein Viertel von einem Drittel der Schüssel unterscheiden zu kön-

nen. Zur Zeit saß er mit einigen Mitschülern bei Tisch zusammen, die jedesmal heftig gegen ihn losfuhren. In ihrem Zorn benannten sie ihn mit dem schönen Namen ,,Freßsack". In den letzten Tagen räsonierten sie über ihn in aller Öffentlichkeit und behaupteten, er habe einen Magen wie der Laacher See. Das hatte ihn furchtbar getroffen. Darum zog er sich jetzt ganz vergrämt in einen Schmollwinkel zurück. Dort entdeckte ihn der kleine Sabel und entlockte ihm bald den Grund seiner Traurigkeit. Ludwig erzählte, welch schweres Unrecht ihm geschehen sei. Kein Mensch spreche mehr mit ihm. Er werde überall verachtet und habe alle Lust am Leben verloren. ,,Da müssen wir mal zu Engling gehen", entschied der kleine Sabel. Dort wurde die ganze Sachlage besprochen. Ludwig bekam mit einigen aufmunternden Worten ein paar entsprechende Ermahnungen. Josef suchte in den nächsten Tagen mit den Tischnachbarn einzeln ins Gespräch zu kommen. Sie ließen sich bewegen, die geringschätzigen Reden aufzugeben. Damit war die Angelegenheit wieder ins reine gebracht.

Zwei andere aus dem vierten Kurs hatten eine regelrechte Feindschaft miteinander. Sobald sie sich nur sahen, gingen sie wie gereizte Kampfhähne aufeinander los. Man machte Josef darauf aufmerksam. Das könnte mit den beiden doch nicht so weitergehen. Er müsse für Abhilfe sorgen. Das tat er auch. Aber es kostete ihn manche Unterredung, bis er sie endlich soweit hatte, daß sie sich wieder aussöhnten.

So war Josef ständig auf Apostelpfaden. Namentlich die kleinen Freizeiten nützte er eifrig dafür aus. Manche mochten das nicht recht an ihm leiden. Sie beobachteten ihn zuweilen von ferne und stießen sich gegenseitig lächelnd an, wenn er sich irgendwo ein Opfer suchte. Es kam ihnen so vor, als zöge einer aus auf Gimpelfang. ,,Da schau den Engling, jetzt fischt er sich wieder einen", hieß es dann. Der näherte sich indessen irgendeiner Gruppe. In seinem Gesicht stand das arglos gutmütige Lächeln. Er grüßte freundlich und zupfte den Begehrten heimlich am Ärmel oder gab ihm einen sanften Rippenstoß. Mehr bedurfte es nicht, und die zwei zogen ab. Über dieses Tun fielen gelegentlich spöttische Bemerkungen. Manche sagten, Josef stelle es viel zu tölpelhaft an. Er falle ja förmlich mit der Tür ins Haus hinein. Und je höflicher er sich in Wort und Umgang benehmen wolle, desto ungeschickter sehe es aus.

Nun, gar so schlimm war es nicht. Wer sein apostolisches Wirken überschaute, vermißte darin durchaus nicht das kluge und bedachtsame Vorgehen. Ein wenig Übereifer war wohl dabei, sodaß er manchmal zu rasch und unmittelbar auf sein Ziel lossteuerte. Was seine

Umgangsformen freilich anging, hatten seine kritischen Beobachter nicht so ganz unrecht. Josef spürte es ja selbst, daß ihm etwas Linkisches und Holpriges anhafte. Wenn er sich sein Lebensideal vorhielt und darin das ,,allen alles" las, fühlte er sich auch verpflichtet, nach einem geselligen und geschliffenen Benehmen zu streben. Er studierte darum häufig im Anstandsbuch. Das schien aber das Übel noch zu vergrößern. Am Tisch, beim öffentlichen Auftreten, im Verkehr mit Vorgesetzten und Mitschülern merkte man nämlich, daß er die einstudierte Regel anwenden wollte. Das wirkte dann oft lächerlich. Wichtiger als die äußere Regel war ihm aber doch die innere Gesinnung. In sein Tagebuch schrieb er sich den Vorsatz nieder, im Menschen das Ebenbild Gottes zu sehen, damit er in rechter Weise mit dem Nächsten verkehren lerne. Trotz der äußeren Mängel haben aber auch die Kritiker seinen lauteren Charakter und seine seelische Größe gerne anerkannt. Seiner zähen emsigen Kleinarbeit von Seele zu Seele war im Laufe der Wochen und Monate ein sichtbarer Erfolg beschieden. In der Kongregation blühte ein eifriges selbsterzieherisches Streben und eine echte Marienliebe auf. Auch das konnte man deutlich merken, wie sich das Leben der Gemeinschaft immer mehr auf ein einheitliches Ziel hinstraffte. Die Idee der Parallele ,,Ingolstadt-Schönstatt" erfaßte in steigendem Maße das öffentliche Bewußtsein. Josefs eigene Seelengeschichte schien sich in der Gemeinschaft zu wiederholen. Er war unstreitig ihr geistiger Führer. Sein großes Lebensideal ,,Allen alles werden, der Gottesmutter ganz zu eigen" begann nach außen sichtbare Gestalt anzunehmen.

Die Herausforderung des Krieges

Im März 1916 erzählten sich die Sodalen der Minor eines Tages eine überraschende Neuigkeit. Die Congregatio Maior habe eine Zeitschrift gegründet. Das Gerücht bestätigte sich. Eines Tages erschien Albert Langner, ihr Präfekt, und fragte mit strahlender, feierlicher Miene an, wer Bezieher werden wolle. Bald hielt man die erste Nummer in Händen. Die konnte sich sehen lassen. Sie war mit der Schreibmaschine getippt und mit Kunstdruckpapier auf Stein abgezogen. Am Kopfende prangte Bild und Name der Dreimal wunderbaren Mutter. Große Lettern verkündeten den Titel der Zeitschrift: ,,Mater ter admirabilis". Woher die Maior nur das Geld haben mochte, eine solch vornehme Zeitschrift herauszugeben? Man fragte den Kassierer. Der lachte. In der Kasse seien ganze 57 Pfennige. Aber der Magistrat habe das „Mater habebit curam" (die Gottesmutter sorgt schon) hinzugerechnet, und dann sei die Herausgabe beschlossen worden. Von dieser merkwürdigen Geschäftsführung hatten sie bislang noch nichts gehört. Nun, die Zukunft mußte beweisen, ob sie sich bewähre.

Die neue Zeitschrift erregte allgemeines Staunen und Interesse. Ihr Inhalt wandte sich an die Sodalen im feldgrauen Rock. Sie wollte unter ihnen den alten Sodalengeist wachhalten, wenn sie draußen in der Kaserne oder im Felde den Gefahren einer lockenden und andersdenkenden Welt ausgesetzt seien. In den folgenden Nummern kamen sie aber auch selber zu Wort. Da standen Ausschnitte aus ihren Briefen an P. Spiritual oder aus dem Briefverkehr untereinander. Die las man am liebsten, besonders wenn ein Artikel nicht mit dem Namen, sondern mit einem X unterzeichnet war. Dann schilderte nämlich einer meistens die Seelenkämpfe, die er draußen durchzukämpfen hatte. Die Jüngeren daheim waren gerade auf diese Artikel sehr erpicht. Wollte einer dem andern mitteilen, die neueste Nummer sei sehr interessant, dann sagte er: „Es sind wieder viele X dabei." Die Daheimgebliebenen schrieben natürlich auch tapfer hinein und erzählten von ihrem Schaffen in der Kongregation. Manch einem, der bei dieser Gelegenheit zum ersten Male im Leben seinen Namen öffentlich gedruckt sah, rieselte ein stolzes Gefühl der Freude durch alle Glieder.

Die Zeitschrift erwies sich tatsächlich als eine Forderung der Zeit. Immer mehr Sodalen der Oberklassen mußten ihr Studium abbrechen und in die Kaserne wandern. Ende 1915 rückten die vom Jahrgang 96 ab. Vier Mann von ihnen kamen nach Berlin zur Garde. Um sich gegenseitig besser Halt und Stütze sein zu können, schlossen sie sich dort zu einer Gruppe zusammen. So waren sie es von der Kongregation her gewohnt. Im Frühjahr 1916 folgten die vom Jahrgang 97. Wie lange würde es noch dauern, bis auch die 98er, Englings Jahrgang, an die Reihe kamen? Die Maior schmolz sichtlich zusammen. Fast alle führenden Köpfe waren unter den Soldaten. Die 97er folgten dem Beispiel ihrer Vorgänger und bildeten Ferngruppen untereinander. So entstand um die Kongregation daheim langsam eine zweite draußen. Man nannte sie „Außenorganisation". Bindeglied zwischen beiden war hauptsächlich die Zeitschrift „Mater ter admirabilis", das Aussprachebiatt der Kongregation. Die Kosten für die Herstellung trugen die Sodalen selbst. Es galt als Ehrensache für jeden, ein Scherflein beizusteuern, auch wenn es vom kargen Sold des Soldaten abgespart werden mußte.

Jedesmal, wenn wieder ein neuer Jahrgang zu den Fahnen gerufen wurde, gab es in Schönstatt eine recht eigenartige Stimmung. Zwischen viel vaterländische Begeisterung mischte sich immer die bange Frage: ob sie wohl alle wieder heimkehren von den Schlachtfeldern? Der Krieg mähte ja seine Opfer hin mit erbarmungsloser Faust. Vor gar nicht langer Zeit war die erste Todesnachricht gekommen: J. Heinrich sei in Galizien gefallen. Und so viele von den ehemaligen Schülern, die schon in den höheren Studien standen, bedeckte bereits irgendwo in Feindesland der kühle Rasen. Wie gut hatte man alle noch gekannt! Jeden Abend las P. Präfekt den Heeresbericht vor. Darauf war man immer sehr gespannt. Seit 1916 wurden die Berichte über gewonnene Schlachten seltener. Die Zeiten, in denen man unter Glockengeläute Sieg feierte und schulfrei bekam, schienen vorbei. Was man jetzt von den Kriegsschauplätzen hörte, waren Schilderungen der furchtbaren Materialschlachten. Die meisten der Jungen in Schönstatt hatten irgendeinen Angehörigen der engeren Familie an der Front. Für viele war es der Bruder, für manche sogar der Vater. Da wollte keine rechte Siegesfreude aufkommen; statt dessen lagerte beim Vorlesen der Heeresberichte über den Zuhörern oft eine recht bedrückte Stimmung.
Neulich waren sie spazieren gewesen auf den Berghöhen nach dem Wandhof zu. Oben auf dem Kamm des Berges blieben sie lange stehen und lauschten schweigend hinüber nach dem Westen. Seit Ende Februar tobte das große Ringen um Verdun. Schon wochenlang grumelte von dort der Schlachtendonner herüber. Wie unheimlich das klang! Jetzt hallten zwischendurch ein paar schwere dumpfe Schläge. Ob das die berühmten 42er sind? Schließlich durchbrach einer die Stille. „Mein Bruder ist auch dabei“, sagte er. „Der meine auch“, ergänzte ein anderer. Dann gingen sie sinnend weiter. Ob heute abend wohl eine Nachricht kommt, wenn die Post ausgegeben wird? P. Präfekt hatte jedesmal einen ansehnlichen Stoß Feldpost zu verteilen. Da wurde eines Abends der kleine Hans beim Empfang einer Feldpostkarte kreidebleich. Wortlos zog er sich in die hintere Ecke des Studiersaales zurück. Er legte den Kopf auf die Arme und begann hilflos zu schluchzen. Vor ihm lag die Feldpostkarte. Er selbst hatte sie an seinen Bruder gerichtet. Quer über die Karte lief mit Rotstift geschrieben der Vermerk: „Zurück! Auf dem Felde der Ehre gefallen!“ Mitleidige Blicke sahen zu ihm hinüber. Keiner fragte, was geschehen sei. Man wußte es nur zu gut. Er war ja nicht der einzige, der eines Tages eine solche Karte in der Hand hielt. So hatte es neulich Josef Engling getroffen, Hans Wormer, Alfons Hoffmann und so viele andere. Das war der Krieg.

Das Leben der Kongregation mochte unter diesen Geschehnissen vorübergehend einmal leiden, es kam jedoch trotz aller Kriegsnöten nie zum Stillstand. Ganz im Gegenteil. Von der Minor wenigstens konnte man sagen, daß sie sich in ständigem Aufstieg befand. Josefs eigene Begeisterung schien an den Schwierigkeiten nur zu wachsen. In der letzten Zeit erfüllte ihn ganz der Gedanke an die neue Zeitschrift und an die werdende Außenorganisation. Schönstatt ein zweites Ingolstadt! Sah es nicht so aus, als sollte dieses Wort gerade durch den Krieg Wahrheit werden? Ganz unerwartet wurden die Sodalen hineingestellt in den Kampf des Lebens und konnten nun werbend eintreten für die große Idee. Viele von ihnen suchten bereits die M. T. A., ihre Zeitschrift, an gleichgesinnte Kameraden weiterzugeben, namentlich an Studenten. Wie man hörte, fand sie guten Anklang. Ob man darin einen Wink der Vorsehung sehen durfte, die studierende Jugend in den Bann der Gnadenmutter von Schönstatt zu ziehen? Das wäre gewiß ein bedeutsamer Schritt weiter gewesen auf dem Wege zu dem erstrebten Ziel.
Wie eine greifbare Antwort auf solche Gedanken mutete es ihn an, als eines Tages ein Sodale der Maior nach Schönstatt kam und von seinem Wirken unter seinen Mitschülern am Gymnasium in L. erzählte. Die Obern hatten ihn dorthin geschickt, damit er das staatliche Abitur mache. Den Besuch des Gymnasiums benützte er, um unter seinen Mitschülern einen religiös-wissenschaftlichen Zirkel zu gründen. Der arbeitete ähnlich wie die Schönstätter Kongregation. Als Josef ihn von seiner Tätigkeit erzählen hörte, jubelte er im Herzen auf. Die Gnadenmutter von Schönstatt wollte also offenbar ihr Reich über die engen Grenzen der Kongregation ausdehnen in die Reihen der studierenden Jugend. Wie er in seinem Tagebuch vermerkte, stand die Aussprache ganz unter dem Gedanken, daß von Schönstatt, bei den Altersgenossen an dem Gymnasium beginnend, eine geistige Erneuerung Deutschlands ausgehen werde. Diese Überlegung ging ihm noch lange nach. Einige Zeit später schrieb er in sein Tagebuch:
„Große Ziele hat sich die Kongregation gesteckt, oder vielmehr, die Sodalenkönigin hat sie ihr gezeigt: Von Schönstatt soll eine geistige Erneuerung unseres Vaterlandes ausgehen . . . Wir wollen die Studenten um uns sammeln, sie für die Ideale begeistern, eine Organisation unter ihnen schaffen . . .“
Wie Josef nun einmal war, ließ er es mit diesen Plänen nicht bewenden. Es drängte ihn, sich auch gleich tatkräftig dafür einzusetzen. Er knüpfte Briefverbindungen an mit bekannten Gymnasiasten seiner Heimat. Die Mitsodalen regte er an, ein Gleiches zu tun. Bald konnte

sein Tagebuch melden: ,,An der Verwirklichung der Idee, daß von hier, vom Kapellchen der ,Mater Ter Admirabilis', eine geistige Erneuerung Deutschlands ausgehen soll, ist auch von den Sodalen der Minor gearbeitet worden." Dann zählt er die Mitsodalen auf, die unter studierenden Altersgenossen neue Bezieher für die M. T. A. gewonnen haben. Übersah er die jüngste Entwicklung der Kongregation und ihre bescheidenen Erfolge nach außen, bekam für ihn der Weltkrieg einen ganz neuen Sinn. Sein Tagebuch berichtet:

,,In dieser Zeit wurde mir auch die Bedeutung des Weltkrieges klar. Mag es während des Krieges auch in sittlicher Beziehung schlechter geworden sein, und mag man auch, wenn man das Ganze überschaut, keine Besserung in religiöser und geistiger Hinsicht wahrnehmen, so hat er dennoch auf diesen Gebieten viel genützt. Wieviele Anregungen gaben uns Sodalen die jetzigen Verhältnisse, und viele Sodalen haben infolge dieser Anregungen ein inneres Leben begründet und sind geistig stark geworden, arbeiten schon jetzt an der geistigen Erneuerung im stillen und werden einst Großes wirken in der Öffentlichkeit. In noch größerem Maße gilt das von unseren Sodalen draußen in der Kaserne und im Felde. Wieviel Nutzen hat schon die M. T. A. gestiftet, die nur infolge des Krieges entstanden ist! Und wenn der Plan der geistigen Erneuerung Deutschlands von Schönstatt aus zur Durchführung kommt, dann tritt die gebildete Welt für Glaube und Sittlichkeit ein und wird das niedere Volk mit sich emporreißen."

Je mehr Sodalen der Krieg unter die Waffen rief, je größer die Außenorganisation wurde, je mehr Bezieher die M. T. A. gewann, desto schwerer fühlte Josef die Verantwortung als Präfekt. Jetzt mußte die Kongregation alle Kräfte anspannen und auf die Höhe kommen. Sonst stand das wachsende Werk auf tönernen Füßen. Seine größte Aufmerksamkeit galt dem Magistrat; denn von ihm mußten die stärksten Antriebe ausgehen. Fast jede Woche hielt er mit seinem Führerstab eine Beratung ab.

Josef hält Magistratssitzung

In Schönstatt gab es aus irgendeinem Anlaß einen schulfreien Tag. Da könnte man ganz gut eine Magistratssitzung halten, dachte Josef. Er ließ seinen Mitarbeitern die Nachricht zugehen, sie möchten sich nach vier Uhr zur Sitzung auf dem Zimmer des P. Spirituals einfinden. Zur festgesetzten Stunde waren alle pünktlich da. An seinem Stehpult stand

P. Spiritual und schrieb Briefe. „Fangt nur ruhig an“, meinte er, „ich höre schon zu.“ Josef sprach ein Gebet und begann die Beratung. Er schlug die Chronik des Führerrates auf. Ein vorwurfsvoller Blick glitt hinüber zu dem Chronisten. Die Berichte von der letzten und vorletzten Sitzung waren noch nicht eingetragen. Der Chronist wurde rot und stammelte verlegen etwas von „keine Zeit gehabt“. Er werde das Versäumte aber bald nachholen. Josef gab ihm die Chronik und wandte sich an die andern mit der Frage:

„Wie steht es zur Zeit mit dem Leben und Streben in der Kongregation?“

„Es wird augenblicklich wieder sehr viel über das Essen gesprochen und über den Hunger geklagt“, berichtete jemand. „Wenn man sich so häufig über diese Dinge unterhält, ist es schwer, für die Ideale der Kongregation ein rechtes Interesse zu finden.“

Es sei mit dem Hunger aber auch wirklich zu arg, meinte ein anderer. Was einem heute nach der Lebensmittelkarte zustehe, das sei zum Leben zu wenig und zum Sterben zu viel. Bei der Essenausgabe soll neulich Schwester Oberin geweint haben. So flehentlich hätten einige von den Kleinen mit ihren leeren Schüsseln am Schalter bei ihr angehalten. Sie habe aber wirklich nichts mehr gehabt.

„Vorgestern Nacht ist der Bergen mit noch einigen ausgebrochen“, berichtete jetzt ein Dritter. „Es hatte ihm jemand weisgemacht, die Runkelrüben, die da drüben im Wirtschaftsgebäude eingegraben liegen, würden bis zum Frühjahr ganz mürbe. Dann schmeckten sie fast wie Äpfel. Das bildeten sie sich aber nur so ein, weil sie Hunger hatten. Daraufhin sind der Bergen und noch einige nachts heimlich hinübergegangen, haben welche ausgegraben, sie geschält und dann gegessen.“

Ein ähnlicher Fall dieser Art wurde erzählt von den vier Mann, die in der Hauskapelle des Studienheimes Offizien zu machen hatten. Sie seien letzten Samstag in die Spülküche gekommen, um dort die Putzgeräte zu holen. Auf der Anrichte habe eine Schüssel mit kalten, wässerigen Steckrüben gestanden, der Rest vom Mittagessen. Da wären sie von Hunger so überwältigt worden, daß sie sich gleich darüber hermachten. Plötzlich habe einer ganz erschrocken gesagt: „Wenn uns jetzt jemand erwischte und dem P. Präfekten meldete!“ Da seien sie kurz entschlossen in die Kapelle gegangen, hätten sich mit der Schüssel an einem Seitenaltar in die Ecke gesetzt und dort alles aufgegessen.

„Am schlimmsten“, meinte jemand, „ist es immer mit dem Hunger in der letzten Unterrichtsstunde vor dem Mittagessen. Der Florian wurde neulich von einem solch grimmigen Hungergefühl geplagt, daß er wütend in die Einbanddeckel seiner griechischen Grammatik gebissen hat. Noch heute kann man darin die Abdrücke seiner Zahnreihe sehen."

,,Wir müssen noch mehr das Spiel und den Frohsinn pflegen", hub jetzt Josef an. Das lenkt von den trüben Gedanken ab. Wenn die Leute in der Freizeit nicht mehr so müßig herumstehen, wird auch nicht mehr soviel über das Essen gesprochen." Hans Wormer schlug vor, die Sektionen sollten den Vorsatz fassen, kein Wort mehr über das Essen und den Hunger zu verlieren.

,,Der wird doch nicht gehalten", wandten einige ein.

,,Ein Sodale muß das fertig bringen", antwortete Hans kurz und bündig und kniff die Lippen aufeinander.

,,Und davon wird er dann satt", ergänzte trocken Albert Scheid.

Die Beratung suchte nun einen andern Ausweg. Es kam das Gespräch auf das ,,Gnadenkapital". Ob man die Sodalen nicht anregen könne, aus Liebe zur Gottesmutter über die Nöte des Alltags zu schweigen und sie in Geduld zu ertragen. Der Monat Mai sei nicht mehr ferne. Den müsse man jetzt schon vorbereiten, damit er ein richtiger Opfermonat werde. Diese Vorschläge fanden an Josef natürlich einen eifrigen Befürworter. Während sie noch so verhandelten, sah P. Spiritual von seinem Pult auf. Ein mitleidiger Blick streifte die blassen, schmächtigen Gesichter seiner Jungen. Vier von ihnen trugen bereits den Keim einer Todeskrankheit in dem unterernährten Körper. In jungen Jahren sollten sie schon dahingerafft werden. ,,Es ist doch rührend", dachte P. Spiritual bei sich, ,,wie die Jungenherzen an der Gottesmutter hängen. Nun müssen sie sich durch eine harte Notzeit hindurchhungern, und sie lassen doch nicht ab vom Dienste der Sodalenkönigin."

Indessen ging das Gespräch bereits über auf einen anderen Gegenstand. Es bestände in der Gemeinschaft eine große Mißstimmung gegen einen Lehrer und einen Vorgesetzten. Dadurch würde die Arbeit in der Kongregation sehr behindert. Gegen den Lehrer mache sich eine förmliche Erbitterung breit. Schuld daran trüge sein unverständliches Vorgehen im Unterricht. Er lese die Regeln der Grammatik einfach aus dem Buche vor, ohne sie zu erklären. Er gebe aber stets unheimlich viel auf an Hausarbeiten. Wenn ihm jemand nachweise, daß er, der Lehrer, eine Regel falsch angewandt habe, würde er jedesmal wütend und säße dem Betreffenden auf. Das Verhältnis zu einem der Vorgesetzten werde auch immer schlechter. Das träfe besondes zu, seitdem er verfügt habe, daß man sich von Hause keine Pakete mit Eßwaren mehr schicken lassen dürfe. Er meine immer, daß man ein Gesetz bis auf den Buchstaben genau erfüllen müsse. Darum begründe er seine Maßnahmen mit folgendem Satz: „Entweder haben es Eure Eltern zuviel, dann müssen sie es nach dem Gesetze dem Staat abliefern. Oder sie haben nur das Notwendige, dann steht euch nichts davon zu." Diese Beweisführung bezeichnete man unter den Schülern vielfach mit „Quatsch". Viel Erregung kam auch auf durch seine Strafmethoden. Er nehme es nun einmal mit der Hausordnung peinlich genau. So war es z. B. verboten, die langen, bis auf den Boden reichenden Fenster des vierten Kurses als Durchgang zum Hofe zu benützen. Als nun eines Tages die Tür des Saales abgeschlossen war, gingen einige durch die Fenstertüren in den Saal hinein. Sie wurden von dem Vorgesetzten gesehen und mußten zur Strafe „rausknien". Andere, die während der Pause am Ofen die kalten Finger wärmten, anstatt ordnungsgemäß ins Freie zu gehen, ereilte dasselbe Schicksal. Die schlimmste Strafe bestand jedoch darin, daß man kein Abendessen bekam. Der Vorgesetzte ahnte nicht, wie schwer er damit die Jungen traf. Er sah nur das Gesetz und fühlte sich verpflichtet, ein unnachsichtiger Hüter der Disziplin zu sein. Es gab eine Vierergruppe der Tischordnung, in der wurde den übrigen die verhängte Strafe Anlaß zu einem mächtigen Spaß. Schadenfroh waren sie nicht; aber nun konnte sie sich mit drei oder, wenn sie Glück hatten, sogar mit zwei Mann in eine Schüssel teilen. Daneben saßen die armen Opfer und verfolgten mit gierigen Augen und unter Tantalusqualen, wie die hungrigen Tischnachbarn auf ihre Kosten ein Freudenmahl hielten. Häufiger aber gab es Proben verschworener Kameradschaft. Da ließen die andern von der Vierergruppe die Pellkartoffeln und die Wurstscheibe heimlich in die Hosentasche gleiten, um sie später dem Gestraften unbemerkt zuzustecken.

Die häufigen Ausbrüche des Mißmutes über den genannten Lehrer und Vorgesetzten machten dem Magistrat natürlich viel Sorge. Bei der Aussprache über diesen Gegenstand bekamen Josef Engling und Hans Wormer einen schweren Stand. Sie vertraten die Auffassung, daß man jedem Lehrer und Vorgesetzten stets höflich gegenübertreten müsse. Auf keinen Fall dürfe man über ihr Tun losziehen, auch wenn man mit Recht anderer Meinung sei. Alle Schüler seien ihnen Ehrfurcht, Liebe und Gehorsam schuldig. Die Führer müßten sich dafür einsetzen, daß die Sodalen den Obern durch treueste Pflichterfüllung Freude machten und jeden Grund zur Klage nähmen. Sie sollten auch, so gut es ginge, sie gegen jeden Angriff in Schutz nehmen. „Das tun wir doch schon lange", ereiferte sich Albert Scheid, „und trotzdem hat uns neulich

noch ein Vorgesetzter öffentlich ausgeschimpft: Da würden in der Kongregation alle möglichen großen Reden gehalten und die gewöhnlichen Pflichten nicht erfüllt. Dabei waren es doch gerade Nichtsodalen, die die Hausordnung übertreten hatten. Wenn wir eine Festfeier halten, läßt sich kein Lehrer blicken trotz der Einladung. Ich weiß auch warum. Weil sie gegen die Kongregation sind. Und viele von uns hätten doch schon lange die Lust am Berufe verloren, wenn die Kongregation nicht da wäre. Ich auch.“ Er war ganz erregt, während er das sagte. Als die Aussprache diese Wendung nahm, griff P. Spiritual vermittelnd ein. Er suchte mit ein paar begütigenden Worten zu beruhigen. Schließlich einigte man sich doch auf den Entschluß, unter den Sodalen in der nächsten Zeit besonders für Höflichkeit und Anstand zu arbeiten, damit die bestehenden Spannungen wenigstens nicht vergrößert würden.
Jetzt lenkte Josef die Aufmerksamkeit des Magistrates auf eine neue Frage. Es sei damit zu rechnen, daß der Jahrgang 98 bald einberufen werde, darum sollten vor allem die Sodalen dieses Jahrganges in die Arbeit der Kongregation hineingezogen werden. Bis zur Einberufung müsse ihr Charakter so gefestigt sein, daß sie den Gefahren des Militärlebens gewachsen seien. Die Mitglieder des Magistrates möchten einmal vorschlagen, was man in diesem Sinne für die 98er tun könne. Auf die Aufforderung wollte aber kein rechter Gedankenaustausch zustande kommen. Man fühlte sich ein wenig hilflos einer solchen Frage gegenüber. Schließlich meinte jemand, bei den 98ern müsse ganz besonders die Erziehung zur Selbständigkeit betont werden. Andere schlugen vor, man solle sie einführen in das stille Apostolat. Je mehr sie sich in der Kongregation betätigten, um so mehr Halt hätten sie auch an der Gemeinschaft. Über diese allgemeinen Gedanken kam die Beratung nicht hinaus. Darum ließen sie das Thema bald wieder fallen.
Da meldete sich der Obmann der Eucharistischen Sektion zu Wort und führte Beschwerde über Buschmann, ein Mitglied seiner Sektion. Bislang habe Buschmann den Zettelkasten verwaltet, in dem die Stoffquellen für Vorträge und anderes gesammelt wurden. Nun sei er vor ein paar Tagen zu ihm gekommen und habe ihm den Zettelkasten zurückgebracht. Dazu habe er erklärt, er führe das Amt nicht mehr weiter. Es sei ihm zu Ohren gekommen, daß einige Sodalen etwas Nachteiliges über ihn gesagt hätten. Darum habe er keine Lust mehr, für die Sektion zu arbeiten und wolle mit dem Zettelkasten nichts mehr zu tun haben. Da griff der Präfekt mit einer kurzen und klaren Entscheidung ein. „Das eigenmächtige Vorgehen des Buschmann können wir auf keinen

Fall gelten lassen. Teile ihm daher", so wandte er sich an den Obmann, „folgendes mit: Wenn er aus irgendeinem Grunde sein Amt nicht verwalten kann, müsse er das auf dem rechten Wege ordnen. Für den Zettelkasten sei er aufgestellt und habe seine Pflicht zu tun. Was er angebe, sei kein Grund, ein Amt niederzulegen. Gib ihm den Zettelkasten zurück, und erkläre ihm, er müsse ihn weiter verwalten, falls er in der Kongregation verbleiben wolle." Daß der Präfekt mit diesem Entscheid recht gehabt, zeigte sich schon nach einigen Tagen. Buschmann sah seinen Fehler ein und bat Josef um Entschuldigung.
Nun kam die Sprache auf ein Sorgenkind, das den Magistrat schon oft beschäftigt hatte. Gusen, ein Sodale des vierten Kurses, wurde allgemach zu einem wahren Ärgernis. Wie oft war schon über ihn geklagt worden, er sei roh und streitsüchtig im Umgang. Auch übertrete er, sobald er nicht gesehen werde, jedwede Ordnung. Der Kongregation stehe er schon lange völlig gleichgültig gegenüber. Innerlich tief bewegt berichtete Josef, Fritz Esser habe ihm mitgeteilt, Gusen sei schon seit zwölf Wochen nicht mehr im Kapellchen gewesen. Einige meinten, jetzt habe man genug Geduld geübt, Gusen müsse ausgeschlossen werden. Hier griff P. Spiritual ein und stellte den Mitgliedern des Magistrats eine Gewissensfrage. Ob sie denn auch wirklich alles getan hätten, um ihn auf bessere Wege zu bringen, fragte er. Erst dann könnten sie berechtigterweise an Ausschluß denken. Die Führer aus dem vierten Kurs wußten aber nicht wenig Tatsachen dafür anzuführen, daß sich viele Sodalen schon seit Wochen und Monaten um Gusen alle erdenkliche Mühe gegeben hatten. Besonders Fritz Esser habe alles versucht, in gutem Sinne auf ihn einzuwirken. Gusen lache die Sodalen ja bloß aus. Josef mußte das Gesagte bestätigen. Er selber hatte es an ähnlichen Bemühungen nicht fehlen lassen.
„Aber", so wandte jetzt jemand aus dem vierten Kurs ein, „wenn wir den Gusen ausschließen, gibt es einen großen Krach. Er wühlt sicher die ganze Klasse auf und gewinnt bei den Lauen auch Anhang. Schwadronieren kann er wie ein Fuhrknecht. Er wird eine Partei gegen die Kongregation gründen und einen schweren Zwiespalt in die Klasse tragen."
„Das kann uns nicht beirren, das zu tun, was wir für recht halten", sagte Hans Wormer.
Josef stimmte ihm zu und meinte: „Einen Zwiespalt in der Klasse werden wir eben zu verhindern wissen." Dann machten sie Vorschläge, was zu tun sei. Man solle Gusen mit Ruhe und ehrlich gemeinter Freundlichkeit gegenübertreten. Die Geduld und die Liebe schlügen

ihm schließlich doch alle Waffen aus der Hand. Mit seinen Freunden müsse man viel verkehren, damit sie keine Gelegenheit hätten, sich von der Gemeinschaft abzusondern. Vielleicht rüttele ihn die Maßregelung aber auch gehörig auf und zwinge ihn zur Einkehr. Darauf schritt der Magistrat zur Abstimmung und beschloß mit Stimmenmehrheit Gusens Ausschluß aus der Kongregation.

Die Sitzung war mit dem Beratungsstof fertig. Zum Abschluß faßte der Präfekt den Inhalt der Aussprache noch einmal zusammen. „Um die bestehenden Schwierigkeiten in der Gemeinschaft richtig zu meistern, müssen wir den Monat Mai gut vorbereiten und ihn zu einem echten Opfermonat machen für das ‚Gnadenkapital'. Dabei soll das Spiel und der Frohsinn noch mehr gepflegt werden, damit nicht soviel gedrückte und gereizte Stimmung einreißt. Der Magistrat muß sich auf das stille Apostolat verlegen und vor allem an die 98er denken. Am Tisch und im Verkehr wollen wir uns für Anstand und Höflichkeit einsetzen. Der Magistrat dürfte untereinander noch besser zusammenarbeiten." Josef sprach das Schlußgebet, und dann war die Sitzung beendet.

Ende Juni ging die Leitung der Kongregation an den dritten Kurs über. Der vierte Kurs bereitete sich vor auf die Aufnahme in die Congregatio Maior. Damit war Josefs Führertätigkeit in der Minor beendet. Wenn er sich nun Rechenschaft gab über das letzte Halbjahr, dann konnte er das Ergebnis seiner eigenen inneren Entwicklung und seine Arbeit nach außen in einem einzigen knappen Satz zusammenfassen: Allen alles werden, der Gottesmutter ganz zu eigen sein! In dieser Prägung stand klar umrissen sein Persönliches Ideal vor ihm. Von diesem Gedanken war sein Ringen um Heiligkeit und seine Tätigkeit als Präfekt geformt worden.

Daheim

Ende Juni 1916 lebte Familie Engling in freudiger Erwartung. In den nächsten Tagen würde Josef wieder zu den üblichen Sommerferien eintreffen. Es war nun das viertemal, daß er nach Hause kam. Der Vater saß gebeugt über seine Arbeit in der Wohnstube und nähte an einem Kleidungsstück. Das war so recht die Gelegenheit, bei der er ungestört seinen Gedanken nachgehen konnte. Wie wurde es doch langsam stille im Vaterhaus! Ein Kind nach dem anderen zog in die Fremde. Die beiden ältesten Mädchen weilten schon lange in Stellung. August, der Älteste, – ach Gott, der arme Junge! Drüben in Galizien haben sie ihn vor

dreiviertel Jahr begraben auf dem Schlachtfeld. Herr, gib ihm die ewige Ruhe! An der Wand hing sein Bild. Immer wieder mußte er bei der Arbeit aufschauen und an seinen Ältesten denken. Den Valentin haben sie vor kurzem auch unter die Soldaten gerufen. Hoffentlich braucht er doch nicht mehr an die Front. Nun hatte er von allen sieben Kindern nur noch Johannes und die kleine Luzia um sich. Da war er ganz froh, daß der Josef wieder einmal in Ferien kam. Im letzten Jahr hatten sie bei der Ernte im Sommer ordentlich seine Hilfe gespürt. Der große, starke Junge faßte stets mit unverwüstlichem Arbeitseifer zu. So lange würde der Krieg doch nicht dauern, daß man ihn auch noch holte!
Im Haushalt waltete wie immer mit stiller, sorgender Liebe die Mutter. Sie sah dem Kommen Josefs mit ganz besonderer Freude entgegen. Sein Zimmerchen war schon blitzblank geputzt und hergerichtet. Wie schnell doch die vier Jahre vergangen sind, dachte sie jetzt. Ob sie es wohl erlebt, daß ihr Junge als Priester zum Altare schreitet? Es würde gewiß die schönste Stunde ihres Lebens werden. Mit wieviel banger Sorge hatte sie doch damals die ersten Wochen und Monate verlebt, als Josef in Schönstatt eintrat. Da lastete auf ihr die quälende Sorge, ob man ihn auch gebrauchen könnte, ob er Talent genug habe zum Studieren. Aber dann kamen so hoffnungsfrohe Briefe mit lauter guten Nachrichten.
Ja, seine Briefe! Die hatten es ihr angetan. So schön konnte der Josef alles beschreiben, daß sie sein Leben aus der Ferne förmlich mitlebte. Darum bewahrte sie auch alle seine Briefe sorgfältig auf. Drüben in der Kommode lagen sie, ein stattliches Bündel. In jedem Monat hatte Josef wenigstens einmal, manchmal auch zweimal geschrieben. Wenn sie am Sonntagnachmittag in der Kirche für sich den Kreuzweg und den Rosenkranz gebetet hatte und dann nach Hause kam, zog es sie wohl oft zu seinen Briefen. Da glitten sie nun durch ihre Finger und fingen an zu erzählen. Sie berichteten, wie es im Studienheim Schönstatt täglich zugehe, wie sie Einweihung des Hauses gefeiert, wie sie am Nikolausabend soviel Freude gehabt, wie sie Theater gespielt und noch viele kleine und große Ereignisse aus dem Alltag. Dazwischen kam ein langes Gedicht an den Bruder Valentin, das seinen Namenstag verherrlichte. Sogar dichten konnte ihr Josef! Ein ganz ausführlicher Brief erzählte von seinem ersten Besuch in Köln, vom Leben und Treiben einer Großstadt und von den wunderbaren Dingen, die in den dortigen Museen zu sehen seien. Wie einfach und verständig konnte doch ihr studierter Sohn das alles beschreiben. Und dann die vielen Namenstags- und Geburtstagsbriefe! Kein Familienglied wurde vergessen; alle be-

kamen einen herzlichen Glückwunsch. Ganz besonders schön waren die Briefe, die zur Erstkommunion von Johannes und Luzia gekommen waren. An diesen Familienfeiern hätte gewiß auch etwas gefehlt, wenn Josef nicht mit einem Brief vertreten gewesen wäre. Am liebsten las die Mutter aber jene Zeilen, in denen Josef versicherte, wie schön der Priesterberuf sei, und wie glücklich er sich fühle in Schönstatt. Und dann hielt sie einen in den Händen, den konnte sie nur unter Tränen lesen. Er war geschrieben worden, damals, als sie die Nachricht bekommen hatten vom Heldentode ihres Sohnes August.
„Euer Schreiben", so hieß es da, „hat mein Ahnen bestätigt. Als ich vom Bruder August keinen Brief und keine Karte erhielt, und als Ihr mir auf der letzten Karte schriebt, daß er verwundet sei, da kam es mich an, als sei er schon gefallen, und ich verdoppelte meine Gebete für ihn. Gewiß, es ist für mich ein großer Schmerz, aber wie groß muß erst der Eure sein, geliebte Eltern! Doch tröstet Euch! Euer Sohn ist als Vaterlandsverteidiger, als Held gestorben! Er hat sein Leben für ein hohes Gut, das Vaterland, gelassen. Doch dies sei nicht Euer einziger Trost . . . Sicherlich hat er sein ewiges Ziel erreicht . . . Vielleicht feiert er das morgige Fest schon im Himmel im Verein mit allen Heiligen. Er hat ja auch den Krieg als eine Strafe Gottes aufgefaßt, und die Strapazen desselben in diesem Geiste ertragen, wie das aus seinen Briefen hervorgeht, und sich somit die Leiden des Fegfeuers verkürzt . . . Auch Euch, liebe Geschwister, mögen diese Worte zum Trost gereichen. Nur noch auf eines möchte ich Euch aufmerksam machen. Ihr werdet es mir doch sicherlich nicht übel nehmen. Wir müssen die Eltern jetzt um so mehr lieben, um sie zu trösten und um ihnen die irdische Liebe zu ersetzen, die ihnen durch den Tod unseres Bruders abgeht."
Die Mutter wischte sich beim Lesen dieser Zeilen eine Träne aus den Augen. Sie dachte an ihren toten Jungen, der irgendwo in Feindesland begraben liegt. Es rührte sie aber auch, wie Josef so teilnehmend das schwere Leid mit ihr fühlte. Der gute Junge! Ja, so war er schon von Kind auf gewesen, immer voll treuherziger, anhänglicher Kindesliebe.
Als Josef nun endlich nach langer Reise im Kreis der Seinen saß, da feierte man in der Familie das frohe Wiedersehen. Ein bißchen schmal, so meinten alle, sähe er aus. Aber das würde die kräftige Kost des Elternhauses bald wieder aufholen. Luzia, die jüngste Schwester, staunte den großen Bruder nicht wenig an. Eine ganz neue, weiße Schülermütze brachte er mit, und sogar eine Brille trug er. Sie hatte schon früher im-

mer in ihm eine Autorität gesehen; denn er wußte alles und machte alles richtig. Jetzt schaute er noch viel gelehrter drein. Aber er war doch der alte Josef geblieben, genau so schlicht und so herzlich wie früher. Das sollte sie schon gleich in den nächsten Tagen erfahren. Er half ihr nämlich am Samstag tüchtig beim Hausputz. Und das mußte sie ihm ehrlich zugeben, er stellte sich dabei nicht einmal so dumm an, obwohl er doch ein Junge war.

Gleich nach seiner Ankunft hatte Josef einige Angelegenheiten zu erledigen, die ihm sehr wichtig schienen. Zuerst wurde eine schriftliche geistliche Tagesordnung ausgearbeitet. An das Kopfende schrieb er genau wie früher in kräftigen Buchstaben die Worte: „Beiträge für das Gnadenkapital unserer Mater ter admirabilis in den Ferien 1916". Im übrigen enthielt seine diesjährige Tagesordnung fast dieselben Übungen wie die des Vorjahres. Im Tagebuch vermerkte er noch zur Ergänzung: „Wenn ich zu Hause bin, will ich stets um 5 $^1/_2$ Uhr aufstehen, nach dem Ankleiden und dem Morgengebet die Geistliche Lesung halten und darauf gymnastische Übungen machen. Um 7 Uhr gehe ich zur hl. Messe. Die Zeit nach den gymnastischen Übungen will ich durch einen kleinen Spaziergang oder durch eine Lektüre aus ‚Dreizehnlinden' ausfüllen." Nach etlichen Tagen merkte er, daß die Zeit nach dem Aufstehen bis zur hl. Messe etwas lang dauerte. Da setzte er sich das Aufstehen auf 6 Uhr an.

Nachdem das Formular für die geistliche Tagesordnung angefertigt war, machte er den üblichen Besuch beim Herrn Pfarrer. Damit verband er ganz bestimmte Absichten. Er hatte es sich zur Aufgabe gemacht, in der Heimatpfarrei die öftere hl. Kommunion einzuführen. Bisher war sie noch nicht in Übung gekommen. In den Ferien schritt Josef als einziger mutterseelenallein durch die Dorfkirche an die Kommunionbank. Natürlich mußte für seine Idee zuerst der Herr Pfarrer gewonnen werden. Das war aber nicht so ganz einfach. Der Herr Pfarrer, ein etwas älterer, schweigsamer Herr, hielt am Althergebrachten zäh fest und zeigte sich für Neuerungen wenig zugänglich. Josefs Versuche auf dem Gebiete des eucharistischen Apostalates reichten schon zurück bis in die letzten Ferien. Damals machte er des öfteren Besuche beim Herrn Pfarrer und suchte immer wieder das Gespräch auf das gewünschte Thema zu bringen. Es wollte aber nie glükken, eine flüssige Unterhaltung darüber zustande zu bringen. Nachher ärgerte er sich über sich selbst und nannte sich einen dummen Kerl. Seine Bemühungen in der Familie hatten allerdings etwas mehr Erfolg gehabt. Seine Mutter ließ sich bewegen, ihn auf dem Gang zur Kom-

munionbank zu begleiten. Damit war das Eis gebrochen, und andere Frauen taten bald mit.
Zu seiner großen Freude nahm Josef schon in den ersten Ferientagen wahr, daß der Eifer der Frauen das ganze Jahr hindurch standgehalten hatte. Beim Herrn Pfarrer mußte er also erreichen, daß die kleinen Anfänge nun in eine regelrechte Kommunionbewegung innerhalb der Gemeinde weiterentwickelt würden. Den Herrn Pfarrer traf er leider nicht zu Hause an. Er war verreist. Am nächsten Sonntag erlebte Josef aber eine große, freudige Überraschung. Der Herr Pfarrer predigte über die häufige Kommunion. Er hatte auf seiner Reise in den Großstädten den Andrang der Gläubigen zum Tische des Herrn gesehen. Da war ihm die eigene ländliche Rückständigkeit ganz klar zum Bewußtsein gekommen. Von nun an setzte er sich in der Gemeinde ein für den öfteren Kommunionempfang. Da hatte also Josef für sein weiteres Apostolat günstige Anknüpfungspunkte.
Was das Apostolat in den Ferien anging, beschäftigte sich Josef mit einem anderen noch viel kühneren Plan. An nichts Geringeres dachte er als an eine geistige Eroberung des Ermlandes für die Sache der Gnadenmutter von Schönstatt. Wie alle seine apostolischen Bemühungen wurde ihm auch dieser Plan eingegeben von seiner Begeisterung für die Idee der Parallele „Ingolstadt-Schönstatt‘. Namentlich der Gedanke an eine von Schönstatt ausgehende Erneuerungsbewegung unter der studierenden Jugend nahm seit Wochen sein Sinnen und Denken immer mehr in Anspruch. In Schönstatt hörte er, wie die Soldaten-Sodalen unter ihren studierenden Altersgenossen werbend eintraten für die Ideale der Kongregation und Bezieher gewannen für die „M. T. A.“. Dieses Beispiel wirkte als mächtiger Ansporn. Ob sich nicht in der engeren Heimat etwas Gleiches erreichen ließ? Wenn es glückte, an mehreren Gymnasien für die Kongregation Ableger zu schaffen, dann mußte sich von dort aus langsam die ganze studierende Jugend des Ermlandes erobern lassen. Bevor er in die Ferien ging, weihte er seine beiden Landsleute Gustav und Otto in seine Absichten ein und entwarf mit ihnen einen Feldzugsplan.
In dem Wallfahrtsort Dietrichswalde sollte während der Ferien ein Treffen der Schönstätter Sodalen sein, die in der Umgebung wohnten. Dazu wollte man befreundete Gymnasiasten von den Gymnasien in Rößel und Allenstein einladen. Otto glaubte, einen größeren Kreis dafür interessieren zu können. Dann sollten drei Vorträge steigen. Sie waren in ihrer Themastellung klug aufeinander abgestimmt. Gustav hatte als erster zu sprechen über die Lage der heutigen Jugend, ihren

Kampf und ihre Verantwortung für die Zukunft. Dann sollte Otto ausführen, daß die Jugend selbständige Charakterbildung betreiben müsse, um ihren kommenden Aufgaben gewachsen zu sein. Josef selber wollte sprechen über das Thema: Gegenseitige Förderung durch Vereinigung. Darin gedachte er darzulegen, daß die notwendige Charakterbildung am besten gesichert sei in der Gemeinschaft von Gleichgesinnten. Und gegen Schluß würde er dann nachweisen, daß die Kongregation unter dem Schutze der Gnadenmutter von Schönstatt dazu in hervorragender Weise geeignet und berufen sei. Der Schluß mußte natürlich der Haupttreffer werden, den das Vorausgehende vorzubereiten hatte. Mit diesen Plänen zogen die drei in die Ferien.
Schon in der ersten Woche schickten Gustav und Otto die fertig ausgearbeiteten Vorträge an Josef ein. Er sollte sie zuvor begutachten. Nun war also alles geordnet, die Schlacht konnte beginnen. Eine Anzahl Gymnasiasten hatte ihr Erscheinen zugesagt. Am 13. August traf man sich verabredungsgemäß in Dietrichswalde. Josef brachte das schwere Opfer, um 3.30 Uhr morgens aufzustehen und bis zwölf Uhr nüchtern zu bleiben, um dann noch kommunizieren zu können. Die drei Redner des Tages standen also schußbereit. Wer aber nicht kam, das waren die ersehnten Zuhörer. Der eine war durch diesen, der andere durch jenen Zwischenfall verhindert worden; nur der Bruder von Otto und ein Nichtsodale aus Schönstatt waren mitgekommen. Den dreien bereitete natürlich ihr Ausbleiben eine arge Enttäuschung. Drei Redner und keine Zuhörer! Am Hauptzweck gemessen, schloß also ihr Unternehmen mit einer Pleite ab. Aber die drei gerieten nicht außer Fassung. Die geplante Versammlung wurde doch gehalten. Auch ihr Reden ließen sie vom Stapel. Am Tisch im nahen Gasthaus sitzend las jeder den andern seinen Vortrag vor. Und als sie zu Ende waren, da merkten sie, daß sie sich wenigstens gegenseitig trotz alledem für die Ideale Schönstatts neu begeistert hatten. Josef ließ sich durch den Mißerfolg nicht verdrießen. Einmal würde der Siegeszug der Gnadenmutter von Schönstatt doch kommen. Was verschlug es da, wenn er dafür Mißerfolge zu verzeichnen hatte? Nach einem Besuch an der ,,gesegneten Quelle" nicht weit von der Wallfahrtskirche ging es wieder heimwärts.
Das Zusammenleben in der Familie wurde gerade in diesem Jahre zu einem tiefen Heimaterlebnis. Besonders zart und innig gestaltete sich sein Verhältnis zur Mutter. Mit ihr konnte er sich ganz natürlich und ungezwungen über religiöse Dinge unterhalten. Es war fast so, als ruhe auf den Beziehungen zu ihr ein Abglanz seiner Marienliebe. Anderer-

seits wurde aus dem Umgang mit der leiblichen Mutter aber auch seine Marienliebe vertieft. Weil er an ihr soviel echte und lautere Mütterlichkeit erlebte, konnte er sich so gut das geadelte Wesen der Gottesmutter vorstellen. In seiner Heimat war es ein häufiger Brauch, daß die Kinder im Umgang mit der Mutter sich des Ausdrucks „Muttchen" bedienten. Kein Wunder, daß Josef später eine solche Redeweise auch auf die Gottesmutter übertrug und sie „Mütterlein" oder „Mütterchen" nannte.
Als die Ferien zu Ende gingen, schrieb Josef folgende Zeilen in sein Tagebuch. Sie kennzeichnen besser als alles andere seine gemüthafte Verwurzelung in dem schönen Familienleben seines Elternhauses:
„Die letzten Tage", so schreibt er, „waren wirkliche Rackertage. Nun, es war ja meinen Eltern zulieb. Mutter, dir opfere ich alles auf, die ganzen Ferien. In diesen Ferien habe ich so recht erfahren, was Liebe vermag. Wie schön ist es, wenn Menschen einander lieben, wenn die Kinder den Eltern Freude zu machen suchen, wenn die Eltern sich an den Kindern freuen können, wenn eins dem andern die Arbeit abnimmt, ihm alles bequem macht. Dann herrscht wahre Freude im Hause. Wie wohl fühlt man sich im Kreise solcher Eltern, solcher Geschwister. Eine solche Liebe muß auch in Schönstatt herrschen. Das zu bewirken sei mein Ziel als Mitglied der Anstandsgruppe. ‚Volo omnibus omnia fieri, tibi, Maria, specialiter mancipatus' (Ich will allen alles werden und Dir, Maria, ganz zu eigen). Mutter, segne mich!"

HARTE REKRUTENZEIT

Wer will unter die Soldaten

Schon fast einen Monat war in Schönstatt nach den großen Sommerferien das neue Schuljahr im Gange. Die Leitung der Congregatio Minor lag bereits in den Händen von Englings nachfolgender Klasse. Sie wirkte in aller Stille nach dem Muster des vergangenen Arbeitsjahres weiter. In den Oberklassen sah es etwas anders aus. Der Jahrgang 98, so hieß es, werde demnächst gemustert und eingezogen. Da wollten die Geister nicht recht zur Ruhe kommen. Die Beschäftigung mit den Büchern fiel den meisten sehr schwer. Die Lehrer setzten mit Gegendruck ein und gaben umfangreiche Hausarbeiten auf. Im Unterricht schraubten sie die Forderungen höher. Auch in der Kongregation geriet das Leben merklich ins Stocken. Josef führte in seinem Tagebuch bewegte Klage über diesen Niedergang und schrieb seiner vermeintlichen Lässigkeit die Schuld zu.
Ende Oktober ging wie ein Lauffeuer die Kunde durchs Haus: „Die 98er müssen nächsten Freitag und Samstag zur Musterung nach Koblenz!“ Alle 25 Mann wurden tauglich erklärt für den Kriegsdienst. Von den 29 Schülern aus Josefs Klasse mußten elf zu den Waffen. Von nun an war es mit der mühsam aufrechterhaltenen Sammlung vorbei. Das Soldatenleben mit all seinen romantischen und bedrohlichen Aussichten bildete jetzt das unerschöpfliche Thema der Unterhaltungen. In den nächsten vierzehn Tagen mußte der Stellungsbefehl eintreffen. Wozu sollte man unter diesen Umständen überhaupt noch studieren? In kurzer Zeit würde man ausziehen auf die Schlachtfelder. Was hatte es da zu bedeuten, ob man aus den lateinischen und griechischen Schriftstellern einige Seiten mehr oder weniger übersetzt hatte. Jetzt ging es ja um ganz andere Dinge. Und dann wußte doch auch niemand, ob man wieder heil aus dem Krieg heimkehre und das Studium überhaupt fortsetzen könne. Jedenfalls, so schien es den meisten, sei jetzt das Studieren eine höchst überflüssige Beschäftigung. In den großen Freizeiten sang man am laufenden Band Soldatenlieder: „Dem Kaiser Will-helm haben wir's geschworen . . .“ Im tiefen Baß, recht vierschrötig und männlich mußte das klingen. Oder auch ganz fidel: „Wer will unter die Soldaten, der muß haben ein Gewehr . . .“ Die von den Urlaubern oft geschilderten Szenen aus dem Kasernenleben wurden

vorausgelebt. Man ging militärisch grüßend aneinander vorbei und übte bei den Offizien mit Besen und Schrubber das ,,Griffeklopfen". Wer eine besondere Vorahnung seiner künftigen soldatischen Tüchtigkeit in sich trug, der ,,schnauzte" den andern an im Tonfall und in der Redeweise des Unteroffiziers. Die Spannung auf den Stellungsbefehl wurde von Tag zu Tag größer. Sie steigerte sich allmählich zu einer fiebrigen Ungeduld. In der Schule war mit den 98ern nichts mehr anzufangen, und in der Studierzeit hatten sie einfach kein Sitzfleisch mehr. Auch andere fingen an, den Tag herbeizusehnen, an dem diese unerträgliche Nervenspannung gelöst würde.

Inmitten dieser allgemeinen Aufregung gab es einen, der mit größter Seelenruhe hinter seinen Büchern saß. Er tat, als ob ihn die kommenden Ereignisse überhaupt nicht berührten. Das war Josef Engling. Man hätte meinen können, er habe zur Zeit nichts Wichtigeres zu tun, als seine Schulaufgaben zu erledigen. Nicht eher wollte er damit aufhören, als bis er den Stellungsbefehl in den Händen habe. Dann wäre immer noch Zeit genug, sich mit dem Militärleben zu befassen. Vorläufig ging er also ganz auf in seinen Berufspflichten. Noch drei Tage vor dem Eintreffen des Stellungsbefehles schrieb er in sein Tagebuch:

,,Mißstimmungen kamen und gingen, doch mein Ziel, ein heiliger und gelehrter Priester zu werden, verlor ich nie aus dem Auge. Vieles hat sich in dieser Zeit ereignet. Die Musterung kam; ich wurde zur Infanterie gezogen. Doch nichts von alledem regte mich auf. Ich studierte mit derselben Liebe und demselben Eifer weiter und verrichtete (auch) sonst meine täglichen Arbeiten ebenso gut wie früher, wenn nicht noch besser. Nur dachte ich daran, mich noch besser zu rüsten für die Militärzeit. Seit einiger Zeit wird man immer wieder, wohl zwanzig- bis dreißigmal täglich, in nicht gerade nutzbringender Weise an die Militärzeit, an die Stellung und (an den) Stellungsbefehl erinnert. Auch das ließ mich anfangs kalt und ruhig. Doch seit gestern ist es unerträglich."

Es wurde allmählich ganz schlimm. Er mußte sich fortgesetzt gegen die Versuche seiner Mitschüler zur Wehr setzen, ihn in ihre Unterhaltungen hineinzuziehen. Er wollte bis zum letzten Augenblick studieren und sich in diesem Entschluß nicht wankend machen lassen. Aber die Störungen erregten schließlich doch seine Nerven. Er hatte Kopfschmerzen und fühlte sich von jedem Geräusch belästigt. Bei einer mathematischen Aufgabe verrechnete er sich fünf- bis siebenmal, wie das Tagebuch vermerkt. Da sandte er ein Stoßgebetchen zur Gottesmutter empor, weihte sich ihr von neuem und hielt bis zum letzten Tage durch.

Am 16. November verkündete P. Präfekt, der Stellungsbefehl für die 98er sei da. Endlich, etwa drei Wochen nach der Musterung, löste sich die Spannung. Da flogen mit einem Schlag die Bücher in die Ecke. Jeder packte schleunigst seine Siebensachen zusammen, um sie nach Hause zu schicken. In drei Tagen hatten sich alle in Koblenz der Militärbehörde zu stellen. Nur diejenigen unter ihnen, die an einem staatlichen Gymnasium noch das Einjährigen-Examen machen sollten, bekamen einige Tage Aufschub. Die elf Mann aus Englings Klasse nahmen an diesen Prüfungen nicht teil, weil die Lehrer des Studienheimes ihre Vorbildung nicht für hinreichend hielten. Später eingezogene Jahrgänge machten dieselbe Prüfung ohne Schwierigkeiten. Und doch waren sie kaum in einer besseren Lage.

„Wer will unter die Soldaten, der muß haben" – im Liede hieß es: „. . . ein Gewehr". In Josefs Vorstellung lautete es zunächst: eine geistige Waffenrüstung. Ohne Zweifel, auf die kommende Zeit müßte er gerüstet sein. Diese Erwägung war der einzige Gedanke, der ihn in den letzten Wochen vor dem Einrücken mit dem bevorstehenden Militärleben verband. Etwa acht Tage vorher hielt er für sich eine gründliche Geisteserneuerung. Wieder lag vor ihm ein blaues Oktavheftchen, genau so wie damals, als er seinen Kampfplan niederschrieb. Nun sann er nach über die Vergangenheit. Was waren ihm denn die Jahre gewesen, die er in Schönstatt zugebracht hatte? Sie schienen eine unübersehbare Fülle von Ideen und Erlebnissen zu bergen. Da ragt aus allem heraus das Ideal des zeitgemäßen Werktagsheiligen. Im Dienste der Gnadenmutter sollte er sich zugleich verzehren für die Idee: Schönstatt, Ausgangspunkt einer religiös-sittlichen Erneuerungsbewegung. An seinem Geiste zog das wechselvolle Ringen um dieses Ideal vorüber: sein Kampfplan, die Schlachten, die er geschlagen mit der Waffe des Partikularexamens, seine Tätigkeit als Präfekt der Kongregation. Es tauchte das Bild der Gottesmutter vor ihm auf, der Sodalenkönigin. Ihr hatte er sich auf Tod und Leben verbunden in der Sodalenweihe. Auf sie, die „Dreimal wunderbare Mutter", baute und vertraute er. Und sie liebte er mit der ganzen Innigkeit seines reinen, reichen Gemütes. Vor ihm stand ferner das Kapellchen, die geistige Heimstatt seiner Seele. Ja, eine wirkliche Heimat war ihm das kleine Heiligtum geworden. Alle Erlebnisse der letzten Jahre hatten sich mit ihm verknüpft. Wie ein sinnfällig greifbarer Ausdruck seiner höchsten Ideale kam es ihm vor. Darum fühlte er sich auch mit tausend feinen Fäden an diese Heimat gebunden. Ach, wie vieles hätte er noch aufzählen müssen, was in den letzten Jahren sein innerstes Besitztum geworden war!

Aber eine unübersehbare, verwirrende Fülle von Ideen und Eindrücken war es doch nicht, was sein Auge erschaute. In den letzten Monaten hatte sich alles vereinfacht auf den Gedanken: „Ich will allen alles werden und Maria ganz zu eigen sein." In dieser seiner „Losung", wie er den Satz nannte, klangen alle Erlebnisse und Ideale zusammen. Um diesen einzigen Gedanken kreiste sein ganzes Leben. Es war sein Persönliches Ideal. Und wenn er nun vorwärts schaute in die Zukunft, wie sollte er nun die gestalten? Dafür gab es eine ebenso selbstverständliche wie einfache Antwort. Der Weltkrieg, das Soldatenleben, das Schlachtfeld müßten ein großangelegtes Ringen werden um sein Persönliches Ideal. Das und nur das konnte ihr Sinn sein. Fast spürte er eine aufbrechende Begeisterung in sich, als er jetzt zur Feder griff und in sein Heftchen hineinschrieb: „Soll diese große Zeit noch länger spurlos an mir vorübergehen? Nie und nimmer! Mutter, das gelobe ich dir! Geistig will ich groß werden vor dir und deinem Sohne. Jede Beschwerde des Krieges, dieser großen Zeit, will ich gebrauchen zu meiner Charakterstärkung, zur Vermehrung der heiligmachenden Gnade und zur Heiligung der Welt!"
Aber nun mußte auch für das Soldatenleben ein strategischer Plan entworfen werden. In seinem Innenleben fühlte er um jene Zeit sehr starke Nachwirkungen eines Buches, das er in den letzten Ferien zu lesen begonnen hatte. Es war die Lebensbeschreibung des Jesuitenschülers Coassini, eines jungen Theologen im Germanikum zu Rom. An seinem Seelenleben gefiel ihm außerordentlich das kraftvolle Volo! (Ich will!) Für Coassini war dieses Wort der Ausdruck des gespannten Willens und der planmäßig geordneten Arbeit an sich selbst. Es schien auch ihm überaus wichtig zu sein, daß er das kommende Militärleben mit einem entschiedenen Angriffswillen anpackte. So würde er sich mit seinem Persönlichen Ideal am ehesten durchsetzen. Seinen früheren Kampfplan konnte er natürlich nicht einfach auf die neuen Verhältnisse übertragen. Nur die vier Hauptsätze von damals schrieb er sich in sein Heftchen nieder. Ob er nun diese vier Sätze ähnlich wie früher in Einzelfragen aufgliedern und auf die neuen Verhältnisse anwenden sollte? Das dünkte ihm nicht ratsam. Besser wäre es, er ließe es darauf ankommen. Die jeweilige Lage mußte ihm sagen, was im Augenblick zu tun sei. Das sollte jedesmal kräftig ins Partikularexamen genommen werden. In diesem Brennpunkt des Kampfes wäre also alle Kraft zu sammeln. Dann müßte aber auch das Partikularexamen schlagkräftig und zielsicher sein. Er dachte nach. Das Ergebnis seiner Überlegung faßte er in folgenden Fragen zusammen, die er sich schriftlich niederlegte:

„War mein Partikular-Examen-Vorsatz praktisch? – Erneuerte ich ihn jeden Morgen? – Erinnerte und erforschte ich mich mehrmals am Tage? Wie oft? – Wann? – Wo? – Wie hielt ich es? – Betrachte ich vielleicht jede Kleinigkeit als einen zu setzenden Akt? – (Mit dieser Frage wollte er sich prüfen, ob er nicht kleinlich und unfrei geworden wäre.) – Scheute ich kein Opfer, den Vorsatz durchzuführen? – Weshalb hielt ich es gut? – Weshalb hielt ich es schlecht? – Legte ich mir für jede Nachlässigkeit darin sofort eine Buße auf, die zu tun mir schwer fiel? – Wie übe ich die Punkte, die ich früher im Partikularexamen hatte? – Brachte ich das Partikularexamen in innige Beziehung zum Heiland in der hl. Kommunion und zur Mutter? – Was will ich nächste Woche üben? – Ist es das Notwendigste? – Das Praktischste? – Ist es genau begrenzt? – Wird mich die Ausführung auch Überwindung kosten?"
Diese Fragen waren der Inbegriff seiner bisherigen Erfahrungen.
Und nun, so sann er weiter, den Fall gesetzt, die äußeren Lebensverhältnisse stellten ihm keine besondere Aufgabe oder Schwierigkeit, was dann? In diesem Falle wäre es von Vorteil, wenn er eine Auswahl von Vorsätzen vorrätig habe. Einige, die sich auf das „allen alles" in seinem Persönlichen Ideal bezogen, schrieb er nieder:
„Heiterkeit, Freundlichkeit und Liebenswürdigkeit, feines, edles Benehmen und Auftreten, den Nächsten interessant und fördernd unterhalten, rücksichtsvoll sein, dienstfertig und zuvorkommend sein, uneigennützige, selbstlose Hingabe an den Nächsten (Demut), Dankbarkeit, Schärfung des Blickes für seelische Leiden, Arbeit am Seelenheil anderer."
Und wie sollte er es nun machen mit der gewohnten Gewissensrechenschaft bei der wöchentlichen Beichte, fragte er sich weiter. In der Soldatenzeit wird er kaum Gelegenheit finden, jede Woche zu beichten. Da mußte er also, so gut es ging, sich mit etwas anderem behelfen. Er faßte den Vorsatz, jeden Sonntag eine kleine Einkehr bei sich zu halten. Dabei wollte er seine Vorsätze über das Partikularexamen durchlesen und an Hand der Fragen eine Erforschung seines Seelenzustandes vornehmen. Ob er diese Einkehr gehalten, sollte jedesmal mit Angabe des Tages in seinem Heftchen verzeichnet werden. Die sonntägliche Einkehr würde auch die beste Gelegenheit sein, schriftlich vor seinem Seelenführer die gewohnte Rechenschaft abzulegen. Schließlich wollte er mit dieser Übung auch auf die Heiligung des Sonntags bedacht sein. Denn das sah er voraus, daß künftig, zumal an der Front, Sonntag und Werktag sich nicht unterscheiden würden. Kurz bevor er einrückte, ergänzte er seine Vorsätze noch um folgende vier, die ebenso wie die

anderen in die sonntägliche Einkehr mit eingeschlossen werden sollten:

1. „Ich will mit noch größerem Eifer nach Heiligkeit streben.
2. Ich will für meine Mitsodalen draußen ein leiblicher Schutzengel sein.
3. Nie eine Lüge!
4. Den Sonntag will ich heiligen."

Mit diesem strategischen Plan hielt er seine Vorbereitung auf die Militärzeit noch nicht für abgeschlossen. Eine neue Frage tauchte vor seiner Seele auf. Er war es doch gewohnt, die heilige Messe mit der heiligen Kommunion zum Mittelpunkt des Tages zu machen. Darin war das Ringen um das Persönliche Ideal verwurzelt. Aus dem Mutterboden des Gnadenlebens zog es seine geheimnisvollen Kräfte zum stetigen Wachstum. Auch im Soldatenleben mußte das so bleiben. Freilich, zur hl. Messe würde er nicht täglich gehen können. Aber einen Ersatz wollte er sich schaffen. An die Stelle der wirklichen Mitfeier mußte die geistige treten. Und die gewohnten religiösen Übungen des Tages sollten genau so wie in Schönstatt mithelfen, der Kommunionmesse im Tagewerk eine beherrschende Stellung zu geben. Das mußte erreicht werden durch eine geistliche Tagesordnung. Gestützt auf die Erfahrungen der Ferien legte er sich dafür folgende Übungen fest: Morgengebet, Sodalengebete, Einschließen in die heilige Messe, Geistliche Kommunion, Gute Meinung, Wachestunden, ein Gesetz vom Rosenkranz, Abendgebet, Bitte um den Segen, Vollkommene Reue. Über diese Tagesordnung und über den Vorsatz des Partikularexamens wollte er sich jeden Abend schriftlich Rechenschaft geben.

Josef überschaute seine geistige Vorbereitung auf die Militärzeit. Er konnte feststellen, daß sich an seinem bisherigen Ringen um Heiligkeit auch unter ganz anders gearteten Verhältnissen nichts ändern würde. Sein Persönliches Ideal mit seinem ganzen und weiten Inhalt blieb dasselbe. Auch den Kampf, den er mit der Waffe des Partikularexamens um dieses Ideal führte, blieb der gleiche. Die wöchentliche Beichte und Gewissensrechenschaft wurde weitergeführt in der Einkehr am Sonntag und in dem damit verbundenen Bericht an seinen Seelenführer. Wenn er es bislang gewohnt war, die Kommunionmesse zum Mittelpunkt des Tages zu machen, dann sollte diese Übung jetzt in seiner geistlichen Tagesordnung weiterleben. In seinem Innenleben hatte sich also eigentlich nichts Wesentliches geändert. Was er sich zurechtgelegt, war eine Felddienstordnung für das Streben nach Heiligkeit im nüchternen Werktag. Sie galt für eine ungewöhnliche Lebenslage.

Fortan mußte er im allgemeinen darauf verzichten, am Gottesdienst teilzunehmen, die Sakramente zu empfangen, das Wort Gottes zu hören und die Hilfe des Priesters in Anspruch zu nehmen. Was er in den letzten Jahren gelernt, sollte sich also jetzt bewähren. Die Kraftproben des Lebens würden zeigen, ob es ihm in Fleisch und Blut übergegangen war.

Der Zukunft sah er frohgemut entgegen. Der Vater schrieb ihm, er hätte es lieber gesehen, wenn Josef zur Artillerie gekommen wäre. Dort sei, wie er meinte, die Gefahr nicht so groß, daß er falle. Josef tröstete die Seinen. Die Gottesmutter habe es so gewollt. Sie wisse, was ihm not tue und werde schon das Rechte von ihrem göttlichen Sohne erflehen. Der Gedanke an sie halte ihn aufrecht. Deshalb sei er ganz ruhig. Mit der Möglichkeit, daß er auf dem Schlachtfelde bliebe, hatte er sich allerdings in diesen Tagen allen Ernstes vertraut gemacht.

„Wenn ich fiele", schreibt er an die Eltern, „dann wären zwar alle unsere Hoffnungen dahin, Eure und auch die meinen; doch die Mühen, lieber Vater, die Du wegen mir gehabt, sie wären nicht umsonst gewesen. . . Hier habe ich gut gelebt, und ich hoffe, daß der liebe Gott . . . mich in den Himmel aufnimmt, wenn ich fallen sollte. Da würde ich dann schon mit Bruder August den lieben Gott für Euch alle bitten, und er würde dann das Gute, das Ihr mir getan, gar bald lohnen. Doch hoffen wir, daß ich nicht falle. Doch alles, was Gott uns schickt, wollen wir von seiner Hand annehmen . . . Liebe Eltern, jetzt möchte ich Euch noch um einiges bitten. Vor allem andern zuerst um Euren elterlichen Segen . . ."

War es eine Ahnung um seine kommenden Lebensschicksale, die ihn so schreiben ließ?

Sonntag, den 19. November 1916, schlug die Abschiedsstunde. Die künftigen Rekruten gingen bei den Vorgesetzten und Lehrern herum, ihnen ein Lebewohl zu sagen. P. Präfekt schenkte ihnen zum Abschied drei Stücke Seife, drei Dosen Schuhwichse und eine Schmierbürste. Das war in Anbetracht so mannigfacher Kriegsnöte ein sehr praktisches und wertvolles Geschenk. Elf Mann, unter ihnen auch Josef, mußten um 6 Uhr abends sich beim Bezirkskommando Koblenz stellen. Bevor sie schieden, sammelte sie P. Spiritual zum letzten Male im Kapellchen. Er sprach ein kurzes, herzliches Abschiedswort. Unter dem Segen der Sodalenkönigin seien sie groß geworden. Sie, die Mutter der Sodalenfamilie, werde auch ferner schützend die Hand über sie halten. Jeden Abend werde auch er allen Sodalen, die draußen weilten, seinen priesterlichen Segen schicken. „‚Kind, vergiß deine Mutter nicht!' Das war das Schlußwort des Vortrags von P. Kentenich. Dann erneuerten wir mit fester Stimme unsere Weihe an Maria." Was er selber wohl in diesem Augenblick empfunden haben mag? Sicherlich bewegten ihn die gleichen Gedanken, die er einige Tage zuvor in einem Gebetchen ausgesprochen, das er im Hinblick auf die Soldatenzeit in sein Tagebuch geschrieben hatte: ,,Mutter, Mater ter admirabilis, dir opfere ich alle meine Handlungen, alle guten Werke, meine ganze Selbstheiligung auf für die Zwecke, die du, o Mutter, mit unserer Kongregation vorhast."

Eine Stunde später verließen sie das Haus. An den Fenstern standen die Mitschüler und winkten zum Abschied. ,,Ob wir sie jemals wiedersehn?" – fragte einer den andern. Hätte ihnen jemand den Schleier lüften können, der über der nächsten Zukunft lag, dann wären sie sicher erschrocken. Drei von den Elfen sollten von dem Schlachtfeld nicht mehr heimkehren. Drei andere kamen zurück als Kriegskrüppel mit zerschossenen Gliedern. Und nur drei würden später bis an das ersehnte Ziel, bis zum Priestertum, gelangen. Die Abziehenden beschäftigten sich indessen mit einer für sie wichtigeren Frage: Wohin werden wir nach dem Willen der Militärbehörde wohl verschlagen werden. Einige wollten in Erfahrung gebracht haben, die künftige Garnisonstadt sei Hagenau im Elsaß. Da kämen sie also weit weg. Im stillen hegten sie den Wunsch, das Gerücht möchte sich als Falschmeldung herausstellen. Am Bezirkskommando wurden sie aufgerufen und truppweise aufgestellt. Hoffentlich geht es in eine benachbarte Garnison! Die 97er vor ihnen hatten das Glück gehabt, ihre Rekrutenzeit in Andernach a. Rh. zu verbringen. Die konnten oft nach Schönstatt kommen auf Sonntagsurlaub. ,,Der Transport geht nach Hagenau", hieß es auf einmal. Da gab es lange Gesichter. Also doch nach Hagenau im Elsaß unweit Straßburg; mit der Aussicht auf Sonntagsurlaub in Schönstatt war es vorbei.

Am Morgen des 20. November 1916 herrschte auf dem Bahnhof Hagenau Hochbetrieb. Vierhundert Rekruten kamen an. Eine Musikkapelle geleitete sie in die Kaserne. Die Ankömmlinge gerieten ein wenig in Staunen. Das Gebäude sah doch nicht nach einer Kaserne aus. Sie hatten nicht ganz unrecht. Vor dem Krieg war es ein Gymnasium. Jetzt hatte die Militärbehörde in verschiedenen Schulgebäuden der Stadt zusätzlich Kasernen eingerichtet. In diesem Gymnasium nicht weit vom Wasserturm verbrachten sie den Tag; niemand kümmerte sich um sie. Nur mittags gab es etwas zum Essen. Endlich um 3 Uhr nachmittags mußten alle antreten und wurden in Korporalschaften eingeteilt. Dann

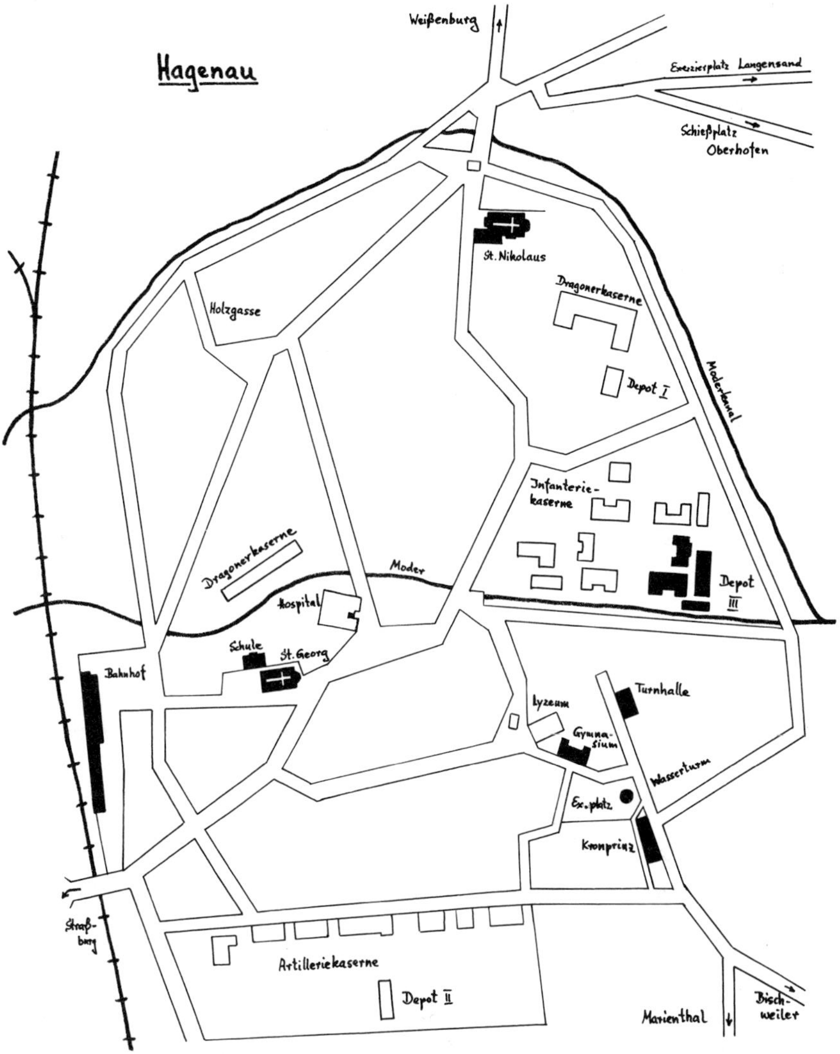

ging es hinüber auf die andere Seite des großen Platzes, wo das ehemalige Gasthaus „Zum Kronprinz" stand, das jetzt ebenfalls als Kaserne diente. Im früheren Festsaal, der rundherum eine breite Empore hatte, standen zweistöckig übereinander etwa 200 Betten. Zehn Schönstätter wurden hier einquartiert, unter ihnen auch Josef. Er bekam seine

Schlafstelle oben auf der Empore beim vorletzten Fenster zur Straße hin. Nachdem am folgenden Tag noch sechs weitere Mitschüler gekommen waren, befanden sich nun 17 Mann aus Schönstatt in Hagenau, sieben davon im gegenüberliegenden Gymnasium. Nach der Einkleidung am folgenden Morgen und der Impfung am Nachmittag konnte der Dienst beginnen.

Im ersten Drill

Es ist fünf Uhr morgens. Auf den Glockenschlag genau erscheint im großen Saal des ,,Kronprinzen" der Unteroffizier vom Dienst. ,,Aufstehen! Seid ihr noch nicht raus?" kommandiert seine schnarrende Männerstimme. Doch, sie sind schon draußen. Mit Sekundengeschwindigkeit flitzen sie aus den Betten. Bliebe einer länger liegen, der müßte es büßen. Der bekäme ,,Funktionen". Irgendein lästiger Dienst würde ihm aufgebrummt. Er müßte die Mülleimer leeren, Gänge fegen und dennoch mit den andern fertig sein. ,,Kaffeeholer raus!" rollen die Kommandos weiter. Ist das eine zweideutige Brühe, der Kaffee! ,,Eichelkaffee!" sagen einige und haben wahrscheinlich recht. Kriegsnot also auch in der Kaserne. Jetzt werden die Betten ,,gebaut". Der Stubengefreite schaut zu. Was soll aber das bedeuten? Kaum sind die einzelnen fertig, da geht er von Bett zu Bett und wirft alles wieder durcheinander. Ein Zivilist kann doch unmöglich ein Bett bauen. Das kann nur ein Soldat. Rekruten sind noch lange keine Soldaten. Das Bettbauen muß geübt werden. Und selbst wenn sie es einmal verstehen wie ein ,,Aktiver", es muß trotzdem noch lange geübt werden. Ein anständiges Soldatenbett ist straff und glatt wie eine Zigarrenkiste. Die Decke mit dem blauweiß gewürfelten Überzug muß genau die Breite von 32 Würfeln haben. Das Kopfkissen hat unter der Decke zu liegen. ,,So, das mach mal einer nach", sagt der Stubengefreite. Aber keiner ist so vermessen zu glauben, er könne das tatsächlich nachmachen. Auch wenn ihm das Bettbauen noch besser gelänge als dem Stubengefreiten, es würde ihm trotzdem noch einmal durcheinander geworfen. Denn der Rekrut ist ein ,,dummer Hammel", der vom Leben noch garnichts versteht. Das hat er auf alle Fälle von vornherein einzusehen. Stubengefreite sind für gewöhnlich nicht bösartig, aber sie haben Standesbewußtsein.

,,Raustreten zum Dienst!" heißt das nächste Kommando. Auf dem Flur stauen sich in langen Reihen die Rekruten. Da hallt über die

Gänge ein neuer Anruf. Er gleicht schon mehr einem Gebrüll. Die starke Männerstimme steht überhaupt in hohem Ansehen. ,,Heißt das raustreten?" schnaubt ein Unteroffizier. ,,Ihr habt zu flitzen wie ein geölter Blitz. Zurück, marsch, marsch!" Und nun wird das Raustreten geübt. Erst als die Rekruten über die Gänge stürzen, daß die Schuhnägel auf dem Steinboden kratzen und die Funken stieben, geben sich die Unteroffiziere zufrieden. Jetzt haben die Rekruten einen Begriff, mit welcher Schnelligkeit ein militärischer Befehl auszuführen ist. In zwei Glieder angetreten, harrt die Kompanie der Befehlsausgabe. Das Auge eines Unteroffiziers gleitet prüfend über den Anzug der Angetretenen. Da bleibt es starr an einem Punkte haften. Auf der Brust eines Rekruten ist ein geöffnetes Knopfloch zu sehen. ,,Kommt doch der Mann halbnackt zum Dienst", faucht der Unteroffizier. ,,Mensch, du willst dir wohl eine doppelseitige Lungenentzündung holen, was?" fährt er den erschrockenen Rekruten an und deutet auf das geöffnete Knopfloch. Mit einem kräftigen Ruck hat er ihm den Knopf heruntergerissen und hält ihm das Zierstück seines Waffenrockes unter die Nase.

Der Feldwebel erscheint, um den Morgenappell abzunehmen. Der dienstälteste Unteroffizier springt vor die Front. ,,Stillgestanden! Richt euch! Der linke Flügel zurück – so – die Mitte etwas vor – noch mehr – gut. Wer hängt denn da aus dem Glied heraus? Der fünfte Mann, Brust raus, Kopf hoch, Kinn an die Binde! Augen gerade aus! Erste Kompanie angetreten." Der Feldwebel läßt rühren. Dann hält er einen genauen Appell ab. Er mustert die blauen, schon ein bißchen schäbigen Friedensuniformen mit den blanken Knöpfen und dem Koppelschloß aus Messing. Wehe, wenn die nicht blitzen, daß man bei ihrem Anblick die Augen zukneifen muß! ,,Das erste Glied zwei Schritte vortreten, marsch! Linker Fuß hoch, Sohle vorzeigen!" Der Bleistift des Feldwebels kratzt in den Ritzen der Stiefel, ob der Dreck nicht mit Schuhwichse überschmiert ist. Da hat doch tatsächlich einer die Lücke eines fehlenden Nagels mit einem Reißbrettstift zu verdekken gesucht! Noch einmal, dann ist Nachexerzieren fällig. Der Feldwebel tritt vor die Front. Er ist eine stramme Figur, noch aus der ,,aktiven" Zeit. In seinem Waffenrock steckt zwischen dem ersten und vierten Knopfloch das dicke Notizbuch. Das gibt seiner stattlichen Männerbrust erst die rechte Wölbung. Und dann der sorgfältig aufgezwirbelte Schnurrbart! So muß ein richtiger ,,Kompaniespieß" dreinschauen. In allen Kasernen der kaiserlichen Armee sieht er so aus. Das scheint ein ungeschriebenes Gesetz zu sein. Der Feldwebel teilt den Dienst ein.

Vorerst erstreckt er sich fast nur auf Exerzierübungen und Instruktionsstunden. Später kommt dann der Dienst am Gewehr 98 und die Felddienstübung dazu. Auf dem Kasernenhof herrscht den ganzen Tag ein sehr bewegtes Treiben. Ein Rekrut muß mit dem Leben ganz von vorne anfangen. Er kann weder richtig gehen noch stehen. Nicht einmal das rechte Sichhinlegen versteht er. Da muß jeder einzelne Schritt genau so geübt werden wie das Vorbeigehen in gerader Haltung. Und von der durchgezogenen Fußspitze beim einfachen Marschieren bis zum hochgeschwungenen Paradeschritt ist es ein schweres Stück Arbeit. Erst recht müssen die Rekruten lernen, was Bewegung heißt. Sie werden überhaupt den ganzen Tag in Atem gehalten. Die Unteroffiziere nennen das „die Hammelbeine lang machen". So schallt es ununterbrochen über den weiten Platz: „Rechts marschiert auf – links marschiert auf – hinlegen – Sprung auf, marsch, marsch!" Auch wenn es mitten in die Pfützen des Kasernenhofes hineingeht. Beim nächsten Appell ist der Waffenrock wieder blitzblank herausgeputzt. Exerzierübungen, Appelle, Flick- und Putzstunden, so wechselt es ab den ganzen Tag. Der Soldat darf nicht einen Augenblick müßig sein. Es wird immer für „Anschluß" gesorgt. Wenn er dann abends beim Zapfenstreich wieder zur Besinnung kommt, spürt er die Müdigkeit bleischwer in allen Gliedern. Dann zieht sich auch manch einer, der schon harte, körperliche Arbeit gewohnt ist, am Treppengeländer die Steinstufen empor und läßt sich erschöpft auf seine Pritsche fallen.

So ungefähr verlief der Tag in der Kaserne zu Hagenau. Für den, dessen Leben unter einem hohen Ideal stand, war das Tagewerk eines Rekruten zugleich eine Charakterschule. Auf dem Kasernenhof zwischen „Kronprinz" und Gymnasium machte eines Tages ein Unteroffizier mit seiner Gruppe Exerzierübungen. Er war bereits im aktiven Heer Unteroffizier gewesen und wußte genau, was zu einem schneidigen Soldaten gehörte. Schon in wenigen Tagen hatte er seine Leute so weit, daß sie bei dem Kommando: Richt euch! eine schnurgerade Linie bilden konnten. Nur einer unter ihnen schien sich gar nicht recht eingliedern zu wollen. „Musketier Engling, Brust heraus. Hängt doch der Kerl wieder meterlang aus dem Glied!" Wie oft hallte dieser Mahnruf die Front entlang. Und immer wieder riß sich der Angerufene zusammen und reckte die etwas vorgebeugten Schultern hoch. Das wollte aber wenig fruchten. Er schien einfach das tragische Geschick zu haben, den Unteroffizier um die stolze Freude zu bringen, seine Gruppe in einer tadellos ausgerichteten Linie zu sehen. Der mochte sich darob ärgern und ihn wütend anfahren. Es half alles nichts. Die Mutter Natur

hatte nun einmal Josefs Gestalt ein bißchen stiefmütterlich behandelt. Und gegen Naturgewalten sind auch militärische Befehlshaber machtlos.
Der Unteroffizier ließ die Gruppe rühren und musterte von einem zum andern gehend den Exerzieranzug. Fast bei jedem hagelte es ein Donnerwetter über irgendeine Nachlässigkeit. Nur Musketier Engling bekam diesmal ein wohlwollendes Geknurre zu hören. „Feldmützen vorzeigen von innen", befahl er weiter. „Die reinsten ‚Speckdeckel'" schwadronierte er los. „Da schaut euch mal den Musketier Engling an! Warum ist denn bei dem alles sauber und in Ordnung? Könnt ihr das nicht auch, ihr Harnacken?" Und dann „bewegte" er seine Gruppe mehrmals über den weiten Kasernenhof. Nun wurde das Vorbeigehen in gerader Haltung und das Grüßen geübt. Als Josef an die Reihe kam, machte der Unteroffizier ein Gesicht, wie wenn ihn der Schlag gerührt hätte. Das einzige Wort, das er herausbrachte, war ein entsetztes: „Zurück, marsch, marsch!" Und dann suchte er ihm mit Stentorstimme klar zu machen, wie das Vorbeigehen in gerader Haltung aussehe. Josef gab sich krampfhaft Mühe. Aber sein Schritt blieb schwerfällig und sein Gehaben ungelenk. Der Unteroffizier tat ganz verzweifelt. „Aber, Mensch, wie können wir dich überhaupt aus der Kaserne herauslassen? Ein Soldat, der nicht grüßen kann, blamiert ja die ganze deutsche Armee!" Doch weder die beschwörenden Anrufe des Unteroffiziers noch Josefs eigene Anstrengungen vermochten viel an der Lage zu ändern. Zwar lernte er im Laufe der Zeit einigermaßen die militärischen Umgangsformen. Ein schneidiger Paradesoldat, wie so mancher seiner Schönstätter Kameraden, ist er aber nie geworden. Dafür hatte eben die Natur selber unüberwindbare Hemmnisse gesetzt.
Glücklicherweise war der dienstälteste Unteroffizier, der die ausbildenden Unterführer zu leiten hatte, ein gesetzter und vernünftiger Mann. In Friedenszeiten diente er als Unteroffizier und nahm nun den Rang eines Offizierstellvertreters ein. Da er wegen seines Alters für den Frontdienst nicht mehr in Frage kam, wurde er zur Ausbildung von Rekruten herangezogen. Dafür war er der rechte Mann. Er erkannte bald, daß Josef die fehlenden Vorzüge des Paradesoldaten durch Pflichttreue, Diensteifer, Verlässigkeit und willigen Gehorsam reichlich zu ersetzen wußte. Darum hatte er auch gelegentlich Nachsicht mit ihm und verlangte nichts Unmögliches. Als aufrechter, überzeugter Katholik empfand er zudem für die Schönstätter Priesterkandidaten eine heimliche Sympathie.
Vier Wochen der Ausbildungszeit waren dahingegangen. In der Ka-

serne zu Hagenau feierte man den Sonntag. Es war der 17. Dezember. Im weiten Saal des „Kronprinzen" saß Josef fast mutterseelen allein und schrieb. Zwischen den Zähnen stak ihm eine der bei den Soldaten üblichen Stummelpfeifen. Das war die neueste Errungenschaft seiner Rekrutenzeit. Früher hatte er nie geraucht, auch in den Ferien nicht. Bei den Soldaten erlernte man das Rauchen so unter der Hand. Anfänglich wollte man sich damit vielfach das leidige Hungergefühl vertreiben. Dann wurde es langsam eine Gewohnheit. So war auch Josef daran gekommen. Von den Eltern hatte er sich den nötigen Brennstoff erbeten. Aber „mildes Kraut" sollte es sein. Während er so behaglich einen Zug um den andern tat, fand er, daß das Rauchen ein Genuß sei. Diese Wahrnehmung sollte ihm später Anlaß werden, den Genußtrieb abzutöten, bis er wieder ganz vom Rauchen abkam. Warum aber saß er heute am Sonntagmittag so ganz allein auf der weiten Stube? Das hatte einen besonderen Grund. Bevor die Rekruten am Sonntag freien Ausgang bekamen, wollte sich der Feldwebel überzeugen, ob sie auch anständig grüßen könnten. Als er Josef grüßend vorbeischreiten sah, meinte er: „Ausgeschlossen, der Mann darf sich unter Menschen noch nicht sehen lassen." Da war es mit dem freien Ausgang vorbei. Josef wollte es doch ein wenig melancholisch zu Mute werden, als er nun so ganz allein dasaß. Seine Schönstätter Kameraden hatten sich vereinbart, heute nach dem benachbarten Wallfahrtsort Marienthal zu gehen. Dort wollten sie das Fest der Unbefleckten Empfängnis nachfeiern und ihre Sodalenweihe erneuern. Da wäre Josef halt doch gar zu gerne dabei gewesen. Aber nun machte er aus der Not eine Tugend. Das Alleinsein ließ sich ja vorzüglich auswerten zu einer Geisteserneuerung. Auch konnte er einmal ungestört und nach Herzenslust Briefe schreiben.

So glitt denn sein Blick prüfend über die letzten vier Wochen. Wie sehr sie doch erfüllt waren von neuen Eindrücken und Erlebnissen! Es wollte ihn bei dieser Rückschau allerdings durchaus kein Gefühl des Mißbehagens beschleichen. Ganz anders schien es seinem Freunde Karl zu ergehen, der in Koblenz bei der Artillerie diente. Er mußte recht böse Erfahrungen gemacht haben. Im letzten Brief hatte der Satz gestanden, er „habe den ganzen Krempel schon satt". Was hätte ihm selber auch Anlaß zu ähnlichen Empfindungen sein können? Etwa die Vorgesetzten? Das konnte er wirklich nicht sagen. Daß sie einen strammen Dienst führten, verargte er ihnen durchaus nicht. Und, was ihm besonders gefiel, sie schienen durchweg Männer von Charakter zu sein. Der Kompanieführer, ein Oberleutnant, hatte gleich am ersten

Tag einen guten Eindruck auf ihn gemacht. Beim Mittagessen im Gymnasium hatte er die Einjährigen nach ihrem Beruf gefragt. Die Schönstätter bekannten sich natürlich offen als Priesterkandidaten. Darauf erwartete Josef eine spöttische Bemerkung. So oft hatten die Mitsodalen älterer Jahrgänge in den Blättern der M.T.A. erzählt, wie sie von militärischen Vorgesetzten bei der Angabe ihres Berufes bespöttelt worden waren. Der Oberleutnant tat das nicht. Im Gegenteil meinte er mit einem wohlwollenden Lächeln: „Na, da können Sie ja große Missionsreden halten. Die Kameraden haben's nötig!"
Und der Kompaniefeldwebel? Nun, vor dem hatte er alle Achtung. Er war Protestant, aber ein gläubiger Christ. Gleich beim ersten Appell hielt er eine Ansprache an seine Leute. Er machte sie auf die sittlichen Gefahren der neuen Lebensverhältnisse aufmerksam und forderte sie auf, auch als Soldaten charakterfeste Menschen zu sein. Ganz besonderen Eindruck hinterließ bei Josef und seinen Schönstätter Kameraden ein kleiner Vorfall, wenn sie ihn auch mit einem vergnüglichen Schmunzeln zur Kenntnis nahmen. Eines Tages erschien der Feldwebel zum Apell mit einer Feldpostkarte. Ein Rekrut hatte darauf die Worte geschrieben: O armer Musketier auf Erden, im Himmel wirst du Unteroffizier werden! Der Satz verletzte sein religiöses Empfinden. Darum legte sich seine Stirn in Zornesfalten. Mit schlecht verhehlter Entrüstung wandte er sich an einen der Schönstätter, der als überaus schneidiger Soldat sein höchstes Wohlwollen genoß: „Hier der Musketier Goldner ist Theologe. Der wird euch sagen, was davon zu halten ist, der weiß das. Nicht wahr, Musketier Goldner, so was zu schreiben ist doch Götzendienst?" Die angerufene theologische Autorität riß mit einem strammen Ruck die Hacken zusammen und antwortete pflichtgemäß: „Jawohl, Herr Feldwebel!" Mit diesem maßgeblichen Urteil ausgerüstet, ließ er nun über den armen „Götzendiener" ein kräftiges Donnerwetter niedergehen. Der Feldwebel war also in Ordnung. Und die übrigen Unteroffiziere? Da dachte er vor allem an den Offizierstellvertreter. Ihn und den Feldwebel hatte er in der Hauptsache gemeint, als er neulich an seine Eltern schrieb: „Ich schätze mich glücklich, unter solchen Männern dem Kaiser dienen zu können."
Überhaupt mußte er sich gestehen, daß er beim Soldatsein mit ganzem Herzen dabei war. Das hatte er so recht gespürt, als sie am 3. Dezember vereidigt wurden. Denn er leistete den Eid auf die Fahne aus innerster Gesinnung. Neben ihm stand ein Kamerad, der sprach die Eidesformel nicht mit. Er meinte wohl, in dieser Weise sich der übernommenen Verpflichtung entziehen zu können. Das Verhalten des

Kameraden hatte ihn damals innerlich sehr erregt. In Gedanken nannte er ihn ganz entrüstet einen Lumpen. Nein, er dachte sich sein Soldatenleben anders. Er wollte in dem neuen Beruf kraftvoll seinen Mann stellen und ein ganzer Soldat sein. In diesem Willen konnten ihn bis heute auch alle Mißerfolge nicht erschüttern. Zwar empfand er es sehr, daß er beim Exerzieren so oft auffiel und Einzelübungen machen mußte. Es bedrückte ihn, daß er den Ärger seines Unteroffiziers erregte, und daß man ihm heute sogar den Ausgang gesperrt hatte. Aber morgen schon, so dachte er sich, würde er den Dienst mit ungebrochenem Mut wieder anpacken. Auch an den rauhen Ton des Kasernenlebens hatte er sich gewöhnt. Freilich schien es ihm nicht gerade eine schöne Redewendung zu sein, wenn es auf dem Exerzierplatz hieß: „Mensch, ich werfe dir gleich eine Handvoll Europa in die Fresse." Und andere Kraftaussprüche gab es, die mochten ihm erst recht nicht gefallen. Sie waren noch um einige Grade derber und sind im allgemeinen in der Schriftsprache ungebräuchlich. Er hätte es wohl auch nicht fertig gebracht, je einen dieser Ausdrücke in den Mund zu nehmen. Aber sie konnten ihn auch nicht außer Fassung bringen.
Und wie stand es schließlich mit den Kameraden? Auch da durfte er nicht klagen. Es waren meistens biedere, katholische Bauernsöhne aus der Eifel und vom Hunsrück. Auf der Fahrt nach Hagenau kramten sie sogar ihre Pakete aus und teilten mit den neuen Lebensgefährten, was ihnen eine vorsorgliche Mutter eingepackt hatte. Übersah er also den äußeren Rahmen seines bisherigen Lebens in der Kaserne: Vorgesetzte, Dienst und Kameraden, dann erhielt er eigentlich kein ungünstiges Bild.
Aber nun tauchte vor seinem geistigen Auge eine Frage auf, die ihm die wichtigste von allen schien. Hatte er aus dem bisherigen Leben in der Kaserne auch eine Charakterschule gemacht? War es ein Ringen gewesen um sein Persönliches Ideal, und ging er ganz auf im Dienst der Gnadenmutter von Schönstatt? Um dieser Forderung zu entsprechen, hatte er sich ja zu Beginn der Militärzeit sehr bestimmte Richtlinien aufgestellt. Wie stand es nun damit? Josef zog das blaue Oktavheftchen heraus, in das er täglich seine Aufzeichnung zu machen pflegte. Das mußte ihm auf diese Frage Antwort geben. An der Spitze seiner täglichen Gewissensrechenschaft stand das Partikularexamen. In den letzten Wochen lautete es: „Ich will stündlich wenigstens durch ein Stoßgebet meine Arbeit heiligen." Das mußte er sich sagen, es war ein recht praktischer Vorsatz gewesen. Die verwirrende Fülle der neuen Eindrücke und der anstrengende Dienst sogen einen ja förmlich auf. Wenn

es so im Laufschritt von einer Beschäftigung zur anderen ging, kam man von morgens bis abends kaum zur Besinnung. Wie leicht konnte es da geschehen, daß man sich völlig in den Tagesereignissen verlor und kaum an etwas Höheres mehr dachte. Da drohte die Gefahr, ein seelenloser Maschinenmensch zu werden. Gerade die kleinen Stoßgebete aber vermochten dem Tagewerk eine höhere Weihe und einen tieferen Inhalt zu geben.
Wie war es nun gegangen mit dem Partikularexamen? Das Auge glitt prüfend über die selbstgezeichnete Tabelle, in der jede Tagesstunde ihren Platz hatte. Dort pflegte er am Abend zu vermerken, ob er stündlich diese besinnlich betende Einkehr bei sich selbst gehalten habe. Die meisten Tagesstunden waren mit einem senkrechten Strich versehen, dem Zeichen für das erfüllte Partikularexamen. Einige hatten einen waagerechten Strich bekommen. Am Rande stand der Vermerk: Für jede Nachlässigkeit eine Buße. Ganz zufrieden war er nicht, als er sein Partikularexamen überschaute. Gewiß, die stündlichen kleinen Aufblicke zur Gottesmutter, die Akte der Hingabe und Aufopferung für ihr „Gnadenkapital" hatten ihm in dem aufreibenden Tagesdienst inneren Halt gegeben. Aber sie mußten doch noch viel inniger und kräftiger werden. Wie wenn er vor der Gottesmutter ein Schuldbekenntnis ablegen wollte, hatte er vor kurzem die Notiz eingetragen: „Mutter, in der Durchführung des Partikularexamens war ich nicht besonders eifrig." In der letzten Zeit ging es besser. Darum änderte er es in ein neues ab. Künftig sollten alle Befehle der militärischen Vorgesetzten als Auftrag Gottes und der Gottesmutter aufgefaßt und dementsprechend ausgeführt werden. Darin konnte er das frühere Partikularexamen weiterführen und zugleich mit neuen und empfindlichen Opfern verbinden.
Das Ringen um sein Persönliches Ideal im Dienste der Gottesmutter von Schönstatt war mit dem Partikularexamen noch nicht erschöpft. Wohl galt es ihm als Brennpunkt seines Kampfes. Sollte er aber in diesem Kampfe bestehen, dann bedurfte es der Kraft aus einem tiefen religiösen Innenleben. Dafür hatte er sich die geistliche Tagesordnung zurecht gelegt. Eine zweite Tabelle in seinem Oktavheftchen gab Rechenschaft darüber, wie er sie durchgeführt habe. Am besten war ihm die geistige Anteilnahme an der hl. Messe und hl. Kommunion gelungen. Das schien ihm aber nichts Besonderes zu sein. In Schönstatt war ihm das tägliche Mitleben der hl. Messe so in Fleisch und Blut übergegangen, daß er es jetzt in der Kaserne mit der größten Selbstverständlichkeit weiterführte. Nur eines wollte ihm noch nicht recht glücken: das

Erlebnis der morgendlichen Kommunionmesse in den Tag hinein fortzusetzen. Dazu sollten ja vor allem zwei Wachestunden dienen. Wie oft hatte er die in der Hetze des Dienstes vergessen oder nachlässig verrichtet. Es kam ihm vor, als ständen dafür in seiner Tabelle eigentlich beschämend viele waagerechte Striche. Und wie war es mit den täglichen Gebeten gegangen? Er konnte zufrieden sein. Nicht ein einziges Mal brauchte er beim Morgen- und Abendgebet ein Minuszeichen zu setzen.
Einen inneren Kampf hatte es freilich gekostet, als er sich folgende Frage überlegte: Soll ich das Abendgebet kniend vor dem Bett verrichten, und soll ich bei den Tischgebeten offen das Kreuzzeichen machen? Nötig sei es nicht, dachte er sich; vielleicht würden ihn die Kameraden für einen Frömmler ansehen und sogar bespötteln. Ob deshalb die Klugheit nicht etwas anderes gebot? Aber da hatte sich auch schon ein anderer Gedanke gemeldet. Bist du nicht ein Sodale, d. h. ein Ritter deiner himmlischen Königin, der frei sein muß von aller Menschenfurcht? Wäre das offene Kreuzzeichen und das kniende Abendgebet nicht eine prachtvolle Gelegenheit zu einer ritterlichen Mutprobe? Dieser Gedanke siegte. Seither führte er unbeirrt seinen Entschluß durch. Die Spalte seiner geistlichen Tagesordnung mit dem Vermerk: ein Gesätzchen des Rosenkranzes wies ebenfalls keinen waagerechten Strich auf. Es war allerdings manchmal recht schwer geworden, gerade diese Übung durchzuhalten. Wie fühlte man abends doch so bleischwer die Müdigkeit in allen Knochen. Kaum hatte man sich hingelegt, so fielen einem schon die Augen zu. Um sein Gesetzchen auf alle Fälle vor dem Einschlafen beten zu können, legte er sich den Rosenkranz um den Hals. So hatte er diese Übung bisher immer gut durchzuführen vermocht.
Überschaute er nun die bisherige vierwöchige Militärzeit, dann kam er zu folgendem Ergebnis: Mit seinem Weggang von Schönstatt hatten seine äußeren Lebensverhältnisse einen totalen Wechsel durchgemacht. Aber sein Innenleben war das gleiche geblieben genau wie in den Mauern des friedlichen Internates. Die heutige Gewissensrechenschaft straffte sein Streben wieder auf die alten Ideale. Auch die Militärzeit sollte ein Ringen um den modernen Heiligen sein. Die täglichen Opfer mußten ein ständiger Beitrag werden für das „Gnadenkapital" der Dreimal wunderbaren Mutter von Schönstatt und ihr großes Werk. So forderte es sein Persönliches Ideal. Damit war seine Gewissensrechenschaft beendet. Er packte sein Oktavheftchen wieder ein und begann Briefe zu schreiben.

Der erste galt seinem Freund Karl. Den mußte er in Hagenau sehr vermissen. Gar zu gerne hätte er sich mit jemand über tiefere Angelegenheiten des Seelenlebens ausgetauscht. Aber hatte er denn keinen Umgang mit seinen Schönstätter Kameraden? Doch, sie kamen oft zusammen. Ein Gespräch jedoch über die Dinge, die sein Innerstes bewegten, wollte selten zustande kommen. Die meisten unter ihnen wurden von den neuen Erlebnissen geistig völlig in Anspruch genommen. Und der Dienst machte so müde. Müdigkeit aber lähmt die Gedanken. So war kaum einer unter ihnen am Abend noch recht aufgelegt für eine Unterhaltung, wie Josef sie gewünscht hätte. Das machte ihn trotz alledem etwas einsam. Dieses Gefühl empfand er so recht, als er sich beim Schreiben geistig mit seinem Freunde unterhielt. Da kamen ihm die Worte in die Feder:
„Nur eines fehlt mir, ein Freund, mit dem ich ganz eins sein könnte, mit dem ich alles teilte, alles, was ich habe, auch Freud und Leid, für den ich und der für mich durchs Feuer ginge. Schon oft hat sich mein Herz nach einem solchen gesehnt, aber bis jetzt habe ich noch keinen gefunden. Doch eine bleibt uns ja ewig treu, wenn wir nur ihr die Treue halten, unsere Mutter."
Auf seine augenblickliche Lage eingehend schrieb er:
„Es gefällt mir hier ganz gut, und ich bedauere es auch nicht, daß ich zum Militär gekommen bin, trotz der Studienunterbrechung. Natürlich würde ich viel lieber zu Schönstatt studieren. Manchmal zieht es mich mit aller Gewalt danach. Es ist auch angenehmer. – Es ist das Militärleben sicher von sehr großem Nutzen für unser späteres Leben und Wirken in unserer Gesellschaft. Wie du so will auch ich die Mühen und Strapazen des Soldatenlebens zur Willensbildung benutzen und meinen Willen stählen und stärken und den Charakter veredeln."
Diese Worte enthielten zugleich das Ergebnis seiner heutigen Geisteserneuerung und seiner prüfenden Rückschau auf die ersten Wochen der Rekrutenzeit.

„Musketier Engling, raustreten!"

Beim Apell gab es eines Tages kurz vor Weihnachten eine überraschende Neuigkeit. Die ganze Belegschaft, so hieß es, werde neu eingeteilt. Nach dieser Neuordnung fand sich Josef in ganz anderer Umgebung wieder. Er kam ins sog. „Depot 3", das im Bereich der großen Infanterie-Kaserne lag, die sich mit vielen Gebäuden und einem großen

Kasernenhof der Moder entlang erstreckte. Von den Schönstätter Kameraden blieb nur Clemens Meier in seiner unmittelbaren Nähe. Natürlich besah man sich zuerst einmal die neuen Stubengenossen. Vertrauenerweckend war der erste Eindruck nicht gerade, doch ahnte Josef nicht daß die nächsten vier Wochen zu seiner schwersten Zeit in Hagenau werden sollten. Josef besaß ein gutes Gespür für die Gesinnung und den Charakter seiner Umwelt. So wurde ihm gleich auf den ersten Blick klar: gegenüber seinen alten Stubengefährten hatte er einen schlechten Tausch gemacht. Was er aber in den nächsten Tagen erlebte, das ging doch über seine schwärzesten Befürchtungen. Die meisten seiner neuen Stubenkameraden waren sittlich minderwertige Menschen. Wie die sich nur auf einer Stube zusammenfinden konnten! Und daß er gerade mitten unter sie geraten mußte! Da kam doch nun fast den ganzen Tag kein anständiges Wort aus ihrem Munde. Und wie sie erst über die Mädchen sprachen, und welch schamlose Ausdrücke sie dabei gebrauchten, das war nicht mehr zum Anhören. Ganz schlimm ging es jedesmal ein bis zwei Tage nach dem Sonntag zu. Unglaublich, was die nicht alles am Sonntag erlebt und getrieben haben wollten! Wenn auch nur die Hälfte ihres Geredes auf Wahrheit beruhte, dann handelte es sich doch um einen erschreckenden sittlichen Tiefstand. Josef fand es völlig unbegreiflich, wie sich Menschen Wochen und Monate in solch sumpfigen Niederungen bewegen konnten. Immer wieder dieselben ekelhaften Zoten, Lieder und anzüglichen Redensarten.

Ein Glück, daß P. Spiritual in den Vorträgen vor dem Einrücken sie auf diese Erlebnisse vorbereitet hatte. Da waren sie über alles Notwendige und Wissenswerte in rechter Weise aufgeklärt worden. Wie heilig und verklärt standen doch damals die Geheimnisse des Lebens und der Geschlechter vor ihren Augen! Und wie gemein und abstoßend wurde hier alles täglich in den Schmutz gezogen! Um so klarer und schöner leuchteten aber auch auf diesem dunklen Hintergrunde die Ideale, die sie in der Schule Schönstatts kennen gelernt hatten.

Die neuen Stubenkameraden fanden natürlich ebenso bald heraus, daß sie es bei den beiden Schönstättern mit sittenreinen jungen Menschen zu tun hatten. Das schien für ihr böses Gewissen ein recht lästiger und ärgerlicher Stachel zu sein. Daß die beiden sich ihren schamlosen Reden so offensichtlich fern hielten, reizte sie zum Angriff. Sie verbanden nämlich mit ihrem sittenlosen Wandel ein ebenso freches und rohes Gebaren. Auf der Stube wurde das Zusammenleben bald recht ungemütlich. Namentlich Josef war die gesuchte Zielscheibe ihres Spottes

und ihrer rohen Einfälle. Alle lästigen Verrichtungen des Stubendienstes wurden ihm zugeschoben. Und hatte der Unteroffizier vom Dienst auf der Stube irgend eine Unsauberkeit oder Unordnung vorgefunden, sollte selbstverständlich Josef an allem schuld sein. Am meisten aber gaben seine religiösen Übungen Anlaß zu unliebsamen Auftritten. Daß er vor dem Bett kniend sein Abendgebet verrichtete, hatten sie natürlich bald entdeckt. Selbst, daß er sich am Abend den Rosenkranz um den Hals legte, um ihn vor dem Einschlafen beten zu können, war ihnen nicht entgangen.
Kaum kniete Josef vor seinem Bett, da ging es los. Zuerst suchten sie ihn zu stören mit spöttischen Bemerkungen und gemeinen Witzeleien. Als das nichts fruchtete, warfen sie mit allen möglichen Gegenständen nach ihm. Schließlich taten sie so, als ob sie in aller Eile gerade da vorbeigehen müßten, wo er kniete. Stolperten sie über seine Beine, so zeterten sie heuchlerisch darüber, daß er ihnen den Weg versperre. Da riß Josef der Geduldsfaden. Von einem ehrlichen Zorne gepackt sprang er auf und teilte mit seinen kräftigen Fäusten nach rechts und links Püffe aus. Das feige Gelichter der Störenfriede stob schleunigst auseinander. Für etliche Tage hatte er nun Ruhe. Bei sich selber aber überlegte er, ob es nicht besser sei, die äußeren Zeichen seiner Andacht ganz zu unterlassen. Clemens Meier war auch dieser Meinung. Er riet ihm dringend ab, sie in dieser Umgebung fortzusetzen. Aber wäre das nicht ein Sieg der Menschenfurcht gewesen? Lange war er im Zweifel, welcher Tugend er folgen müsse, der Klugheit oder der Tapferkeit. Schließlich faßte er folgenden Entschluß. Sobald er wieder in eine neue Umgebung käme, wollte er das offene Tragen des Rosenkranzes unterlassen. Es konnte leicht als Frömmelei gedeutet werden und die Frömmigkeit selber in Verruf bringen. Mit den anderen Übungen wollte er vorsichtig sein und auf die Gesinnung seiner Umwelt Bedacht nehmen. Man brauchte nicht unnötigen Anlaß zu Streit und Spöttelei zu geben. Andererseits sollten die Kameraden aber schon in den ersten vierundzwanzig Stunden aus seinem Verhalten schließen können, mit wem sie es zu tun hätten. In der augenblicklichen Lage gedachte er allerdings an seinem bisherigen Tun nichts zu ändern. Nun hatte er einmal mit dem offenen Verrichten seiner Übungen angefangen, jetzt mußte er sich auf alle Fälle durchsetzen. Vor den Angreifern die Waffen zu strecken, dünkte ihm Feigheit zu sein und ein Zugeständnis an die Menschenfurcht. Sicher hätte auch der Übermut der siegreichen Gegner keine Grenzen mehr gekannt. Also nun erst recht und allen Spöttern zum Trotz weitermachen! Selbst wenn es zu einer offenen Schlägerei kom-

men sollte. Er würde seine starken Fäuste schon zu gebrauchen wissen, falls er zur Notwehr gezwungen würde.
Schon am 21. Dezember hatte Josef den Eltern geschrieben, er habe an Hand und Unterarm und am rechten Auge lästige Geschwüre, die ihn beim Exerzieren hinderten. Da meldete er sich beim Sanitäter auf der Revierstube. Der legte ihm einen Verband an und verordnete Innendienst. Das sollte heißen, daß er nur zu den leichten Beschäftigungen innerhalb der Kaserne herangezogen wurde. Der aufgezwungene Müßiggang behagte Josef durchaus nicht. Viel lieber hätte er vollen Außendienst gemacht, auch wenn er noch so schwer war. Untätigkeit pflegte ihm überhaupt geradezu lästig zu werden und beschwor die Gefahr verdrießlicher Stimmungen herauf. Und dann empfand er jetzt so richtig das leidige Hungergefühl. Die Kriegskost begann, wie überall in Deutschland, auch in der Kaserne über das erträgliche Maß dürftig zu werden. Beim Dienst wurde man wenigstens tagsüber davon abgelenkt. Seine Kameraden allerdings meinten mit schlecht verhehlter Mißgunst, ,,er habe ein schlaues Tempo". In ihrem Ärger nannten sie ihn einen Drückeberger, Scheinheiligen und Betbruder.
So kam der 27. Dezember, ein wirklich ganz schwerer Tag. Für nachmittags war Gewehrappell angesetzt. Josef hatte seine Flinte tadellos in Ordnung. Gerade als er zum Appell antreten wollte, vermißte er plötzlich seinen Mündungsschoner. Wo mochte denn der hingekommen sein? Soeben stak er doch noch am Gewehrlauf. Ohne Zweifel, den hatte man ihm gestohlen. Was sollte er tun? Zum Schießunteroffizier laufen und einen neuen holen? Da wäre er aber schön angekommen. Der hätte ihn ganz gewiß zur Tür hinausgeworfen. Nun, der Feldwebel würde schon ein Einsehen haben, wenn er ihm den Sachverhalt auseinandersetze. Der gestrenge ,,Kompaniespieß" hatte aber kein Einsehen. Er sagte nur ganz trocken: ,,Nächsten Samstag eine Stunde Nachexerzieren." Das konnte Josef nicht verstehen. Fast hätte er den Feldwebel ins Gesicht gefragt: ,,Ja, soll ich mir denn einen wiederstehlen?" Nach einem mannigfach geübten Soldatenbrauch wäre das allerdings die einfachste Lösung gewesen. Da es sich nicht um das Eigentum des einzelnen, sondern um das der Militärverwaltung handelte, konnte ja in solchen Fällen von einem eigentlichen Diebstahl nicht die Rede sein. Aus einem feinen Sprachempfinden heraus sagte darum der Soldat auch nie, er habe fehlende Sachen gestohlen, sondern ,,besorgt". Stammten die ,,besorgten" Dinge aus einer fremden Korporalschaft, Stube oder Kompanie, dann galt nach der Meinung vieler das ,,Besorgen" nicht einmal als Verstoß gegen die Kameradschaft. Mit

diesen Gebräuchen kam freilich Josefs zartes Gewissen nicht zurecht. Denn schließlich mußte doch irgend ein Kamerad der Geprellte sein. Das aber wollte sein gutes Herz nicht. Und wäre er überhaupt gewandt und unverfroren genug gewesen, sich etwas zu ,,besorgen"? Die sein grundehrliches und treuherziges Wesen gekannt haben, möchten es bezweifeln. Aber selbst wenn er es verstanden hätte, seine grundsätzliche Haltung würde solch ein Tun nie zugelassen haben. So bezahlte er denn Naturanlage und Grundsatztreue mit einer Stunde Nachexerzieren.

Aber es sollte noch besser kommen: In Josefs Augen war es etwas Unerhörtes! Es ertönte der gefürchtete Ruf: ,,Musketier Engling, raustreten!" Josef sprang vor die Front und pflanzte sich vor dem Feldwebel auf. Da hörte er, daß einem Kameraden seiner Stube heute morgen Brot, Butter und Wurst aus dem Spind gestohlen worden seien. Es sei in der Zeit gewesen, als die andern Außendienst hatten. Er habe sich also als einziger auf der Stube befunden. Ob er von dem Verbleib der gestohlenen Sachen etwas wisse. Josef wollte der Verstand stehen bleiben. Das bedeutete doch, daß er vor der ganzen Kompanie als Dieb verdächtigt wurde. Die unausgesprochene, aber sehr gut hörbare Anklage machte ihn völlig sprachlos. Er fühlte sich außerstande, zu seiner Verteidigung etwas Gescheites zu sagen. Der Feldwebel forschte ihn weiter aus. Er mochte aber bald aus Josefs arglosem Wesen herausgefunden haben, daß man zu Unrecht auf ihn den Verdacht gelenkt hatte. Er ließ ihn darum wieder eintreten, ohne die Sache weiter zu verfolgen. Wie man später in der Kompanie munkelte, soll der tatsächliche Dieb ein Gefreiter gewesen sein. Er hatte an diesem Tage das Amt des Unteroffiziers vom Dienst inne. Es lagen auch genug Gründe vor, die den Verdacht rechtfertigten. Für Josef aber bedeutete der Vorfall eine schwere seelische Belastung.

Um das Maß voll zu machen, hatte er in der folgenden Nacht noch Wache zu schieben. Kein Wunder, daß er am Abend dem P. Spiritual schrieb, er könne sich wohl denken, wie ihm zu Mute sei. Doch war Josef in der Lage, alles auch sehr schnell und in der rechten Weise zu verarbeiten: ,,Es ist halt ein Weihnachtsgeschenk von der lieben Mutter. Sie mutet mir jetzt, da sie mich am zweiten Weihnachtsfeiertage in der hl. Kommunion gestärkt hat, etwas mehr zu als früher – Sonntag und Montag konnte ich wegen eines Verbandes nicht einmal in eine hl. Messe kommen. So habe ich denn auch mehr Gelegenheit, Ihr Gnadenkapital zu mehren. Opfern Euer Hochwürden es ihr in Ihrem Kapellchen auf." – Josef schrieb das ,,Ihr" aus Ehrfurcht und Liebe mit

großen Anfangsbuchstaben. Gottesmutter, Pater Spiritual und Heiligtum waren für ihn eine Lebenseinheit.
Die neuen Verhältnisse im „Depot III" machten Josef nicht wenig zu schaffen. Mit den Kameraden klappte es nicht, und mit den neuen Vorgesetzten war es auch nicht viel besser bestellt. Sein Unteroffizier galt als schlimmster „Schleifer" in der ganzen Kaserne. Er gehörte zu jenen „Unabkömmlichen", die es mit ihren gerissenen Kniffen verstanden, sich vor der Front zu drücken und in der Kaserne unentbehrlich zu machen. Man nannte sie auch „Radfahrer", weil sie sich nach oben dukken und nach unten treten konnten. Dabei war der Unteroffizier ein sittlich verkommener Mensch, dem das Laster seine widerlichen Züge ins Gesicht geschrieben hatte. Unter seiner Führung artete der Dienst nicht selten in eine unsinnige Menschenschinderei aus. Manchmal konnte man meinen, er habe an diesen Quälereien eine teuflische Freude. Wenn der sittliche Stand seiner Leute bald noch viel tiefer sank, so war das seine Schuld. Daß er in Josef einen jungen Menschen von unberührter Reinheit vor sich habe, hatte er natürlich bald herausgewittert. Die Wahrnehmung schien aber nur eine heimliche Wut zu erzeugen. Er fand auch bald Gelegenheit genug, sie an seinem armen Opfer auszulassen. Schlug Josef bei einer Wendung auch nur den Bruchteil einer Sekunde nach, oder wackelte nach vollzogenem Gewehrgriff nur ein Augenblick sein Gewehrlauf, dann schrie der Unteroffizier gleich: „Musketier Engling, raustreten!" Der Ruf gehörte von jetzt ab zur Tagesordnung. Während die andern etwas verschnaufen konnten, mußte nun Josef vor der Front Einzelübungen machen.

Fand das Exerzieren nicht auf dem großen Innenhof der Infanterie-Kaserne statt, sondern auf dem Platz zwischen „Kronprinz" und Gymnasium, gab es eine „Spezialität", die allen Rekruten unvergeßlich bleiben sollte, vor allem als beliebte Einzelübung: „Zum Wasserturm, marsch, marsch!" Nun rannte Josef im Laufschritt bis an das Ende des Platzes. Ging es dem Unteroffizier nicht schnell genug, wiederholte er das Kommando und jagte ihn so lange über den Platz, bis er schweißdampfend und außer Atem wieder ins Glied treten konnte. Nicht weniger schwer war es, wenn es im Laufschritt vom Wasserturm zur Turnhalle und zurück ging: je 130 Meter!

Solche Dinge galten aber noch als harmlos. Schlimmer war es schon, wenn er befahl: „Gewehr pumpen!" Dann mußte das neun bis zehn Pfund schwere Gewehr 98 mit beiden Armen vorgestreckt werden, während man dabei langsam in die Kniebeuge ging. Schon nach den ersten Dutzend solcher Übungen fingen die Arme und Beine an zu zittern. Um das Maß vollzumachen, ließ er in der Hockstellung hüpfen. Nach kurzer Zeit hatte man dabei das Empfinden, als wollten einem die Beine abbrechen. Sobald sich dann vor schmerzlicher Anstrengung das Gesicht des Gequälten zu verzerren begann oder die Muskeln den Dienst versagten, ging über die widerlichen Gesichtszüge des Unteroffiziers ein boshaftes Grinsen. An derartigen Schikanen hatte er einen schier unerschöpflichen Vorrat. Josef mußte sie alle bis zum letzten durchkosten. Gelegentlich geriet der Unteroffizier bei geringfügigen Verfehlungen auf ganz rohe Einfälle. So ließ er eines Abends seine Leute mitten aus dem ersten Schlaf herausholen und machte mit ihnen, so wie sie waren, Exerzierübungen auf der Stube. Ein andermal befahl er, morgens den Kaffee auszugießen und damit die Stube zu schrubben. Daß seine Leute ohne Kaffee zu trinken zum Dienst antreten mußten, kümmerte ihn nicht. Josef gab sich alle erdenkliche Mühe, auch unter diesem Vorgesetzten den Anforderungen des Dienstes zu entsprechen. Er mochte jedoch tun, was er wollte, sein Unteroffizier hatte immer etwas auszusetzen. Es war ein ganz unerträgliches Gefühl, in dieser Weise der Willkür eines Unmenschen ausgeliefert zu sein.

Die Lage sollte sich noch um einige Grade verschlechtern, als die Kompanie mit dem Scharfschießen begann, das auf dem Exerzierplatz „Langensand" oder auch auf dem Schießplatz Oberhofen, östlich von Hagenau, stattfand. Josef war kurzsichtig und besaß Augen von ungleicher Sehweite. Der Kurzsichtige mit ungleicher Sehschärfe mußte aber meist viele Schießübungen machen, bis er beim Zielen seinen Sehfehler gleichsam aus dem Gefühl heraus berichtigen konnte. Kein Wunder, daß er anfänglich überhaupt keinen Treffer erzielte. Er schoß lauter „Fahrkarten", wie der Soldat sagte. So stand er denn wieder eines Tages mit dem Gewehr im Anschlag auf dem Schießstand. Neben ihm kommandierte sein Unteroffizier: „Den Schaft saugend umfassen – Zielen – Scheibe – Kimme – Korn. Nicht durchreißen, langsam abdrücken." Der Schuß krachte und gleich darauf erschien am Scheibenstand das rotweiße Zeichen. Schon wieder eine „Fahrkarte". So gingen fast alle Schüsse drauf. Der Unteroffizier tobte. „Beschießt das Aas die Vogesen!" (Ihre Bergkämme erhoben sich in den Dunst des fernen Horizontes.) „Mensch, das werde ich dir heimzahlen!" Die geschossenen Ringe wurden nämlich gruppenweise zusammengezählt. Daß dabei seine Gruppe so schlecht abschnitt, weil Josef fast lauter „Fahrkarten" geschossen hatte, konnte er ihm natürlich nicht verzeihen. Schlimm

war es überhaupt, daß jedesmal die ganze Gruppe in Mitleidenschaft gezogen wurde, wenn Josef auffiel. Was einer fehlte, mußten für gewöhnlich alle büßen. Der ganze Groll der Kameraden über den unmenschlichen Vorgesetzten schien sich darum hauptsächlich an ihm entladen zu wollen.
In normalen Zeiten wäre ein solch minderwertiger Mensch wie dieser Unteroffizier sicherlich nicht militärischer Vorgesetzter geworden. In den ungewöhnlichen Verhältnissen eines Krieges aber sind in einem Millionenheer solche Vorkommnisse nicht zu vermeiden. Gegen die Schikanen des Unteroffiziers Beschwerde einzulegen, schien den Rekruten eher gefährlich als aussichtsreich. Dazu hätte man vor allem den diensttuenden Leutnant auf seiner Seite haben müssen. Der blutjunge Offizier war aber aber nicht der geeignete Mann, der hier hätte nach dem Rechten sehen können. Man hielt ihn allgemein für einen hochfahrenden und eitlen Menschen. Zum Dienst kam er immer sorgfältig geschniegelt und gestriegelt und in pikfeiner Uniform. Wenn er kommandierte, meinte er seine Autorität durch einen möglichst schnoddrigen und bellenden Ton erhöhen zu können. Im übrigen aber war er kein Unmensch. Wegen der großen Schießbrille nannte er Josef stets den ,,Brillenfritze". Dabei behandelte er ihn so, als habe er es mit einem harmlosen Tölpel zu tun. Mit dem ,,Brillenfritze" sollte er aber eines Tages einen bösen Reinfall erleben. Das lustige Ereignis ist später in der Kompanie mit viel Schadenfreude belacht worden.
Die Rekruten machten auf dem großen Hof der Infanterie-Kaserne Bajonettübungen. Dazu benutzten sie veraltete Gewehre, an deren Lauf ein Eisenstab aufgezogen war. Die Spitze dieser Schießprügel hatte man mit einem Lederpolster versehen. Dem Leutnant entging es natürlich nicht, daß der ungelenke ,,Brillenfritze" gerade kein hervorragender Fechter war. Da mußte ihm wohl der kapitale Einfall gekommen sein, hier böte sich für ihn selber gewiß die Gelegenheit, vor der ganzen Mannschaft den Ruhm eines überlegenen Fechtmeisters zu erwerben. Zunächst ging er die übenden Gruppen ab. Er kritisierte sie und stellte überall fest, daß kein Mensch richtig bajonettieren könne. Er wolle selber einmal eine Musterprobe der wahren Fechtkunst geben. Dann rief er: ,,Musketier Engling, raustreten!" Der sollte also sein Partner sein. Die andern hatten aufmerksam zuzuschauen. Der Zweikampf begann. Aber schon in wenigen Minuten war er aus. Gleich nach dem ersten Geplänkel gab Josef seinem Gegner einen kräftigen Stoß vor die Brust. So wuchtig war der Aufprall, daß der Leutnant mit der schönen Uniform plötzlich platt auf dem Kasernenhof lag. Beim Anblick des

geschlagenen Fechtmeisters schnitten die Rekruten ringsum fürchterliche Grimassen, um das Lachen zu verbeißen. Der ,,Brillenfritze" aber hatte künftig Ruhe vor ihm.
Der Samstag galt für gewöhnlich in Hagenau als Marschtag. Morgens in aller Frühe zog die Kompanie los; denn es mußten etwa 25 bis 30 Kilometer geschafft werden. Vor dem Abmarsch vergewisserten sich die Unteroffiziere genau, ob jeder seinem Tornister mit dem eingepackten Sandsack auch das vorgeschriebene Gewicht gegeben habe. Die Kompanie hatte heute schlechtes Marschwetter. Fast den ganzen Morgen ging in feinen Strähnen ein naßkalter Dezemberregen nieder. Die feuchte Uniform hing schwer am Leibe, und der Tornister drückte. Unruhig wanderte das Gewehr von einer Schulter zur andern. Die Füße brannten und rieben sich Blasen. Wie entsetzlich langsam heute die Kilometersteine an einem vorüberkrochen! Endlich standen die Rekruten gegen Mittag todmüde wieder auf dem Kasernenhof. Jetzt noch das erlösende: ,,Tretet weg!", dann war die Plage vorbei.
Da erschien der Feldwebel. Aus seinem Notizblock las er etwa zwanzig Namen vor. Josef hörte ihn auch den seinen nennen. ,,Die Genannten treten um halb drei Uhr feldmarschmäßig an zum Nachexerzieren", sagte der Feldwebel, ,,und Sie, Herr Sergeant Bassermann", fuhr er fort, ,,übernehmen den Dienst." Beim Wegtreten hörte man einige unterdrückte Flüche. Auch Josef beschlich ein bedrücktes Gefühl. Ausgerechnet Sergeant Bassermann, sein eigener Unteroffizier, bekam den Auftrag, das Nachexerzieren abzuhalten. Da konnte er sich ja auf etwas gefaßt machen. In aller Hast wurde das Mittagessen eingenommen. Dann ging es daran, die Uniform instand zu setzen. War das eine Arbeit, die dreckbespritzte Hose, die nassen Stiefel und Patronentaschen, die blinden Messingknöpfe des Waffenrockes wieder in appellfähigen Zustand zu setzen! Um halb drei standen sie in tadelloser Uniform auf dem Kasernenhof angetreten. Josef als größter unter ihnen war rechter Flügelmann. Der Unteroffizier erschien mit einer unheilverkündenden Miene. Er hatte eine unbändige Wut, daß er seinen freien Nachmittag zum Exerzieren hergeben mußte. Jetzt musterte er die Uniform. Jede Naht und jeder Knopf des Waffenrockes wurde nachgesehen. Wehe, wenn sein Auge etwas Unordentliches entdeckt hätte! Der Arme wäre am nächsten Samstagnachmittag wieder dabei gewesen. Zuvor noch die pflichtgemäße Meldung vor dem diensttuenden Offizier, dann ging es los.
Ein paar Wendungen geben den Auftakt. Nach dem ermüdenden Marsch von heute morgen fielen sie ein wenig lansam aus. Da ließ der

Unteroffizier die Rekruten Laufschritt machen – die ganze Länge des Kasernenhofes. Das Kommando wurde wiederholt. Solange müßten sie die Strecke zurücklegen, bis sie ein schnelleres Tempo annähmen. Den Gehetzten rann der Schweiß von der Stirne. Das nächste Kommando lautete: ,,Links heraus mit sechs Schritten Zwischenraum schwärmen, marsch, marsch!“ Josef ahnte bereits, was kommen werde. Richtig, da hieß es schon: ,,Links schwenkt, marsch!“ Als rechter Flügelmann mußte er nun einen großen Bogen beschreiben und ständig Laufschritt machen. Das sollte eine freundliche Aufmerksamkeit für ihn sein. Endlich eine Atempause. Dann das gefürchtete ,,Gewehrpumpen“. Der Unteroffizier paßte genau auf, ob keiner den Oberkörper nach vorne neigte oder gar in der Hockestellung sich auf die Absätze niederließ, um ein wenig auszuruhen. Den hätte er sofort hüpfen lassen. Das würde ihm jegliche Lust zu ähnlichen Versuchungen austreiben. Zur Abwechslung wurden ein paar ,,Griffe geklopft“. Natürlich fand der Unteroffizier das Einschieben des Kolbens unter aller Kritik. Sein fortwährendes Gebrüll machte die Stimme bereits ganz heiser. Jetzt hieß es: ,,Daueranschlag.“ Das Gewehr mußte nur mit der rechten Hand in Anschlag gehalten werden. Bald fing die Gewehrspitze an, sich zu senken. Der Unteroffizier schwadronierte: Wer nicht sofort das Gewehr waagerecht halte, den schreibe er auf für das nächste Nachexerzieren. Die Gesichter der Rekruten verkrampften sich vor Anstrengung und innerer Wut. Langsam hoben sich die zitternden Gewehrläufe.
Die nächste Übung gehörte zu der schwersten Kraftprobe der ganzen Stunde. Ein paarmal ,,Hinlegen“ und ,,Sprung auf, marsch, marsch“ und dann: ,,Kriechen“ und ,,Robben“, wie es hieß. Nur die Fußspitzen und die Ellbogen durften den Boden berühren. Der Kopf mußte geduckt und das Gewehr waagerecht über der Erde gehalten werden. So krochen sie über den Kasernenhof durch alle Pfützen hindurch, bis die Uniform von oben bis unten erdfarbene Spuren an sich trug. Den Abschluß bildete der Parademarsch. Um dem Ganzen die Krone aufzusetzen, ließ der Unteroffizier am Ende der Exerzierstunde das Marschlied singen mit dem Kehrreim: ,,Wie ist’s so schön, Soldat zu sein“. Während die Rekruten mit verbissenem Groll das Lied sangen, spielte um seine Mundwinkel ein höhnisches Grinsen.
Kurze Zeit nach dem Nachexerzieren erschien der Unteroffizier auf der Stube. Ohne ein Wort zu sagen, sprang er auf die zwei zunächst stehenden Schemel. Die Rekruten wußten genau, was das zu bedeuten hatte. Jeder legte augenblicklich alles nieder, was er gerade in den

Händen hielt und rannte nach seinem Spind, Schuhwichse und Bürste zu holen. Mit der Hast war es aber keinem ernst; denn jeder guckte verstohlen nach der Seite, ob nicht schon einige an den Stiefeln des Unteroffiziers beschäftigt seien. Vielleicht traf es heute gerade einen von denen, die eben noch nachexerzieren mußten. Der Unteroffizier würdigte seine Stiefelputzer keines Blickes. Er steckte breitspurig die Hände in die Hosentasche und pfiff durch die Zähne die Melodie: Wie ist's so schön, Soldat zu sein!
Der Fall des Unteroffiziers Bassermann fällt im Leben Englings gegenüber den prachtvollen Gestalten anderer militärischer Vorgesetzter, namentlich in der späteren Frontzeit, nicht ins Gewicht. Unvermeidbare Einzelfälle berühren nicht die Ehre der Armee. Gegen mutwillige Schikanen hätte der Rekrut die Schutzbestimmungen des Gesetzes anrufen können. Josef zog es jedoch vor, die schwierige Lage anders zu meistern. Insofern er daran eine seelische Kraftprobe zu bestehen hatte, war sie für ihn eine wertvolle Schule.

Wie soll es weitergehen?

Wenn Josef alles überdachte, befand er sich in wenig beneidenswerter Lage. Täglich Plackereien durch einen unaustehlichen Vorgesetzen, das äußerst gereizte und feindselige Verhalten der Kameraden, Tag für Tag die schauderhaften, unsittlichen Gespräche, Entfremdung und Mißverstehen mit seinem Schönstatter Stubengefährten, das waren die Teile eines unerfreulichen Gesamtbildes. Denn auch mit Clemens Meier gab es Spannungen. Dieser hatte eine etwas feinfühlende und zurückhaltende Natur und war mit mancher Reaktionsweise Josefs nicht ganz einverstanden. Grund dafür war Josefs Verhalten gegenüber zwei andern Stubengefährten. Die beiden zeigten sich im Dienste recht schwerfällig und unbeholfen. Dazu kam noch eine offensichtliche geistige Beschränktheit. Die übrigen Stubengenossen machten die beiden bei allen erdenklichen Gelegenheiten zu Opfern ihrer ausgelassenen Soldatenwitze. Die meisten der an ihnen verübten Streiche waren derart, daß sie nicht einmal angedeutet werden können. Einen mehr harmlosen Schabernack hat Clemens Meier später in folgender Weise wiedererzählt: Man hatte eines Tages in Erfahrung gebracht, daß in der kommenden Nacht eine Alarmübung stattfinden sollte. Als nun die beiden erwähnten Kameraden im ersten Schlaf lagen, strichen die anderen deren Gesichter mit Schuhwichse an. Das Alarmsignal ertönte; alles stürzte in die Kleider und zu den Waffen, und hinaus gings ins Dunkel der Nacht zu irgendeiner Übung. Als man beim Morgengrauen in die Stadt einzog, gab es ein wildes Gelächter. Zwei Rekruten schritten daher mit regelrechten Mohrengesichtern.

Daß den beiden überall so übel mitgespielt wurde, konnte der gutherzige Josef nicht mitansehen. Er nahm sich ihrer tatkräftig an und suchte sie gegen die Rüpeleien zu schützen. Bald half er ihnen putzen, bald die Mäntel rollen oder die Sachen instand halten. Um sie vor Mißhandlungen der anderen zu bewahren, konnte er gelegentlich auch einmal ein kräftiges Wort sagen. Das gab natürlich wieder Anlaß zu neuen Streitfällen mit den übrigen Kameraden und steigerte die gereizte Stimmung gegen ihn selber. Clemens Meier war der Auffassung, daß man Faulheit und Dummheit nicht noch zu unterstützen brauche; dadurch werde das an sich schon gespannte Verhältnis zu den Kameraden nur noch verschlechtert. Aber auch diesmal richtete er bei Josef wenig aus. Da zog er sich von ihm immer mehr zurück. Josef empfand natürlich die eingetretene Entfremdung zwischen ihm und seinem alten Klassenkameraden. So nahe es ihm ging, an seinem Verhalten glaubte er nichts ändern zu können. Clemens Meier hat später gemeint, Josef sei in seiner Gutmütigkeit viel zu weit gegangen und habe sich ausnützen lassen.

Die Erlebnisse der letzten Wochen legten sich wie ein wachsender Druck auf Josefs Seele. In seinem Innern begann es zu gären. War das noch ein menschenwürdiges Dasein, das sie unter diesem Vorgesetzten zu führen hatten? Sein verletztes Rechtsgefühl lehnte sich leidenschaftlich dagegen auf. Manchmal wollte ihn der Zorn packen, so daß er am liebsten mit dem Gewehrkolben dreingeschlagen hätte. Wenn doch wenigstens die Kameraden sich das Leben nicht so sauer machen würden! Da brachten es doch einige fertig, sich in diesem Augenblick ganz unverschämt gegen ihn zu benehmen, und im nächsten Augenblick bettelten sie ihn an um ein Stück Kommißbrot oder eine Dienstleistung. Nun, er konnte im Herzen niemand etwas nachtragen. Darum schlug er ihnen kaum einen Wunsch ab. Aber war es schließlich nicht Dummheit, sich so ausnutzen zu lassen? Erst half er ihnen beim Stubendienst, und nachher stahlen sie ihm den Mündungsschoner. So wurde ihm seine Gutmütigkeit noch mit einer Stunde Nachexerzieren bezahlt. Wenn er das alles überlegte, wollte eine bittere und mißmutige Stimmung bei ihm aufsteigen. Ehe er sich ihrer recht bewußt geworden war, hatte sie von seiner Seele auch schon Besitz ergriffen. Sein Verhalten nach außen begann sich zu verändern. Clemens Meier meinte eines

Tages vorwurfsvoll zu ihm, er sei den ganzen Tag knurrig. Sogar der alte Jähzorn, der doch längst gebändigt schien, erwachte wieder. Beim letzten Marsch brach er auf einmal heftig aus. Ein Kamerad hatte Josef versehentlich auf die Ferse getreten. Der meinte aber, man habe ihn wieder einmal absichtlich reizen wollen. Einer plötzlichen Erregung folgend, gab er dem Kameraden einen Stoß mit dem Gewehrkolben. Derartige Vorfälle brachten ihm aber auch zum Bewußtsein, wie es um ihn stand. Bei der nächsten sonntäglichen Gewissensrechenschaft wurde ihm dann sein Zustand völlig klar. Damit stand aber auch schon sein Entschluß fest: Die mißmutigen Stimmungen mußten im Partikularexamen sofort mit aller Entschiedenheit angepackt werden.

Der Kampf sollte ihm nicht leicht werden. Es wurde ein wechselvoll auf- und abwogendes Ringen. Kaum war das seelische Gleichgewicht wieder einmal mühsam hergestellt, warf eine aufwallende Verärgerung wieder alles über den Haufen. Der Dienst und die Umgebung gaben ja auch täglich neuen Anlaß dazu. Die abendliche Rechenschaft über das Partikularexamen fiel darum recht unterschiedlich aus. Es kamen sogar Tage, an denen stand er ganz in der Gewalt von mißmutigen Stimmungen über die unaufhörlichen Plackereien seines geschundenen Rekrutendaseins. Da brachte er es am Abend nicht einmal mehr fertig, die Gewissensrechenschaft zu halten und aufzuschreiben. Lange vermochte er aber diesen tatenlosen Zustand nicht auszuhalten. „Ich will ein Heiliger werden." Das Wort übte noch immer auf ihn eine mächtige Wirkung aus. Und die Gottesmutter? Erwartete die nicht gerade jetzt von ihm einen Beweis seiner treuen Liebe? Am letzten Tag des alten Jahres zeichnet er von seiner Seelenlage in seinem Tagebuch folgendes Bild:

„Diese Woche, die letzten Tage, war ich verdrießlich, mürrisch und alles mögliche... Der Grund ist wohl, weil man den ganzen Tag angebettelt wird, weil die Kameraden unausstehlich sind, weil ich keinen rechten Dienst mitmache, sondern nur so herumlümmle, weil ich ‚Kohldampf schieben' muß. Sind das aber gerechte Gründe? Nein! Die Kameraden kann ich kurz abweisen, ohne barsch zu sein. Und das andere muß überwunden werden meiner Mutter zulieb. Also im Partikularexamen noch einmal gegen das mürrische Wesen angekämpft. Ich will mich täglich achtmal daran erinnern, viermal morgens und viermal nachmittags."

Mit dem Partikularexamen hatte er die Schlacht auf dem Kampffeld des eigenen Herzens zwar eingeleitet, aber noch lange nicht gewonnen. Die Kampfziele waren freilich hoch gesteckt. Alle ärgerlichen und verdrießlichen Regungen sollten männlich bezwungen werden, denn so forderte es sein Heiligenideal. Die Opfer der täglichen Strapazen und Schikanen wollte er froh und willig für das ,,Gnadenkapital" zur Verfügung stellen. Das schuldete er seiner himmlischen Mutter. Es währte Wochen, bis in diesem schweren Kampf die Entscheidung fiel. Zwischen tapfer erfochtenen Einzelsiegen gab es gelegentlich auch demütigende Niederlagen. Der stärkste Gegner war der Jähzorn. Eines Tages wurde Josef von ihm in einer Weise übermannt, die sein tiefstes Schuldgefühl wachrief.

Seine Stubenkameraden hatten ihn wieder einmal bestohlen. Diesmal handelte es sich um sein Seitengewehr. Statt dessen legte man ihm eines hin, das für den Felddienst unbrauchbar war. Josef geriet in Aufregung. Auf keinen Fall würde er sich mit dieser Sachlage abfinden. Er ging auf die Suche und fand sein Seitengewehr im Besitze eines Stubengefährten. Mit aller Entschiedenheit forderte er die entwendete Waffe zurück. Der Kamerad weigerte sich. Das traf ihn an einer empfindsamen Stelle, an seinem leicht verletzbaren Rechtsgefühl. Mit einem energischen Griff bemächtigte er sich seines Seitengewehres. Der andere setzte sich ebenso heftig zur Wehr und im Nu war eine wilde Balgerei im Gange. Auf die anderen Kameraden wirkte der Vorgang wie

ein Alarmsignal. Die meisten fühlten sich als Gesinnungsgenossen mit Josefs Gegner verbunden und griffen gleich mit ihren Fäusten in den Kampf ein. Da stand er also ganz allein einer Rotte robuster Angreifer gegenüber. Auf keinen Fall würde er kapitulieren. Mit einem raschen Griff schnappte er einen Schemel und wehrte sich der drohenden Gegner. Es hätte keine schlechten Püffe und Beulen gegeben, wären nicht plötzlich einige andere Kameraden dazwischengesprungen, um die Streitenden zu trennen. Die Schar seiner Angreifer brach den Kampf ein wenig erschrocken ab. Das hatten sie von dem gutmütigen Engling nicht erwartet, daß er so dreinschlagen könne.
Als Josef mit sich allein war, kam ihm natürlich die Frage: War das recht gehandelt? Gewiß, er brauchte sich nicht alles gefallen zu lassen; auch daß er das gestohlene Seitengewehr energisch zurückgefordert hatte, war kein Fehler. Mußte er aber dabei so jähzornig werden und durch seine Heftigkeit eine Schlägerei heraufbeschwören? Das empfand er als Schuld. Sie wurmte ihn und setzte ihm empfindlich zu. Das Reuegefühl über sein unbeherrschtes Verhalten ließ ihn nicht los, bis er den Kameraden aufgesucht und sich mit einem Wort der Entschuldigung wieder mit ihm versöhnt hatte.
Befreundete Kameraden in seiner Umgebung haben die Ausbrüche seines Jähzornes viel milder beurteilt als Josef selbst. Ja, es fehlte nicht an Stimmen solcher, die überhaupt keine unbeherrschte Äußerung gesehen haben wollen. So vorherrschend und nachhaltig war jedenfalls der Eindruck seiner versöhnlichen und treuherzigen Gemütsart. Es gab allerdings auch Fälle, in denen er mit männlicher Kraft und unnachsichtiger Schärfe seinen Standpunkt zu vertreten verstand. Davon weiß ein Kamerad aus Hagenau eine bezeichnende Geschichte zu berichten; es drehte sich um die Holzgasse in der Nähe des Bahnhofs, die allgemein als „Dirnengasse“ bekannt war:
„Heftigkeit und Jähzorn habe ich bei ihm nie zum Ausbruch kommen sehen, wenn ich auch manchmal das Feuer dieser Leidenschaften über seine Züge huschen sah. Nur einmal hatte ich Gelegenheit, Josef in gerechter Aufregung zu sehen. Es war an einem Sonntagabend, kurz vor dem Zapfenstreich. Eben kehrten die letzten aus unserer Korporalschaft von ihrem Ausgang aus der Stadt zurück. Josef saß am Tisch und studierte in Dantes ‚Göttliche Komödie‘. Da rief ihm einer der Eintretenden spöttisch zu: ‚Engling, du bist in der Holzgasse gewesen.‘ Allgemeines Gelächter. Josef rührte sich nicht. Nur seine Wangen röteten sich. Der Ankläger trat näher und wiederholte: ‚Engling, du bist in der Holzgasse gewesen. Ich habe dich gesehen.‘ Wildes Gelächter. Aber

nicht lange, denn schon stand Josef dem Verleumder gegenüber und während seine Augen vor Zorn und Entrüstung glühten, rief er ihm drohend und gebieterisch zu: ‚Das ist eine Lüge, kein Wort mehr davon. Ich will's!' Dann setzte er sich hin und las weiter. In der Stube aber wurde es still, ganz still. Das hatte keiner von Engling erwartet. Weitere Belästigungen dieser Art unterblieben fernerhin vollständig."

Am Sonntag, den 14. Januar 1917, hielt Josef wieder einmal eine größere und gründlichere Geisteserneuerung. Bislang hatte er ja versucht, jeden Sonntag in dieser Weise zu heiligen und ihn zu einem Tag des Gebetes und der religiösen Besinnung zu machen. Der Rückblick auf die letzten Wochen, die schwersten in seiner Rekrutenzeit, verlangte aber diesmal eine tiefere Einkehr. Da schrieb er in sein Oktavheftchen: „Mutter, heute will ich eine gründliche Gewissenserforschung anstellen. Ich glaube, ich habe in so manchem gefehlt. Zeige mir alles, hilf mir, alle meine Schattenseiten finden, Mutter." Nach diesem Gebet begann er seine Selbstprüfung. Die Ereignisse der jüngsten Vergangenheit hatten ihn in eine harte Schule genommen. Wie war der Kampf um diese schwere Kraftprobe ausgegangen? Die geistliche Tagesordnung zeigte kein ungünstiges Bild. In allen aufregenden Erlebnissen der letzten Zeit, inmitten der auf- und abwogenden Seelenstimmungen hatte er sie tapfer durchgehalten und jeden Tag aufgezeichnet. Die beiden Wachestunden, mit denen er hauptsächlich die geistige Anteilnahme an der hl. Messe in den Tag hinein fortsetzte, waren sogar besser geworden. Auch um die übrigen Tagesgebete stand es gut. Das Partikularexamen freilich blieb das alte Schmerzenskind. In den letzten Wochen umfaßte es nacheinander folgende drei Vorsätze: Die Befehle des Vorgesetzten als Auftrag Gottes ansehen und sie dementsprechend durchführen; gegen die Mißstimmungen ankämpfen; und schließlich: beherrschtes und gerechtes Verhalten gegenüber den Kameraden. Die Aufzeichnungen gaben ein getreues Bild des bewegten Kampfes. Da standen Siege neben Niederlagen verzeichnet. Dann war das Partikularexamen durch Ärger und Mißstimmung für einige Tage ausgefallen. Ein andermal hatte er es ganz vergessen. Aber schließlich ging das Ringen doch langsam in einen dauernden Endsieg über. Das war etwa zu Beginn des neuen Jahres.

Wo aber lag das Geheimnis seines hart erkämpften Sieges? In großen Buchstaben schrieb er beim Jahresanfang in sein Tagebuch: „Maria! Vorwärts! Aufwärts!Nie zurück! Mutter, führe du mich! Ich will dem hohen, erhabenen Ziel zustreben an deiner Hand. Segne mich, Maria!"

Und etwa eine Woche später: ,,Ich will kämpfen und ringen mit Hilfe der Mutter. . . Volo! (Ich will!) Ich will ein Heiliger werden!" Ja, das durfte er sich am Ende der heutigen Geisteserneuerung sagen: Unter dem Schutze der Gnadenmutter von Schönstatt hatte er auf dem Kampffelde des eigenen Herzens eine große Schlacht gewonnen. Mochte es in der Zukunft noch schwerer werden. Er vertraute auf ihre mächtige Hilfe. Daraus erwuchs ihm die unversiegliche Kraft zum mannhaften Ringen.

Wider innere Feinde

Am 22. Januar 1917 gab es in der Kaserne zu Hagenau wieder einmal eine Umgruppierung. Für Josef bedeutete sie eine Befreiung aus schwerer Lage. Er kam in die 1. Kompanie und wurde in die ehemalige St. Georgsschule verlegt. Das kleine Gebäude der früheren Knabenschule lag nur wenige Meter neben der Pfarrkirche St. Georg, die gleichzeitig auch als Garnisonskirche für die katholischen Soldaten diente. Pfarrei und Militär hatten aber miteinander überhaupt nichts zu tun. Hier sollte Josef bis zum 24. Mai bleiben. Diese Monate wurden zur wichtigsten Zeit seines Innenlebens in Hagenau.

Sowohl die neuen Vorgesetzten als auch die Kameraden waren durchweg anständige Menschen. Die meisten taten am Sonntag ihre Christenpflicht und ließen auf der Stube kein unsauberes Gespräch aufkommen. Zu dreien fand Josef sogar ein sehr freundschaftliches Verhältnis, weil sie nach seiner Meinung ,,wirklich edle Menschen" waren. Einer war ein Unteroffizier, der zweite ein Lehrerseminarist und der dritte ein Protestant, ,,der eifrig nach Wahrheit strebt", wie Josef schreibt.
Trotzdem sich die neue Lage einigermaßen erträglich gestaltete, wollte ihm eines doch nicht recht zusagen. Der tägliche Dienst begann allmählich langweilig zu werden. Die einzelnen Teile des Gewehres 98 wußte er fast im Traume auswendig. Auch die militärischen Übungen beherrschte er so, daß er wenigstens nicht mehr auffiel. Und der immer gleichbleibenden Appelle wurde man auch langsam überdrüssig. Es gab kaum mehr etwas Neues zu erlernen. Jeden Tag dieselben Kommandos, dieselben Griffe, dieselben Wendungen. Das machte den Dienst höchst eintönig. Nicht einmal der Wutausbruch eines Unteroffiziers vermochte in den Alltag etwas Abwechslung zu bringen. Noch

vor Wochen nahm man ein solches Donnerwetter fürcherlich ernst. Und dann kam sich der Rekrut nach einer vierteljährigen Ausbildung durchaus nicht mehr vor wie ein „dummer Hammel“, der jeder neuen Lage hilflos gegenüberstand. Man hatte bereits seine Erfahrung. Dazu gehörten auch die Schliche und Kniffe, wie man am besten „Druckposten“ beziehen kann. Kein Wunder, daß man sich bereits als „gedienter Mann“ fühlte oder als „alter Knochen“, wie der Soldat sagte. Das aber hieß, daß man sich durch nichts mehr außer Fassung bringen ließ und sich überall zu helfen wußte. Was der Rekrut vorher kaum für möglich gehalten, das wurde jetzt Tatsache: er gewöhnte sich sogar an die körperlichen Strapazen des Dienstes. Noch vor etlichen Wochen sank er abends völlig zerschlagen und erschöpft auf seine Pritsche. Heute kam ihm nicht einmal ein anstrengender Marschtag als etwas Besonderes vor. Zudem ließ der strenge Dienst in der letzten Zeit sichtlich nach. Manchmal war er schon um vier Uhr zu Ende. Da fand man also mancherlei Zeit, die sich nach eigenem Gutdünken verwenden ließ. Den meisten gefiel dieses „schlaue Tempo“ sehr gut. Sie legten sich eine Lebensregel zurecht, die man in folgenden Sätzen vielleicht am besten ausdrücken könnte: Laß dich nicht aus der Ruhe bringen, drücke dich, wo du kannst. „Kapituliere“ beim Essenempfang (d. h. sieh zu, daß du noch einen zweiten „Schlag“ bekommst), amüsiere dich nach dem Dienst in der Stadt und warte in Geduld auf das Kriegsende.

Josef hatte es noch nie im Leben fertig gebracht, sich mit einem „schlauen Tempo“ abzufinden. Auch jetzt konnte er es nicht. Es war sein sehnlicher Wunsch, daß dieses faule Dasein bald ein Ende nähme. Da schien eines Tages eine sehr erwünschte Wendung zu kommen. Die Ausbildung, so hieß es, beginne jetzt mit Spezialkursen. Es sollten Stoßtrupps, Pioniertrupps und M.G.-Abteilungen ausgebildet werden. Natürlich würde er sich überall freiwillig melden. Aber schon nach einigen Tagen, am 3. 3. 1917, mußte er ganz enttäuscht niederschreiben:

„. . . Wenn wir beim Dienst nur mehr Neues lernen würden. Morgen gehen sechs Mann von unserer Kompanie nach Bitsch zu einem Stoßtruppkursus und dreißig Mann zu einem Pionierkursus. Sie haben eben Appell . . . Ich hatte mich auch dazu gemeldet, wurde aber zurückgestellt, wahrscheinlich wegen der Augen und wegen der Gestalt. Die Zurückbleibenden müssen morgen auf Wache. Ich bin glücklicherweise daran vorbeigekommen, was mich natürlich freut. Ich will wieder einmal zu den Sakramenten gehen, und wenn ich auf Wache ge-

mußt hätte, wäre ich morgen wohl garnicht in die Kirche gekommen."
Und einige Wochen später, am 21. 5., bemerkt er fast wehmütig in einem Brief:
,,Morgen verlassen uns wieder dreißig Kameraden, tadellose Kerle, mit denen ich gerne zusammengeblieben wäre. Sie kommen zum Maschinengewehr. Ich meldete mich auch, wurde jedoch der schlechten Augen wegen nicht angenommen."
Josef überlegte: Sollte er sich freiwillig an die Front melden? Dann hätte das langweilige Kasernenleben ein rasches Ende gefunden. Aber würde er damit seinen lieben Eltern nicht einen schweren Kummer zufügen? Und konnte durch den Tod auf dem Schlachtfelde nicht der Aufstieg zum Priestertum verhindert werden, der sonst vielleicht möglich gewesen wäre?
,,Wären diese zwei Beweggründe nicht da", so schrieb er an einen ehemaligen Lehrer, ,,dann hielte mich nichts mehr in der Kaserne. Dieses eintönige Leben, das nach meiner Auffassung Zeitverlust, Zeitverschwendung ist, wäre mir unerträglich. Die Sucht, Neues zu sehen und mitzuerleben, hätte mich schon längst hinausgetrieben."
Da war also nichts zu machen. Das öde und langweilige Einerlei des täglichen Dienstes mußte einfach ausgestanden werden. Wie sollte man aber bei diesem einförmigen und kampflosen Dasein nicht selber langsam geistig abstumpfen? Vor etlichen Wochen war das alles ja noch ganz anders. Da stand sein Innenleben im Zeichen eines aufregenden Kampfes. Die Ungerechtigkeiten seiner Vorgesetzten, das unaustehliche Gebaren seiner Kameraden und die Schikanen des Dienstes wühlten sein Inneres mächtig auf. Das Ringen wider den Jähzorn und die Mißstimmung gaben seinem Gebetsleben und dem Streben nach Heiligkeit sogar kräftige Anstöße. Jetzt dagegen herrschte Windstille. Der graue Alltag schläferte ein und lähmte die geistige Schaffenskraft. Wie sollte man da nicht der Gefahr erliegen, langsam mit der Umgebung zu verwachsen und unmerklich ihre Lebensgewohnheiten anzunehmen? Bei einer sonntäglichen Gewissenserforschung mochte Josef von dieser herannahenden Gefahr eine Ahnung überkommen. Er schrieb an P. Kaufmann, seinen ehemaligen Lehrer nach Schönstatt:
,,. . . Mich wundert es nur, daß sie uns hier in Hagenau so lange sitzen lassen. Da wäre ich fast lieber mit . . nach Elsenborn (Rekrutenlager) gegangen. Die sind jetzt schon in Rußland, in Wolhynien. Denn in der Garnison übt man immer wieder dasselbe, das man schon längst kann; und es wäre recht langweilig, wenn nicht einige Spaßvögel darunter

wären. Auch macht das Garnisonsleben faul und träge, und man, d. h. auch ich, wird mit der Zeit ein rechter Drückeberger, ohne daß man es eigentlich will. Es macht andererseits listig und erfinderisch, wenn man sich aus einer Klemme helfen muß, in die man durch seine Drückebergerei geraten ist. Man lernt eben doch allerlei bei den Preußen."

Wenn Josef sich in seiner Umgebung umsah, dann fand er unter seinen Kameraden viele gute Menschen. Gewiß, seinen geistigen Höhenflug, das Ringen um große Ideale und sein religiöses Innenleben teilten sie nicht mit ihm. Aber sie führten ein rechtschaffenes Christenleben. In der freien Zeit suchten sie ein geselliges Beisammensein, zuweilen kehrten sie auch in ein Wirtshaus ein oder gingen am Sonntagabend ins Kino. Sie lasen auch Bücher, keine ernsten und anstrengenden, sondern mehr leichte Unterhaltungsliteratur. Sollte Josef in seiner jetzigen Lage nicht den gleichen Zeitvertreib suchen wie sie? Das Rauchen hatte er bei den Soldaten ja schon gelernt. Jetzt kam auch noch das Kartenspiel hinzu. Im Kino war er allerdings nur ein einziges Mal – und das drei Tage vor dem Abtransport von Hagenau – als nämlich ,,Quo vadis" gegeben wurde. Aber auch da hatte ihn wirkliches Bildungsinteresse dorthin geführt, nicht der Unterhaltungstrieb. Ob es etwas Fehlerhaftes wäre, wenn er ähnlich wie die Kameraden in das langweilige Einerlei des Kasernenlebens ein wenig Abwechslung brächte?

Ja, wenn es dabei nur um ein wenig Geselligkeit und Abwechslung gegangen wäre! Langsam kroch die Gefahr herauf, daß sich an die Stelle seines bisherigen religiösen Strebens eine gemächliche Lebensweise schieben wollte. Auf dem Kampffeld seines Herzens bekam er es zum ersten Mal mit einem bisher unbekannten Gegner zu tun: mit der Gleichgültigkeit und Trockenheit. Die fühlbare natürliche Begeisterung für seine Ideale wurde abgelöst von völliger Trockenheit und Nüchternheit. Bei seiner üblichen besinnlichen Einkehr am Sonntag konnte ihm dieser Zustand natürlich nicht entgehen. In einem Bericht an P. Spiritual schilderte er seine Lage in folgender Weise:

,,Schon seit Samstag wollte ich Ihnen schreiben, aber bis heute war nichts daraus geworden. Man ist beim Militär oft so gleichgültig gegen alles, so gleichgültig und stumpfsinnig, wie ich früher nie gewesen bin. Dabei scheint es mir, als ob ich immer willensschwächer und opferscheuer werde. Die wöchentliche Gewissenserforschung habe ich bis heute noch nicht gehalten, obwohl ich sie schon am Sonntag halten mußte und sie mir dann für gestern ernstlich vorgenommen hatte. Ebenso ging es mir vorletzten Sonntag. Dieselbe Nachlässigkeit macht sich in der Ausführung des Partikularexamens, ja in dem Fassen eines

Vorsatzes bemerkbar und in der Verrichtung der täglichen Gebete, ja in allem Religiösen auch in dem, was die Kongregation betrifft. Die letzte Nummer der MTA habe ich schon etliche Tage, aber noch nicht gelesen. Ich kämpfe zwar noch stets dagegen an, aber so schwach und lässig, fast nur zum Schein, und bis jetzt habe ich mich noch nicht aufgerafft. Hoffentlich gelingt es mir jetzt, die nötige Willenskraft aufzubringen. Ich will! Ich bin es meiner Mutter, meinen Mitsodalen schuldig . . ."

Nach einem Monat auf- und abwogender Stimmungen mußte er fast wieder dasselbe Bild zeichnen:

„Herzlichen Dank für das Büchlein: ‚Unterm Lilienbanner', da kann ich mal wieder den echten Sodalengeist in mir wachrufen und auffrischen. Das ist aber auch wirklich notwendig, denn das Soldatenleben macht einen so ‚wurstig' – ich weiß selbst nicht, wie ich es ausdrücken soll. Und wenn man selbst kalt ist, wie kann man dann andere erwärmen? Diese ‚Wurstigkeit' findet man bei allen Sodalen hier. Es ist wirklich schwer, ein Innenleben zu führen. Man hat eben keine Anregung, wer nicht liest, überhaupt keine. Viele lesen zwar, aber allerlei Geschichten, und nichts, was zum geistigen Streben anregen könnte. Es gehört aber auch viel Überwindung dazu. Mir selbst fällt es schwer . . ."

Da stand Josef also vor einer neuen Erziehungsaufgabe. Wie sollte er den Zustand der Gleichgültigkeit und Trockenheit anpacken? Wie sollte er sich gegen den abstumpfenden lähmenden Einfluß seiner äußeren Lebensverhältnisse zur Wehr setzen? Auf keinen Fall durfte er wehleidig nachgeben und einfach alle Schuld auf die äußeren Verhältnisse schieben. Darüber war er sich klar: jetzt mußte das oft ausgesprochene „Volo!" (Ich will!), das er in der Lebensbeschreibung Coassinis gelernt hatte, zur Geltung kommen. Sein ideales Streben, sein religiöses Innenleben mußte jetzt von dem rein vorsatzmäßigen Handeln, von dem eisernen Willen hochgehalten werden. In einem vertraulichen Brief an seinen Freund Karl sprach er sich so aus:

„Wie Du aus meinem letzten Brief gesehen hast, hat auch mich die Nüchternheit erfaßt; damals war es ja noch ein harter Kampf, aber jetzt ist es ganze, vollständige Trockenheit. Geistliche Lesungen vermögen mich wohl für einen Augenblick aufzurütteln, aber gleich ist wieder die alte Kälte da. Die Arbeit und das Streben lasse ich nicht. Gerade die Arbeit ohne Lust und Wonne stählt den Charakter. Es ist das jetzt Kriegsbrot, das uns die liebe Mutter gibt nach den Zuckerbrötchen . . ."

Er durfte sich ehrlich sagen, daß er es in den letzten Wochen wirklich so gehalten hatte, wie er schrieb. Das Partikularexamen, die geistliche Tagesordnung, die sonntägliche Geisteserneuerung blieben nach wie vor eiserner Bestand seines unentwegten Kampfes um sein Ideal. Oft hatte das Beten, die geistliche Lesung, die Gewissenserforschung oder die schriftliche Tagesrechenschaft ihn eine riesige Anstrengung gekostet. So groß war die innere Nüchternheit gewesen. Ob er diese Willensanspannung auf die Dauer aufrechterhalten konnte?

Wenn er die letzten Wochen überschaute, mußten ihm darüber ernste Zweifel kommen. Welch bewegter Stimmungswechsel hatte ihn doch hin- und hergeworfen! Noch vor kurzem mußte er P. Spiritual gestehen:

„Als ich Ihnen den letzten Brief sandte, war ich in einer eigenartigen Stimmung. Wie es mir zumute war, weiß ich selbst nicht. Dann folgte eine große Trockenheit und Nüchternheit. Jetzt bin ich bald voll herrlicher Gedanken und Anregungen, bald wieder ohne jede Lust. Diese Stimmungen wechseln am Tage wohl an die zehnmal . . .“

War dieser unberechenbare Wechsel nicht schon das erste Anzeichen erlahmender Willenskraft? Gewiß, so unvernünftig war er nicht, daß er für seine Arbeit immer die naturhafte und fühlbare Begeisterung verlangte. Aber mußte er denn nicht von seinem Ideal so wie früher ganz ergriffen sein? Mußten nicht auch das innige Gemüt, das warme Herz dem schwachen Willen ihre Kräfte leihen?

Vielleicht bekäme er den alten Schwung wieder, wenn er sich gegenüber den äußeren Einflüssen nicht so sehr auf Verteidigung, sondern auf den frisch-fröhlichen Angriff verlegte. Aber das war ja schon seit längerer Zeit Gegenstand seines Partikularexamens. Er wollte Apostel sein unter den Kameraden und sich zuerst ihr Vertrauen und ihre Achtung erobern. Dazu gehörten die kleinen, unauffälligen Liebesdienste. Unter seinem Bett fegte er selber, damit es der Stubendienst leicht habe. Die Zigarren, die sie an Kaisers Geburtstag erhielten, verteilte er. Mit seinem Kommißbrot, ja mit seinem Taschengeld half er bedrängten Kameraden gerne aus. Statt sich wie bisher häufig von ihnen zurückzuziehen und zu lesen, setzte er sich unter sie. Er spielte Karten mit ihnen und pflegte jeden frohsinnigen, geselligen Umgang. Er durfte sich eingestehen, daß er auf diesem Gebiete einen offensichtlichen Erfolg buchen konnte.

Aber auch das andere mußte er sich sagen: einen Wandel in seinem Innenleben brachten diese Erfolge doch nicht. Oder hätte ihm nicht eine vertiefte geistige Beschäftigung die alte Schwungkraft wiedergeben

können? Vielleicht, wenn er sich mit bildender, schöngeistiger Literatur abgegeben hätte. Auch daran hatte es in der letzten Zeit nicht gefehlt. Wieviel Bücher waren nicht in den spärlichen Mußestunden durch seine Hände gegangen! Friedrich Wilhelm Webers „Goliath" und „Dreizehnlinden", die geschichtlichen Romane „Luzius Flavus", „Tapfer und treu", „Fabiola", Dantes „Göttliche Komödie" und das Buch „Charakterbildung" von Gillet. Solche Bücher rüttelten wohl vorübergehend wieder einmal seinen Idealismus auf, wie er meinte; aber die geistige Öde vermochten sie doch nicht zu beseitigen. Soviel also sagte ihm die Erfahrung der letzten Zeit: weder der gesellige Umgang mit Menschen noch die Bücher konnten die fühlbare Leere in seinem Innern ausfüllen.
Der Quellgrund, aus dem ihm die ersehnte Kraft zuströmen sollte, lag auf einem anderen Gebiet.

„Alles für Maria, die Dreimal wunderbare Mutter in Schönstatt!"

Je seelenloser der äußere Betrieb, je größer die innere Geistesdürre wurde, desto mehr mußte sich Josef auf sich selbst besinnen. Was war es denn eigentlich gewesen, das seinem bisherigen Leben überhaupt Inhalt und Kraft gegeben hatte? Da brauchte er nicht lange zu suchen. Das war sein großes Lebensideal: Allen alles werden und Maria ganz zu eigen sein. Darum mußte in seinem Persönlichen Ideal doch auch die Lösung liegen für seine augenblickliche Notlage. So ähnlich schrieb ihm neulich noch einer seiner früheren Lehrer. Josef mußte ihm zugestehen: „Es ist ganz wie Euer Hochwürden schreiben: Wenn dem Menschen nicht immer irgendeine hohe Idee vorschwebt, bleibt er in der Tiefe des Alltagslebens sitzen. Mir bietet da die Kongregation, ihre Königin und die Vermehrung ihres Gnadenkapitals den größten Halt."
Aus dem weiten Inhalt seines Persönlichen Ideals trat also ein bestimmter Teilinhalt in den Vordergrund seines Denkens: Die Gnadenmutter von Schönstatt. Und zwar stand sie vor ihm als die Mutter der kleinen Sodalenfamilie, die in dem Kapellchen zu Schönstatt ihren Gnadenthron aufgeschlagen hat. In ihr sah er die Königin, deren Gnadenwalten mit dem schlichten Heiligtum eine große Idee verbunden hatte. Es sollte ja der Ausgangspunkt einer Erneuerungsbewegung werden. An ihrem Werk unablässig mitzuschaffen durch die Beiträge

zum Gnadenkapital, betrachtete er als Lebensaufgabe. Was wäre seine Jugend gewesen ohne die Dreimal wunderbare Mutter von Schönstatt? Sie gab seinem Leben eine große Idee, indem sie ihn zu ihrem Werk berief. Sie schenkte ihm eine neue Heimat in ihrem Kapellchen und in der Sodalenfamilie. Sie weckte sein Vertrauen und den sieghaften Glauben an seine Ideale trotz aller Schwächen. Sie hatte ihn in die Schule einer unvergleichlichen Erziehung genommen. Kurz: Alle großen und erhebenden Stunden der Vergangenheit waren mit ihrem Namen verknüpft. Was Wunder, wenn sein Auge in der augenblicklichen seelischen Bedrängnis gerade ihr Bild suchte, und wenn sein Herz sich ihr mehr denn je vertrauensvoll zuwandte. Immer häufiger kreisten seine Gedanken um ihre Person. Es war ihm so, als zöge sie sein Denken und Fühlen geheimnisvoll in ihren Bann. „Das hehre Bild der Mutter steht mir jetzt wieder lebendiger vor Augen", meldete er hoffnungsfroh seinem geistlichen Berater. Und in sein Tagebuch schrieb er den Vorsatz nieder: „Mein Tagewerk muß ich noch mehr von dem Gedanken: Für Maria, die Dreimal wunderbare Mutter in Schönstatt, die Sodalenkönigin, durchdringen lassen."
Dieser Vorsatz wurde keine leere Redewendung. Bald gab es kein bedeutsames Ereignis mehr in seinem Innenleben, das nicht die Anmutungen seines Herzens auf die Gottesmutter gelenkt hätte.
Konnte er einen Erfolg verzeichnen, dann drängte es ihn, bewegt zu danken. So meinte er einmal: „Die Verdrießlichkeit zu Anfang der Woche hast Du mich so tapfer überwinden lassen. Von Herzen danke ich Dir dafür."
Kamen die kleinen Plackereien des Alltags, dann gab ihm der Gedanke an die Gottesmutter Mut und Geduld. „Mutter", so schreibt er im Tagebuch am 13. 3., „es fällt mir manches schwer. Eine starke Erkältung will mich mißmutig machen. Doch der Gedanke: alles für Dich, läßt mich alles leicht überwinden."
Und unterliefen ihm Fehler und Nachlässigkeiten, dann zwang ihn die reuige Abbitte wiederum zu ihren Füßen. „Mutter", betete er, „diese Woche war ich ziemlich nachlässig. Für heute, für Deinen Festtag (Maria Verkündigung), habe ich mich auch nicht ein wenig vorbereitet. Verzeihe mir, ich will mir mehr Mühe geben. Ich will, ich muß mich über das Partikularexamen noch öfters erforschen und das verzeichnen."
Eines Tages geschah etwas Ungewöhnliches. Entgegen seinem ausdrücklichen Vorsatz zu Beginn der Militärzeit: Nie eine Lüge! entschlüpfte ihm beim Dienst plötzlich eine Unwahrhaftigkeit. Jeder an-

dere seiner Kameraden fand sein Tun ganz in Ordnung. Er aber wurde ob seines zarten Gewissens innerlich tief erschüttert und schrieb reuig in sein Tagebuch: ,,Diese Woche habe ich schwer gefehlt, Mutter! Eine freiwillige Lüge! Mußt Du mir nicht zürnen? O, verzeihe mir, ich will dafür Buße tun und eifriger in Deinem Dienste arbeiten."
Ganz besonders aber wandte sich sein Beten zu ihr, wenn er inmitten der seelischen Bedrängnis die eigene Schwacheit fühlte. Da hob er zu ihr die Hände und flehte: ,,Mutter, laß mich Dich noch mehr lieben, mich noch fester an Dich anklammern. Du weißt, wie nötig ich Dich habe, wie wenig ich ohne Dich vermag, wie willensschwach und nachlässig ich ohne Dich bin. Gestern, an Deinem Tage, wollte ich einfach das Partikularexamen nicht halten. Hier bin ich, nimm mich, wie ich bin, und mache mich Deinem Sohne ähnlich, damit ich Deiner würdig werde. Mutter, alles für Dich." In dieser Weise gingen die Niederschriften seines Tagebuches für Wochen und Monate über in ununterbrochene Gebete zur Gottesmutter. Darin offenbarte sich wieder einmal der ganze Reichtum seines tiefen Gemütes. Während er nach außen in jeder Lage tapfer seinen Mann stand und im Ringen um sich selbst rücksichtslose Opfer forderte, wurde das Verhältnis zu seiner himmlischen Mutter immer zarter und inniger. Er kehrte gleichsam in die früheste Jugend zurück und fühlte sich bei der Gnadenmutter von Schönstatt genau so geborgen wie ehemals bei der eigenen Mutter im elterlichen Hause. Da nahm er auch die Sprache des einfältigen Kindes an und nannte die Gottesmutter mit dem Namen ,,Mütterlein". So taten es die Kinder wohl oft in seiner ermländischen Heimat, wenn sie im vertrauten Umgang daheim ,,Mutterle" sagten. Das wurde ihm fortan eine selbstverständliche Redeweise, die er in allen zarten Äußerungen seiner Marienminne anwandte. Auch im Briefverkehr mit ganz vertrauten Freunden kehrte sie wieder. Es hätte ihm aber ganz und gar nicht gelegen, deshalb in seiner Frömmigkeit weichlich und rührselig zu werden. Sie war zart und innig, aber nicht süßlich.
Gerade jetzt ging er mit ihr mitten in den rauhen Werktag hinein. In einem Brief an seine Mitsodalen in Schönstatt meinte er: ,,Der Dienst ist garnicht schwer. Überhaupt fällt einem nichts schwer, wenn man an die Mutter und ihr Gnadenkapital denkt." Und seinem fernen Freund schrieb er: ,,. . . Von jetzt ab soll nur ein Gedanke mein ganzes Leben beherrschen: Alles für Dich, lieb Mütterlein! Meine Mutter hat mich in letzter Zeit stets in guter Laune gehalten. Wenn bei schweren Märschen alles um mich her müde einherschreitet, bin ich immer munter. Es ist ja alles für's liebe Mütterlein. Das genügt, um mir alles leicht zu

machen." Gerade dann, wenn die zartesten Seiten seines Gemütes in der Liebe zu seiner himmlischen Mutter mitschwangen, suchte er das werktägliche Opfer; das gab seiner Liebe das Merkmal der Echtheit und Kraft.

„Lieb Mütterlein", heißt es im Tagebuch am 1. 4. 1917, „las eben die lieben Zeilen, die Du mir durch die MTA zukommen läßt. Es sind wirklich Worte von Dir. Trotz der bei mir herrschenden Trockenheit und Nüchternheit regten sie mich gewaltig an und rüttelten mein Innerstes auf. Ich will noch energischer an mir arbeiten aus Liebe zu Dir. Für Dich sei mir nichts, garnichts zu schwer, auch nicht das Allerschwerste. Mein ganzes Leben sei nur von dem einen Gedanken: ‚Ich bin ganz Dein!' beherrscht. Dann bin ich glücklich. Das Partikularexamen hielt ich nicht besonders. Doch verzeihe, lieb Mütterlein, ich habe mich angestrengt. Das Verhältnis zu den Kameraden dürfte besser sein, besonders zu einem. Das besser zu gestalten, sei meine erste Sorge, und zwar durch das Partikularexamen. Das Partikularexamen muß ich mittags und abends verzeichnen."

Inzwischen nahte der Maimonat heran, der Lieblingsmonat aller Marienkinder. In Josefs Seele hatte er sich schon seit Wochen angekündigt. Wie noch selten in seinem Leben stand er unter dem Einfluß einer ebenso innigen wie opferstarken Marienliebe. Ob der Mai wohl die Hochblüte und den krönenden Abschluß bringen wird? Zunächst beschäftigte ihn ein langgehegter, sehnlicher Wunsch. Wenn ihn doch der in Aussicht stehende Urlaub gerade im Mai nach Schönstatt führen würde! „Wie freue ich mich, bald bei der lieben Mutter im Kapellchen zu sein", schrieb er an P. Spiritual. Sein Wunsch sollte tatsächlich in Erfüllung gehen. Anfang Mai bekam er Urlaub. Von Hagenau aus fuhr er direkt nach Prossitten, während er auf dem Rückweg für einen Tag in Schönstatt Station machte, ehe er am 16. Mai nach Hagenau zurückkehrte. Der Aufenthalt in Schönstatt brachte ihm unvergeßliche Stunden der stillen Einkehr und inneren Erneuerung. Als er wenige Tage später an seine Mitsodalen von Hagenau aus schrieb, hielt ihn das Erlebte noch ganz gefangen:

„Es zieht mich jetzt doppelt so stark nach Schönstatt, nach dem trauten Kongregationsheiligtum. Die Erinnerung an die frühere Zeit und nicht zuletzt an diesen Tag in Schönstatt ist zu schön. Mit gesteigerter Liebe zur himmlischen Mutter und besserer Erkenntnis und neuer Liebe und Begeisterung für unsere Kongregationsbestrebungen, unserer Ideale, bin ich hinaus in die Welt gegangen. Die ganze Welt ist unser Feld, sie muß unser werden."

Für die Maiarbeit hatte er sich diesmal eine einfache Losung gewählt. Neben der treuen Durchführung seines üblichen religiösen Tagesprogramms wollte er im Mai jede Gelegenheit suchen, der Gottesmutter eine Freude zu bereiten. Mit diesem Vorsatz machte er wirklich ernst. Die vielen geheimnisvoll anmutenden Striche und Zeichen in seinen „Maiblüten" erzählen von einer Unsumme kleiner Opfer aus dem alltäglichen Leben. Die Maiarbeit steigerte darum seine Marienliebe zu tiefinnerlicher Glut. So sahen denn die letzten Wochen des Monats endlich auch in seinem Innenleben den heißersehnten völligen Sieg. Der Bann der Gleichgültigkeit und der Stimmungen wurde gebrochen. Über das einschläfernde und zermürbende Einerlei des Alltags gewann er die Oberhand. Sein Streben nahm wieder ganz die ursprüngliche Frische, den alten Schwung an.

Daß er mit der Hilfe der Gottesmutter über diese schwere Prüfung Herr geworden war, das sollte ihm unvergeßlich bleiben.

Sorge um andere

Die aufblühende Marienliebe befähigte Josef, mit Erfolg gegen die Gewaltherrschaft der Gleichgültigkeit und der Stimmungen anzukämpfen. Gleichzeitig erwachte in ihm auch wieder das alte Verantwortungsbewußtsein für die Sache der Kongregation und für seine Mitsodalen in der Kaserne. Das Amt des Präfekten, das er in Schönstatt innegehabt, war ihm eine ausgezeichnete Führerschule gewesen. Als er eingezogen wurde, galt es ihm als selbstverständliche Forderung, im gleichen Geiste unter seinen Mitsodalen weiter zu wirken. Die älteren Jahrgänge bildeten schon seit längerer Zeit eine festgefügte Organisation. Sie stand mit der Kongregation in Schönstatt in enger Verbindung. In ihren Ferngruppen führten sie durch Briefverkehr das Leben der Kongregation weiter und suchten sich im Kampf um ihre Ideale gegenseitig zu stützen und anzuregen. Mußte unter den Sodalen in der Kaserne zu Hagenau nicht das gleiche erreicht werden? Mit diesem Vorsatz waren sie bereits in die Garnison gezogen. Was war aber inzwischen daraus geworden?

In den ersten Wochen der Rekrutenzeit konnte man an Zusammenschluß und Gruppenbildung nicht denken. Da fühlten sich alle völlig in Anspruch genommen von den neuartigen Eindrücken und von den ungewohnten Strapazen. Dennoch hatte Josef in diesen Wochen das Menschenmögliche versucht. Über ein paar Besuche auf der Stube und

einige Spaziergänge mit dem einen oder anderen war es allerdings nicht hinausgekommen.
Da kam das Weihnachtsfest. Jetzt würde gewiß eine Gelegenheit kommen, die Gemeinschaft aller Schönstätter herbeizuführen. Ein gemeinsam gefeiertes, herzlich gehaltenes Familienfest könnte der Anfang einer engeren Zusammenarbeit werden. Nach den Erlebnissen der letzten Wochen sehnten sich alle ehrlich danach, wieder einmal unter Gleichgesinnten und in einer anderen Atmosphäre zu sein. Ein günstiger Umstand kam ihnen zu Hilfe. Einer der Schönstätter war verwandt mit der Schwester Oberin des Hagenauer Krankenhauses. Die gute Schwester stellte für die geplante Weihnachtsfeier einen geeigneten Raum gleich neben der Eingangstür zur Verfügung und tat das Ihre, ihn recht weihnachtlich auszugestalten. Gegen alle Erwartung wurde die Feier dennoch eine arge Enttäuschung. Ein Fremder, der ebenfalls im Krankenhaus bekannt war, gesellte sich unter die Schönstätter Schar. Er fühlte offenbar das Bedürfnis, die jungen Soldaten einmal recht lustig zu unterhalten. Das war aber gar nicht nach deren Geschmack. Sie hatten sich eine religiöse und echt familienhafte Feier gedacht. Nun riß dieser Fremde ganz die Unterhaltung an sich und brachte einen sehr alltäglichen und humoristischen Zug hinein. Die meisten ärgerten sich darüber und wurden einsilbig. Die ganze Feier begann langweilig zu werden. Mit einem Gefühl der Erleichterung, aber auch der Enttäuschung löste man sie endlich auf.
Das war ein schlechter Anfang. Josef machte sich Vorwürfe. Hätte man der Feier nicht eine gründliche Vorbereitung vorausschicken müssen? Dann wäre sie gewiß einem solch zufälligen Mißgeschick nicht zum Opfer gefallen. Und hätten sie sich mit ihrer Art nicht einfach durchsetzen sollen gegen den taktlosen Störenfried? Aber das war es ja, daß sie im Augenblick nichts Besseres an die Stelle zu setzen wußten. Da zeigte sich wieder, wie wenig sie noch geübt waren in echter Geselligkeit. Für seine Bemühungen um einen engen Zusammenschluß der Schönstätter war dieser erste Mißerfolg ein recht ärgerliches Hindernis.
Vorerst sah sich Josef überhaupt einer schweren Lage gegenüber. Er selber hatte reichlich mit den eigenen Schwierigkeiten zu tun. Der harte Dienst brachte ihm manche schwere Stunde. Dazu stand er fast ständig im Kampf gegen mißmutige oder gleichgültige Stimmungen. Er brauchte seine ganze Kraft, um das religiöse Streben einigermaßen auf der Höhe zu halten. Nun sollte er auch noch die Stütze der anderen sein. Zudem waren die meisten unter ihnen garnicht der Auffassung,

daß man als Soldat die Ziele der Selbstheiligung so hoch schrauben müsse, wie Josef das wollte. Eine stramme katholische Haltung, ein mutiges Bekenntnis des Berufes, der wöchentliche oder vierzehntägige Empfang der Sakramente, die täglichen Gebete, das galt als selbstverständliche Pflicht des Priesterkandidaten und des Sodalen. Auch eine gelegentliche Besuchung des Allerheiligsten oder eine Wallfahrt nach dem benachbarten Marienthal gehörte dazu. Im übrigen aber war man Soldat, und das Soldatenleben ließ für andere Dinge weder Zeit noch Kraft übrig. Mehr als einer von ihnen genoß das Ansehen, ein schneidiger Soldat zu sein. Besonders einige, die das Examen für das Einjährige gemacht hatten, zeichneten sich aus. Sie besaßen den Ehrgeiz, tüchtige Soldaten und noch tüchtigere Offiziere zu werden.

An Josefs Art und Bestrebungen konnten sie darum keinen rechten Gefallen finden. In Schönstatt gehörten sie einer höheren Klasse und der oberen Abteilung des Hauses an. Sie hatten darum kaum Gelegenheit gehabt, in näherem Umgang seine Frömmigkeit und seinen wertvollen Charakter kennen zu lernen. Es schien ihnen so, als hafte seinem Wesen Frömmelei an. Und daß er beim Dienst manchmal eine solch unglückliche Figur abgab, wollte ihnen noch weniger behagen. Sie legten viel Wert auf ein geschliffenes, soldatisches Auftreten. Darum schafften sie sich mit eigenem Geld Schirmmützen an und feldgraue Hosen mit tadelloser Bügelfalte. Dagegen stach Josef mit seinem von der Kammer bezogenen Rekrutenanzug natürlich sehr ab. Das abgetragene „Krätzchen" hatte kaum noch Form. Die Hose warf Falten wie eine Ziehharmonika. Sein etwas ungelenkes Gehaben erhöhte noch den ungünstigen Eindruck. So groß schien manchen Einjährigen der Gegensatz, daß sie sich schämten, mit ihm zusammen auszugehen. Die Offiziersanwärter gerieten aber auch mit den anderen in ein gespanntes Verhältnis. Als ehemalige Klassenkameraden fanden sie sich natürlich sehr oft zusammen; sie sonderten sich aber dadurch auch von den übrigen etwas ab. Als dann zwei von ihnen die anderen so ein wenig von „oben herab" behandelten, war die Mißstimmung da. Solche Spannungen erwiesen sich für Josefs Bestrebungen natürlich als sehr hinderlich.

Trotz aller Hemmungen ging er unverdrossen an die Arbeit. Zuerst mußte eine Einteilung in Gruppen erreicht werden. Dann könnte auf dieser Grundlage eine Tätigkeit im Sinne der Kongregation beginnen. Das Ganze bedurfte natürlich auch einer einheitlichen Leitung. Wen sollte man an die Spitze stellen? An sich selbst dachte Josef nicht. Seine Gedanken richteten sich auf Hans Beck, einen der Einjährigen aus der höheren Klasse. Er war früher in der Kongregation sehr tätig gewesen und besaß eine große geistige Lebendigkeit. Hans war mit dem Plan einverstanden, und die anderen hatten nichts dagegen. Josef wurde mit ihm einig, daß beide ihre eigenen Klassenkameraden zu einer Gruppe vereinigten. Eine dritte sollte sich unter Hans Wormer bilden. Eine vierte umschloß diejenigen, die inzwischen nach dem Rekrutenlager in Elsenborn abgerückt waren.

Nun konnte es also losgehen, dachte Josef. Aber die eingeteilten Gruppen wollten nicht in Gang kommen. Schon für das bloße Zusammentreffen der Gruppenmitglieder gab es unüberwindbare Hindernisse. Wenn der eine dienstfrei hatte, schob der andere Wache. Hatte man endlich einen geeigneten Zeitpunkt für alle heraus gefunden, warf eine plötzliche Abänderung des Dienstes alles wieder über den Haufen. Und dann fühlten manche sich durch den Drill des Kasernenhofes so hart mitgenommen, daß sie in der freien Zeit ihre Ruhe haben wollten. Schließlich bekamen sie alle das geistig abstumpfende Einerlei der äußeren Verhältnisse zu spüren. Wie schwer wurde es da, sich angeregt über einen Gegenstand zu unterhalten, der auf der hohen Ebene des geistlichen Lebens und Strebens lag! Was sollte man sich nur sagen, wenn man zusammenkam? Ja, im stillen Frieden des Studienheimes ging das alles ganz anders. Aber hier war man geistig so müde und flügellahm. Selbst der sonst so quicklebendige und redegewandte Hans Beck meinte einmal, in der Kaserne falle einem ein vernünftiger Brief an die Mitsodalen viel schwerer als in Schönstatt der schwierigste Aufsatz.

Josef sah die Lage mit wachsender Besorgnis. Woher sollte der geistige Kraftstrom kommen, der die neugebildete Organisation belebte? Sein Auge wandte sich nach Schönstatt. Wäre das nicht eine Aufgabe gewesen für die dortige Kongregation? Die saßen doch unmittelbar an der Quelle. Sie hatten regelmäßig ihre Versammlungen und ihre geistlichen Vorträge. Wenn zwischen den Mitsodalen in der Kaserne und denen daheim ein reger Gedankenaustausch bestände, wieviel Anregungen und Antriebe könnten da in die hiesigen Gruppen hineinfließen! Aber was waren das für Nachrichten, die er in der letzten Zeit von dort bekam! Eine einzige Hiobsbotschaft! Das Leben der Kongregation sei nach dem Abrücken der 98er ständig im Niedergang. Der Magistrat zeige sich seiner Aufgabe nicht gewachsen und lasse alles laufen. Viele Sodalen seien ganz lau geworden und das Idealstreben habe sehr nachgelassen.

Josef fühlte sich durch solche Botschaften sehr beunruhigt. Zu verwundern freilich war es nicht, daß ein Abstieg einsetzte. Daheim in Schönstatt drückte ja schon lange die Last der wachsenden Kriegsnot auf die jugendlichen Gemüter. Die älteren Sodalen und die eingearbeiteten Führer weilten in der Kaserne. Die zurückbleibenden jüngeren Mitsodalen standen mitten in den Schwankungen der Entwicklungsjahre. Sie vermochten kaum die heimische Kongregation über Wasser zu halten. Nun sollten sie sogar noch denen da draußen helfend zur Seite stehen! Josef sah, daß er in der eigenen Notlage vorerst von dort keine Hilfe erwarten konnte. Im Gegenteil, er mußte denen daheim ratend und aufmunternd an die Hand gehen und auch ihre Nöte noch mittragen. Da griff er zur Feder. Zuerst wandte er sich an Fritz Esser, seinen alten und treuen Mitarbeiter:

„Wie mir Karl schrieb, steht es in der Kongregation nicht besonders. Das ist der Grund, washalb ich heute an Dich zuerst schreibe. Auf Dich setze ich noch die meiste Hoffnung. Du in Verbindung mit Paul müßt neues Leben hineinbringen, wenn es die anderen und selbst der Magistrat nicht können oder nicht wollen. Es ist ja nicht allein für die andern, für uns draußen, sondern für unsere Mutter, die Mater ter admirabilis, der Ihr in der Kapelle so nahe seid. Sie verlangt das von jedem einzelnen, dann vom Magistrat und besonders von denen, die sie in besonderer Weise geführt hat; und ich glaube, daß es bei Dir der Fall ist. Du warst ja bis jetzt sehr tüchtig. Gewiß, es ist keine leichte Sache. Doch nur Mut, die Mutter hilft, und etwas Opfergeist. Es wird schon gehen. In Eure Gruppe könnt Ihr doch recht leicht Leben bringen . . Wie steht es denn mit der Hausordnung? Sie wird sicher nicht gut beobachtet; denn sonst könnte es mit dem Kongregationsleben nicht so schlecht stehen. Wenn der Magistrat zu nichts taugt, wird er eben abgesägt. Dann müssen aber andere die Sache hochzubringen suchen, und sie werden dann sicher als die geeignetsten erkannt und gewählt werden. Das Gnadenkapital unserer Mater ter admirabilis dürft Ihr nicht vergessen. Schönstatt, ein zweites Indolstadt, welch große, ideale Gedanken!"

Hier hielt er also seinem Mitarbeiter alle Beweggründe vor, die ihn selbst immer wieder zum Schaffen antrieben und in allen Mißerfolgen hochhielten. Von Fritz Esser bekam er aber eine ganz mutlose Antwort: „Ja, wenn Du noch hier wärest, dann wäre es mit unserer Sektion anders bestellt . . . Ich möchte alles an den Nagel hängen . . ."
Und dann entwarf er ein recht düsteres Bild von der dortigen Notlage. Josef ließ jedoch nicht locker.

„Laß den leitenden Persönlichkeiten keine Ruhe, wenn sie ihre Pflicht nicht tun. Gehe immer wieder zu ihnen und rüttele sie aus ihrer Trägheit auf. Sie müssen sich vor allem durch Opfergeist auszeichnen. Wenn sie es aber nicht tun, so müssen die eifrigen Sodalen umso eifriger schaffen und durch Verkehr auf die andern einzuwirken suchen. Du hast ja vor, wenigstens in Deiner Gruppe tüchtig zu arbeiten. Nur zu; aber sieh auch zu, in die anderen Gruppen neues Leben hineinzutragen. Einige Tüchtige sind gewiß noch da. Geh mit ihnen Hand in Hand. Daß die Arbeit in der Sektion schwierig ist, kann ich mir vorstellen. Arbeitet Ihr noch in der alten Weise, und habt Ihr noch die privaten Versammlungen? . . ."

Außer mit Fritz Esser nahm Josef auch noch Verbindung mit anderen ehemaligen Mitarbeitern auf und schrieb ihnen im gleichen Sinne. Aber auch da bekam er Antworten, aus denen eine recht niedergeschlagene Stimmung sprach. So trug er dann auf zwei Schultern. Er nahm teil an der Notlage daheim und sollte gleichzeitig eine schwere Aufgabe lösen unter seinen Mitsodalen in der Kaserne. Die Krise innerhalb der Kongregation in Schönstatt ging nach etlichen Wochen wieder vorüber. Für Josef war sie zu ungelegener Zeit gekommen. Die schwierige Lage unter seinen Mitsodalen mußte er allein meistern.

Da schien von einer ganz anderen Seite eine Hilfe zu kommen. In Hagenau diente bei den Dragonern ein Theologe, der gleich den Schönstätter Sodalen zur Gesellschaft der Pallottiner gehörte. Mit viel selbstlosem und gutgemeintem Eifer nahm er sich der jungen Soldaten an. Allerdings war ihm die Arbeitsweise der Kongregation nicht recht vertraut. Er dachte vor allem an gemeinsame, größere Zusammenkünfte. Josef dagegen war mehr für die stille, erzieherische Kleinarbeit im kleinen Kreis und von Seele zu Seele. Der Theologe vermittelte schließlich eine Zusammenkunft bei Pfarrer Wernert, dem Pfarrer von St. Nikolaus. Als Josef mit drei Kameraden am Abend des 28. Januar ins Pfarrhaus kam, hatte er erwartet, daß ihnen ein Raum für eine Sodalenversammlung zur Verfügung gestellt würde. Stattdessen nahm sie der Pfarrer mit in sein Arbeitszimmer, das im ersten Obergeschoß des geräumigen Pfarrhauses lag. In unterhaltendem Ton hielt er den Soldaten einen Vortrag über die Pflege des geistlichen Lebens. Josef war zunächst sehr davon angetan, weil ihn die ganze Art des Pfarrers an P. Spiritual erinnerte, und doch war er letzten Endes nicht richtig befriedigt davon. Mochte der Vortrag des Pfarrers auch viele praktische Anregungen geboten haben, so fehlte doch die selbständige Mitarbeit durch Austausch der eigenen Meinungen und Erfahrungen, wie sie es von Schönstatt her gewohnt waren. Auch ein zweiter Besuch bei Pfarrer Wernert am 13. Februar brachte nicht den erhofften Erfolg. Der greise Priester meinte es zwar sehr gut mit ihnen; aber die Versammlungen entsprachen nicht dem Sodalengeist. Als weitere geplante Treffen nicht zustande kamen, war Josef gar nicht traurig darüber. Das Gruppenleben kam dadurch sowieso nicht besser in Gang, und für die meisten bedeuteten diese Versammlungen doch nur eine zusätzliche Last. Zwar war es sehr praktisch, in der Nikolauskirche gelegentlich zur hl. Beichte gehen zu können, aber eine Dauerbindung konnte das nicht sein. Da weder zum Militärpfarrer ein engeres Verhältnis bestand, noch jetzt zu Pfarrer Wernert sich ein solches anbahnen wollte, wurde Josef erneut allein auf die geistliche Führung durch P. Spiritual verwiesen. Die Art jedoch, wie Josef die angeknüpften Beziehungen aufgab, lassen einen tiefen Blick in seine Seele tun. Er schrieb an P. Spiritual: „Was die Versammlungen bei Pfarrer Wernert anbetrifft, so werde ich sie mit meiner Gruppe auf eine höfliche Weise abbrechen." Und einen Monat später teilte er seinem Spiritual mit, daß er ihm von nun an alle vierzehn Tage seine Aufzeichnungen über das Partikularexamen und die Geistliche Tagesordnung als Gabe fürs Gnadenkapital zusenden werde.

Mit der Organisation seiner Mitsodalen aber saß er fest. Wie in aller Welt sollte er sie in Gang bringen? Er überlegte: Waren nicht vielleicht die Gründe für das mangelnde Leben innerhalb der Gruppen in einem Fehler der Organisation selber zu suchen? Auch P. Spiritual hatte ihn bereits darauf aufmerksam gemacht. Es ging seinerzeit so schnell mit der Gruppeneinteilung. Mit ein paar Beschlüssen hatte man sie fertig. Sie konnten nicht wie lebendige Gebilde langsam wachsen. Man merkte es ihnen an, daß sie künstlich gemacht worden waren. Hier mußte also ein ganz anderer Weg eingeschlagen werden. Die einzelnen zu gewinnen für ein gesteigertes erzieherisches Streben schien das erste zu sein. Gleichzeitig mußten sich die zusammenschließen, die sich besonders gut verstanden. So würden sicher lebendige Gruppen zustande kommen. Mit wem sollte er nun den Anfang machen? Da kam natürlich zuerst Hans Wormer in Frage. Mit dem fühlte er sich noch am ehesten eines Sinnes. Sein religiöses Streben war männlich ernst. Dabei galt er als tüchtiger Soldat. Josef fand bei seinen Bestrebungen um den Aufbau der Gruppen an ihm noch die meiste Unterstützung. Ähnlich war es mit Walter Stonner. Mit den beiden traf er sich also bei passender Gelegenheit zu einem Spaziergang. Über das Ergebnis der Besprechung berichtete er hocherfreut an P. Spiritual:

„Ich bin eben von einem Spaziergang mit Stonner und Wormer zurückgekehrt und will Euer Hochwürden schnell einige Zeilen schreiben. Bei diesem Spaziergang hatte sich so recht Herz zu Herz gefunden. Wir sprachen uns offen über unser Innenleben aus und tauschten unsere Erfahrungen darüber aus. Wir kamen zu dem Schluß, daß die Sodalenarbeit in der Arbeit eines jeden an sich selbst bestehen müsse, und daß wir uns dabei durch freie Aussprache und Anregungen fördern müssen. Natürlich kann das nur geschehen, wenn sich die einzelnen verstehen, und darin liegt der Fehler der Gruppeneinteilung. Euer Hochwürden haben da die Gründe gefunden, die uns bei der Gruppeneinteilung leiteten. Den Fehler bei der Gruppeneinteilung haben Stonner und Wormer mit Kamp stark empfunden, und auch in meiner Gruppe merke ich ihn immer mehr. Ich suche jetzt die, die gut miteinander auskommen, einander noch näher zu bringen. Den Spaziergang beschlossen wir durch eine kurze Besuchung des Allerheiligsten. Dann trafen wir noch mit Biebrich, Meier und Reinhold zusammen. Auch auf den mangelnden Nachrichtendienst von Schönstatt kamen wir zu sprechen und versetzten uns dabei in die Lage der Schönstätter und sahen, daß wir viel von ihnen verlangten . . ." Gleichzeitig wandte sich Josef wieder an die Kongregation nach Schönstatt um Unterstützung. Er bat um Nachrichten aus den Versammlungen der Kongregation und aus den kirchlichen Vorträgen. „Diese kommen nicht nur den einzelnen, sondern allen zugute, da die Briefe rundgegeben werden, wenigstens in meiner Gruppe."

Josef war voller Hoffnung. Nun würde gewiß alles gut gehen, und bald ständen aktive Gruppen da. Und doch harrte seiner wieder eine Enttäuschung. Zwar suchte er alle Gelegenheiten auszunützen, die Mitsodalen zu gewinnen und anzuregen. Auch Hans Wormer und Walter Stonner taten manches. Aber wie unsagbar schwer war es doch für den einzelnen, in den jetzigen Verhältnissen ein ununterbrochenes Idealstreben wachzuhalten. Josef schien es so, als könnten manche viel eifriger den Empfang der Sakramente und den Besuch der Nachmittagsandacht pflegen. Da fehle es gewiß am energischen Willen. Die geistige Trockenheit, mit der er selber so schwer zu ringen hatte, war offenbar bei den andern noch viel mehr eingerissen. Die Schilderungen der allgemeinen Lage, die er an P. Spiritual gab, fielen darum recht düster aus. Auch Besuchungen des Allerheiligsten waren selten geworden, obwohl die Kirche „keine 100 Schritt entfernt" war und man „nur über die Straße zu gehen" hatte, wie Josef schrieb. Er maß aber auch alles nicht bloß an den Forderungen des gewöhnlichen Christenlebens, sondern an dem hohen Ideal des Werktagsheiligen.

Mit stiller Wehmut bemerkte er schließlich, wie unter seinen Mitsodalen der Drang nach enger Fühlung und Zusammenarbeit untereinander merklich nachließ. Viele hatten in ihrer Umgebung ganz gute katholische Kameraden gefunden und sich mit ihnen angefreundet. Da fühlten sie naturgemäß nicht mehr im gleichen Maße wie bisher das Bedürfnis, mit den Kameraden aus Schönstatt zusammenzusein. Josef arbeitete zäh weiter. Zwischendurch versuchte er wieder einmal eine größere Zusammenkunft abzuhalten. „Letzten Sonntag", so erzählt er in einem Brief, „hatte ich durch List und Zufall mehrere Sodalen zusammengebracht. Da schlechtes Wetter war, konnten wir keinen Spaziergang machen. So gingen wir auf die Stube." Die Versammlung brachte, wenigstens nach Josefs Meinung, einen recht dürftigen Ertrag. Man las zunächst die eingegangenen Briefe aus Schönstatt und von den übrigen Mitsodalen vor. Dann wußten sie sich nichts Geistreiches mehr zu sagen und spielten Karten. Als endlich nach viel mühsamer Arbeit sich da und dort doch Ansätze zeigten zu einer lebendigen Gruppenbildung, kam die Störung von einer anderen Seite. Mehrere wurden zu Spezialkursen abkommandiert und dadurch aus den werdenden Gruppen wieder herausgerissen. Das Ziel, die Mitsodalen des Jahrgangs 98 in einer geschlossenen Abteilung zu sammeln und unter ihnen ein triebkräftiges Gruppenleben zustandezubringen, lag mehr denn je in weiter Ferne.

Nach all diesen Fehlschlägen wollte Josef doch der Mut sinken. War es nicht ein ganz nutzloses Abmühen um ein unerreichbares Ziel? Hatte er nicht genug getan, wenn er selber die Strapazen des Dienstes in Geduld ertrug und für das Gnadenkapital aufopferte; wenn er gegen den Stimmungswechsel, gegen den Mißmut und gegen die Trockenheit ankämpfte; wenn er überhaupt sein Streben um Heiligkeit hochhielt? Sollte er nicht abwarten, bis bessere Lebensverhältnisse kämen, unter denen sich mit mehr Erfolg an dem Zusammenschluß der Mitsodalen arbeiten ließ? Wäre es nicht die Zeit gewesen, in der gerade die Liebe zur Gottesmutter wieder in seiner Seele in wachsendem Maße lebendig wurde, die Anwandlungen zur Mutlosigkeit hätten gewiß den Sieg davon getragen. Je strahlender aber sich ihm das Bild der Gottesmutter enthüllte, desto stärker wirkte auch wieder die Anziehungskraft seines Persönlichen Ideals: Allen alles werden, Maria ganz zu eigen sein! Das Vertrauen auf ihre Hilfe gab ihm Kraft, auch in dieser kritischen Stunde standzuhalten.

Eine Hilfe war es auch, daß die Sodalen immer wieder einmal nach Marienthal zur Gottesmutter gehen konnten. Josef war im ganzen nur dreimal dort. Nachdem er im Dezember wegen schlechten Grüßens keinen Ausgang bekommen hatte, war es endlich am 4. Februar soweit. Der erste Weg führte in die große Wallfahrtsbasilika von Marienthal. Als sie dann noch in der Karmelitenkapelle ihre Sodalengebete verichtet und die Weiheerneuerung vollzogen hatten, fühlte er sich „so recht als Kind der Mutter, als Sodale", wie er in seinem Tagebuch vermerkte. Die nächste Wallfahrt am 9. April war von dem Leid überschattet, daß eine ganze Reihe Sodalen einfach nicht mitgehen mochte.

Ein neuer Strahl der Hoffnung ging ihm auf, als der Mai kam. Für sich selber hatte er die Parole ausgerufen, daß die fertige lebensfähige Organisation der 98er das Maigeschenk an die Gottesmutter werden müsse. Und was er schon fast nicht mehr für möglich gehalten, das geschah: Der bevorstehende Mai brachte die matten Geister in Bewegung. Die Erinnerung an die vergangenen schönen Tage des Maimonats in Schönstatt mochten den alten Eifer im Dienste der himmlischen Königin wieder wachgerufen haben. Am 29. April kam eine allgemeine Versammlung zustande, die mit einem befriedigenden Ergebnis abschloß. Noch am gleichen Tag berichtete Josef voll sichtlicher Freude nach Schönstatt:

„Der nahende Mai hat uns endlich aus dem Schlafe aufgerüttelt und uns an unsere feierliche Hingabe an die Mutter erinnert. Wir haben uns zu gegenseitiger Förderung zusammengeschlossen und wollen in Briefverkehr mit den anderen Soldatensodalen treten. Jeder von uns muß etwas zu tun haben. Das haben wir in der heutigen Versammlung geregelt. Für den Mai wurden folgende Vorschläge gemacht und angenommen:

1. die täglichen Gebete andächtiger verrichten
2. vor jedem Werke die besondere Meinung machen: Mutter, alles für Dich
3. täglich eine Besuchung des Allerheiligsten machen
4. jeden Sonntag die Sakramente empfangen
5. am ersten und letzten Sonntag eine Wallfahrt nach Marienthal machen
6. etwas für die Kongregationskasse tun
7. das Partikularexamen besser halten oder anfangen, es zu halten.

Nächsten Sonntag wollen wir darüber eine gemeinsame Gewissenerforschung anstellen und die Erfahrungen austauschen. Außerdem wollen wir der Mutter Maienblüten winden, wie es sonst in Schönstatt noch stets gehalten wurde."

Was aus diesen Vorsätzen wurde? Der neuerwachte Eifer unter den Sodalen war kein Strohfeuer. Aber die Durchführung litt unter der Tatsache, daß gerade in diesem Mai viele von ihnen Urlaub bekamen; auch Josef fuhr am 2. Mai gegen Mittag in Hagenau weg. Noch kam am Sonntag, dem 20. Mai, eine Wallfahrt nach Marienthal zustande. Die Sodalen wollten bei dieser Gelegenheit das Fest „Maria, Königin der Apostel“ nachholen. Wiederum hielten sie in der Kapelle der Karmeliterinnen ihre Marienfeier und erneuerten ihre Sodalenweihe. „Den Schwestern“, so schrieb er am folgenden Tag, „hat der Gesang so gut gefallen, daß uns die Oberin drei Mark schenkte zu einigen Glas Bier und ein Andenken. Sie lud uns ein, öfter in die Kapelle zu kommen. Die drei Mark wird gelegentlich der Herr Kassierer erhalten.“ In Josefs Denken und Bestreben stand stets die Kongregation im Vordergrund, der also auch dieses Geld zugute kommen sollte. Nach der Andacht machten sie es sich in einer Wirtschaft in der Nähe der Basilika gemütlich. Doch mußten sie zu ihrer Beschämung feststellen, daß es zu keinen geistig anregenden Gesprächen mehr kam.
Josef hatte sich im April vorgenommen, daß bis zum 15. Mai die Organisation ihrer Gruppen stehen sollte. Er sah seine Hoffnung nicht erfüllt. Aus den Erfahrungen, die er in der Schule der Kongregation in Schönstatt gesammelt hatte, schwebte ihm eben ein sehr konkretes Ziel vor Augen. Erst dann sah er das Ringen um die gemeinsamen Ideale einigermaßen als gesichert an, wenn sich alle in kleinen, lebensfähigen Gruppen zusammengefunden hätten. In diesen Gruppen müßte dann eine stille erzieherische Kleinarbeit von Seele zu Seele einsetzen. An dem gesteckten Ziel hielt er unbeugsam fest, trotz aller bisherigen Mißerfolge. Das freilich mußten ihm die Erfahrungen der letzten Zeit sagen: ein solches Ziel ließ sich nicht mit einem Schlag und nicht mit der ganzen Gemeinschaft auf einmal erreichen. Diese Hoffnung, die er bis heute immer noch gehegt, gab er nun auf. Er beschritt einen anderen Weg. Er selbst wollte einfach eine Gruppe mit aktiven Mitarbeitern um sich scharen und mit ihnen kurzerhand ein rechtes Gruppenleben aufbauen. Aber trotz der fast halbjährigen Anstregungen blieb Josefs Plan, die 98er zu einer lebensfähigen Organisation zusammenzuschließen, unerfüllt. Seiner zähen, rastlosen Arbeit war aber doch ein großer Erfolg beschieden: Wenn die Mitsodalen fast ein halbes dutzendmal zu größerern Versammlungen oder Wallfahrten sich zusammenfanden, wenn die Berufsfreude und der Sodalengeist unter ihnen erhalten blieb, dann hat Josefs unablässiges und selbstloses Ringen um die Gruppenbildung daran einen namhaften Anteil gehabt.

Obwoh Josef schon lange gehofft hatte, endlich einmal aus Hagenau herauszukommen, gab es am 24. Mai wieder eine Umgruppierung. Er wurde in die 2. Kompanie versetzt und mußte die Kaserne wechseln. Diese äußere Veränderung berührte ihn aber wenig. Er setzte die Bemühungen um die Gruppenbildung fort. In seinem inneren Streben wollte er gerade die drei letzten Tage des Maimonats besonders heiligen: „Alle Befehle, jede Anordnung sei mir Deinetwegen heilig, lieb Mütterlein!" Er konnte am 29. Mai unter diesen Vorsatz schreiben: „Gut ausgeführt." Was Josef aber nach Lage der Dinge jetzt nicht so schnell erwartet hatte, trat dennoch ein: Für den 6. Juni kam endlich der ersehnte Marschbefehl!

AUF DEN KRIEGSSCHAUPLÄTZEN DES OSTENS

Im Rekrutenlager Jablonna

Anfangs Juni 1917 herrschte in der Kaserne zu Hagenau ein geschäftiges Treiben. In den nächsten Tagen sollten die Rekruten ausrücken an die Front. Da mußten sie von oben bis unten feldmarschmäßig ausgerüstet werden. Auf der Bekleidungskammer wurden den ganzen Tag Uniformen verpaßt und alle notwendigen Einzelteile für die Ausrüstung des Frontsoldaten ausgegeben. Da häufte sich vor jedem ein ganzer Berg von Uniformstücken: Leibwäsche, Waffenrock, Hose, Stiefel, Schnürschuhe, Halsbinden, Feldmütze, Stahlhelm, Koppel, Brotbeutel, Patronentasche, Gasmaske, Tornister, Wolldecken, Zeltbahn, Zeltstöcke, Spaten, Gewehr, Seitengewehr, Feldflasche, Trinkbecher usw. Wenn der Rekrut endlich seine Habseligkeiten beieinander hatte und sie in der Zeltbahn eingepackt davontrug, kam er sich vor wie ein kleiner Möbelwagen. Zuvor machte ihm noch der Kammerunteroffizier klar, daß er jetzt 500 Mark mehr wert sei. Auf der Stube standen einige zusammen und musterten sich gegenseitig in den neuen Uniformen.

„Steht dir gut", sagte einer zu seinem Gegenüber, „bist fix und fertig für den Heldentod."

„Auf alle Fälle bin ich froh", entgegnete der andere, „daß wir die schäbigen blauen ‚Brocken' los sind. Die waren ja faul und brüchig wie Spinngewebe. Hier drückt der Feldwebel nicht seinen Daumen in die Nähte und reißt einem von oben bis unten einen Schlitz hinein, daß man den ganzen Nachmittag daran herumnähen muß.

„Es wird wohl unser Totenkleid sein, was wir jetzt anziehen", fuhr ein dritter etwas melancholisch fort, „und die Zeltbahn da ist vielleicht mein Leichentuch."

An der neuen Feldausrüstung sollten die Rekruten noch recht gemischte Gefühle erleben; denn nun folgte ein Apell auf den anderen. Zumal das Lederzeug machte viel zu schaffen. Es mußte eingefettet und solange gewienert werden, daß es selbst nach einem Regen noch weich und biegsam blieb. Und dann schien es so, als sollte in den letzten Tagen vor dem Ausrücken noch einmal das ganze ABC des Rekrutenlebens wiederholt werden. Die ausbildenden Unteroffiziere zeigten sich alle sehr nervös. Zu verwundern war das nicht. Jetzt sollten die

Rekruten bald den Regimentern an der Front zugeteilt werden. Da würde man genau prüfen, ob der neue Ersatz auch etwas tauge. Jedenfalls sollte niemand sagen können, sie wären in schlechten Händen gewesen und hätten nichts gelernt. Vielleicht war es nicht einmal Ehrgeiz, der die Unteroffiziere bei diesem Gedanken so kitztelte. Wenn man den Nachweis erbrächte, daß das auszubildende Personal seiner Aufgabe nicht gewachsen wäre, müßten sie die Kaserne bald mit der Front vertauschen. Darum tat man gut daran, vor dem Ausrücken die ganze Ausbildung noch einmal durchzugehen. Und da fanden sie natürlich überall noch etwas auszusetzen. Den Rekruten aber wurden die Tage sehr ungemütlich. Warum sollten sie jetzt noch einmal das von neuem anfangen, was ihnen doch längst bis zum Halse stand? Das schien ihnen eine ganz unnötige Schikane zu sein. Und dazu noch die gereizten, ständig nörgelnden Unteroffiziere. Warum sollte ihnen denn der Rest des Hagenauer Aufenthaltes so vergällt werden? Man schimpfte und fluchte über diese Verrücktheit und wünschte die ganze Kaserne auf den „Blocksberg". Sogar noch Strafübungen wurden verhängt. Das war wirklich zu stark. Als ob die Unteroffiziere noch im letzten Augenblick aus ihnen preisgekrönte Mustersoldaten machen wollten!

Josef empfand die Lage ähnlich wie seine Kameraden. Das Tun der Unteroffiziere kam ihm kleinlich vor und ärgerte ihn. Gelegentlich ließ er sich von dem allgemeinen Unmut mitreißen und schimpfte mit. Dann riß er sich wieder zusammen und biß auf die Zähne.

Doch die allgemeine Mißstimmung schlug am letzten Tag überall ins Gegenteil um. Es wurde ein übermütiger Abschied gefeiert und der ausgestandene Ärger im Alkohol ersäuft. Das taten manche so gründlich, daß sie noch auf dem Transport „beschwipst" waren.

Am Morgen des 6. Juni, als die andern noch schliefen, stand Josef früh auf, um noch an P. Spiritual zu schreiben:

„Bin eben nach vierstündigem Schlaf aufgestanden und will Ew. Hochwürden noch schnell einige Zeilen schreiben. So eine Wut – so kann man es wohl nennen – wie Montag vormittag und besonders gestern habe ich noch nie auf die Preußen gehabt. Wollte schon diesen Mißmut und die Unzufriedenheit über die Vorgesetzten usw. ins Partikularexamen nehmen, glaubte aber, daß es auf dem Transport nicht viel Gelegenheit zum Murren geben würde. Hätte es aber dennoch tun sollen. Das wäre ein wirkliches Pratikularexamen gewesen, das Überwindungen gekostet hätte. Will jetzt die Fehler der Kameraden geduldig ertragen. Zum großen Teil werden diese Fehler wohl an meiner

Reizbarkeit liegen. Schicke Ew. Hochwürden gleichzeitig die Maienblüten und das Verzeichnis des Partikularexamens. Bringen Ew. Hochwürden beides dem lieben Mütterlein im Kapellchen dar. Ich vertraue auf ihren Schutz, selbst in geringfügigen Sachen. Sie hat stets geholfen. Können heute noch kommunizieren. Jetzt antreten! Ade! Auf Wiedersehn!"

Der Feldwebel gab die Fahrtordnung bekannt. U. a. erließ er das strenge Verbot, sich während der Bahnfahrt auf die Trittbretter des Wagens zu setzen. Der diensttuende Unteroffizier habe zu kontrollieren, ob der Befehl ausgeführt werde. Dann ging es mit klingendem Spiel zum Bahnhof. An die Gewehrspitzen hatte man Blumen gebunden. „In der Heimat, in der Heimat, da gibt's ein Wiedersehn . . .", sangen zweihundert junge Kehlen durch die Straßen der Garnisonstadt. Auch Josef befand sich in angeregter Stimmung. Allerdings hatte er dazu weder den Galgenhumor der Kameraden noch den Alkohol benötigt. Es war ihm und seinen Mitsodalen tatsächlich geglückt, heute noch einmal zu kommunizieren. So groß war seine Freude, daß sie noch lange nachwirkte. An Karl Burg schrieb er zehn Tage später, er sei heute noch ganz glücklich darüber, daß er damals zur heiligen Kommunion gehen konnte. Nun würde die Gelegenheit dazu doch wohl immer seltener werden. Auch am letzten Sonntag sei ihm der Besuch der heiligen Messe unmöglich gewesen.
Der Transport ging an die Ostfront. Über Landau in der Pfalz nahm er seinen Weg quer durch Deutschland auf Warschau zu. Draußen blühte Gottes schöne Natur in schmuckem Frühlingskleid, und durch die Wagenfenster leuchtete die warme Frühlingssonne. Umso ungemütlicher wurde es da drinnen in dem engen Raum, wo so viele Menschen mit ihrem umfangreichen Gepäck sich verstauen mußten. Die schönsten Sitzplätze waren ganz ohne Frage die Trittbretter. Erstens, weil man im sonnenwarmen, luftigen Frühlingswetter saß. Zweitens, weil das Verbot bestand, sich dort aufzuhalten. Darum waren sie auch stets bevölkert. Einige hatten die Augen aufzuhalten und vor dem Unteroffizier vom Dienst rechtzeitig zu warnen. Der hinwiederum besaß den brennenden Eifer, die Übertreter des Gesetzes zu erwischen. Gesehen hat er keinen, dafür wurde gesorgt. Und wenn er ausfragte, bekam er immer ganz eindeutige Antworten. Jetzt stand er in Josefs Wagen.
„Hat hier jemand auf dem Trittbrett gesessen, Musketier Müller?"
„Nein, Herr Unteroffizier."
„Musketier Schmitz?" – „Nein, Herr Unteroffizier."

„Musketier Engling?" – „Nein, Herr Unteroffizier", kam es etwas gepreßt heraus.
Der Unteroffizier ging weiter. Die Kameraden lachten ihm nach. Josef aber saß ganz versonnen in einer Ecke. Mit seiner aufgeräumten Stimmung war es vorbei. Eine Lüge!
Die Fahrt endete am 8. Juni bei Jablonna, unweit Warschau. Es hieß, man käme in eine ehemalige russische Kaserne. Da beschlich die Gemüter eine recht merkwürdige Vorahnung. Als sie an Ort und Stelle waren, gab es lange Gesichter. Diese elenden Baracken sollten eine Kaserne sein? „Zugig und unsauber", lautete das Urteil des ersten Eindrucks. Das Schlimmste aber erfuhren sie erst in der Nacht. Da krochen Wanzen, Flöhe und Läuse hervor; denn sie hatten frisches Menschenblut gerochen.
Rekrutenlager sind keine Erholungsheime. Da sollte dem Soldaten der letzte Schliff und die nötige Form für den Felddienst gegeben werden. Jablonna machte von dieser Regel keine Ausnahme. Die Rekruten hatten bislang gemeint, in Hagenau sei der Dienst manchmal recht hart gewesen. Was sie aber hier im Rekrutenlager erlebten, das stellte alles bisher Dagewesene weit in Schatten. Seinem Unteroffizier konnte Josef nicht nachsagen, er sei ein mutwilliger Menschenschinder. Aber er stellte schier unerfüllbare Forderungen. Dabei schaute er meist finster drein und besaß ein recht unfreundliches Wesen. Besser war es schon mit dem Zugführer bestellt. Josef hatte das Gefühl, als habe er in ihm das Muster eines militärischen Vorgesetzten vor sich. Was der aus einem herausholen konnte an körperlichen Leistungen, das war unglaublich. Er wußte aber auch mit seinen Leuten umzugehen. Sein Dienst war nicht geistloser Drill, sondern wirklich vernünftige Ausbildung. Und dazu besaß der Zugführer einen tadellosen Charakter.
Mit seinen fünf Stubenkameraden hatte es Josef ebenfalls ganz gut getroffen. Von den Schönstätter Mitsodalen befand sich diesmal keiner in seiner unmittelbaren Nähe. Alle seine Stubengefährten bekannten sich als getaufte Protestanten. Da saßen sie am Abend oft beieinander und waren natürlich bald beim Thema Religion. Zwei gaben vor, sie glaubten überhaupt nichts mehr. Mit den Pfaffenmärchen seien sie längst fertig. Josef fragte nach dem Grund ihres Unglaubens. Der eine meinte, er brauche keinen Grund. Es gäbe keinen Gott und damit sei für ihn die Frage erledigt. Josef wollte es scheinen, als rede er sich das nur gewaltsam ein, weil er den strafenden Gott fürchtete. Der andere konnte nicht verstehen, warum soviel Unrecht auf Erden möglich sei, wenn es einen gerechten Gott gäbe. Und dann hätte doch auch ein Gott, der ein

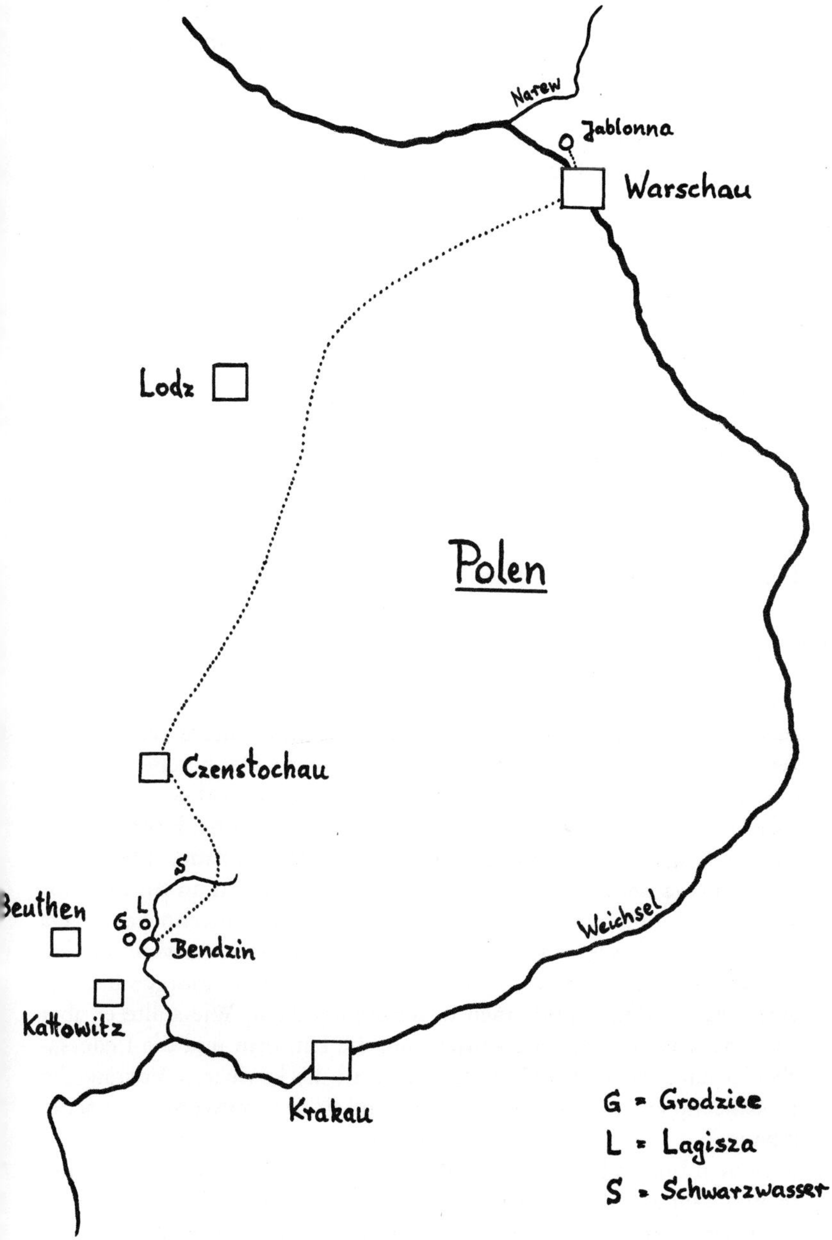
Narew
Jablonna
Warschau
Lodz
Polen
Czenstochau
S
Beuthen
L
G
Bendzin
Kattowitz
Weichsel
Krakau
G = Grodziec
L = Lagisza
S = Schwarzwasser

gütiger Gott der Menschen sein wolle, nicht den schrecklichen Krieg zulassen dürfen. Ein Dritter unter seinen Stubengefährten war gläubiger Gymnasiast. Er unterstützte Josef, wenn er sich bemühte, seinen Kameraden einen vernünftigen Begriff vom Gottesglauben und von Religion beizubringen. Sie wurden mit der Zeit sogar recht gute Freunde. In diesen Tagen schrieb Josef nach Schönstatt, man möchte ihm ein geeignetes apologetisches Buch schicken. Für die Unterhaltungen über das Thema „Religion" sei es ihm sehr nützlich.

Kraftproben

Den ungewöhnlich harten Dienst im Rekrutenlager hätte man noch ertragen können, wenn nicht eine entsetzliche Hungerplage dazugekommen wäre. In Hagenau waren sie gewiß nicht verwöhnt worden. Aber was ihnen hier vorgesetzt wurde, war wirklich magere Kost und dazu noch sehr knapp bemessen. Kein Wunder, daß die Gesichter der Kameraden bald recht fahl aussahen und die Stimmung sich mit jedem Tag verschlechterte. Die einen zeigten sich äußerst gereizt und unausstehlich; die andern schienen ganz stumpfsinnig geworden zu sein und jede Lebenslust verloren zu haben.

Josef bekam den Hunger nicht minder zu spüren wie seine Kameraden. Da hatte er eines Tages wieder einmal fein säuberlich sein Kochgeschirr ausgekratzt. Von dem kargen Mahl durfte wirklich nichts verloren gehen. Jetzt merkte er aber erst, wie hungrig er war. Das bescheidene Essen schien so richtig das Hungergefühl gereizt zu haben. Er lenkte seine Schritte hinüber zum Soldatenheim, in die Kantine. Dort war fast alles zu haben, was ein hungriger Magen vertragen kann. Aber diese Preise! Ganz unerschwinglich hoch waren sie. Ein Pfund Butter z. B. kostete RM 5,60. Das war fast die volle Löhnung von zehn Tagen. Da würde er ja mit seiner ganzen Barschaft pleite machen, wenn er sich hier auch nur ein einziges Mal satt essen wollte. Und morgen hätte er einen leeren Magen und einen leeren Beutel dazu. Wie sollte er aber dann das nötige Putzzeug kaufen, um die Uniform und die Ledersachen instand zu halten? Da streifte er all die kostbaren Vorräte der Kantine mit einem begehrlichen Blick und trottete mißvergnügt wieder hinaus.

In seinem Innern begann es zu gären. Ging es hier überhaupt noch mit rechten Dingen zu? In der Kantine konnte man alles haben, nur zu unerhörten Preisen. Warum wurden denn die Lebensmittel nicht alle von der Militärverwaltung erfaßt anstatt von den privaten Kantinenbesitzern? Saßen da nicht Kriegsgewinnler und Schieber dahinter, die aus dem Krieg ein Bombengeschäft machten auf Kosten des einfachen Soldaten? Wie oft hieß es unter den Kameraden, der ganze Krieg sei überhaupt ein Schwindel. Sein verletztes Rechtsgefühl begehrte heftig gegen diese Zustände auf und erregte im Herzen einen finsteren Groll.

An der Essenausgabe stand eine lange Schlange von Soldaten. Es werde heute Kunsthonig ausgegeben. Jeder bekomme ein halbes Pfund-Paket, hieß es. Josef schloß sich an. Es dauerte fast eine Stunde, bis er an die Reihe kam. Die ,,Küchenbullen" machten entsetzlich langsam bei der Kontrolle. Als er abzog, bemerkte er einige seiner Kameraden, die sich zum zweitenmal eingereiht hatten. Es gab so mancherlei Kniffe, der gestrengen Kontrolle zu entgehen. Sollte er nicht dasselbe tun und ein zweites Paket zu erwischen suchen? Es quälte ihn der Hunger; da helfe, was helfen mag. Aber wäre das nicht Betrug gewesen an der Militärverwaltung? Ein zweites Paket stand ihm doch garnicht zu. Betrug? Wer wird denn eigentlich hier betrogen? Er dachte mit einem Gefühl der Bitterkeit an die Kriegsgewinnler in der Kantine und stellte sich kurz entschlossen in die Reihe.

Wieder ging eine lange Wartezeit drauf. Jetzt war nur noch ein halbes Dutzend vor ihm. Einem der beiden Köche, die mit der Ausgabe beschäftigt waren, oblag die Kontrolle. Er schrieb die Namen der Empfänger in eine Liste ein. Da hielt er plötzlich inne und musterte den vor ihm stehenden Soldaten mit einem scharfen Blick. ,,Zeige mir deine Erkennungsmarke", sagte er schroff. Der Soldat erbleichte und fing an zu stottern. Der Koch packte ihn an der Brust und zerrte die Marke heraus. ,,Einen falschen Namen hast du angegeben, du Lump, du bist schon einmal hier gewesen. Das gibt eine Meldung an die Kompanie, und du wanderst drei Tage zu Vater Philipp' (Mittelarrest). Einige der Rückwärtsstehenden, die den Zwischenfall beobachteten, brachen aus der Reihe aus und drückten sich um die Ecke. Es dauere ihnen heute zu lange, sagten sie. Nachher kämen sie wieder. Josef überlief es eiskalt. Jetzt war auch er an der Reihe. Er nannte seinen richtigen Namen. Wenn nun der Küchenchef ein paar Seiten zurückblätterte und dort seinen Namen bereits vermerkt sah? Er tat es aber nicht und ließ Josef ein Paket aushändigen. Da hielt er also die mühsam ergatterte Beute in Händen. Aber wie heiße Kohlen brannte sie ihm in den Fingern. War es nicht gestohlenes Gut? Die Kameraden hätten ihn ausgelacht, wenn er ihnen seine Gewissensnot gestanden hätte. Da kam gerade der Nikolaus Gilgenbach vorbei, ein biederer Sohn der Eifel. ,,Hier, Kamerad", sagte Josef zu ihm, „hast du ein Paket Kunsthonig.“ Der ließ sich das Angebot nicht zweimal machen und zog mit dem wertvollen Besitz vergnügt von dannen. „Ja, ja, der Engling“, dachte er, „ist immer noch ein guter Kamerad gewesen. Jetzt ‚besorgt‘ er den andern sogar Kunsthonig.“

In Josefs Seele wollte sich wieder Mißmut und Verbitterung regen. Fast ging es ihm so wie einst Karl Burg, als ihm dieser schrieb, er habe den ganzen „Krempel“ satt. Ja, wenn er jetzt nicht die Gottesmutter gehabt hätte.

„Mütterchen“, schrieb er am 16. 6. ins Tagebuch, „wenn ich nicht an Dir eine Stütze hätte, so müßte ich heute ganz niedergeschlagen oder ungeduldig sein. Heute, während die anderen frei hatten, Wachdienst, morgen Wache, Riesenhunger, Hoffnung auf Post zu Wasser, harte Worte der Kameraden. Doch die Liebe zu Dir ließ es mich einigermaßen ertragen. Ich will ja ein Heiliger, ein hl. Ordensmann werden! Muß ich da diese Kleinigkeiten nicht geduldig, ja heiter ertragen können?“

Der Gedanke an die Gottesmutter gab ihm auch wieder Mut, den Kampf aufzunehmen. Zuerst natürlich im Partikularexamen. „Ich will nicht ungeduldig werden über Dienst, Befehle und Anordnungen, nicht murren und schimpfen über Vorgesetzte, selbst bei ungerechter Behandlung und jeden Befehl gerne ausführen.“ So, das würde eine rechte Kraftprobe werden in den jetzigen Verhältnissen. Sie glückte nicht auf den ersten Hieb. Bei der täglichen schriftlichen Rechenschaft mußte er manchmal noch ein Minuszeichen machen. Da zog er seine geistliche Tagesordnung zu Hilfe. Die vorgenommenen religiösen Übungen waren bislang alle gut durchgeführt worden, auch die tägliche schriftliche Kontrolle darüber. Um über die jetzige schwere Lage Herr zu werden, mußte aber das Gebetsleben gesteigert werden. Er nahm sich vor, in den Tageslauf kleine religiöse Besinnungspausen einzubauen. Alle ein bis zwei Stunden wollte er bei sich selber eine stille, besinnliche Einkehr halten, die gute Meinung erwecken und alles für das „Gnadenkapital“ der Gottesmutter aufopfern. Mitten in dem auf- und abwogenden Kampf hielt er seine übliche Geisteserneuerung und Gewissensrechenschaft. Ohne Rücksicht auf die schweren äußeren Verhältnisse maß er sich mit strengen Maßstäben und schrieb an P. Spiritual:

„Es ist eben ein Uhr durch, und ich sitze barfuß in Hemd und Hose ganz allein am Tisch. Bis jetzt habe ich geschlafen, mußte aber um ein Uhr zum Kammerunteroffizier, und da ich einmal auf bin, will ich den amtlichen Bericht über mein Innenleben aufsetzen. Gestern, außer der Mittagszeit, in der ich drei Stunden schlief, und vorgestern hatte ich keine Zeit; am Sonntag schrieb ich an andere sechzehn Seiten. In den drei letzten Tagen ist mir so recht zum Bewußtsein gekommen, was Selbstverleugnung heißt. Ich hatte am Samstag in den ‚Marianischen Konferenzen' gerade über P. Rem in seiner ersten Probezeit gelesen, in der er infolge der Vergeßlichkeit eines Mitbruders drei Tage ohne Speise und Trank blieb, und kein Wort der Klage über seine Lippen kam. Dieses Bild stand mir in den drei schweren Tagen oft vor der Seele und zeigte mir meinen Hochmut und meine Selbstsucht. Schon am Samstag gings los. Gerade ich wurde zur Wache eingeteilt, mußte zwei Stunden Wachdienst machen, während die anderen frei hatten. Da fing es schon an, in meinem Innern zu bohren. Am Sonntag um ein Uhr begann eine Woche, wie ich noch keine mitgemacht hatte. Der Unteroffizier hatte jeden Augenblick etwas zu schimpfen und zu knurren. Ich schimpfte einigemale hinter seinem Rücken. Am Montag waren wir von Wache gekommen, müde und kaputt und hatten kaum gegessen, da hieß es schon: Fertig machen zum Schießen. Als der Tornister gepackt war, aus Ärger nicht vorschriftsmäßig, gings los in brennender Hitze. – Heute ein Uhr sollen im Schatten dreiunddreißig Grad Celsius gewesen sein. – Da trat eine Versuchung nach der andern an mich heran. ‚Laß dich ganz fahren. Gib das Streben nach Selbstheiligung auf. Es genügt, wenn du als gewöhnlicher Christ lebst und nicht schwer sündigst. Schwindle, wo es dir Vorteile bringt usw.' Es war ein schwerer Kampf. Erst der Gedanke an das liebe Mütterlein gab mir Kraft, mich aus diesen Versuchungen, denen ich mich schon ganz hingegeben hatte, aufzuraffen. Und selbst beim Gedanken an die liebe Mutter ging es nicht mit einemmal. Viel trug auch ein Brief von W. dazu bei, den Sieg für einige Zeit zu entscheiden. Auf dem Schießstande angelangt, ging das Schießen los mit Gasmasken; ich schoß alles vorbei und mußte bis zum Schluß dableiben.

Ich ergab mich willenlos in mein Schicksal und legte mich stumpfsinnig auf den Boden hin. Zu Hause angelangt, wurde Kaffee getrunken – das Brot hatte ich auf Wache aufgegessen –, dann mußten wir unsere Feldgarnitur abgeben. Es war neun Uhr, als das beendet war. Dann kamen noch andere auf unsere Stube und kochten. Es war eine Hitze und ein Spektakel, nicht zum Aushalten. Gern hätte ich Euer Hochwürden wenigstens da einige Zeilen geschrieben. Sie hätten Ihnen mehr gesagt, als dieser lange Brief. Aber es ging nicht. Auch auf Post hatte ich vergebens gewartet. Stumpfsinnig, wohl mit etwas gutem Willen, schlief ich

ein, nachdem ich die gewöhnlichen Gebete verrichtet hatte. Der nächste Tag war nicht viel besser. Der ganze Zug wurde hergenommen. Abends mußte ich Garten gießen. Neuneinviertel Uhr wurden wir erst fertig. Dennoch faßte ich den Entschluß, alles in heldenmütigem Opfergeist zur Selbstheiligung zu benützen. Es ist das eine schöne Schule für das Ordensleben. Ich will! Maria wird mir helfen. Sie hat schon oft mein Vertrauen belohnt. In kleinen Sachen habe ich auf sie vertraut und fiel dann nicht auf. Noch etwas: Auf Wache grüßte ich einen Leutnant nicht, weil ich ihn nicht erkannte, und er fuhr mich an. Der Unteroffizier hörte es, schrieb mich auf und sagte, daß er mich dem Feldwebel melden werde. Da kam mir der Gedanke, den Unteroffizier zu bitten, es nicht zu tun. Doch mein Stolz ließ es nicht zu. Lieber einmal nachexerzieren, als diesen Unteroffizier bitten und ihm vielleicht noch einen Spaß machen. Nein! Ach, wie unvollkommen und selbstsüchtig bin ich noch.
Auch gegen die Kameraden war ich nicht so zuvorkommend wie früher, weil man kein bißchen Anerkennung oder Entgegenkommen findet. Nein, Zank und Streit gibts. Sie beschwindeln einen, wenn sie's können, und nachher verlangen sie wieder einen Gefallen über den andern. Ich bin jetzt direkt ungefällig und geizig, ich kann mich und will mich zu nichts anderem aufschwingen. Ist es auch nicht unrecht, vollkommen ist es auf keinen Fall.
Den Partikularexamen-Vorsatz dieser Woche habe ich ziemlich gut ausgeführt. Der Vorsatz war aber nicht genau genug gefaßt, und ich konnte ihn deshalb nicht gut verzeichnen.
Infolge des Adressenwechsels ist der Briefverkehr mit K. unterbrochen, habe schon lange keine Nachricht von ihm erhalten. Auch B. hat sich noch nicht gemeldet. Mit den Mitsodalen bin ich in letzter Zeit wenig zusammengekommen. Geistig gefördert haben wir einander nicht; ich wenigstens habe nichts dazu getan. Empfehlen mich Euer Hochwürden besonders unserer Mater ter admirabilis; ich hab's nötig . . . Sobald Euer Hochwürden es für nötig halten, können Sie stets als Beichtvater schreiben . . ."
Wie so oft in früheren Tagen war es auch diesmal wieder der Aufblick zur Gottesmutter, der in jener kritischen Lage die entscheidende Wendung brachte. Einem vertrauten Mitsodalen gesteht er:
„Habe hier schon schwere Tage erlebt, schwerere als in der Garnison. Doch es läßt sich alles ertragen. Leicht wird alles, wenn man an die Mater ter admirabilis, ans liebe Mütterlein denkt. Das habe ich in den drei schweren Tagen zu Anfang dieser Woche erfahren. Alles wurde mir zu

schwer. Ich schimpfte und murrte mit den andern. Da auf einmal dachte ich an die himmlische Mutter, an ihre Güte und Liebe, an die Mitsodalen und das Gnadenkapital, und ich ertrug zufrieden das Schwere."

In seinem Tagebuch vermerkte er:

„Mütterlein, kann heute wieder keiner Messe beiwohnen. Meinen guten Willen hast du ja gesehen. Die wöchentliche Erforschung habe ich eben gehalten. Mache für nächste Woche wieder das Gelübde der heiligen Reinheit. Möge es Dir wohlgefällig sein. Habe jetzt den festesten Willen, energisch an der Selbstheiligung zu arbeiten. Gib mir, lieb Mütterchen Ausdauer und Erfolg. Im übrigen geschehe alles ganz nach deinem Willen. Dreimal Wunderbare, segne mich!"

„Habe mich jetzt schon an alles hier, auch ans knappe Essen gewöhnt," berichtet er den Eltern, „und meine alte Lustigkeit wiedererlangt . . . Vormittags hatten wir Besichtigung durch den General. Er drückte sich befriedigend aus. In zwei Wochen ist Hauptbesichtigung."

Wenn sich Josef unter seinen Kameraden umsah, merkte er mancherlei aufkommende Verbitterung. Viele fingen an zu zweifeln, ob man überhaupt für eine gerechte Sache kämpfe, wenn es im Kriege so viel Ungerechtigkeit und unwürdige Behandlung gäbe. Manche verwünschten überhaupt den ganzen Soldatenstand. Gerade kam ihm ein Brieflein zugeflogen von einem ehemaligen Klassenkameraden, der etwas ganz Ähnliches meinte.

„Unser Hauptmann", so hieß es da, „sagte neulich bei einer kleinen Standespredigt, die er uns bei jedem Appell hält, einen schöneren Beruf als den des Soldaten gebe es nicht. Der arme Mann denkt das, ich bin aber entschieden anderer Meinung." Und dann ereiferte sich der Briefschreiber darüber, daß man sie doch zu reinsten „Spielsoldaten" herabwürdige. Das beweise dieser „Gewohnheitsdrill, dieser Parademarsch und Präsentiergriff". Die seien doch ganz unnötig und hätten nichts mehr mit der Verteidigung des Vaterlandes zu tun. Überhaupt passe der Soldatenberuf nur für gewisse „rauhe Naturen".

Josef dachte nach. Hatte der Wilhelm, der so schrieb, und mit ihm so manche Kameraden wirklich recht? Gab es tatsächlich nicht Unmenschen unter den Vorgesetzten, die ihre Befehlsgewalt gröblich mißbrauchten? Das war gewiß schweres Unrecht. Daß so manchen Kameraden deshalb ein grimmiger Unmut packte, konnte er gut nachfühlen. Noch letzte Woche hatte er es beim Wachdienst mit einem Unteroffizier zu tun, der auch unter diese elenden Kreaturen gehörte. Aber durfte man deshalb den Soldatenstand verwerfen und der Diziplin oder dem Dienst jeglichen Sinn absprechen? Nein, nein, hier mußte man bei allem Ärger ein fachliches Urteil bewahren und gerecht nach beiden Seiten abwägen. Bald darauf hielt Wilhelm folgende Antwort in Händen:

„Ich habe hier gestern den ersten Dienst mitgemacht. Vorher war ich sechs Tage auf Wache. – Doch da wurden wir wie Tiere behandelt. Die Hälfte des Dienstes bestand aus Hinlegen, Kriechen, Sprung auf, Marsch, Marsch! Zurück! Marsch, Marsch! Weil so ein verrohter Menschenschinder, um nicht zu sagen . . .hund, seine Freude daran hatte. Daß solch eine Behandlung die Menschen verroht und in ihnen alle möglichen Gesinnungen hervorruft, bedarf keiner Erklärung. Ich habe keine Achtung vor ihm und gestern sagte ich mir: Wenn ich nicht an einen heiligen und gerechten Gott glaubte, wäre die erste beste Kugel für ihn. Disziplin muß sein, aber Menschenschinderei ist nicht nötig. Zur Aufrechterhaltung der Disziplin ist Beschäftigung nötig und deshalb bin ich schwerem Dienst nicht abgeneigt. Wenn man einmal alles kann, kommt einem der Dienst entsetzlich langweilig vor. Aber wenn man uns noch nicht an der Front braucht, weil alle Stellen besetzt sind, so bleibt nichts anderes übrig, als Dienst klopfen und auch Überflüssiges üben. Und so ganz überflüssig ist es auch nicht. Man braucht nur die Disziplin damit in Verbindung zu bringen. Der Beruf des Soldaten ist ein schöner Beruf, weil der Soldat für die höchsten irdischen Güter kämpft, für das Vaterland und seine Ehre und seine Angehörigen und Landsleute vor Elend schützt. Oftmals muß ich jetzt zurückdenken an die deutschen Krieger, die 1914 durch meine Heimat zogen und sie schützten. Es waren Soldaten wie wir, geschliffen wie wir, sie haben gewiß auch geschimpft wie wir, aber sie haben für uns gekämpft und wacker gekämpft. Wo wäre ich jetzt ohne die Soldaten? Wie wäre es meinen Eltern und Geschwistern ergangen!"

Das war Josefs Meinung über den Beruf des Soldaten. Er wurde ihr nie untreu; denn in seiner Seele konnten sich nicht Verbitterung und Groll festsetzen über Enttäuschungen und erlittenes Unrecht. Dazu befähigte ihn sein religiöses Innenleben. Kraftproben konnten ihn stählen, aber nicht brechen.

Auf das Rekrutenlager zu Jablonna brannte die heiße Julisonne. Über dem Kasernenhof flimmerte die Luft. Wenn wir heute bloß keinen Marsch machen, dachten die Rekruten, als sie antraten zur Befehlsausgabe. Die schlechten und endlos scheinenden Straßen abzumarschieren, war eine Qual. Wenn man in der Gluthitze des Tages mit schwerbepacktem Tornister, in eine Staubwolke eingehüllt durch die vielen Straßenlöcher dahinstolperte, bekam man vor diesen Märschen einen heillosen Schrecken. Der befürchtete Marschbefehl blieb aus; Gott sei Dank! Aber eine andere Überraschung harrte der Rekruten. Die Kompanie habe sich in höchster Alarmbereitschaft zu halten, hieß es. Aha, durchzuckte alle der Gedanke, jetzt wird es wohl losgehen. Ob an der Front sich besondere Dinge zugetragen haben? Hat der Russe angegriffen? Ist von unserer Seite eine Offensive im Gange? Keiner wußte Bescheid, auch die Führer nicht. Die Ungewißheit dauerte etliche Tage. Da wurden sie eines Morgens zu ungewöhnlich früher Stunde geweckt. „Alles fertig machen, feldmarschmäßig antreten", kam der Befehl. Bald saßen sie in der Eisenbahn. Aber immer noch wußte niemand, wohin es gehen sollte.
Der Zug rollte gegen Süden. Rechts und links dehnte sich Kampfgelände aus dem Jahre 1915. Hier lag ein von Granaten zerfetztes Waldstück. Es ist gewiß von beiden Seiten hart umkämpft worden und hat viel Soldatenblut getrunken. Dort ragten die Ruinen einer zerschossenen Fabrik. Da kam ein ausgebranntes Gehöft, zwischendurch liefen verfallene Gräben und Unterstände. Nun würden sie selber bald an den Zerstörungen des Krieges teilnehmen und solche Spuren zurücklassen. Jetzt tauchte ein Heldenfriedhof auf. Reihe an Reihe gliederten sich die kleinen, schwarzen Holzkreuze. Ob eines Tages nicht irgendwo ein Kreuz aufragt, das auch meinen Namen trägt, dachte sinnend manch einer, der jetzt vorüber fuhr. Die Fahrt ging immer weiter, nach dem Süden, wie es schien. Am Morgen des 13. Juli hieß es plötzlich: Aussteigen! In der Dämmerung erkannte man eine kleine Stadt. „Bendzin" stand am Bahnhofsgebäude zu lesen. Die Bevölkerung sprach durchweg polnisch. Aber soviel hatte man bald doch heraus, die nächste größere Stadt heiße Rattowitz. Da war man doch garnicht weit von der deutschen Grenze und am Rande des oberschlesischen Industriegebietes. Warum wurden sie denn hier ausgeladen?
Das Rätsel sollte sich bald lösen. In Oberschlesien, so wurde jetzt bekannt gemacht, sei ein Streik der Bergarbeiter ausgebrochen. Die

Kompanie würde hier eingesetzt zum Schutz der Industrieanlagen. Die Botschaft erweckte mancherlei Mißbehagen. Die Soldaten besahen sich mit recht sonderbaren Gefühlen ihre Gewehre und die gefüllten Patronentaschen. Nun würden sie sich doch hoffentlich nicht unter der Zivilbevölkerung kriegerisch betätigen müssen! So hatten sie sich den Krieg nicht vorgestellt. Die Kompanie marschierte ab zum Quartier. Es lag keine 200 Meter vom Bahnhofsgebäude entfernt. Oho, schon wieder einmal eine Kosakenkaserne! Und dazu noch um einige Grad primitiver als die in Jablonna. Kein Tisch, keine Bank und kein Bett war da zu sehen. Vor dem Gebäude stand ein großer Trog. Hier würden sie also morgens große Mohrenwäsche halten. Die zweihundert Mann starke Kompanie machte sich in dem einzigen großen Raum der Kaserne ein Strohlager zurecht und nistete sich ein. Man nannte die Kaserne bald nur noch „Stall".

Kaum einen halben Tag war Josef in dieser Kaserne, da wurde er mit zwanzig Mann in das benachbarte Lagisza abkommandiert. Dort hatten sie die Bewachung einer Zeche zu übernehmen. Der Dienst wechselte ab zwischen Wachestehen, Rundgang und Ruhestunden. Da konnte man es ganz gut aushalten. Die in Bendzin mußten strammen Dienst machen. Wie man hörte, waren der neue „Kompaniespieß" und einige Unteroffiziere ganz unerträglich. Hoffentlich dauerten die schönen Tage noch lange an. Josef sann auf eine nützliche geistige Beschäftigung. In Jablonna hatte er mit dem Erlernen des Polnischen begonnen, und hier ließ sich diese Beschäftigung sehr gut fortsetzen. Nur einen passenden Umgang hätte er gerne gehabt. In der Unterhaltung lernte sich eine Fremdsprache immer noch am besten. Da lief ihm ein siebzehnjähriger Junge in die Quere. Er versuchte ihn polnisch anzureden: „Hallo, junger Mann, wie geht's?" Der antwortete in recht flottem Deutsch. Man merkte aber, daß es nicht seine Muttersprache war. Josef hatte sich bald mit ihm angefreundet und fand in ihm einen bereitwilligen Lehrer für seinen polnischen Sprachunterricht. Sogar ein deutsch-polnisches Wörterbuch brachte der Junge eines Tages mit. So, jetzt konnte es losgehen. Das gäbe eine rechte Beschäftigung für die freie Zeit.

Daß aber auch da wieder einmal ein ärgerlicher Zwischenfall störend hineinfahren mußte! Ein paar Kameraden schien der Hafer zu stechen. Sie hatten sich aus dem Militärbesitz unerlaubterweise mancherlei angeeignet, das auch für die Zivilbevölkerung von Nutzen war. Besonders Brot und Kleider galten als sehr begehrte Dinge heutzutage. Nun machten die Burschen daraus Geld und wurden natürlich dabei er-

wischt. Der diensttuende Offizier erstattete Bericht an die Kompanie. Bald darauf wurden die Langfinger durch eine Wache nach Bendzin abgeführt. Die übrigen bekamen aber die Rache für das Vergehen auch noch zu spüren. In der freien Zeit gab es ,,Funktionen". Es wurde Gewehrreinigen angesetzt, die Uniformen mußten ausgeklopft und gewaschen werden u. a. m. So war immer etwas zu tun.
Ab 18. Juli befand sich Josef wieder bei der Kompanie in Bendzin. Drei Tage später hatte er ein aufregendes Erlebnis. Nach dem anstrengenden Dienst in dem schwülen Sommerwetter zogen die Soldaten scharenweise in den nahen Fluß zum Baden. Der hatte seine Tücken. Josef wären sie beinahe zum Verhängnis geworden. Beim Baden bemerkte er, wie ein Kamerad von ihm plötzlich absackte und verschwand. Ein paar kräftige Schläge und er war in der Nähe. Der Kamerad trieb im Wasser. Mit einem raschen Griff hatte er ihn gepackt. Der Ertrinkende bekam es mit der Angst zu tun und klammerte sich krampfhaft an seinen Retter. Das behinderte Josef außerordentlich beim Schwimmen. Es wurde ein verzweifeltes Ringen mit den Wellen und mit dem angsterfüllten Kammeraden. Ganz langsam ging es aber doch dem Ufer zu. Dort standen schon andere bereit, die beiden aufzunehmen. Da schien es, als ob die Wellenschläge sichtlich schwächer würden. Hielt es der tapfere Schwimmer nicht aus bis zum rettenden Strand? Seine Kräfte begannen zu erlahmen. Nur noch ein paar Sätze, dann wäre es geschafft. Da, was war das? Der Kamerad ließ sich plötzlich los und rutschte wieder ab. Er war am Ende seiner Kraft. Auch Josef konnte nicht mehr. Mit dem Aufgebot letzter Energien wälzte er sich ans Ufer und blieb dort liegen. Der Atem keuchte. Es dauerte eine ganze Weile, bis er wieder zu sich kam. Die anderen hatten inzwischen den Kameraden vom Ufer aus ans Land gezogen. ,,Der Gottesmutter sei Dank für die Rettung", schrieb er tiefbewegt an einen Mitsodalen.
Während des Aufenthaltes in Bendzin beschäftigte Josef sich mit einer wichtigen Frage. Wie stand es eigentlich um die werdende Gruppe? Seit er Hagenau verlassen hatte, war er in dieser Hinsicht nicht untätig gewesen. Den Plan, alle Mitsodalen vom Jahrgang 98 zu einer einzigen Abteilung zusammenzuschließen, hatte er aufgegeben. Er wollte einfach selber anfangen und eine aktive Gruppe um sich scharen. Die anderen würden dann, so hoffte er, ein Gleiches tun. In diesem Bemühen kam ihm der Magistrat in Schönstatt zu Hilfe. Hans Wormer, Karl Burg und er selber wurden den Mitsodalen als Gruppenführer vorgeschlagen, denen man sich nach freier Wahl anschließen möge. Für seine

Gruppe meldeten sich im Laufe der Zeit sieben Mann. Drei gehörten dem Jahrgang 99 an, der inzwischen ebenfalls zu den Waffen gerufen worden war. Die anderen entstammten seinem eigenen Jahrgang. Sieben Mann für eine Gruppe dünkte Josef etwas viel. Er mochte aber keinen zurückweisen. In Schönstatt stellte man für jede Gruppe der auswärtigen Sodalen einen Vertreter auf. Dessen Aufgabe sollte es sein, eine enge Verbindung mit der heimischen Kongregation herzustellen. Der Gruppenvertreter hatte aber vor allem seiner fernen Mitsodalen im Heiligtum der lieben Gottesmutter zu gedenken. Josefs Vertreter war Alfons Hoffman, sein Nachfolger im Amt des Präfekten der Congregatio Minor. Die werdende Gruppe erforderte einen umfangreichen Briefwechsel. Kaum war der Dienst zu Ende, drängte es Josef zum Schreiben. Mit einem Bleistift und ein paar Bogen Briefpapier in der Hand wanderte er hinüber in das Soldatenheim. Dort würde er sicher eine stille Ecke finden, in der man seine Gedanken in aller Ruhe sammeln konnte. Aber darin täuschte er sich. Das Soldatenheim war gesteckt voll von qualmenden und biertrinkenden Soldaten. Keine einzige freie Sitzgelegenheit stand zur Verfügung. Und ein Lärm war in dem Raum, daß man ungestört keinem vernünftigen Gedanken nachgehen konnte. Trotzdem wollte er warten, bis irgendwo ein Platz frei werde. Nachdem er eine halbe Stunde vergeblich auf Posten gestanden hatte, kehrte er in den „Stall" zurück. Dort legte er sich platt auf sein Strohlager und fing an zu schreiben. Auf die Dauer wurde die Lage unbequem. Er machte sich auf die Suche nach einer geeigneten Unterlage. Jetzt hatte er das Richtige gefunden. Ein herrenloser Pappdeckel fiel ihm in die Hände. Wenn man den über die Knie legte, würde er ein regelrechter Schreibtisch werden. Da sah man nun Josef jeden Tag nach dem Dienst an seinem zeitgemäßen „Schreibtisch" hocken, und fast jeden Tag wanderte ein Brieflein hinaus zu den fernen Mitsodalen. Von da ab begann das Bild des schreibenden Engling überhaupt eine jener bezeichnenden Erinnerungen zu werden, unter denen er später im Gedächtnis seiner Kameraden fortleben sollte.
In seiner Gruppe mußte zunächst einmal unter den einzelnen Mitgliedern die rechte Verbindung hergestellt werden. Die drei vom Jahrgang 99 lebten in den ersten Eindrücken und Ereignissen der Rekrutenzeit. Die brauchten Rat und Aufmunterung. Um eine überzeugte und arbeitsfähige Gemeinschaft herzustellen, machte Josef seinen Leuten folgenden Vorschlag. Sie wollten zuerst einen Gedankenaustausch einleiten über die Frage: Warum Zusammenschluß? Jeder sollte sich darüber klar werden, weshalb sie eigentlich eine Gruppe bildeten, in wel-

cher Weise sie arbeiten wollten und welche Ziele dabei erreicht werden sollten. Die einzelnen möchten ihre Meinung zu dieser Frage niederschreiben und ihm einsenden. Er werde die Antworten zu einem Rundbrief verarbeiten und dann allen zugänglich machen. Am 25. Juli befand sich Josef für drei Tage in Grodziec, einem kleinen Städtchen wenige Kilometer westlich von Bendzin. Wieder war er am schreiben. Der heutige Brief sollte an Alfons Hoffmann, seinen Gruppenvertreter in Schönstatt, gehen. Aber mit den Gedanken wollte es garnicht vom Fleck gehen. Es war ihm so sonderbar zu Mute. Ein leichter Schüttelfrost packte ihn. Er setzte sich hinaus ins Freie und ließ sich von der Sonne bestrahlen. Doch das eigenartige Frösteln blieb. Sollte es ihm so ähnlich gehen, wie es so manchen Kameraden in diesen Tagen ergangen war? In der Kompanie war nämlich die Ruhr ausgebrochen. Fast ein Viertel der Kompanie „feierte krank". „Lieber Mitsodale", fuhr Josef mitten im Brief fort, „es ist mir heute garnicht wohl, was etwas Außergewöhnliches bei mir ist . . . Ich will mich hinlegen; vielleicht wird es dann besser." Und dann ging der Brief noch einige Zeilen weiter. Der Schädel brummte. Eben hatte er 38 Grad Fieber gemessen. Nur nicht zimperlich werden. Für etliche Tage weilte Josef aber doch unter den Ruhrkranken.
Als er zur Kompanie zurückkehrte, wartete auf ihn ein Stoß Postsachen. Wenn die Briefe seiner Mitsodalen kamen, erlebte er immer eine frohe Stunde. Und heute war einer dabei mit einer bekannten Handschrift. Er erkannte sie sofort. P. Spiritual hatte ihm geschrieben. Seine Briefe waren eine Seltenheit. Meist schrieb er einige Randbemerkungen zu den Zeilen der Mitsodalen aus Schönstatt. Und heute ein eigener Brief? Der wird gewiß etwas Ungewöhnliches enthalten. Das war tatsächlich so. Aber ganz unfaßbar schien Josef, was er da las. Am 15. Juli sei an der Westfront Hans Wormer gefallen. Spornstreichs eilte er davon, seine Schönstätter Kameraden aufzusuchen. Da standen sie nun im Kreis beeinander. Die Gesichter waren ernst. Keiner konnte viel sagen. So sehr hatte sie die Trauerbotschaft erschüttert. Hans Wormer tot! Noch bis vor kurzem waren sie mit ihm in Hagenau zusammen gewesen. Da hatte man ihn nicht lange vor dem Ausrücken vor die Wahl gestellt: entweder ohne Urlaub nach dem ruhigen Osten oder mit vorherigem Urlaub nach dem gefährlichen Westen, Hans, der Furchtlose, wählte das Letzte. „Wir wollen aus unserem Taschengeld zusammenlegen und für den Hans in Schönstatt eine hl. Messe lesen lassen", sagte einer. Dann gingen sie bedrückt und nachdenklich auseinander.

Wie hatten die alten Jahrgänge bereits geblutet! Und jetzt kamen sie, die 98er, an die Reihe, Hans war der erste. Wieviele würden ihm noch folgen? Tief bewegt schrieb Josef an P. Spiritual:
,,Ja, wieder ist einer unserer Besten gefallen, der erste aus meiner Klasse und dann gleich der Beste. Es war der Mutter Wille. Ich stand ihm nahe, und sein Tod hat mich schwer getroffen. Wann wird mich der Wille der Mutter von hier abberufen? Ich muß mich noch besser bereit halten, eifriger nach Heiligkeit streben."
Furcht vor dem kommenden Einsatz an der Front weckte die Todesnachricht nicht. Noch am selben Tage schrieb er an einen Lehrer:
,,Bald wird auch mein Sehnen erfüllt, an dem gewaltigen Ringen teilzunehmen, das mich beim Lesen der großen Taten anderer ergreift."
In seiner wöchentlichen Gewissensrechenschaft konnte Josef um diese Zeit ein recht befriedigendes Urteil abgeben. Geistliche Tagesordnung und Partikularexamen hatte er mit ganz wenigen Ausnahmen treu durchgeführt. In den letzten Wochen hieß der besondere Vorsatz anfänglich, jeden Tag irgend etwas zu tun für seine Gruppe; später lautete er, innerlich stets zufrieden zu sein. Gemäß dem ursprünglichen Vorhaben, auch beim Militär, so gut es ging, den Sonntag zu heiligen, nahm er sich erneut vor, die wöchentliche Geisteserneuerung stets am Sonntag zu halten. In den letzten Monaten hatte er sie manchmal auf andere Tage der Woche verschoben. Im Übrigen herrschte schon seit Wochen in seinem Innenleben vollständiges Gleichgewicht.
Das tägliche Ringen um Heiligkeit und zumal sein Gebetsleben nahm einen ruhigen, ebenmäßigen Fortgang. Fehlerlos war er deswegen nicht. Seinem geschärften Auge entging keine stärkere Regung des erbsündlichen Menschen. Manche Schwächen hinterließen in seiner Seele ein tiefempfundenes Schuldgefühl. Dann kam er nicht zur Ruhe, bis er seinem fernen Seelenführer ein ehrliches Bekenntnis abgelegt hatte. So war er neulich wieder hitzig gewesen und mit einem Kameraden zusammengestoßen. Sie hatten sich aber gleich wieder versöhnt. Viel mehr quälte es ihn, daß er am gleichen Tag aus Nachlässigkeit nicht die Gelegenheit zur hl. Kommunion ausgenützt hatte. Das ging ihm tief zu Herzen. Jeden Morgen war er doch im Geiste bei der hl. Messe dabei und erweckte die geistliche Kommunion. Umso schwerer drückte ihn jetzt das Schuldgefühl über den begangenen Fehler. Darüber mußte er sich anklagen und berichtete an P. Spiritual:
,,Am Freitag hatten wir Gottesdienst. Es war, wenn auch nur geringe Aussicht vorhanden, daß wir die heiligen Sakramente empfangen konnten. Vor zwei Wochen wurde die hl. Kommunion während der

Messe ausgeteilt, und von Landstürmern hatte ich erfahren, daß sie vorher beim Militärgeistlichen gebeichtet hatten. Doch ich konnte meinen Appetit nicht überwinden und trank Kaffee. Nachher war wirklich Gelegenheit zum Sakramentenempfang. Als es angesagt wurde – wir saßen vor der Kirche –, riefen einige gleich im spöttischen Ton, nicht weil ich Kaffee getrunken hatte, sondern um mich als Frömmler, als Betbruder hinzustellen: ‚Engling!' Ich hätte wenigstens beichten und mich dann erkundigen sollen, ob ich vielleicht doch hätte kommunizieren dürfen. Einige warteten nur, was ich tun würde, um dann meinem Beispiel zu folgen. Aber weil jene spöttelten, teils aus Menschenfurcht, teils aus einem unbestimmten Gefühl, blieb ich sitzen. Nachher hörte ich zu meiner Beschämung, daß ein Bauernjunge nüchtern geblieben war."
Wie sehr das ausdauernde Streben nach Heiligkeit gegen menschliche Schwachheit anzukämpfen hatte, daran sollten ihn die nächsten Tage noch viel deutlicher erinnern.

Schwere Märsche und eine Niederlage

Am 5. August berichtete Josef an P. Spiritual: „Morgen geht's nach Jablonna." Die Zeit der Zechenwache war also um. Schon bald nach der Ankunft wurde erzählt, in allernächster Zeit kämen sie nach dem Westen. Das schien glaubhaft; denn der General selber nahm einen Appell ab, und schließlich folgte ein zweiter in feldmarschmäßiger Ausrüstung.
Am Tage darauf, es war der 9. August, saß die Kompanie bereits wieder in der Eisenbahn. Wo mochte die Fahrt hingehen? Endlich zeigte sich eine größere Stadt. Iwangorod hieß sie. Die Fahrtrichtung wies aber nicht nach Westen, sondern nach der Front in Galizien. Nun konnten sie sich bereits ausmalen, was in den nächsten Wochen auf sie wartete. Zwischen Lemberg und Brzezany tobte vor mehr als einem Monat eine große russische Angriffsschlacht, die sogenannte vierte Brussilow-Offensive. Wie die vorhergehenden Anstürme zerbrach sie an dem deutschen Widerstand. Seit einigen Wochen hatten nun die Deutschen zu einem Gegenschlag ausgeholt. Der Russe war bereits bis gegen die ehemalige Reichsgrenze zurückgegangen. Nun sollte ihm offenbar der letzte Stoß gegeben werden. An diesem Unternehmen mitzuwirken, würde wahrscheinlich auch die Bestimmung des Transportzuges sein. Noch waren sie keinem Frontregiment zugeteilt. Darum

konnte man sich auch keine klaren Vorstellungen machen, an welchem Frontabschnitt der Einsatz erfolgen werde.
Nachts elf Uhr tauchte wieder eine größere Stadt auf. Als der Zug einlief, lasen sie den Namen: Lemberg. Jetzt standen sie also bereits im Rücken der kämpfenden Front. Der Zug ging weiter nach Brzezany. Gegen Morgen merkten sie, daß sie durch frisches Kampfgelände fuhren. Von hier war also der deutsche Gegenstoß ausgegangen. Da zog sich kilometerweit ein fast noch unberührter Drahtverhau hin. Ein-

zelne Dorfviertel hatte die Artillerie in Trümmer gelegt. Die Gegend war übersät mit Einzelgräbern. Ein Lazarettzug kam ihnen entgegengefahren und brachte Verwundete aus den letzten Kämpfen. Die Front konnte also nicht mehr weit weg sein. Als der Zug nach nunmehr dreitägiger Fahrt gegen Mittag hielt, waren sie in Brzezany. „Alles aussteigen, fertig machen; es geht zu Fuß weiter", erging der Befehl. Wie sah es hier aus! Die Stadt war von der Beschießung schwer mitgenommen worden. Fast kein Haus blieb vom Krieg verschont. Der Marsch führte in ein altes Stellungssystem. Da saßen sie also zum ersten Mal in einem

regelrechten Schützengraben. Hier sollten sie die Nacht über bleiben.
Bis zur Front aber war es noch weit. Beinahe eine Woche noch mußten sie marschieren, bis sie an dem zugewiesenen Abschnitt ankamen. Was waren das Märsche! Die Marschtage in der Kaserne durfte man dagegen wirklich ein Kinderspiel nennen. Vor ihnen dehnte sich ein einförmiges, unübersichtliches Gelände aus. Die schlechten Straßen und Feldwege lagen unter Gluthitze. Man stapfte den ganzen Tag durch Staubwolken und meinte, überhaupt nicht weiterzukommen. Die Verpflegung kam nicht nach. Darum mußte der Proviant für mehrere Tage aufgeteilt und im Tornister mitgeschleift werden. Das fehlte gerade noch, daß die ohnehin schon schwere Last des Gepäckes um etliche Pfund vermehrt wurde! Zu allem Überfluß setzten heftige Niederschläge ein. Der Himmel war von einem Ende bis zum andern grau überzogen. Das sah nach Dauerregen aus.
Am Abend wurde auf freiem Felde Biwak bezogen. Josef schlug mit mehreren Kameraden ein Zelt auf. Dann zündeten sie den Spirituskocher an und wollten Tee kochen. Immer kaltes Büchsenfleisch mit Brot wurde einem allmählich zuwider. Man brauchte wieder einmal etwas Warmes. Fast löschte der Regen den Spirituskocher aus. Was wird das für eine Nacht werden! Der Regen nahm an Stärke zu. Jetzt goß es in Strömen. Das kleine Zelt bot dagegen nur einen unzulänglichen Schutz. Bald fühlte man, daß der Boden feucht wurde und die Uniform auch. Schließlich rieselte das Wasser ins Zelt hinein und verwandelte die Lagerstätte in eine Pfütze. Da war aber nichts zu machen. Man mußte liegen bleiben und den Morgen abwarten. An einen rechten Schlaf war nicht zu denken.
Um vier Uhr brach die Kompanie auf. Der Regen dauerte mit unverminderter Heftigkeit an. Die naßkalten Kleider klebten am Leibe. Die Soldaten hingen sich die Zeltbahnen um und zogen weiter. Es wurde ein beschwerlicher Marsch. Fast keiner sprach ein Wort. Der Tornister schien entsetzlich schwer und der Kolben des um den Hals gehängten Gewehres schlug gegen die Knie. Von der Zeltbahn rann der Regen herunter wie aus einer Dachrinne. Die Stiefel füllten sich mit Wasser und quatschten bei jedem Schritt. Man fühlte, daß auch die Unterkleider völlig durchnäßt waren. So wankten sie gebeugt dahin Stunde um Stunde. Endlich, es mochte gegen Mittag sein, wurde ein Dorf sichtbar. Gott sei Dank! Der Krieg hatte es verschont. Hier würden sie sicherlich Unterkunft beziehen. Sogar Zivilbevölkerung lebte noch hier. Truppweise brachten sich die Soldaten in den Häusern unter. Es waren

armselige Hütten. Aber kein Palast der Erde schien ihnen in diesem Augenblick so begehrenswert wie diese armseligen Hütten. Josef kam mit vier Kameraden in eine Panje-Familie. Sie trockneten am Herd ihre Kleider und machten eine kräftige Nudelsuppe zurecht. So, nun fing wieder ein einigermaßen menschliches Dasein an. Sie waren am Ende ihrer Kraft. Aber am anderen Morgen ging es weiter.

Am 20. August erreichten sie ihren Bestimmungsort Probudzna. Er lag etwa 15 Kilometer hinter der Front. Fast vierzehn Tage waren sie von Jablonna nach hierher unterwegs gewesen. Jetzt erfuhren sie auch, daß sie dem R.I.R. 25 zugeteilt seien. Es gehörte zur 15. Reserve-Division. Nicht weit von Husiatyn an dem Flüßchen Zbrucz habe es Stellung bezogen. Vorerst blieben sie jedoch als Übungskompagnie noch einige Zeit hinter der Front.

Am Tage nach Mariä Geburt hielt Josef eine große Rückschau auf die letzten vier Wochen. Zum ersten Male in seiner Militärzeit mußte er von seinem Ringen um das Ideal des Heiligen ein wirklich ungünstiges Bild entwerfen. Was war geschehen? Es ließ sich nicht verkennen: Die letzten Wochen zeigten in seinem Innenleben eine abgleitende Linie. Fast unmerklich hatte sich dieser Abstieg vollzogen. War es das unregelmäßige Leben auf dem Transport und auf den beschwerlichen Märschen, das dazu den Anstoß gab? Jedenfalls hing es damit zusammen.

Zuerst unterließ er das Partikularexamen. Bald bröckelte auch seine geistliche Tagesordnung ab. Die täglichen schriftlichen Aufzeichnungen fielen aus; ebenso die Eintragungen in sein geistliches Tagebuch. Die Gruppenarbeit schlief langsam ein; denn die Briefe seiner Mitsodalen trug er wochenlang unbeantwortet mit sich im Tornister herum. Das Gebetsleben begann zu erkalten, zumal als auch noch die sonntägliche Geisteserneuerung wegfiel. Die alten Ideale, die früher die Seele so sehr gepackt, schienen wie von einem dichten Nebel umflort zu sein. Im Innern wurde es so leer. Früher war die hl. Messe mit der geistlichen Kommunion und ihre Fortsetzung in den beiden Wachestunden ein beherrschender Inhalt des Tages gewesen. Und heute? An Stelle der alten Ideale schob sich langsam der Alltagsmensch. Den beschäftigte tagsüber keine andere Frage als nur die eine: wie komme ich durch die Mißhelligkeiten des Lebens am bequemsten durch? Dazu gehörte ein geübter Blick für den eigenen Nutzen. Man erlernte die Geschicklichkeit, sich zu drücken oder einen anderen zu übervorteilen. Man mußte sich auch in jeder Lage zu helfen wissen und durfte es vor allem nicht so haarscharf nehmen mit der Wahrhaftigkeit. Deshalb brauchte man durchaus kein schlechter Mensch zu sein, konnte sogar noch festhalten an allen Christenpflichten. Aber ein idealer Mensch zu sein, schien unter den obwaltenden Verhältnissen ein bißchen unvernünftig.

Ohne es eigentlich richtig zu bemerken, hatte sich Josef in dieser Weise an die Lebensgewohnheiten des Durchschnittsmenschen seiner Umwelt angeglichen. Zwar regte sich manchmal das Gewissen und mahnte an die frühere Zeit. Aber dann kam irgendeine Aufregung, ein neues Erlebnis aus dem Alltag dazwischen und lenkte von den Vorwürfen des Gewissens wieder ab. Jetzt, nachdem der Transport und die Märsche vorbei waren, meldete sich allerdings wieder langsam die Besinnung. Und da mutete ihn sein augenblicklicher Zustand geradezu trostlos an. Gewiß, schwere Fehler waren nicht vorgekommen. Aber daran maß er sein Leben auch gar nicht. Das Streben nach Heiligkeit hatte er aufgegeben. Und das war schlimm genug. Durfte er die unregelmäßige Lebensweise der letzten Zeit denn vor sich selber nicht als Entschuldigung gelten lassen? Es war doch manchmal alles drunter und drüber gegangen. Nein, das durfte er nicht. Das Streben nach dem Heiligenideal, so forderte er von sich selbst, mußte in jeder Lage hochgehalten werden. Hier durfte er nie eine Entschuldigung gelten lassen. Da wurde es ihm ganz klar: Er mußte eine reuige Umkehr vornehmen und zu den alten Idealen zurückkehren. Er zog sein lang vernachlässigtes Tagebüchlein heraus und schrieb die Worte hinein: ,,Lieb Mütterlein, Du bist meine Hoffnung. Du mußt mir Verzeihung verschaffen bei Deinem lieben Sohne."

Von da ab begann wieder der alte Anstieg zur Höhe. Die Wochen der Nachlässigkeiten hatten ihm aber auch eine wertvolle Erfahrung gebracht. Sobald er nicht mehr mit dem Partikularexamen darum kämpfte und sich mit der geistlichen Tagesordnung in die stille Klause einer betenden Einsamkeit des Herzens zurückzog, erlahmte sein Streben. Das aber war der erste Schritt, ein Kind und ein Opfer seiner Umwelt, ein Massenmensch zu werden.

Stellungskrieg

Das Dorf Probudzna glich einer Garnisonstadt im kleinen. Seit der neue Ersatz angekommen, war es mit Truppen überfüllt. Josef bezog Quartier bei einer Familie, die leidlich deutsch verstand. Ihre Umgangssprache klang aber garnicht nach dem Polnischen. Sie sprachen untereinander hebräisch. Einige herumliegende Bücher erregten seine Aufmerksamkeit. Als er sie aufschlug, wollte er seinen Augen nicht trauen. Das waren ja lateinische Schriftsteller, Cäsar und Ovid, die vertrauten Weggenossen seiner Schulzeit. Vor einem Jahre etwa hatte er von ihnen Abschied genommen. Jetzt sollten sie ihm in den Mußestunden wieder liebe Gesellschafter werden.

Unter den Kameraden wurde in diesen Tagen oft die Frage aufgeworfen, wie es eigentlich da vorne an der Front stände. Kanonendonner war kaum mehr zu hören. Der deutsche Gegenstoß schien zum Stehen gebracht worden zu sein. Wahrscheinlich löste jetzt den Bewegungskrieg wieder der Stellungskampf ab. Wie es hieß, habe sich der Russe am andern Ufer des Zbrucz auf einem Höhenzug festgesetzt und betonierte M.G.-Nester bezogen. Die eigene Stellung liege etwas tiefer am diesseitigen Ufer und könne vom Gegner gut eingesehen werden. Das sei sehr fatal und fast jede Nacht gebe es Tote. Es wurde bereits davon gesprochen, daß die Stellung auf einen leichten Bergrücken etwas weiter nach rückwärts verlegt werden solle. Nun, sie würden ja bald das Kampffeld zu sehen bekommen.

Unter dem neuen Ersatz herrschte wegen des bevorstehenden Einsatzes in die Front eine begreifliche Spannung. Inzwischen hatte man die Ersatzkompanie bereits aufgelöst und den einzelnen Gliederungen des Regimentes zugewiesen. Dadurch wurden die elf Schönstätter fast auf das ganze Regiment verteilt. Josef kam in die vierte Kompanie. Etwa Mitte September sollte es zum ersten Male in Stellung gehen. Zwei Tage vorher versammelte Josef seine drei Gruppenmitglieder Klemens Meier, Paul Reinhold und Johannes Biebrich zu einem Gruppentreffen. Ihre Aussprache befaßte sich mit seinem letzten Rundbrief. Darin hatte er sich mit den täglichen Gebeten beim Militär beschäftigt. Nun unterhielten sie sich darüber, wie man am besten eine geistliche Tagesordnung halte. Selbstverständlich wollten sie auch im Schützengraben den ernstlichen Versuch machen, sie durchzuführen. Bei der nächsten Gruppensitzung wären die Erfahrungen auszutauschen, wie es damit gegangen sei. Zum Schlusse machte Reinhold noch den Vorschlag, von der nächsten Löhnung etwas abzuziehen und an die Kongregation nach Schönstatt zu schicken. Dort brauchte man Geld für die Druckkosten der M.T.A.

Zwei Tage später sollten sie in Stellung gehen. Am Nachmittag des vorhergehenden Tages fand ein feierlicher Feldgottesdienst statt. Eine heilige Messe am späten Nachmittag und der Empfang der heiligen Kommunion ohne nüchtern zu sein, das hatte Josef noch nicht erlebt.

Um den Altar standen dichtgedrängt die Angehörigen des Regiments. Der Feldgeistliche erschien in russischen Meßgewändern. Die sahen sehr feierlich aus. Beichte wurde keine gehört. Der Priester erteilte statt dessen die Generalabsolution. Fast alle Soldaten gingen zur heiligen Kommunion. Man machte seine Rechnung mit dem Himmel, denn keiner wußte, was die kommenden Tage in Stellung bringen würden. Wann sie wohl wieder Gelegenheit finden würden, einen Gottesdienst zu besuchen? Eine eigenartige Verkettung von Umständen brachte es mit sich, daß es für Josef erst nach vollen vier Monaten sein sollte.
Am anderen Tage brachen sie auf. Der Weg bis zur Front führte durch ein Gelände, das streckenweise noch die Spuren der letzten Kämpfe an sich trug.
Gegen Abend kam die Ablösung in der ersten Linie an. Man stand auf einem lichten Höhenzug. Hier sei die Stellung, erklärte der führende Unteroffizier. Die ablösende Truppe spähte angestrengt in die Nacht hinein. Stellung? Da war doch weit und breit kein Graben zu sehen. Jetzt hoben sich da und dort aus dem Dunkel ein paar Gestalten ab. Noch ehe die Ankömmlinge recht wußten, was geschah, waren sie verteilt und saßen in metertiefen Erdlöchern. Josef fand sich bei einigen älteren Leuten wieder. Ihrer Sprache merkte man an, daß sie aus dem Rheinland kamen. So ging also die erste Nacht in vorderster Stellung an. Man schrieb den 18. September. Josef zog sich wie die anderen die Zeltbahn über und streckte sich auf den feuchten Boden. Es wurde herbstlich kühl in der Nacht. Die Soldaten fröstelten. Unwillkürlich zogen sie die kalten Beine an und kauerten sich zusammen.
Um vier Uhr morgens wurde es in den Löchern allenthalben lebendig. Spaten heraus! Jetzt wird geschanzt, bis daß der Tag anbricht. Die Zeit der Dämmerung ist die Zeit der Arbeit. Erst vor ein paar Tagen hatte sich das Regiment hier oben auf den Höhenrücken niedergelassen. Der Stellungsbau stand in den allerersten Anfängen. Zunächst mußten einmal die Erdlöcher durch einen fortlaufenden Graben miteinander verbunden werden. Das würde aber noch eine geraume Zeit in Anspruch nehmen. Als der Tag anbrach, und die Morgennebel sich hoben, stellten die Soldaten die Arbeit ein. Heute abend um sechs Uhr würde sie weitergehen. Bis dahin mußten sie in den Erdlöchern unter der Zeltbahn hocken. Darauf freilich konnten die Neulinge nicht verzichten, einmal die Nase über den Grabenrand zu heben und sich die Gegend zu besehen. Das Gelände fiel über leichte Bodenwellen hinweg etwa zweieinhalb Kilometer ab. Dort unten schimmerte das graublaue Flußband des Zbrucz herauf. Rechts lag, durch den Fluß in zwei Hälf-

ten geteilt und mit einer Brücke wieder verbunden, Husiatyn. Die Brücke war in deutschem Besitz. Der andere Dorfteil gehörte den Russen. Am jenseitigen Ufer stieg etwas steiler ebenfalls ein Höhenzug an. Oben hatten sich die Russen festgesetzt. Ihre Stellung konnte man bei hellem Wetter mit den bloßen Augen gut erkennen.
Ob es zwischen den beiden Linien auch zu Krawallen käme, wollten die Neuen wissen. Die Alten erzählten, daß in den letzten Tagen kaum ein Gewehrschuß gefallen sei. Gefährlich seien eigentlich nur die Patrouillen im Niemandsland. Drüben säßen in den feindlichen Feldwachen sibirische Scharfschützen. Die hätten einen bösen Schuß. „Und die Artillerie?" forschten sie weiter. Die mache noch am meisten von sich reden. Heute abend bei einbrechender Dämmerung schickte sie gewiß wieder ihren „Abendsegen" herüber.
Die da drüben schienen sehr wißbegierig zu sein, was die Deutschen auf der Anhöhe vorhätten. Sie sandten einen Flieger aus, der sich die neue Stellung besehen sollte. Das ließen sich die Deutschen aber nicht ohne weiteres gefallen. Bald belferten an mehreren Stellen die Maschinengewehre. Das Flugzeug begann zu torkeln. Der Führer war verwundet und brachte nur mit Not die Maschine bis auf die Erde. Kurz vor der Landung stürzte er ab. Als die Dämmerung hereinbrach, rührten sich wieder die Spaten. Von drüben krachten die Abschüsse einer Batterie. Da rechts unten hoben sich ein paar Erdfontänen hoch und sanken ebenso schnell wieder in sich zusammen. So sehen also die Einschläge der Granaten aus, dachten die Neuen. Eine ganze Weile beobachteten sie das interessante Spiel der aufspringenden Fontänen.
Da ließen die Alten auf einmal ruckartig ihre Schanzgeräte fallen und warfen sich auf den Boden. Noch ehe die Neuen von der Ersatzkompanie begriffen, um was es eigentlich ging, hörten sie über sich ein langgezogenes „Tschiuuh, Tschiuuh" und gar nicht weit entfernt ein kurzes „Wrrach, Wrrach". Ein jäher Luftdruck warf sie augenblicklich über den Haufen. Im Fallen stach ihnen ein gelblich-rotes Aufblitzen in die Augen. Wupp, wupp, kollerten ein paar Erdklumpen auf sie herunter. Jetzt hoben sie sich vorsichtig empor und betasteten erschrocken Arme und Beine. „Hängt noch alles an Ort und Stelle", sagten die alten frontgewohnten Soldaten, und schüttelten sich vor Lachen. Etwa zwanzig Meter entfernt gähnten zwei frische Granattrichter. Die jungen Soldaten wollten nun von den Alten wissen, woran sie denn erkannt hätten, daß die Granaten gerade hier einschlügen. „Tja", meinten die achselzuckend, „das ist Gefühlssache. Ein alter Frontsoldat hat das so in den Fingerspitzen."

Die Erdlöcher weiteten sich mit jedem Tag mehr nach beiden Seiten aus, und bald entstand ein Graben. Jetzt hatte man volle Deckung. Darum mußte auch tagsüber geschanzt werden. „Es ist Zeit, daß bald die Unterstände entstehen", sagten die Alten, und die Jungen waren derselben Meinung. In die offenen Erdlöcher klatschte der naßkalte Herbstregen und sammelte sich in Pfützen. Die Hosen wollten überhaupt nicht mehr trocken werden, und nachts wurden die feuchten Beine eiskalt. Ein Glück, daß am Abend die Essenholer immer eine reiche und gute Verpflegung brachten. Man sagte, da stecke der Bataillonsführer dahinter. Eine solch gute Kost wie hier hatten die Neuen schon seit Monaten nicht mehr gehabt. Und auf den Feldern konnte man sich holen, soviel man wollte, Kartoffeln, Bohnen, Mais. Da stand ja noch die volle Ernte, die hier im Frontgebiet von niemand eingebracht wurde. Mit einigem Behagen stellten die Soldaten nach kurzer Zeit fest, daß das Koppel um den Leib wieder straff gespannt war. Äußerlich sahen sie alle recht seltsam aus. Sie glichen wandelnden Lehmklumpen, an deren oberen Ende eine Tropfnase heraushing. Ein wenig darunter sproßte ein stacheliger Stoppelbart, und darüber thronte bei Josef noch die stattliche Schießbrille.

Trotz der vielen neuartigen Erlebnisse hier vorne im Schützengraben beschäftigten sich Josefs Gedanken oft mit der letzten Gruppensitzung. Vor allem eines lag ihm noch auf der Seele: Die anderen Mitglieder der Gruppe mußten möglichst bald vom Inhalt und von den Vorsätzen der letzten Zusammenkunft unterrichtet werden. Es war nur nicht ganz einfach, unter den jetzigen Verhältnissen Gruppenbriefe zu schreiben. Tagsüber sollte man unter seiner Zeltbahn liegen. Und die kalten lehmverkrusteten Finger konnten kaum den Bleistift führen. Aber zur Not ging es doch. Ein bißchen krause Schriftzüge kamen auf das Papier und einige Fingerabdrücke auch. In seinen Gruppenbriefen bereitete er gleichzeitig den Monat Oktober vor. Es war ja der Rosenkranzmonat der Gottesmutter, der von den Sodalen mit besonderer Aufmerksamkeit begangen werden sollte. Er griff darum den Vorschlag von Paul Reinhold auf, von der Löhnung etwas für die Kongregationskasse aufzubringen. Es sollte ein Opfer für das „Gnadenkapital" sein. Darum würde man am besten das Geld beim Rauchen einsparen. Außerdem gab er den Vorschlag weiter, den sein Gruppenvertreter Alfons Hoffmann gemacht hatte. Im Monat Oktober sollte jeder wenigstens ein Gesätzchen vom Rosenkranz zu seinen täglichen Gebeten hinzufügen.

Josef selbst nahm es mit den besprochenen Vorsätzen sehr genau. Eine

geistliche Tagesordnung einzuhalten und täglich zu verzeichnen, machte ihm keine sonderlichen Schwierigkeiten. Zur Zeit umfaßte sie dreizehn religiöse Übungen, die sich auf den ganzen Tag verteilten. Höchstens die geistliche Lesung wollte ihm hier vorne im Graben manchmal nicht recht gelingen. Das Partikularexamen hieß augenblicklich: ganz ehrlich und aufrichtig sein. Es sollte die letzten Reste seiner Lauheit aus den vergangenen vier Wochen beseitigen. Eine besondere Aufmerksamkeit war erforderlich, um die gewohnte sonntägliche Geisteserneuerung zu halten. In Stellung glich ja ein Tag so sehr dem andern, daß man sich tatsächlich im Kalender vergewissern mußte, wann eigentlich der Sonntag gefeiert werde. Um es mit dem Gruppenvorsatz gleich gründlich zu machen, versagte er sich für den Monat Oktober das Rauchen vollständig.
In den aufgezwungenen Mußestunden fand Josef Gelegenheit zu mannigfachen Unterhaltungen mit seinen neuen Regimentskameraden. Da hörte er auch manches aus der Regimentsgeschichte: Von den schweren Tagen in der Champagne, an der Aisne, am Chemin des Dames erzählten sie. Dabei nannten sie die Namen von vielen guten Kameraden, die heute nicht mehr unter ihnen weilten. Bei diesen Schilderungen wurden sie oft sehr nachdenklich.
Josef interessierte sich natürlich auch für den religiösen Geist, der im Regiment herrsche. Da kamen sie auf den Feldgeistlichen, den Jesuitenpater Freiherr v. Köth, zu sprechen. Das sei ein rechter Seelenhirte. Tag und Nacht wäre er auf den Beinen und käme im schwersten Feuer bis in die ersten Linien. Die Soldaten hätten immer ein eigenartiges Gefühl der Beruhigung, wenn sie ihren Feldpater in der Nähe wüßten. Und Spässe könne er machen, wie „ne Kölsche Jong", sagten sie. Er habe wirklich Gewalt über die Menschenherzen. Wenn man dem begegne, dann rumore es einem im Gewissen, bis man alles abgeladen habe. Sie, die 25er, hielten auf Pater v. Köth gewaltige Stücke. Hätten sie die Rangstufen in der deutschen Armee zu vergeben, er käme nicht weit nach Hindenburg. Josef konnte bestätigen, was sie sagten. In Probudzna war ihm aufgefallen, daß der Gottesdienst des Feldpaters außerordentlich gut besucht war, und daß viele zu den Sakramenten gingen.
Und wie es im Regiment mit den Vorgesetzten stände, wollte er auch noch wissen. Da hörte er ein ehrliches Loblied auf den Kompanieführer. Der gelte allgemein als tapferer und gerechter Mann. Im Zivilleben sei er Studienrat. Er halte es immer mit dem einfachen Soldaten und wisse, wo ihn der Schuh drückt. Im übrigen sei er stramm katholisch.

Und der Kompaniefeldwebel? Da verzogen sie verächtlich die Gesichter und nannten einen Spitznamen. Von dem wollten sie nichts wissen.

Wenn Josef die Kameraden richtig beobachtete, mußte er oft denken: Wie nahe beieinander liegt doch bei den rheinischen Jungen die Frömmigkeit und die übermütige Lebenslust. Für ein gutes Wort waren sie alle zugänglich. Er fand darum unter ihnen einen geeigneten Boden für apostolisches Wirken. Hier ließ sich gewiß mancherlei tun zur sittlichen Festigung und zur Erhaltung kirchlicher Gesinnung. Da er gerade einen rechten Gegenstand für sein Partikularexamen suchte, nahm er sich vor, dreimal am Tage irgendwie in der Unterhaltung sie für die Ideale und die Fragen der Kirche zu interessieren. Der beste Anknüpfungspunkt schien ihm das Missionswirken der Kirche zu sein. Darüber wußte er aus den früheren Versammlungen der Kongregation noch gut Bescheid. In seinen Aufzeichnungen vermerkte er, daß es ihm höchstens einmal am Tage geglückt sei, den besonderen Vorsatz auszuführen.

Nach einer kurzen Unterbrechung im Ruhelager zu Czabarowka kam Josef wieder in Stellung. Die hatte inzwischen ein recht verändertes Aussehen bekommen. Jetzt gab es schon ganz brauchbare Unterstände. Er sollte sich aber ihrer nicht freuen dürfen. Er wurde nämlich zu einer der vorgeschobenen Feldwachen abkommandiert. Auf halber Höhe, nicht weit vom Zbrucz lagen sie. Die Entfernung von der ersten Linie mochte etwa einundeinhalb Kilometer betragen und der Abstand untereinander etwa dreihundert Meter. Aufgabe der Feldwache war es, die Grabenbesatzung vor überraschenden Angriffen des Gegners zu sichern. Zuweilen gelüstete es die Russen, in das deutsche Gebiet einzudringen und dort Erkundungen vorzunehmen. Dabei kamen sie meist mit einem großen Aufgebot heran. Der Dienst in den Feldwachen war darum nicht ohne Gefahr.

Die Unterkunft dort glich jener aus der Zeit des beginnenden Stellungsbaues. Je mehr der Herbst dem Winter zuging, desto mehr litten die Feldwachen in den wenig geschützten Erdlöchern unter dem Sturm und den Regenschauern der kalten Witterung. Die Beschäftigung gestaltete sich recht einförmig. Von abends sechs bis morgens sechs stand jeder zwei Stunden Wache oder patrouillierte zwei Stunden zwischen den Feldwachen. Tagsüber kamen noch drei Stunden Postendienst dazu. In der übrigen Zeit wurde geschlafen, geraucht und gelesen. Mit dem Lesestoff war man aber bald zu Ende und mit dem kärglich zugewiesenen Tabak auch. Da begann die geisttötende Langeweile. Jeden

Tag dasselbe müßige Herumstehen auf Posten, dieselben verdösten Gesichter, dieselben Redensarten. Das neblige Herbstwetter und die langen Nächte taten das ihre, um die schwermütige Stimmung noch zu steigern. Gab es denn noch immer keinen Frieden in der Welt? Nun hatte doch schon das vierte Kriegsjahr begonnen. Wie lange sollten sie denn noch hier zwecklos im fremden Lande liegen und das Dasein von Nachttieren und Höhlenbewohnern führen? Inzwischen verging die beste Zeit ihres Lebens in diesem aufgezwungenen und unausstehlichen Nichtstun.
Josef bewegten ähnliche Empfindungen wie seine Kameraden. Wie schienen sie doch so endlos lange, die nächtlichen Stunden der Wache! Ein paar Schritte hin, ein paar Schritte her, wohl hundertmal in einer Stunde. Er griff zum Rosenkranz und ließ die Perlen durch seine Finger gleiten. Manchmal erfüllten ihn auch Gedanken an Gott und die Ewigkeit. Dann zog es ihn mit Macht nach Schönstatt. Dort sind seine Mitschüler von ehedem am Studieren, dachte er sich. Morgen haben sie vielleicht einen Vortrag im Kapellchen oder eine Versammlung der Kongregation. Ob er wohl je wieder dabei sein wird? Zum Zeitvertreib sagte er jetzt im Geiste deutsche Gedichte auf, die er einst in der Schule gelernt hatte. Ach, was hatte er doch schon so vieles vergessen! Hoffentlich bringen heute abend die Essenholer Post mit von daheim, von Schönstatt und den Mitsodalen. Ja, das gibt immer ein paar frohe Stunden. Die Briefe las er alle zweimal oder dreimal durch. Das Nichtstun konnte sich langsam wie ein lähmender Bann über einen legen, daß man zu keiner geistigen Anstrengung mehr imstande war. Josef fühlte die Gefahr und erforschte sich über die Ausnützung der Zeit. Er las, betete, schrieb Briefe oder studierte in den mitgeschleiften Büchern.
Zuweilen gab es auch auf der Feldwache eine Abwechslung. Sehr begehrt war sie allerdings nicht. Es mußten Patrouillen gemacht werden bis an die russische Stellung, um zu erkunden, was dort vorgehe. Josef war des öfteren dabei. Für gewöhnlich brachen sie morgens um drei oder vier Uhr auf. Einmal erwies sich der Führer des Spähtrupps als schlechter Wegekenner. Fast zwei Stunden irrten sie im Gelände umher. Da sahen sie plötzlich Gestalten vor sich. Der Feldstecher enthüllte sie als Russen. Als es hell wurde, entdeckten sie, daß das ganze Feld davon wimmelte. Was mochten die im Schilde führen? Die Patrouille zog sich in ein Maisfeld zurück und beobachtete weiter. Ach, mit welch friedlicher Arbeit die Russen beschäftigt waren! Sie ernteten die Kartoffelfelder ab. Bei Anbruch des vollen Tages verschwanden sie in ihrer Stellung. Ob denen da drüben die Verpflegung ausgegangen

war? Man munkelte schon lange, es sei bei den Russen nicht mehr alles im Lot.

Auf deutscher Seite wollte man Gewißheit haben, wie es eigentlich bei den Russen stände. Jetzt galt es also, ein paar vorgeschobene Posten des Gegners abzuschnappen. Auch die Feldwachen mußten mitwirken und hatten den Angreifern den Rückzug zu sichern. Bei dem Unternehmen kam es zu einem kleinen Gefecht. Die Russen gerieten in Unruhe und begannen eine wilde Knallerei. Selbst die Artillerie tat mit. Josef lag mit seinen Kameraden im Feuerbereich. Zum ersten Male hörte er um sich das Zischen und kurze Aufklatschen der Gewehrkugeln. Manche schlugen unmittelbar neben ihm ein. Jetzt legte auch die Artillerie eine Lage in ihre Nähe. Die Granatsplitter schwirrten ihnen um die Köpfe. Ihr eigenartiges Surren klang genau so, wie wenn eine Schar Rebhühner sich plötzlich in die Luft hebt. Da tat es auf einmal neben ihm einen Schlag gleich einem Peitschenknall. Ein fingerlanger Granatsplitter fuhr dicht neben ihm in die Erde. Da hätte nicht mehr viel gefehlt. Josef fühlte die Todesnähe. Im Herzen erweckte er einen Akt vollkommener Reue und empfahl sich der Gottesmutter. Da stand auf einmal vor seinem geistigen Auge das Kapellchen von Schönstatt. Warum dachte er denn gerade in diesem Augenblick an das ferne, schlichte Heiligtum der Sodalenkönigin? Er wußte es selber nicht recht. Aber es überkam ihn auf einmal ein tiefes Gefühl der Geborgenheit und Ruhe. Sein Unteroffizier schaute ein wenig erstaunt zu ihm herüber. Er hatte Josef überhaupt schon lange beobachtet und dabei wahrgenommen, wie kaltblütig er sich zeigte. „Der benimmt sich wie ein alter Frontsoldat“, dachte er, „den merke ich mir für später.“

Am folgenden Tage stieß wieder eine Patrouille vor; diesmal ließ sie einen Toten zurück. Es war der erste vom Jahrgang 98. Tags darauf holte ihn Josef mit Goldner, einem Schönstätter Kameraden, zurück. Als sie den Toten so dahintrugen, kam Josef in eine ganz nachdenkliche Stimmung. Wie rasch der Tod den Menschen zu Fall bringen kann!

Noch einmal kam die Feldwache in Aufregung und der Unteroffizier ins Staunen über Josefs Kaltblütigkeit. Ein Teil der Kameraden war zum Essenholen gegangen. Lange bevor ihre Rückkehr erwartet wurde, hörte die Feldwache in der Nähe verdächtige Geräusche, die sich langsam näherten. „Eine russische Patrouille“, meinte der Unteroffizier. Ob sie die Feldwache ausheben wollten? Es wurde ihm unheimlich zumute. Was sollte er mit seiner Handvoll Leute machen gegen eine vermutliche Übermacht des Gegners? Seine Erregung teilte sich den Leuten mit. Nur Josef lag seelenruhig da mit schußfertigem Gewehr. Jetzt kam er auf den Unteroffizier zugekrochen. Ob er ins Gelände hinausdürfe, um den Gegner anzuschleichen und die Lage zu erkunden, fragte er. So selbstverständlich und ruhig brachte er das heraus, daß der Unteroffizier ihn wiederum erstaunt ansah. Sein Mut imponierte ihm ganz gewaltig. Aber er ließ ihn nicht fort. Die Geräusche verloren sich bald im Gelände.

Später hat der Unteroffizier den Vorfall in der Kompanie erzählt. Mit dem Engling könne man ausziehen. Der sei ein williger und treuer Soldat, der allezeit schweigend seine Pflicht tue und sich in jede Lage schicke. Mut und Kaltblütigkeit habe er wie ein Alter. Und ein guter Kamerad sei er auch. An dem Engling habe sich mancher verguckt. Das Urteil über Josef begann sich von da ab in der Kompanie zu wandeln. Mit den Maßstäben des Paradesoldaten war es vorbei. Die Zeit des Frontkämpfers hatte begonnen.

Als Josef Ende November wieder in Stellung ging, bekam er einen Vertrauensposten. Er wurde abkommandiert zur Infanteriebeobachtung.

In Schnee und Eis

Auf der Infanteriebeobachtung (I.B.O.) stand Josef bei dem führenden Unteroffizier und bekam die ersten Anweisungen. Wie das Scherenfernrohr zu bedienen sei, war bald erklärt. Und nun sollte er einmal da drüben die russischen Stellungen besichtigen. Josef staunte, als er durch das Instrument hinübersah. Da konnte jeder Vorgang, jede Veränderung in der russischen Stellung genau beobachtet werden. Das festzustellen, war die Aufgabe der I.B.O. Solange der Tag dauerte, beobachtete immer einer am Scherenfernrohr. Die Ergebnisse der Beobachtung wurden täglich durch Melder an die rückwärtigen Befehlsstellen weitergegeben. Da stand ja ein sehr interessanter Dienst in Aussicht. Jedenfalls würde es eine ganz andere Beschäftigung werden als das langweilige Postenstehen an der Feldwache.

Überhaupt merkte Josef gleich am ersten Tag, wie sehr sich mit dem neuen Kommando seine äußere Lebenslage verbessert hatte. Die I.B.O. besaß einen ganz wohnlichen Unterstand. Darin gab es sogar eine Pritsche. Zwar bestand sie nur aus ein paar kahlen Brettern. Aber wie ganz anders ließ sich da schlafen, als wenn man sich auf den feuchten Boden hinkauern mußte! Hier hoffte er auch wieder einen gesunden Schlaf zu tun. Zeit genug hatte er; denn die I.B.O. arbeitete nur am hellichten Tage. Das lästige Postenstehen bei Nacht fiel ganz weg. Da

konnte man sich also von fünf Uhr abends bis 5 Uhr morgens auf die Pritsche strecken. Was den Schlaf anging, mußte Josef mancherlei nachholen. In den letzten drei Wochen hatte er nur in drei Nächten vollständige Ruhe gehabt. Als größte Errungenschaft der I.B.O. galt der kleine Ofen. Wie anders war es doch in dem früheren Unterstand gewesen. Darin herrschte eine lausige Kälte, so daß einem die Finger ganz steif wurden. Die Jahreszeit ließ einen bereits den bevorstehenden Winter spüren. Nachts fror der Boden und tagsüber tanzten zuweilen die Schneeflocken übers Land. Besonders lästig fand Josef die Kälte, wenn er Briefe schreiben wollte. Dann mußte er in kurzen Abständen immer wieder herausspringen und sich mit gekreuzten Armen auf dem Rücken die Finger warm schlagen. Hier auf der I.B.O. würde das alles ganz anders sein. Da konnte er wieder einmal nach Herzenslust schreiben und lesen. Freie Zeit gab es genug. Tagsüber mußte er etwa eine Stunde beobachten am Scherenfernrohr, dann Essen holen, Meldungen machen und den Unterstand in Ordnung halten.
Aus seinem Tornister packte er den mitgebrachten Lesestoff aus: Wagner: „Ring der Nibelungen", zwei Zeitschriften: „Leuchtturm" und „Unsere Fahne". Die wollte er gründlich durcharbeiten. Dann kam ein aszetisches Büchlein über das Gebetsleben zum Vorschein. Das war seine geistliche Lesung. Ein anderes: „Aszetische Theologie" lag für den gleichen Zweck in Reserve. Schließlich hielt er noch einen Vorrat Briefpapier in der Hand. Der würde in den nächsten Tagen schon draufgehen. Mit einem wahren Feuereifer ging er in der freien Zeit an die Arbeit. Der plötzliche Übergang in diese ungewohnte Lebensart bekam ihm anfangs schlecht. Es befiel ihn ein heftiges Unwohlsein, das sich aber bald wieder legte.
Seine Gruppe machte ihm in der letzten Zeit recht viel Freude. Sie trafen die Vereinbarung, daß alle Briefe, die unter den einzelnen Mitgliedern gewechselt würden, an ihn, den Gruppenführer, eingesandt werden sollten. So habe er über das gesamte Leben der Gruppe am besten Übersicht. Da kam denn manche Postsendung zu ihm hinein in den Unterstand der I.B.O. Die meisten Briefe befaßten sich zur Zeit mit der Gruppenarbeit im Oktober und hielten Rückblick auf die Gruppenvorsätze. Wie war es denn nun gegangen mit den täglichen Gebeten? Fast alle konnten berichten, daß dieser Vorsatz noch am besten geglückt sei. Josef durfte sich das auch sagen. Allerdings hatte er die Beobachtung gemacht, daß seine Tischgebete ein wenig stiefmütterlich behandelt wurden. Das kam daher, weil es beim Essen vorne in Stellung recht unregelmäßig zuging. Da wurde hier etwas gegessen und

dort etwas. Von eigentlichen Mahlzeiten konnte nicht die Rede sein. Auch an der nötigen Sammlung hatte es bei den Gebeten gefehlt. Künftig wollte er sich bei diesen Fehlern kräftige Bußen auferlegen.
Mehr Schwierigkeit schien der Gruppe der zweite Vorsatz zu machen, täglich ein Gesätzchen vom Rosenkranz zu beten. In einem Briefe stand: „Mit dem Rosenkranz ist es nicht immer glänzend gegangen. Habe manchmal kein Gesätz fertig gebracht, aber doch an den meisten Tagen und oft einen ganzen." Ein anderer schrieb: „Ich habe, soweit es möglich war, das Vorgeschriebene immer gebetet. An manchen Tagen hatte ich es vergessen, oder es ging eben nicht. Es ist doch ziemlich schwer, so etwas zu halten." Mit den übrigen Übungen war es gut gegangen. Am schwersten fiel offensichtlich der dritte Vorsatz, auf das Rauchen zu verzichten. Clemens Meier schrieb von vorneherein, auf diesen Vorschlag könne er nicht eingehen. Was solle man denn vor Langeweile machen, wenn man vorne im Graben liege und keinen Lesestoff habe. Ein späterer Brief berichtete, daß er doch hier und da auf das Rauchen verzichte. Sogar einige Mark Ersparnisse habe er damit aufgebracht. Als Josef das ersparte Geld der ganzen Gruppe zusammenzählte, kam er auf 24 Mark. Das würde die Kasse der Kongregation in Schönstatt schon spüren.
Mit der im Oktober geleisteten Gruppenarbeit war Josef durchaus zufrieden. Inzwischen schwebte ihm bereits ein neuer Plan vor. Alfons Hoffmann hatte neulich den Vorschlag gemacht, die Gruppenmitglieder sollten sich alle entschließen, ein schriftliches Partikularexamen zu führen und es an P. Spiritual zur Rechenschaft einzusenden. Josef gefiel der Gedanke. Ihn in der ganzen Gruppe durchzubringen, war sein nächstes Ziel. Das mußte auf dem Wege über eine allgemeine schriftliche Aussprache gehen. Dabei war vor allem Sinn und praktische Ausführung des Partikularexamens zu erörtern. Jetzt mußten also wieder Gruppenbriefe geschrieben werden an jeden einzelnen und an die Gesamtheit. Das Thema Partikularexamen lag ihm sehr; denn gerade auf diesem Gebiete verfügte er über eine reiche Erfahrung.
Ende November zog in die Gegend des Zbrucz bereits der volle Winter ein. Er breitete über das weite Land eine dicke Schneedecke aus. Der Boden war hart gefroren, und vom Norden her pfiff ein eisig kalter Wind. Wer auf der I.B.O. am Scherenfernrohr stand, den schüttelte bald die schneidende Kälte. Die russische Stellung drüben schien wie ausgestorben. Seit einiger Zeit schrieb der Unteroffizier jeden Tag den gleichen Bericht, daß nichts Neues beobachtet worden sei. Auch heute trug Josef wiederum eine solche Botschaft zu der rückwärtigen

Schreibstube des Bataillons. Dafür brachte er aber Nachrichten mit, die ihn und seine Kameraden aufs höchste interessierten. Der Russe sei kriegsmüde. Er wolle verhandeln und die Feindseligkeiten abbrechen. Vor ein paar Tagen sei ein Offizier des Regiments drüben gewesen als Unterhändler. Auch die Russen hätten bereits Beauftragte in unsere Linien geschickt. Sie wollten Frieden machen, aber einige Kosakenbatterien drüben leisteten noch Widerstand. Sie brachten eine Skizze mit, in der die Stellung der Batterie genau eingezeichnet war. Unsere Artillerie habe daraufhin fünfzig Schuß hinübergejagt. Seitdem herrsche dort allgemeine Friedensbereitschaft.
Das war eine frohe Kunde. Nun konnten sie sich auch erklären, warum seit einiger Zeit das Verbot herausgekommen war, zu schießen und gewaltsame Unternehmungen zu machen. Die nächsten Tage verliefen unter begreiflicher Spannung. Am 6. Dezember wurde vom Regiment amtlich mitgeteilt, im Abschnitt Husiatyn sei eine allgemeine Waffenruhe vereinbart worden. Die Verhandlungen über den Waffenstillstand wären ebenfalls in der nächsten Zeit zu erwarten. Die Truppe müsse sich für einen baldigen Abmarsch bereit halten. Durch die ganze Stellung ging eine freudige Erregung. Wieder ein Schritt dem Frieden näher. Wann würde auch auf den anderen Kriegsschauplätzen die Waffenruhe eintreten?
Schon am folgenden Tag kam der Abmarschbefehl, und am 8. Dezember morgens brach die Kompanie auf. Ein letzter Blick streifte die Gegend von Husiatyn. Fast drei Monate hatten sie hier gehaust. Und wohl nie mehr im Leben würden sie hierher zurückkehren. Man winkte dem „Rußki" Abschiedsgrüße hinüber, und dann ging es los zum Marsch in Schnee und Eis. Bis Tudorow, dem Tagesziel, seien es dreißig Kilometer wurde gesagt. Die vom Stellungskrieg eingerosteten Knochen schienen dieser Leistung fast nicht mehr gewachsen. Der Marsch auf den schneeverwehten Straßen wurde eine gewaltige Anstrengung. Die Hälfte des Weges war noch nicht zurückgelegt, da begann die aufgeräumte Stimmung zu verfliegen. Es wurde einsilbig in der marschierenden Kolonne. Auf den Gesichtern lag der Wunsch nach dem Ruhequartier. Das Gewehr wanderte unruhig aus einer Lage in die andere. Die Schulterriemen des Tornisters schnitten ins Fleisch. Die Füße brannten.
Auch Josef schritt ganz besinnlich einher. Es war ihm aber nicht um die Strapazen des Marsches zu tun. Seine Gedanken richteten sich auf etwas anderes. Heute feierte man Unbefleckte Empfängnis. Wie schön war dieses Fest doch immer in Schönstatt gewesen! An diesem Tage er-

neuerten alle Sodalen die Weihe an die Gottesmutter. Drunten im Kapellchen standen sie an der Fahne und legten die Hand darauf mit dem feierlichen Gelöbnis: „Das ist die Fahne, die ich auserkoren, die laß ich nicht, Maria sei's geschworen." Auch er hatte es einst getan. Im Geiste war er heute mitten unter seinen Mitsodalen und erneuerte gleich ihnen seine Weihe. Still betete er im Herzen die Weihegebete. Was sollte er in diese Hingabe hineinlegen? Die Strapazen des heutigen Tages? Ganz gewiß. Aber noch ein größeres Opfer sollte es sein. Wie war es doch gewesen vor drei Monaten, als sie zur Front marschierten? Da hatte er sich durch die Beschwernisse des Marsches abhalten lassen, seine geistliche Tagesordnung und sein Partikularexamen zu halten. Ja, damals war eine Periode der Lauheit bei ihm eingerissen. Nun standen dieselben schweren Marschtage wieder bevor. Das wäre ein wirkliches Opfer für die Gottesmutter, wenn er diesmal in allem treu durchhielte. Da erneuerte er das Versprechen, sein Streben um das Heiligenideal gerade jetzt ungebrochen weiterzuführen.

Eine Scharte wird ausgewetzt

Vor Anbruch der Dunkelheit kamen sie in Tudorow an. Wie es hieß, sollte die Kompanie hier einige Tage bleiben. Josef bezog Quartier in einer Scheune. In den nächsten Tagen wechselten Appelle mit Exerzierübungen. War das eine Arbeit, bis sie die letzten Spuren des Stellungskrieges aus der ganzen Ausrüstung entfernt hatten. Da mußte geputzt, gewaschen und geflickt werden. Es ging wieder zu wie in der Rekrutenzeit. Fast den ganzen Tag kam man nicht zur Ruhe. Und dann die Exerzierübungen! Der Feldwebel, das mußte Josef bestätigen, war mit Recht unbeliebt. Der konnte wirklich oft eine unvernünftige Dienstordnung herausgeben. So manche seiner Anordnungen trugen ganz offensichtlich den Stempel einer überflüssigen Schikane an sich. Josef merkte, wie in seinem Innern sich der Unmut regte. Aber gleich setzte er mit dem Partikularexamen ein. Beherrschung und Frohsinn des Herzens sollte es heißen.

Wie ganz anders war doch der Kompanieführer! Er sah voraus, daß sich die Kompanie am kommenden Weihnachtsfest wahrscheinlich auf dem Marsche befinden werde. Deswegen sollten seine Leute aber nicht um die Freude der Weihnachtsfeier kommen. Er ordnete darum an, daß das Weihnachtsfest in der Kompanie bereits am 16. Dezember begangen werde. Im Dorf spielte die Musik Heimatlieder, und gegen

Abend trat die Kompanie auf dem Appellplatz an. Der Kompanieführer hielt eine Ansprache. Er verstand es wirklich, die Leute zu packen. Ja, er hatte eine Ahnung davon, was der einfache Soldat dachte und fühlte. Josef empfand eine besondere Freude darüber, daß er seiner Ansprache einen solch feinen religiösen Gehalt zu geben wußte. Im Anschluß daran wurden sogar Geschenke ausgeteilt. Sie waren zwar recht ärmlich, aber sie weckten doch Weihnachtsfreude. Im Quartier saßen die Soldaten noch recht lange zusammen, sangen Weihnachtslieder und sprachen von der Heimat und vom kommenden Frieden.
Nach dem täglichen Dienst ging Josef für gewöhnlich ins Quartier und schrieb im matten Schein eines ,,Hindenburglichts" Gruppenbriefe. Die mußten noch rasch erledigt werden. Denn für die Dauer der Märsche und des Transportes wurde sicher wieder Postsperre verhängt. In der letzten Zeit hatte er auch wieder mehrere Briefe von Karl Burg bekommen. Darin erinnerte er Josef, daß sie sich einstmals ein Versprechen gegeben hätten. Einer müsse dem andern immer wieder ins Gedächtnis zurückrufen, daß sie zeitgemäße Heilige werden wollten. Karls Briefe wurden für Josef Anlaß zu einer besinnlichen Frage. Wie stand es eigentlich mit seiner Begeisterung und mit seinem Ringen um das Heiligenideal? Und zwar um jenes Ideal, dem er eine eigene, ganz persönliche Prägung gegeben hatte in dem Satz: ,,Allen alles werden und Maria ganz zu eigen sein!" Nun war es ja schon fast drei Monate her, daß er keinen Gottesdienst mehr besucht und keine Sakramente mehr empfangen hatte. Hinter ihm lagen die langen Wochen des einförmigen Stellungskrieges. Was war da aus seinem Innenleben geworden? Sah er seine Aufzeichnungen durch, dann konnte er sich sagen, daß sein religiöses Tagesprogramm und seine wöchentliche Geisteserneuerung nahezu ohne Unterbrechung durchgeführt worden waren. Und die Ideale, die er aus der Schule Schönstatts mitgenommen, standen in ungetrübter Klarheit vor seiner Seele. Sein Streben und sein Innenleben, das fühlte er, besaßen noch die alte Frische.
Das geschärfte Auge entdeckte allerdings auch wieder Schwächen. Da draußen im Schützengraben hatten sie das Dasein von Höhlenbewohnern geführt. Das war wohl schuld daran, daß sich in einem alltäglichen Leben besondere Angewohnheiten einnisteten. Beim Essen z. B. war er etwas hastig und formlos geworden. Wie alle seine gleichaltrigen Kameraden besaß er einen gesegneten Appetit. Auf eine gepflegte Form des äußeren Anstandes legte der Soldat in diesen Verhältnissen wenig Wert. Erst recht war der Mann im Schützengraben darin durchaus nicht zimperlich. Ja, es war schon so, wie er sich selber mahnend

einmal niedergeschrieben hatte: „Beim Militär wird man leicht ein Fresser." Wenn man in solch primitiven Lebensverhältnissen wochen- und monatelang beieinander leben mußte, schlichen sich in allen Formen des Umgangs leicht auch unordentliche und primitive Manieren ein. Das wollte Josef auf keinen Fall bei sich einreißen lassen. Ein zeitgemäßer Heiliger mußte in allen Dingen des täglichen Lebens auch eine gefällige Form zu wahren wissen.

Noch eine andere Angewohnheit entdeckte er. Er konnte nicht sehen, daß etwas verloren ginge. Speisereste im Kochgeschirr aß er auf, nicht weil er Hunger hatte, sondern weil er sie nicht wegschütten wollte. Bindfäden, unbeschriebenes Papier und ähnliche Dinge schleifte er oft packweise mit, weil er es nicht fertig brachte, sie als wertloses Zeug wegzuwerfen. Diese Neigung steigerte sich zu einer förmlichen Sammelwut. Hier mußte ebenfalls zugegriffen werden. Ein zeitgemäßer Heiliger darf kein sonderbarer Heiliger werden. In seinem Leben sollten sich keine lächerlichen Eigenheiten festsetzen, die ihn zu einem Kauz stempeln könnten. Mit all diesen Dingen mußte er in der nächsten Zeit fertig werden.

Die Tage um Weihnachten 1917 sahen die Kompanie auf dem Marsch. Sie folgte dem Flußlauf des Sereth und steuerte auf Tarnopol zu. Das Wetter hatte sich verschlechtert. Es war noch um einige Grad kälter geworden und blies eisige Stürme über die schneebedeckten Straßen. Das Brot und die Butter froren im Tornister, daß sie hart wurden wie Stein. Der scharfe Nordost schnitt der vorwärtsstrebenden Kolonne ins Gesicht und verlangsamte ihre Schritte. Die Straßen fegte er streckenweise von Schnee ganz rein und legte den vereisten Boden frei. Da wurde das Ausschreiten noch schwerer und einer um den andern schlug auf die spiegelglatte Straße.

Von rückwärts kam die Meldung, die „Gulaschkanone" käme nicht nach. Es sollten ein paar handfeste, verlässige Leute zu Hilfe kommen. Josef wurde mit ein paar Kameraden zurückgeschickt. Sie mußten nun abwechselnd schieben, stützen oder in die Speichen greifen. Die Pferde wurden unruhig und eigensinnig. Jedesmal, wenn man eine halsbrecherische Stelle befuhr, betete Josef im stillen ein Stoßgebet zur Gottesmutter. Auf einer leichten Berghöhe hätte es beinahe ein schweres Unglück gegeben. Der Wagen kam ins Gleiten und war durch keine Menschenkraft mehr zu halten. Er schlitterte von der Straße ab einem Steilhang zu. Die Soldaten hielten vor Schrecken den Atem an. Das Gefährt wäre mitsamt den Pferden den Abhang hinuntergerollt, hätte es sich nicht plötzlich an einem Baum verfangen. Als sie im Ruhequar-

tier ankamen, spürten Fahrer und Pferde, daß sie einen schweren Tag hinter sich hatten.
Bei flackerndem Kerzenlicht hielt Josef seine geistliche Lesung für den heutigen Tag. Da wurde sein Name gerufen. Er sollte als Quartiermacher mit vorgehen, bekam er Bescheid. Ein Unteroffizier und je ein Mann von den Kompanien des Bataillons sollten heute abend noch weiterziehen. Einen Teil seines Gepäcks ließ Josef bei der Kompaniebagage zurück. Dann schritt das Häuflein in das Dunkel der Nacht. Es war sechs Uhr. Nach einigen Stunden Marschierens legten sie eine halbstündige Pause ein. Die Leute waren todmüde. Josef zog seine geistliche Tagesordnung heraus und erforschte sich über die religiösen Übungen des heutigen Tages. Er konnte überall einen senkrechten Strich einzeichnen, das Zeichen, daß er sie gehalten hatte. Um Mitternacht machten sie in einem Dorfe halt und suchten sich ein Lager für die Nacht. Am Morgen marschierten sie noch beinahe zwei Stunden weiter. Damit hatten sie das festgesetzte Ruhequartier des Bataillons erreicht und trafen alle nötigen Vorbereitungen für die Einquartierungen. Dann ging es wieder eine Strecke zurück, um die Kompanie in Empfang zu nehmen und auf die vorbereiteten Unterkünfte zu verteilen. Es war eine rechte Hetzjagd, bis alle untergebracht waren. An allen Enden wurde nach den Quartiermachern gerufen. Josef konnte viel an körperlichen Strapazen ertragen. Aber heute abend spürte er die Anstrengungen in allen Gliedern. Endlich war alles soweit, daß auch er sein Ruhelager aufsuchen konnte.
Er ging zur Kompaniebagage, um sein Gepäck abzuholen. Was war denn das? Da fehlten ihm ja die beiden Decken. Und die Schnürschuhe mit Bürste und Lederfett waren auch nicht mehr da. Sogar sein Nähzeug vermißte er. Natürlich gestohlen. Da sollte aber doch gleich ein Donnerwetter dreinschlagen. So eine Gemeinheit! Jetzt rackerte er sich bis zum Umfallen ab für die anderen, und da klauten sie ihm noch obendrein die allernötigsten Sachen. Was sollte er bei diesen eiskalten Nächten überhaupt anfangen ohne Decken? Im Quartier hüllte er sich in seinen Mantel ein und schickte sich zum Schlafengehen an. Die Augen wollten ihm schon zufallen vor Müdigkeit. Zuerst noch das Nachtgebet und die Aufzeichnungen.
Alle dreizehn Übungen ging er langsam durch. Morgengebet und Sodalengebet bekamen einen senkrechten Strich. Die gute Meinung auch. Wie war es mit der geistigen Anteilnahme an der hl. Messe und mit der hl. Kommunion? Auch gut. Geistliche Lesung hatte er ebenfalls gehalten. Die Wachestunden, wie stand es damit? An die vom Morgen

konnte er sich noch genau erinnern. Er machte einen senkrechten Strich. Und die vom Nachmittag? In der Hetze beim Verteilen von Quartieren hatte er nicht recht daran gedacht. Sie bekam darum ein Fragezeichen. Rosenkranz, Nachtgebet, Gewissenserforschung, vollkommene Reue und Bitte um den Abendsegen wurden wiederum mit einem senkrechten Strich bezeichnet. Die letzte Übung hieß: ein Akt der Selbstüberwindung. Damit sollte täglich ein eigener und ausdrücklicher Beitrag für das „Gnadenkapital" geliefert werden. In seinem Herzen zitterte noch der Groll nach über den unverschämten Diebstahl von heute. Sollte er da noch weiter die Kameradschaft üben oder genau so rücksichtslos seinen Vorteil suchen wie die anderen? „Tagesopfer für das Gnadenkapital", sagte ihm eine innere Stimme. Er zeichnete einen senkrechten Strich ein. Morgen würde er trotzdem seinem Ideal folgen und unerschütterlich an seinem „Allen alles" festhalten.

Am nächsten Tag marschierten die Quartiermacher wieder voraus. Man gab ihnen Name und Lage eines größeren Dorfes an, in dem die Quartiere für das Bataillon vorzubereiten seien. Unterwegs durchzogen sie das Kampfgebiet der letzten Brussilow-Offensive. Die Gegend war von dem erbitterten Ringen schwer mitgenommen worden. Ein zerschossenes Dorf folgte auf das andere. Hoffentlich ist es unserem heutigen Quartier nicht auch so ergangen, dachten die vorwärtsschreitenden Quartiermacher. Ihre Befürchtungen sollten sich nur zu sehr bestätigen. Von dem großen Dorf, das für ein ganzes Bataillon Platz gehabt hätte, standen nur noch ein paar Häuser. Die Flüchtlinge waren inzwischen zurückgekehrt und hatten alle verfügbaren Räume bezogen. In einem Gebäude hausten vier Familien. Da standen die Einwohner mit ausgemergelten Gesichtern und sahen mit Schrecken die Soldaten kommen. Sie hatten nichts ernten können in diesem Jahr und litten furchtbar unter dem Hunger und allen Schrecken des Krieges.

„Hier kann höchstens eine Kompanie unterkommen", entschied der führende Unteroffizier. „Für die übrigen drei muß ein anderes Quartier gesucht werden." Da zogen sie also weiter bis in die Nachbardörfer und wieder zurück, um die Kompanie abzuholen. Der unerwartete Zwischenfall war schuld daran, daß Josef für diesen Tag in seine geistliche Tagesordnung unter der Spalte: Geistliche Lesung, Rosenkranz ein U eintragen mußte. Das galt als Zeichen dafür, daß sie ihm unmöglich gewesen seien. Die anderen Übungen des Abends bekamen ein N. Das bedeutete: aus Nachlässigkeit nicht gehalten.

Am folgenden Tage erlebte Josef einen Zusammenstoß mit seinen Kameraden. Er sollte zuerst die Bagage in das Ruhequartier führen und

dann zurückkehren, um die Kompanie abzuholen. Auf der vereisten Straße kam das Fuhrwerk aber nicht recht voran. Schließlich mußte sogar noch ein Umweg gemacht werden, der einen unerwarteten Zeitverlust kostete. Indessen wartete die Kompanie auf ihren Führer. Allein weiter zu marschieren wagte sie nicht aus Furcht, sich zu verlaufen. Die Ungeduld der Leute wuchs. Der müßige Aufenthalt in der frostigen Witterung wurde unerträglich. Die vorausgegangenen Strapazen der Marschtage hatten sowieso schon eine übermüdete und gereizte Stimmung geschaffen. Das lange Warten steigerte sich zu einem gärenden Unmut gegen den „langweiligen Quartiermacher", wie man meinte. Endlich erschien er in höchster Eile auf der Bildfläche. Es hagelte ein aufgeregtes Donnerwetter von Schimpfworten und Zornesausbrüchen auf ihn hernieder. Josef blieb ruhig. Er sah ein, daß es wenig Sinn habe, in dieser Lage mit den Kameraden zu streiten und eine Rechtfertigung zu versuchen. Später, wenn ihr Zorn verraucht war, würden sie schon eher für ein vernünftiges Wort zugänglich sein. Stillschweigend führte er die noch immer räsonierenden Kameraden in die vorbereiteten Quartiere. „Übermorgen ist Weihnachten", dachte er bei sich selber, „da muß ich dem Christkind ein Opfer in die Krippe legen."
Am Heiligen Abend war er als Quartiermacher wieder bis elf Uhr abends tätig. Am Weihnachtstag mußte er früh hinaus. Die neuen Unterkünfte sollten bis Mittag fertig sein. Am Nachmittag hatte er endlich einige Stunden Ruhe. Da kam die Meldung, morgen sei kein Marschtag. Die Kompanie habe außerdem vollständig dienstfrei. Die Botschaft wurde mit einem allgemeinen Aufatmen begrüßt. Auch Josef fand, daß der Ruhetag im rechten Augenblick gekommen sei. Jetzt konnte er wieder einmal eine gute Geisteserneuerung halten. Sie tat ihm not. Ob er es noch lange fertig gebracht hätte, unter diesen Verhältnissen sein religiöses Tagesprogramm lückenlos durchzuführen? Der Ruhetag wurde ein rechter Tag des Gebets und der besinnlichen Einkehr. In sein geistliches Tagebuch schrieb er folgende Notiz nieder:
„Zweiter Weihnachtsfeiertag! – Im fernen Galizien sitze ich mit Zivilisten allein in der Stube. Weihnacht – ich denke nach Hause, denke an Schönstatt. Den Hl. Abend und Weihnachten haben sie gefeiert und haben an uns gedacht und wir an sie. Am Hl. Abend marschierte ich als Quartiermacher vor. An Weihnachten selbst machten wir vormittags Quartiere, nachmittags hatte ich seit ein paar Wochen einige Stunde Ruhe. Heute hatten wir vollständige Ruhe. Ich habe gebetet, gelesen und gründliche Gewissenserforschung gehalten und mir das alte Ideal

aufs neue vor Augen gestellt. Ja, man ist zu sehr Mensch und weicht zu leicht vom Ziele ab. Weihnacht! Christus ist geboren; für mich ist Gott ein kleines, unmündiges Kind geworden. Ich muß darum ein ‚alter Christus' werden."

In den letzten Tagen hatte Josef kein geeignetes Partikularexamen gehabt. Er legte sich darum ein neues fest. Jeden Tag wollte er wenigstens drei Selbstüberwindungen üben. Noch drei schwere Marschtage standen bevor; dann waren sie in Tarnopol. Von dort sollte es mit der Bahn weitergehen. Der letzte Marschtag wurde wieder einmal eine Gewaltleistung. Es war ein Nachtmarsch. Von ein Uhr bis morgens fünf Uhr ging es über eine Straße aus Glatteis. Einer stürzte über den andern. Man brauchte doppelt soviel Zeit, als man normalerweise benötigt hätte. Vor Tarnopol wurde eine halbe Stunde gewartet, bis alle sich gesammelt hatten. Trotz des kalten Wetters rann den Leuten der Schweiß von der Stirne.

Auch in diesen Tagen hielt Josef seine geistliche Tagesordnung und sein Partikularexamen tapfer durch. Die Zeit für seine religiösen Übungen und für die Aufzeichnungen mußte er sich oft minutenweise zusammenstehlen. Er brachte es aber fertig. Als sie vor Tarnopol warteten, schrieb er sogar noch einen Brief an einen Mitsodalen.

Der Anmarsch zur Front vor drei Monaten hatte seine Niederlage gesehen; der Abmarsch sah seinen Sieg. Die Scharte war ausgewetzt.

IM STOSSTRUPP VOR VERDUN

„Es wird gemauschelt"

Am 30. Dezember 1917 stand auf dem Bahnhof Tarnopol in Galizien ein langer Truppentransport bereit zur Abfahrt. Die 15. Reserve-Division befand sich auf dem Marsch nach dem Westen. Drei Regimenter Infanterie, ein Regiment leichte und ein zweites schwere Artillerie, ein Pionierbataillon und ein großer Troß mußte in den bereitstehenden Zügen verladen werden. Der Zug mit dem R.I.R. 25 verließ um acht Uhr die Bahnhofshalle. Zum Teil bestand der Zug aus geschlossenen Güterwagen. In jedem Wagen saßen achtunddreißig Mann. Ein kleiner Ofen strahlte behagliche Wärme aus. Das war nötig; denn draußen herrschte immer noch eine empfindliche Kälte.
In einem dieser Wagen hockte eine Gruppe Soldaten beieinander in einer eifrigen Unterhaltung. Jemand hatte die Frage aufgeworfen, was nun werden würde, nachdem Rußland erledigt sei. Da traten die erfahrenen Politiker auf den Plan und entwickelten die mutmaßlichen Pläne der Obersten Heeresleitung. Das sei klar, daß jetzt Hindenburg auf dem westlichen Kriegsschauplatz zu einem großen Schlag ausholen werde. Im Frühjahr gebe es ganz gewiß im Westen eine noch nie gesehene Offensive. Da sei Verdun und Somme ein Kinderspiel dagegen.
„Und die Amerikaner?" warf einer dazwischen.
Bis die kämen, wäre man mit dem Franzmann und mit dem Tommy fertig, bekam er zur Antwort. „Oder die mit uns", entgegnete ein Zweifler. Es glaube doch niemand mehr an einen Endsieg. In Deutschland gäre es. Die Sozialdemokraten täten nicht mehr mit. Man merke es doch an den Streiks in den Munitionsfabriken. Lange werde der Krieg nicht mehr dauern, behauptete einer, der kürzlich in Urlaub war. Die Heimat könne nicht mehr. Man solle sich mal die ausgehungerten Gesichter der Kinder besehen. Die Frauen müßten schon die Dienststellen der Männer übernehmen. An der Eisenbahn, auf der Straßenbahn und auf der Post sähe man weibliche Schaffner. Ein Zeichen, wie wenig Männer mehr in Deutschland sind. Der Meinungsstreit über die allgemeine Lage ging noch lange hin und her. Nur in einem wurde man schließlich ganz einig, daß man nämlich noch etwa eine Woche in diesem „Viehwagen" sitzen und dann irgendwo an der Westfront landen werde.

Da zog einer die Spielkarten heraus. ,,Was spielen wir?"
,,Es wird gemauschelt", war die Antwort. ,,Hier sind wir sicher, daß uns keiner dabei erwischt. Ein Unfug überhaupt, daß die Preußen gerade dieses Spiel verboten haben."
,,Wie hoch soll der Einsatz sein?" fragte jemand. Man einigte sich auf zwanzig Pfennig.
,,Also los." Die einen spielten, die anderen sahen interessiert zu. Das Spielglück wechselte hin und her. Und hin und her wanderten auch die Pfennige. Die Spielleidenschaft zog Beteiligte und Zuschauer in ihren mächtigen Bann. Da warf einer nach einer verlorenen Partie mit einem Fluch die Karten hin.
,,Verdammt nochmal, jetzt sind meine letzten ,Kröten' futsch."
,,Morgen ist der 31.", sagten tröstend die andern. ,,Da gibt es Löhnung. Aber jetzt einen Ersatzmann her!"
,,Ich bin auch schon abgebrannt", meinte einer der Umstehenden.
,,Ich auch", ergänzte ein zweiter, ,,aber hier der Engling, der hat noch Kleingeld." Das wußten sie, denn schon mancher hatte ihn angepumpt.
,,Los Engling, tu mit", riefen die Spieler. Josef zögerte und wollte ablehnen. Sie ließen ihn aber gar nicht zu Worte kommen.
,,Sei kein Spielverderber, Engling, und setz dich dazu", drang man ungeduldig von allen Seiten auf ihn ein. ,,Wenn wir nicht spielen, vergehen wir ja vor Langeweile."
Das heißt, so zart drückten sie sich nicht aus. Für das Wort ,,vergehen" brauchten sie ein anderes. (Das gehört allerdings zum Privatbesitz des soldatischen Sprachschatzes und steht beim Gebrauch der Feder nicht zur Verfügung.) Josef wollte nicht ungefällig sein und folgte der Einladung. Er spielte mit ihnen bis zum Abend. Das Glück war ihm ungewöhnlich günstig. Als er am Schlusse alle seine Pfennige zusammenrechnete, da zählte er dreizehn Mark. Einige Spieler machten lange Gesichter. Auch Josef war unzufrieden. Das gewonnene Geld konnte ihm keine Freude machen. Er überlegte schon, ob er es nicht den Kameraden wiedergeben sollte. Jedenfalls, so nahm er sich vor, würde er sich morgen nicht mehr in ein Spiel einlassen. Er fühlte die erwachende Leidenschaft.
Am folgenden Tage wurde er wieder aufgefordert, mitzutun.
,,Ihr braucht mich doch heute nicht", wehrte er ab. ,,Ihr habt doch eben erst Löhnung bekommen."
,,Aber du hast gestern mächtig gewonnen", hielten sie ihm entgegen.
,,Darum bist du es uns schuldig, daß du mitmachst."

Als Josef die Karten sah, kribbelte es ihm in allen Fingern. Mit der Abwehr war es ihm schon nicht mehr so ganz ernst. Und dann, so sagte er beschwichtigend zu sich selber, nach dem Gewinn von gestern abend könne man jetzt wirklich nicht gut nein sagen. Ohne sich noch lange zu sträuben, setzte er sich zu den Spielern.
In der Neujahrsnacht rollte der Zug in Brest-Litowsk ein. Im Transportzug herrschte eine ungebundene Stimmung. Gewehrschüsse krachten in die Nacht und zwischendurch hallten die Rufe: ,,Prost Neujahr!" In Brest-Litowsk saßen gerade die Unterhändler Deutschlands und Rußlands beieinander und berieten die Friedensbedingungen. Am Neujahrstag fand sich die Gruppe der Kartenspieler wieder zusammen. Auch Josef war dabei. Es hatte diesmal gar keiner Einladung mehr bedurft. Das Spiel lockte ihn mit geheimnisvoller Gewalt. Bis abends zehn Uhr wanderten die Karten durch seine Hände. Auf einem kleinen Bahnhof hielt plötzlich der Zug an.
,,Wie heißt das Kaff?" fragten einige.
,,Kalisch", las einer auf dem Bahnhofsgebäude. Draußen gellte ein Kommando: ,,Alles aussteigen und antreten!" Einigen Urlaubern der letzten Zeit dämmerte eine Erinnerung auf. ,,Aha, hier werden wir entlaust." Die Botschaft wurde mit Befriedigung aufgenommen. Es war ja auch kaum mehr zum Aushalten mit dem Ungeziefer, zumal, seit so viele Menschen im engen Raum beisammen lagen. Und dann ging es doch auch nicht an, daß russische Läuse zu einer Offensive an der Westfront eingesetzt würden. Bei der Entlausung wollten einige recht unziemliche Späße reißen. Josef tat, als höre er nicht. So pflegte er sich meistens zu verhalten, wenn derartige Reden geführt wurden. Waren es Kameraden, mit denen er ständig zusammenlebte, dann nahm er sie bei passender Gelegenheit her und redete ihnen ernst ins Gewissen.
Heute abend hatte er es – in einer ganz anderen Sache freilich – mit dem eigenen Gewissen zu tun. War er in diesen Tagen nicht der Spielleidenschaft erlegen? Wieviel Zeit hatte er vergeudet, die sich auf viel bessere Dinge hätte verwenden lassen! Was die schweren Marschtage nicht fertig gebracht, das war der Spielleidenschaft gelungen. Seine geistliche Tagesordnung bröckelte langsam ab. Die geistliche Lesung und der Rosenkranz fielen schon seit einigen Tagen aus. Auch die Aufzeichnungen hörten bereits auf. Fast den ganzen Tag hatte er mit dem Kartenspiel verbracht. Kein Wunder, daß ihm für die Pflege des Innenlebens keine Zeit mehr übrig blieb. War das überhaupt ein würdiger Anfang für das neue Jahr? Die Gewissensbisse setzten ihm heftig zu. Als

sie in Kalisch wieder einstiegen, wußte er es so einzurichten, daß er in einen anderen Wagen kam. Dadurch wurde er von den spielenden Kameraden getrennt. Für heute war er der Versuchung aus dem Wege gegangen. Bezwungen war der neue Gegner auf dem Kampffelde des eigenen Herzens aber noch nicht.
Der Zug rollte weiter mitten durch Deutschland. Bekannte Städtenamen tauchten auf. Leipzig – Eisenach mit der Wartburg – Bebra – Hanau. Jetzt mußte bald der Rhein kommen. Da die meisten 25er aus dem Rheinland stammten, gerieten sie in Bewegung. Plötzlich ging das Gerücht um, im Rheinland werde halt gemacht und vorübergehend Quartier bezogen. Die Nachricht setzte auch Josef in Spannung. Dann würde er gewiß einen Abstecher nach Schönstatt machen können. Am späten Nachmittag rollte der Zug über eine Rheinbrücke. Es kam Kreuznach in Sicht und bald Saarbrücken. Die Rheinländer machten enttäuschte Gesichter. „So 'ne Latrinenparole", sagten sie. Der Wunsch war bei dem Gerücht der Vater des Gedankens gewesen.
Als man am 6. Januar morgens die Bahnhofsschilder las, entdeckte man bereits französische Namen: Montmédy – Sedan – Stenay. Es ging der Maas entlang. „Wir kommen nach Verdun", hieß es im Transportzug. Das klang durchaus nicht hoffnungsfroh. Verdun galt immer noch als heißer Boden. Gegen vier Uhr kreischten die Räder des Zuges. Ein Ruck ging durch die Wagen. Der Zug hielt. „Alles aussteigen, fertig machen zum Abmarsch!" Die Soldaten sprangen ins Freie und atmeten erleichtert auf. „Dun" lasen sie auf einem kleinen Bahnhofsgebäude. Die vierte Kompanie bezog Quartier in dem jenseits der Bahnlinie liegenden Dorf Doulcon. Hier befand sich auf den weiten Wiesen hinter der Kirche das Versorgungslager der Deutschen für den Frontabschnitt auf dem linken Maasufer. Ein eigenes Bahngleis führte ins Lager hinein, so daß man leicht die schwere Munition heranschaffen konnte. Einzelne Bunker – über das weite Gelände verstreut – dienten als sichere Unterstände. Aber auch die alten Baracken waren gut hergerichtet. Zum Staunen der Ankömmlinge waren sie mit elektrischem Licht ausgestattet. „Eine vornehme Villa", sagten die Muskoten und richteten sich in den neuen Quartieren ein. „So, nun wollen wir mal sehen, wie die Läuse und Flöhe der Westfront tun", meinten sie und streckten sich auf den Betten aus Maschendraht nieder. Eine volle Woche hatte die Fahrt gedauert von Tarnopol bis Dun. Auch die Eisenbahn schien von der Kriegsnot betroffen zu sein. Ihre Maschinen waren ausgeleiert und hätten längst in die Werkstätten gemußt. Ja, ja, lange konnte der Krieg gewiß nicht mehr dauern.

Mit der Ankunft in Dun fiel auch wieder die seit Wochen verhängte Postsperre. Gleich gab Josef eine Mitteilung an sämtliche Gruppenmitglieder, daß er wieder zur Stelle sei, und daß die Gruppenarbeit sofort weitergehe. Sein Ziel, in der Gruppe das schriftlich geführte Partikularexamen einzuführen, stand ihm noch lebhaft vor Augen. Zuerst mußte er jedoch selber wieder ganz im Gleichgewicht sein. Drei Tage des Transportes hatte er sich unter die Gewalt der Spielleidenschaft gebeugt. Diese Schwäche lähmte sofort sein geistliches Streben. Zwar nahm er bereits an Neujahr seine geistliche Tagesordnung wieder auf. Auch sein Partikularexamen war etliche Tage später in Ordnung. Den letzten Tag der Fahrt, einen Sonntag, hatte er sogar für eine stille Einkehr und Gewissenserforschung benützt. Aber nur ganz langsam wollten sich die letzten Spuren seiner erlittenen Niederlage verlieren. Kaum hatte er mühsam seinen alten Stand erreicht, da warf ein neuer Triumpf der Spielleidenschaft wieder alles über den Haufen.
Nicht weit von seinem Quartier hatten einige seiner Kameraden in einer Scheune Unterkunft gefunden. Der Dienst ließ in den ersten Tagen nach der Ankunft mancherlei freie Zeit übrig. Irgendwie mußte man sie totschlagen. Die Kameraden in der Scheune taten das mit dem beliebten „Mauscheln". In dem abgelegenen Raum fühlten sie sich vor jedem unerwünschten Beobachter sicher. Eines Abends trafen sie mit Josef zusammen und drängten ihn gleich zu einem Spiel. Er wehrte sich. Nur e i n e Runde sollte er mitspielen, sagten sie und zerrten ihn mit fort. Josef überlegte. Gut, um den Kameraden den Gefallen zu tun, wollte er ein kurzes Spiel mitmachen. Aus einer Runde wurden zwei, drei. Jedesmal, wenn Josef aufstehen wollte, meinten die andern: „Noch e i n Spiel, dann brechen wir ab." Sie brachen aber nicht ab; denn ein Spiel gab das andere. Es war schon spät geworden. Die Spieler merkten es kaum. In Josef regte sich das Gewissen. Das ist doch keine Gefälligkeit mehr, das ist eine Leidenschaft. Wo bleibt heute abend das Nachtgebet? Geistliche Lesung und Rosenkranz waren auch noch nicht erledigt. Aber das Spiel ließ ihn gar nicht zum rechten Nachdenken kommen. Immer, wenn er auch nur einen Augenblick zu grübeln begann, schreckte ihn gleich einer auf mit einem ungeduldigen: „Los, weiter!" Der Feuereifer der andern steckte ihn an. Schließlich hörte er die Stimme des Gewissens überhaupt nicht mehr. Sie spielten und spielten. Draußen graute schon der Morgen, als der Regimentsmelder Goldner, wie Josef Schönstätter Sodale, die Tür aufriß und überrascht ausrief: „Engling, Du?" Josef erhob sich, ohne ein Wort zu sagen. Auf dem primitiven Spieltisch verflackerten ein paar Kerzenstummel.

Mit dem anbrechenden Morgen kam über Josefs Seele eine tiefe Ernüchterung. Den ganzen Tag lastete ein drückendes Schuldbewußtsein auf ihm. Kaum war der Dienst zu Ende, da griff er zur Feder. Er hielt es nicht mehr länger aus, so groß war der Druck auf seiner Seele. Er mußte seinem fernen Beichtvater ein ehrliches Bekenntnis ablegen. Alle Fehler und Schwächen der vergangenen vierzehn Tage gestand er darin ein, und daß der Grund zu allem das Kartenspiel sei. Und dann fügte er hinzu: „Sie sehen, wieviele Gnaden ich verscherzt habe. Doppelt leid tut es mir jetzt beim Schreiben. Legen Sie, bitte, Fürbitte für mich ein beim lieben Mütterlein. Sagen Sie ihm im Kapellchen, ich wolle wieder eifriger in ihrem Dienst sein . . . Euer Hochwürden sehen, ich bin wieder schwach gewesen, habe schwer gefehlt. Bitten Sie für mich um Verzeihung und strafen Sie mich. Demütig nehme ich die Strafe an. Ich will in Demut aber voll Vertrauen zur Mutter von neuem dem erkannten Ziele zustreben."

Nun mußte sich Josef aber auch klar werden, wie er es in Zukunft mit dem Kartenspiel halten wollte. Er dachte nach. Wenn es nur deswegen geschah, um sich über die Langeweile des aufgezwungenen Nichtstuns hinwegzuhelfen, war es gewiß kein Fehler. Und daß er dabei ein Vergnügen fand, brauchte ihn ebenfalls nicht zu beunruhigen. Tat er es aus Liebe zu seinen Kameraden, so konnte er darin sogar einen Akt der Tugend sehen. Aber daß das Spiel zur Leidenschaft wurde und Gewalt über ihn bekam, das durfte er nicht zulassen. Ein ungezügelter Spieltrieb beraubte ihn der inneren Freiheit. Und wenn er nicht mehr die Herrschaft über sich selbst besaß, dann erkaltete sofort sein religiöses Leben und Streben. Deswegen war es ja immer so gekommen, daß er die geistlichen Übungen vernachlässigte und die Zeit im Kartenspiel vergeudete. Nach den Erfahrungen der letzten Wochen faßte nun Josef den Vorsatz, künftig nur noch aus edlen Beweggründen zu spielen. Auch sollte es nur soweit geschehen, als ihm wirklich freie Zeit zur Verfügung stände. Wie hatte man doch einstmals in Schönstatt gesagt? Erst das Notwendige, dann das Nützliche und schließlich das Angenehme. Genau so mußte es wohl auch hier sein.

Mit einem neuen Vorsatz – das merkte er bald – war aber nichts Rechtes anzufangen. Solange ein ungezügelter Spieltrieb ihn regierte, trübte sich der klare Blick; da redete er sich jedesmal ein, er spiele ja nur aus einem edlen Beweggrund. Auch dann, wenn es tatsächlich nicht der Fall war. Damit verlor er gleichzeitig das rechte Urteil darüber, wieweit er wirklich im Rahmen seiner verfügbaren Zeit verblieb. Nach jedem Spiel empfand er darum innerlich eine große Unzufriedenheit mit sich selber. Wenn er es recht bedachte, sah er ganz genau, was eigentlich zu tun sei. Zuerst müßte er die Macht der Spielleidenschaft brechen und damit die innere Freiheit und die Herrschaft über sich selber erobern. Das war aber nur möglich durch eine vorübergehende Radikalkur.

Kurz entschlossen schrieb er in sein geistliches Tagebuch: „Jeden Tag will ich hier verzeichnen, ob ich die nötige Strenge gegen mich selbst gehabt habe. Ferner verspreche ich dir, liebes Mütterlein, bis zum 1. März keine Karten mehr anzurühren. Hilf mir!" So mußte es gehen. Beim Rauchen hatte er ja die gleiche Erfahrung gemacht. Damals legte er sich für den Monat Oktober eine völlige Enthaltung auf. Seither war er von der Angewohnheit abgekommen. Heute fühlte er sich nicht mehr darauf angewiesen und rauchte nur noch ganz selten.

Vier Wochen lang hielt er das selbstverhängte Spielverbot ein. Die Einladungen der Kameraden lehnte er beharrlich ab, auch wenn er Verdruß erregte. Aber eines Tages ließ er sich trotzdem noch einmal überrumpeln. Da griff er sofort mit energischer Strenge gegen sich selbst ein. Zur Buße für den gebrochenen Vorsatz entzog er sich das Abendessen. In Anbetracht der schmalen Kriegskost war das eine empfindliche Strafe. Dann erweiterte er das Spielverbot für den ganzen Monat März. Diese kräftigen Bußen schafften gründliche Wandlung. In der Zukunft blieb er seinem Vorsatz treu. Von dieser Zeit ab hatte er den ungeordneten Spieltrieb überwunden. In den kommenden Monaten brauchte ihm sein Gewissen nie mehr einen ernstlichen Vorwurf zu machen.

Inzwischen harrte seiner aber wieder eine neue Kraftprobe.

Unblutige Scharmützel

In den ersten Tagen des Januar 1918 lief bei der 15. Reserve-Division ein Korpsbefehl mit einem Auftrag des zuständigen A.O.K. 5 ein, die Truppe sei im Angriff auszubilden. Der Korpsbefehl enthielt zugleich Angaben über die an der Westfront erprobten Methoden der Angriffsbewegung. Im Stab der Division wußte man, was das zu bedeuten habe. Bei der zu erwartenden Frühjahrsoffensive würden sie dabei sein. Bald hielten die Kommandeure der einzelnen Bataillone ein ausführliches Ausbildungsprogramm in Händen. In spätestens einem Monat sollte die Truppe damit fertig sein. Die Führung der Division ging in die Hand eines neuen und erfahrenen Kommandeurs über, der

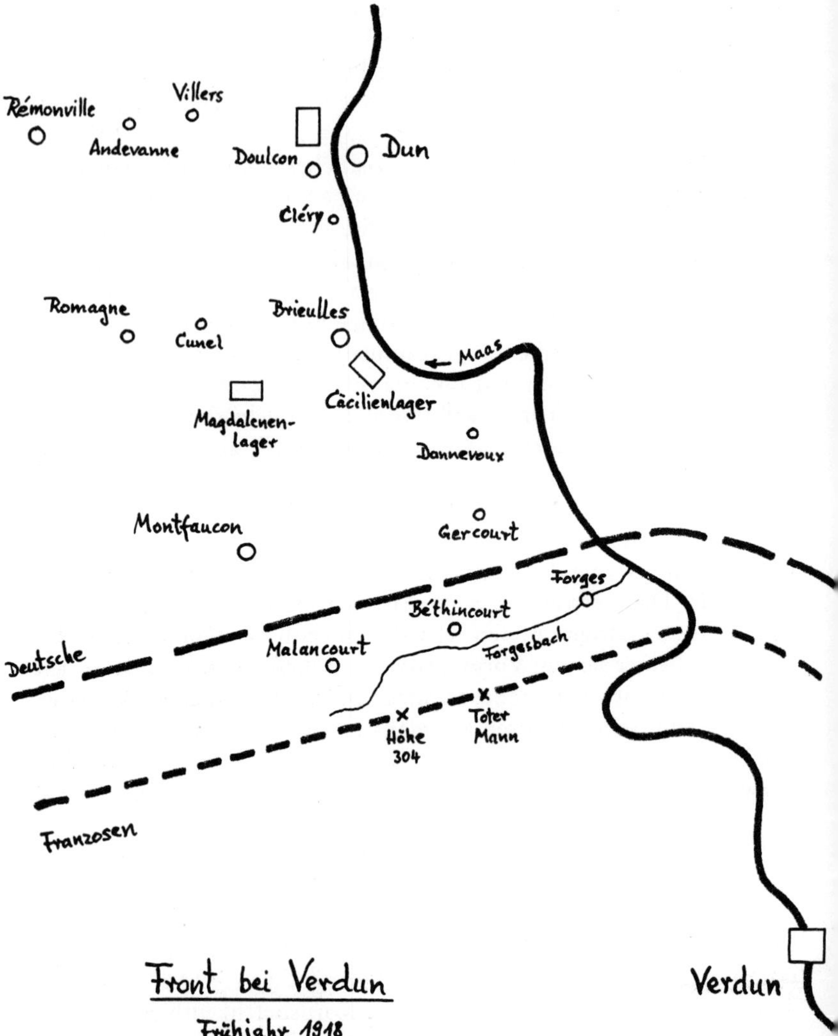

Front bei Verdun
Frühjahr 1918

bislang an der Westfront gestanden hatte. Er trug die Verantwortung dafür, daß die Division binnen kurzem einsatzbereit sei. In allen ihren Gliederungen bis hinunter zur letzten Gruppe spürte man bald Hochdruck. Zunächst gab es für Josefs Kompanie Quartierwechsel. Am Abend des 18. Januar wurden sie in das einige Kilometer weiter westlich gelegene Dorf Villers-devant-Dun verlegt. Es war eine kalte Scheune, für die zuerst noch Holzwolle für die Betten und Holz zum Heizen besorgt werden mußten, ehe man es bei dem regnerischen Wetter aushalten konnte.

Über die Felder der Dörfer von Dun-Rémonville bewegten sich während des ganzen Januar übende Truppenverbände. Wenn nur das Wetter nicht gar so miserabel gewesen wäre! Es wechselte Nachtfrost mit Tauwetter, Schneegestöber mit naßkaltem Regen. Der Boden war allenthalben aufgeweicht. Im Gelände sammelten sich Lachen von lehmgelbem Schneewasser. Da und dort lagen schmutzige Schneefetzen. Über das freie Feld heulte oft ein schneidend kalter Wind. Gegen das Wasser der Schneeschmelze vermochte kein Stiefel Schutz zu bieten, und gegen die naßkalten Regenschauer auch nicht der Waffenrock. Im tollsten Hundewetter zogen die Kompanien morgens hinaus. Am Anfang, in der Mitte und am Ende der Übung aber stand das unvermeidliche: Hinlegen, Sprung auf, marsch, marsch! Wenn die Soldaten mit feuchten Kleidern und froststeifen Gliedern zurückkamen, sahen sie aus, als hätten sie sich mit ganzer Körperlänge durch eine Lehmpfütze gewälzt.
Daheim folgte ein Appell auf den andern. Man setzte die Uniform instand und schleifte sie bald darauf wieder durch den tiefen Dreck. So ging es Tag für Tag. Es wurde geputzt, geflickt und gewienert mehr als je in der ganzen Soldatenzeit. Bei den Übungen mußte man ständig darauf gefaßt sein, daß unverhofft irgendwo ein „hohes Tier" auftauchte und mit scharfer Kritik in die Ausbildung eingriff. Die Befehlsstellen wurden deswegen ein wenig nervös. Im Bataillonsstab arbeitete man für jeden Tag eine Dienstordnung aus, die nichts zu wünschen übrig ließ. Der Führer des Bataillons, ein strammer Offizier, holte das Letzte aus der Truppe heraus. Die vierte Kompanie führte um diese Zeit vorübergehend ein junger Offizier, der demnächst in einen Ausbildungskursus für Kompanieführer abrücken sollte. Zuvor erwartete man aber von ihm überzeugende Proben seines Könnens. Durch seinen begreiflichen Eifer wurde der an sich schon scharfe Dienst noch um etliche Grade gesteigert. Es sollte aber noch schlimmer kommen.

Am 24. Januar veranstaltete das Bataillon unter den Augen des Divisionsgenerals, des Brigadeführers und des Regimentskommandeurs eine Gefechtsübung. Die hohen Herren mußten wohl mit der Leistung nicht sehr zufrieden gewesen sein; denn nach der Manöverkritik machten die Offiziere unheilverkündende Gesichter. Der Hauptmann und Bataillonsführer schien von allen den größten Grimm zu haben. Er setzte gleich für den Nachmittag einen Appell in feldmarschmäßiger Ausrüstung an. Und da entlud sich über die vier Kompanien ein fürchterliches Unwetter. Der Stand des Bataillons sei einfach „saumäßig". Der Feldwebel der vierten Kompanie wurde mit einem eigenen Zornesausbruch bedacht. Er hatte es mit der feldmarschmäßigen Ausrüstung bei sich selber etwas leicht genommen. Als „Kompaniespieß" glaubte er sich das leisten zu können. Da wurde er aber vor versammelter Mannschaft vom Hauptmann in einer Weise „angepfiffen", daß den Muskoten vor Schadenfreude das Herz im Leibe lachte. Am liebsten hätten sie laut aufgewiehert wie des Hauptmanns vollblütiges Schlachtroß. Aber schon nach einigen Tagen war ihnen anders zumute.

Seit der Besichtigung jenes Tages herrschte bei allen Befehlsstellen Gewitterschwüle; namentlich beim Kompaniefeldwebel. Ob nun der wutschnaubende „Spieß" seine Tüchtigkeit nachweisen oder sein Mütchen kühlen wollte, jedenfalls machte er fortan jedesmal eigenmächtige Zusätze zu dem vom Bataillon herausgegebenen Tagesdienst. Er wußte auch hinter seine Anweisungen den entsprechenden Druck zu setzen. Der tägliche Dienst nahm mittlerweile Formen an, daß es selbst den altgedienten Unteroffizieren zu toll wurde. Sergeant Jakob Einig, ein biederer und rechtlich denkender Mann, bekam eines Tages Einblick in die Befehlsausgabe des Bataillons. Er verglich sie mit der Dienstordnung der Kompanie und stellte den Unterschied fest. Sofort stieg er dem Feldwebel „auf die Bude" und muckte gehörig auf. Es gab zwischen beiden einen gewaltigen Krach. Aber viel ändern konnte der gute Sergeant nicht.

In der Kompanie begann es zu gären. Man glaubte sich mißhandelt und fühlte sich dennoch zur Ohnmacht verurteilt. In den Herzen fraß sich Unmut und Verbitterung fest. Nicht lange nach jener fatalen Besichtigung stand im Tagesdienst: Exerzieren und Ehrenbezeugung. In der nächsten Zeit, an Kaisers Geburtstag, sollte eine Parade sein. Da mußten natürlich der Präsentiergriff und der Parademarsch klappen. Gerade diese Übung kam aber zur ungünstigen Stunde. Sie schlug sozusagen dem Faß den Boden aus. Durch die Gemüter der Soldaten ging eine

heftige Erregung, und nach Dienstschluß entlud sich der angestaute Groll. Es wurde geflucht und räsoniert auf den ganzen „Kommiß“, auf den Hauptmann, auf die Offiziere und den Feldwebel.
„Jetzt läßt man uns noch Paradeschritt laufen. Wozu diese blöde Spielerei taugen soll vor der Offensive, das weiß der Teufel“, legte einer los.
„Ja, Mensch“, polterte ein anderer, „wir gewinnen doch den Krieg, weil wir so gut grüßen können.“
„Mit Schikanen bringt man uns weder Vaterlandsliebe noch Offensivgeist bei“, sagten kopfschüttelnd und bitter selbst ganz vernünftige Leute. Und andere, die eine unbändige Wut schüttelte, drohten mit dem Schlimmsten. Es käme ja einmal der Tag der Rache. Dann könne sich der und jener Vorgesetzte auf eine Kugel von hinten gefaßt machen. Es mochte mehr Wutausbruch als tatsächlich innerste Gesinnung sein, wenn sie so redeten. Der Soldat führt eine kräftige Sprache. Das im Zorn gesprochene Wort braucht nicht immer so genommen zu werden, wie es klingt. Im gegebenen Augenblick werden sie trotz alledem tapfer ihre Pflicht tun. Im ganzen gesehen herrschte aber in der Kompanie doch eine sehr gereizte Stimmung.
Zur selben Zeit rückte in die Division neuer Ersatz ein, etwa tausend Mann. Gegen dreihundert davon entfielen auf die 25er. Es waren alte und junge Leute dabei. Manche hatten schon über drei Kriegsjahre mitgemacht und trugen das Verwundetenabzeichen. Der neue Ersatz unterschied sich durch seine gesamte Haltung recht ungünstig vom Stammregiment. Nicht wenige von ihnen hatten sich monatelang in der Kaserne herumgedrückt. Sie waren oft in sozialdemokratischen Parteiversammlungen gewesen. Dort nahmen sie das Gift der Verhetzung und der aufrührerischen Gesinnung in sich auf und verbreiteten es rasch unter den Kameraden. Ihre zersetzende Tätigkeit konnte man in dem neuen Ersatz überall spüren. Die Kriegsmüdigkeit, der Hunger, die erlebten Strapazen oder die Todesnot in der Schlacht hatte in manchen die seelische Spannkraft gebrochen. Darum vermochten sie den zerstörenden Einflüssen keinen Widerstand mehr entgegenzusetzen und ließen sich von irgendeinem Hetzer mitreißen.
Der neue Ersatz, mit so viel fragwürdigen Elementen verseucht, rückte zu einer höchst unglücklichen Stunde in die Kompanie ein. Sie fanden unter den Kameraden der Front eine verbitterte Stimmung vor. Das war ein günstiger Nährboden für die Tätigkeit der Hetzer. In den erregten Aussprachen tauchten nun ganz neue Schlagworte auf. Und die waren tatsächlich gemeingefährlich. Die Schuld am Kriege trüge allein

der preußische Militarismus. Das einfache Volk in den kriegführenden Ländern hätte längst Friede gemacht. Aber die Militaristen besäßen ganz wahnsinnige Machtgelüste. Der Soldat solle einfach die Knarre hinschmeißen, den Gehorsam verweigern und bei der ersten Gelegenheit überlaufen. Dann gebe es am ehesten Frieden. Der Soldat an der Front trug bereits schwer genug an der Lage von 1918. Daß ihm die Männer aus der Heimat mit der Aufforderung zum Verrat auch noch den Mut nehmen wollten, das war ein meuchelmörderisches Beginnen.

Den Alten vom Regiment gingen derartige Redensarten entschieden zu weit. Trotz aller Verärgerung aus den Erlebnissen der letzten Wochen konnten sie solche Gesinnung nicht billigen. Es machte sich allerdings auch keine Empörung dagegen geltend. Sollte nicht doch ein Funke von Wahrheit dabei sein, begann der einfache Mann zu zweifeln. Da geschah eines Tages das Unfaßbare. Einige aus dem Ersatz verweigerten den Gehorsam und rückten aus nach Deutschland. Zwar griff die militärische Befehlsgewalt gleich mit harter Faust zu. Aber die Gärung unter den Leuten dauerte unvermindert an.

Josef stand inmitten dieser Geschehnisse und lebte sie mit hellem Bewußtsein mit. Was war das in der letzten Zeit ein Wogen und Wühlen in seiner Seele! Die ganze Welt kam ihm auf einmal unverständlich vor. Da sah er um sich seine Kameraden. Er fühlte alle ihre Nöte wie die eigenen. Daß sie gegen so manchen Mißgriff ungeschickter Unterführer aufbegehrten, konnte er ihnen nicht verübeln. Auch er mußte manches verurteilen, was er sah und hörte. Und oft brachte ihn sein verletztes Rechtsgefühl in leidenschaftliche Erregung. Nun vernahm er noch die aufrührerischen Reden über Militarismus, Krieg und Vaterland. Er fühlte, daß hier schwere und brennende Fragen vor ihm auftauchten, die eines Tages von ihm eine ernste Entscheidung forderten.

Vor seinem Geiste standen wiederum seine alten Ideale. Wie hatte er doch noch vor einem Jahr an seinen Lehrer geschrieben?

„. . . Ich freue mich, etwas Anteil zu haben an dem Großen, das sich im Vaterland begibt . . . Der Gedanke, für die deutsche Nation kämpfen zu dürfen . . . erfüllt mich mit Stolz. Und gerade jetzt, da es nach meiner Ansicht zur Entscheidung kommen muß, darf ich dabei sein. Wie sollte ich da nicht froh und stolz sein und die kleinen Unannehmlichkeiten gerne ertragen . . . Leider kämpfen und leiden wir dabei auch für allerlei Gesindel und Pack. Das muß man nun einmal mit in Kauf nehmen, um dagegen nach erlangtem Sieg zu kämpfen."

Ja, so hatte er noch vor einem Jahr gedacht. Und heute? Dachte er

heute auch noch so? Ganz ehrlich durfte er sich sagen, seine Gesinnung hatte sich nicht geändert. Noch nie war er innerlich dabei gewesen, wenn aufrührerische Reden in seiner Umgebung geführt wurden. Nicht einmal an den Zornesausbrüchen über unvernünftige Härten des Dienstes hatte er mitgetan. Auch in der Zukunft wollte er es so halten. Es mochte kommen, was will, er würde nicht räsonieren über die allgemeine Lage. Taten es andere Kameraden, dann wollte er sie deshalb nicht öffentlich verurteilen. Er konnte ihre Notlage verstehen. Aber er vermochte nicht mit ihnen einig zu gehen. Darum würde er schweigen. Ein Gefühl, als würde er sich versündigen, hielt ihn ab, etwas anderes zu tun. Er mußte sich und seiner Vergangenheit treu bleiben. Aber etwas war doch an ihm anders geworden. Vor einem Jahr bewegte ihn eine echt jugendliche und naturhafte Begeisterung. Und heute? Ja, wie war es doch nur, wenn ihn eine verzweifelte Stimmung packen wollte? Nein, da wurde seine vaterländische Gesinnung nicht durch die bloße Begeisterung der Jugend aufrecht erhalten. Wie war man inzwischen doch nüchtern geworden! Was ihm Kraft gab – er spürte es ganz deutlich –, das waren die ewigen Dinge. Hier hatte sich tatsächlich etwas geändert. Ganz ehrlich mußte er sich eingestehen: Erfüllte ihn nicht der Glaube an Gott und die Ewigkeit, er dächte genau wie so mancher wutschnaubende Kamerad, der angeblich einem verhaßten Vorgesetzten bei Gelegenheit eine Kugel durch den Kopf jagen wollte.
Drang er tiefer in das Innere seiner eigenen Seele, dann fand er trotz des wogenden Durcheinanders von Stimmungen und Erlebnissen dort einen festen Standort. Das war sein religiöses Lebensideal. Die großen Drangsale der Kriegszeit dünkten ihm für sein persönliches Lebensschicksal nichts anderes zu sein als eine gewaltige Erziehungsschule Gottes. In ihr sollte er zum Heiligen geformt werden. Wie hätte er da noch murren können? Die täglichen Plackereien und Strapazen sollten Beiträge sein für das „Gnadenkapital" der Gottesmutter in Schönstatt. Daraus würde einmal eine Erneuerungsbewegung entstehen zur religiös-sittlichen Wiedergeburt des Vaterlandes. Damit bekamen alle Entsagungen und Leiden der Soldatenzeit einen tiefen Sinn. Die Treue zum Fahneneid klang zusammen mit der Treue zu seinem religiösen Lebensideal. Darin fand er die Kraft, sich im seelischen Gleichgewicht zu erhalten und sich gegen allen Mißmut der Umgebung durchzusetzen.
Bei diesen Überlegungen ging Josef auch auf, was er einem Gruppenmitglied zu antworten habe, der in gleichen Verhältnissen unter denselben Fragen litt. Er griff zum Bleistift und schrieb:

„Ja, die Welt hat Religion nötig. Ohne Religion ist der Staat ein wackeliges Gebäude. Wieviele Unzufriedenheit und aufrührerische Gedanken waren in unserer Kompanie. Ich selbst konnte mich nur mit dem Gedanken an Gott einigermaßen davon enthalten. Wir sind Sodalen, Apostel. Unsere Kongregation speziell hat sich die geistige Erneuerung Deutschlands zur Aufgabe gemacht. Oder vielmehr, die Mutter hat sie ihr gestellt. Laß uns auch darauf unser Augenmerk richten. Kleine Gelegenheiten findet man stets. So brachte ich am letzten Sonntag einen Kameraden durch die Worte: ‚Na, Max, kommst du mit zum Gottesdienst?' zum Kirchgang. Also, Gott befohlen."
Wenn Josef seine ganze Lage überprüfte, dann wollte sich ihm eine einzige und einfache Folgerung daraus ergeben. Und die hieß: Nicht wehleidig und mutlos werden! Stark bleiben im Glauben an seine Ideale! Aber ebenso tapfer mit ihren Forderungen Ernst machen im eigenen Innern sowohl wie im kleinen Kreis seiner Umwelt.
Wie stand es denn mit seinem Innenleben in den Stürmen während der letzten Wochen? Fast mußte es ihm vorkommen wie ein friedliches Eiland inmitten einer stürmisch gepeitschten See. Langsam bildete sich in seiner Seele eine tiefe Einsamkeit, in die das Geräusch der aufregenden Tagesereignisse nicht mehr eindrang. Dort war er mit Gott ganz allein. Darum blieb auch seine geistige Tagesordnung, sein Partikularexamen, seine wöchentliche Geisteserneuerung trotz der Stürme unerschüttert. Sehr gestärkt fühlte er sich, als er von Ende Januar ab fast jeden Sonntag am Gottesdienst teilnehmen konnte. Zum ersten Male war es am 27. Januar in dem kleinen Dorf Andevanne. Die letzte hl. Messe hatte er gehört vor vier Monaten, am 18. September in Galizien. Bei der hl. Kommunion durchströmte ihn diesmal ein unfaßbares Glücksgefühl.
Sein Partikularexamen hieß im Januar: „Nicht drücken und nicht die anderen alles machen lassen. Dreimal am Tage Arbeiten, die die Allgemeinheit betreffen, aus freiem Willen tun." Es gelang ihm diesmal rasch, seine Vorsätze durchzuführen. Gegen sich selbst, so meinte er, müßte er noch viel strenger sein. Zeitweilig legte er abends schriftliche Rechenschaft darüber ab, ob er in seinem täglichen Streben auch die nötige Härte angewandt habe. Die äußeren Verhältnisse nahmen ihn zwar schon in eine harte Schule; trotzdem bat er seinen fernen Beichtvater: „Behandeln mich Hochwürden nur strenge. Fassen Sie mich mit Eisenhänden an."
Und seine Gruppenarbeit, wie stand es damit? Seine Gruppenbriefe über das schriftliche Partikularexamen hatten ein mannigfaches Echo

geweckt. Sah er die eingegangenen Gruppenbriefe durch, dann fand er viel ehrliches Streben, sich mit dem Partikularexamen und seinen Schwierigkeiten freimütig auseinanderzusetzen. Paul Reinhold schrieb: ,,Das schriftliche Partikularexamen wird sich wohl schwer durchführen lassen. Ja, wenn einer seine geregelte Beschäftigung hat und sein Stübchen und Licht. Aber hier, ein paar Tage vorn in dem Loch, dann zehn Tage vorn in der Stellung; dann einige Tage im Dorf in der Scheune und dann kein Licht. Es ist auch schließlich im Graben durchzuführen, aber dazu gehört schon Energie und Ausdauer. Ich werde nochmal mit Engling darüber sprechen, wenn es aber in der Gruppe eingeführt wird, mache ich auch mit."

In einem späteren Brief las Josef folgendes: ,,Ich war mit dem Vorsatz einverstanden, und die Aufzeichnungen gingen bis zum 7. Dezember; am 8. aber wurden wir ganz unerwartet aus der Stellung abgelöst; und durch das anstrengende Marschieren in dem fußhohen Schnee vergaß man abends vor Müdigkeit die Aufzeichnungen zu machen. Die Mater ter admirabilis wird dies ja verzeihen. Ob es die andern fertig gebracht haben, weiß ich nicht. Doch sobald wir jetzt ‚seßhaft' sind, werde ich wieder anfangen mit der Aufzeichnung. Ich war ja bis jetzt noch in der Gruppe mit Engling zusammen, komme aber heute wieder zum C.-M.-Gewehr. Denke doch, daß wir ab und zu wieder zusammenkommen können."

Clemens Meier schien auch seine Not zu haben. In dem Bericht an den Gruppenführer war zu lesen: ,,Auch betreffs unseres Vorsatzes, unser Partikularexamen a u f z u z e i c h n e n, muß ich mich als Sünder präsentieren. Durch Müdigkeit und Kälte auf dem Marsche und dem Transport ließ ich mich dazu verleiten, meine Aufzeichnungen zu unterlassen, ja an manchen Tagen vergaß ich sogar, mein Partikularexamen zu machen. Ich bitte Dich deshalb um eine kräftige und recht heilsame Buße. Dieser Bitte aber möchte ich das Versprechen beifügen, daß es mit der Gruppenarbeit von jetzt ab gründlich besser werden soll. Ich weiß, auf geistigem Gebiet habe ich von Mitte bis Ende letzten Monats schwer gefehlt; ich war in eine gewisse Wurstigkeit gefallen, mir war alles egal, an manchen Tagen war mir sogar alles zuwider, woran hauptsächlich der Umzug nach dem Westen mit all seinen Schwierigkeiten und Entbehrungen schuld war. Doch von jetzt ab soll es besser werden. Ich werde mich fernerhin nicht mehr von Launen beeinflussen lassen. Bitte recht herzlich unsere Mater ter admirabilis, daß ich niemals in diesen Zustand zurückfalle."

Ein Dritter aus der Gruppe meldete: ,,Einen festen Vorsatz bezüglich

des Partikularexamens habe ich gefaßt. Es kostete mir sehr viel Mühe. Ich möchte manchmal alles an den Nagel hängen. Es wird aber allmählich doch gehen."
Auf diesen Ton waren auch fast alle übrigen Briefe abgestimmt. Die Gruppe stand also im ernsten Ringen um das Partikularexamen.
Der erste Monat an der Westfront hatte in seinem geistlichen Kampf manches Scharmützel gebracht. Was würden die nächsten Monate bringen, wenn er hinaus mußte in die wirklichen Kämpfe des Schlachtfeldes?

Unternehmen „Februar"

Über die Straße Doulcon-Brieulles an der Maas zog am 29. Januar 1918 ein Regiment deutscher Infanterie. Sie schienen in guter Stimmung zu sein. In einem der marschierenden Trupps sangen sie sogar das Lied: „Das Wandern ist des Müllers Lust". Eigentlich war das verwunderlich. Die Straße, der sie folgten, führte doch in 15 Kilometern geradewegs auf die Front zu. Darin lag freilich nicht der Grund, weshalb sie Wanderlieder sangen. Das Regiment bezog andere und, wie man sagte, auch bessere Quartiere. Statt zur Front ging es in das geschützt gelegene Cäcilienlager im Wald von Brieulles. Ein kleines Soldatendorf sollte es sein mit guten Holzbaracken, mit Knüppelstraßen, mit einem Soldatenheim und eigenen Übungsplätzen.
Etwa zwei Kilometer hinter Doulcon marschierte das Regiment durch den Ort Clery le Grand. Die Offiziere zeigten sich ein bißchen unruhig und sagten etwas von „Haltung bewahren". Hier säße der Divisonsstab. Man könne nicht wissen, ob einer der hohen Herren nicht irgendwo die vorbeiziehende Truppe gerade beobachte. Die Herren vom Stabe hatten aber in dieser Stunde etwas Wichtigeres zu tun. Sie hielten Kriegsrat über die letzten Befehle des A.O.K. Gerade waren sie fertig. Der Generalmajor faßte das Ergebnis der Beratung zusammen. Die Lage, so führte er aus, sei also folgende: Der Gegner rechne an der Westfront mit einem großen deutschen Angriff. Wo er einsetze, darüber scheine man sich drüben noch völlig im unklaren zu sein. Nach Meldung des A.O.K. deuteten Anzeichen darauf hin, daß der Gegner den Angriff auf dem linken Maasufer erwarte. Das sei der Frontabschnitt, auf dem die Division demnächst in Stellung gehe. Der Feind habe bereits neue Kräfte zur Verstärkung der Verdunfront herangezogen. Es sei Aufgabe der Division, den Gegner zu beunruhigen. Da-

durch sollten seine Reserven tatsächlich an diesem Frontabschnitt festgehalten werden. Zu diesem Zwecke wären in den Regimentern Stoßtrupps auszubilden, die zu gelegentlichen Gewaltpatrouillen in die gegnerische Stellung einbrächen. Daß diese Stoßtrupps nur aus besonders ausgewählten Leuten bestehen und zuvor sehr sorgfältig ausgebildet werden müßten, sei klar. Wichtig sei außerdem, daß man bei den geplanten gewaltsamen Unternehmungen Gefangene einbringe. Das A.O.K. wolle ständig unterrichtet bleiben über den Umfang und die Zusammensetzung der gegenüberliegenden Streitkräfte. Nach diesen Richtlinien sollen an die Regimenter entsprechende Befehle ausgegeben werden.

Im Cäcilienlager hielt die vierte Kompanie des R.J.R. 25 Löhnungsappell. Als der letzte Mann seine 6,60 Mark für die ersten zehn Tage des Februar erhalten hatte, las der Feldwebel aus seinem Notizbuch eine Reihe von Bekanntmachungen vor. U. a. verkündete er: „Die Musketiere Engling und Kampe werden abkommandiert zur schweren M.G.-Abteilung.“ Der Feldwebel steckte sein Notizbuch zwischen die Knopflöcher seines Waffenrockes. Dann schloß er mit dem Satz, den die Musketiere seit Beginn ihrer Soldatenzeit bei jedem Löhnungsappell zu hören bekamen: „Stillgestanden! Hat noch jemand Forderungen an die Kompanie an Geld, Brot oder sonstigen Kompetenzen etc. pp., der trete vor! – Tretet weg!“ Noch am selben Tage rückten die beiden M.G.-Schützen ab. Der Führer der Abteilung besah sich die zwei Neuen mit etwas mißvergnügter Miene. Zwei kurzsichtige Brillenträger? Die paßten ihm garnicht. Wie sollten die bei direktem Schuß auf Fernziele überhaupt richtig zielen können? Nach zwei Tagen schob er sie unter einem Vorwand wieder der Kompanie zu.

Als Josef sich beim Feldwebel zurückmeldete, bekam er eine überraschende Mitteilung. Das Regiment bilde einen neuen Stoßtrupp. Auch er sei dazu abkommandiert. So wirkte also der gute Ruf von Galizien her auch heute noch in den verantwortlichen Köpfen weiter. Josef riß die Hacken zusammen. Im Herzen war er über diese Botschaft froh. Am folgenden Tage trat im Cäcilienlager eine 60 bis 70 Mann starke Abteilung an. Es waren lauter junge, kräftige Leute. Mehr als einem blitzte aus den Augen ein frisch-fröhlicher Wagemut. Das traf besonders zu bei dem blutjungen Offizier, der vor der Front stand und gerade die Meldung des dienstältesten Unteroffiziers entgegennahm. Er zählte kaum zwanzig Jahre. Jetzt legte er grüßend die Hand an die Schirmmütze und wandte sich zu dem Unteroffizier: „Lassen Sie die Leute abrücken zum Übungsplatz.“

„Der neue Stoßtrupp", sagten einige vorübergehende Soldaten. „Haben nichts dagegen, wenn sie uns die Kastanien aus dem Feuer holen. Hoffentlich taugt der neue Stoßtrupp mehr als der alte. Der war ja ein richtiger Klautrupp."
„Die haben alle schon ihr Totenkleid an", meinten andere. „Der Franzmann läßt sich nicht so einfach fangen wie der Iwan im Osten. Eine Gewaltpatrouille im Westen ist keine Karnickeljagd."
Nach etlichen Tagen konnte Josef berichten, daß es ihm im Stoßtrupp außerordentlich gefalle. Der Geist der Abteilung schien ihm bedeutend besser als der in der Kompanie. Es wurde kaum räsoniert, aber auch ein sehr vernünftiger Dienst abgehalten. Schwung saß dahinter, das mußte man sagen. Der Leutnant wußte es aber auch richtig anzupacken. Klappte etwas nicht, sagte er ohne sonderliche Aufregung: „Jetzt wird geübt." Das konnte er mit einem solchen Schneid, daß die Sache bald wie am Schnürchen ablief. Die Unteroffiziere machten es genau so. Josef wollte aus dem Staunen nicht mehr herauskommen. Ohne mutwillige „Schleiferei", ja ohne ein eigentliches Schimpfwort hatte der Stoßtrupp binnen kurzer Zeit im Dienst eine vorbildliche Höhe erreicht. Da sieht man, was gute Vorgesetzte mit den Leuten anfangen können, dachte er sich.
Ebenso sehr gefielen ihm die neuen Kameraden. Er hatte sich bald mit ihnen zurechtgefunden, und er spürte, daß die Kameraden auch ihm gut gesinnt seien. Und was bewegte ihn bei dem Gedanken an die kommenden Gefahren? Damit hatte er sich bereits ganz ehrlich auseinandergesetzt. Das konnte ihm nicht entgehen: wenn sie eingesetzt würden, ginge es auf Leben und Tod. In manchen stillen Stunden suchte er sich mit der Todesgefahr vertraut zu machen. Was er dabei dachte, das schrieb er an seinen Freund Karl mit folgenden Worten nieder: „Wir sind hinter der Front und gehen nur in Stellung, wenn Patrouillen zu machen sind. Vor Gefahren fürchte ich mich nicht. Mir persönlich ist es vollkommen gleich, ob ich in schwere Kämpfe komme oder an eine ruhige Stelle. Selbst den Tod will ich von den Händen der Mutter gerne annehmen."
Die Versetzung in den Stoßtrupp brachte Josef noch einen anderen sehr erwünschten Vorteil. Er bekam jetzt manche freie Zeit, die er nach eigenem Gutdünken verwenden konnte. Gerade danach hatte er sich in letzter Zeit mehr denn je gesehnt. Eine geheimnisvolle Macht drängte ihn zum Alleinsein. Im Waldlager ließ sich leicht irgendwo ein ruhiges Plätzchen aufsuchen, wo er ungestört seinen Gedanken nachgehen konnte. Fast mochte es scheinen, als werde er ein einsamer Grübler. Es

waren tatsächlich recht ernste Fragen, die seinen Geist beschäftigten. Sie bewegten sich um die dunklen Rätsel des Lebens, vorab um das Rätsel „Mensch". Er ließ die Menschen an seinem geistigen Auge gleichsam vorüberziehen und befragte sie nach dem Inhalt ihres Daseins. Was erfüllt euer alltägliches Leben und Streben? Nach der Antwort teilte er sie in Gruppen. Die einen gehen auf in der Arbeit, die andern in der Sorge um Frau und Kind, wieder andere in der Jagd nach Ehre oder nach Reichtum oder nach Genuß oder nach Wissenschaft. Alle sind unzufriedene, unruhige Wanderer. Der Mensch ein Rätsel, wer kann das lösen?

Er dachte an sein eigenes, persönliches Leben. Welchen Sinn hatte er selber dem Dasein gegeben? Von Gott nahm es seinen Ausgang, zum Dienste Gottes ist es bestimmt, zu einer ewigen Dauer im Jenseits wurde es berufen. Darin liegt sein irdisches und ewiges Glück.

Wer weiß, wie bald der Tod kommt und alle Lebensrätsel löst. Durchzogen derlei Gedanken seine Seele, griff er gerne zum Bleistift. Am ehesten wurde er über sich selber klar, wenn er alle seine Empfindungen in geschriebene Worte formte. Für gewöhnlich klangen seine Betrachtungen aus in dem Entschluß, mutig weiterzuringen um sein großes Lebensideal. „Also nochmals von neuem angefangen und tapfer ausgehalten und bis zum Ende, mag es bald kommen oder länger dauern", mahnte er sich. Gar oft verwandelte sich sein Grübeln in ein Gebet an die Gottesmutter. „Ich will lieber sterben, lieb Mütterlein, als eine läßliche Sünde begehen. Das will ich jetzt. Hilf mir, daß ich es immer will. Ich will mich hüten, daß ich nie in Verlegenheit komme. Komme ich dennoch in eine, so will ich tapfer sein und lieber Schande erdulden als Gott beleidigen."

Inzwischen bereitete sich ein Ereignis vor, das ihn den einsamen Betrachtungen bald entreißen sollte.

Im Stabsquartier der Division saß der Generalmajor und ging die Meldungen durch, die in der letzten Zeit von der Front gekommen waren. Seit dem 10. Februar lagen die Bataillone der Division in Stellung vor der berüchtigten Höhe 304. Gemäß Divisionsbefehl sollten die Bataillone vorläufig Einbruchsstellen in der gegnerischen Stellung erkunden. Das erste Bataillon des I.R.I. 25 hatte fast jeden Tag ein bis zwei Patrouillen hinausgeschickt. Es konnte darum auch ein recht umfangreiches Beobachtungsmaterial vorlegen. Der General blätterte weiter. Bericht des Stoßtruppführers vom R.I.R. 69 über eine Gewaltpatrouille. Das Unternehmen war mißlungen; denn der Angriff auf den französischen Graben wurde abgeschlagen. Der Bericht ließ auch die Gründe für den Fehlschlag erkennen. Es fehlte an dem genauen Zusammenwirken zwischen den einzelnen Waffengattungen, namentlich zwischen Stoßtrupp und Artillerie. Der General legte die Mappe mit den Berichten aus der Hand. Er bestellte seine Stabsoffiziere zur Beratung.

Am Ende der Aussprache standen folgende Beschlüsse: „1) Den nächsten gewaltsamen Einbruch in die gegnerische Stellung unternimmt der

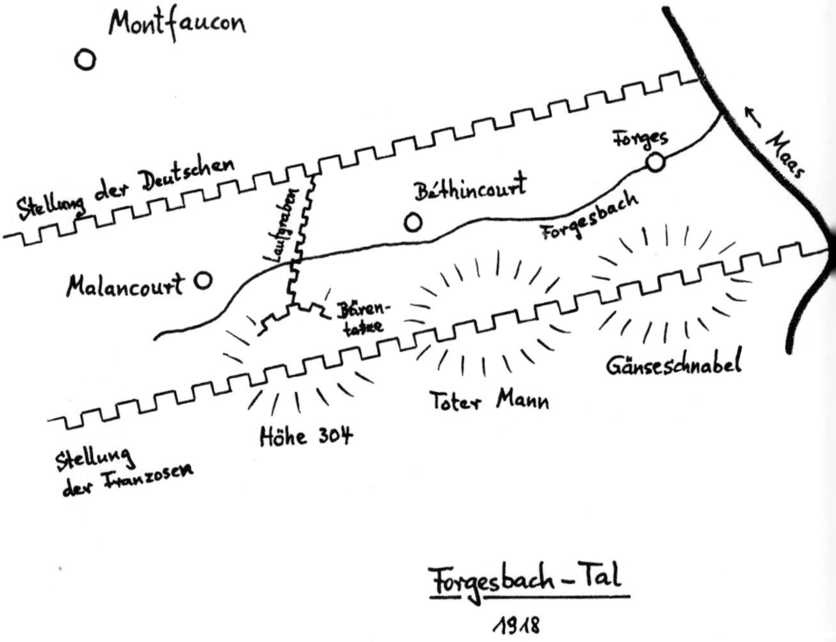

Stoßtrupp des R.I.R. 25, und zwar auf den Stützpunkt ‚Bärentatze'. Deckname bei jeder Nachrichtenübermittlung ist: ‚Unternehmen Februar'. Es ist auf sorgfältige Geheimhaltung zu achten. 2) Der Hauptmann des Stellungsbataillons vom R.I.R. 25 wird den Stoßtrupp in alle Einzelheiten des Geländes und in die bisherigen Ergebnisse der aufklärenden Patrouillen einführen. 3) An einem geeigneten und ähnlich befestigten Gelände wie die ‚Bärentatze' ist das Unternehmen hinter der Front zuvor einzuüben. Dabei muß besonders auf das genaue Zusammenwirken der einzelnen Waffenarten geachtet werden." In den nächsten Tagen bekam der Nachrichtendienst zwischen Division, Brigade,

Regiment, Artilleriekommandeur und Pionierpark mannigfache Arbeit. In allen Befehlen und Mitteilungen ging es um das geheimnisvolle ,,Unternehmen Februar".
Im Cäcilienlager hielt der Hauptmann des Stellungsbataillons vor dem Stoßtrupp Vortrag über das Gelände am Stützpunkt ,,Bärentatze". ,,Hier im Süden" – dabei deutete er auf den unteren Rand einer Kartenzeichnung – ,,liegt Verdun. Nach Norden bis hier oben nach Dun-Stenay und darüber hinaus fließt die Maas. Wir liegen also auf dem linken Ufer. Über diesen Höhenzug: Gänseschnabel, Rabenwald, Toter Mann, Höhe 304, zieht sich von Osten nach Westen die französische Hauptwiderstandslinie. In den Hinterhängen sitzt die französische Artillerie. Sie könnte bei dem geplanten Unternehmen am meisten zu schaffen machen. Auf dem Kamm des Höhenzuges blieb 1916 die große deutsche Offensive stehen. Später wurde die Front wieder in die ursprüngliche Ausgangsstellung zurückgenommen. Der Höhe 304 ist nach Norden vorgelagert eine leichte Bodenwelle, die sogenannte ,Bärentatze'. Dort haben die Franzosen einen Stützpunkt mit ziemlich starker Besatzung eingerichtet. Von der ,Bärentatze' fällt das Gelände sanft ab bis zum Forgesbach.
Auf der anderen Talseite erhebt sich wiederum von Ost nach West ein leichter Bergrücken. An seinem Fuße liegen die Dörfer Forges, Bethincourt, Malancourt. Über seinen Kamm zieht sich die heutige deutsche Stellung, zugleich die Ausgangsstellung der Offensive von 1916. Bei dem Zwischengelände handelt es sich also um einen Boden, der bereits viel deutsches Blut getrunken hat. Von der deutschen Linie führt ein Laufgraben quer durch das Tal des Forgesbaches über die ,Bärentatze' hinweg bis in die französische Hauptstellung auf der Höhe 304. Er stammt noch aus der Zeit von 1916, als die Deutschen den westlichen Gipfel der Höhe 304 im Besitz hatten. Bei dem geplanten Unternehmen folgt der Stoßtrupp diesem Laufgraben an den eigenen Feldwachen vorbei bis hinab ins Tal. Der Bach ist in den verflossenen Kämpfen aus dem Bett geschossen worden und bildet in den naheliegenden Trichtern überall kleine Weiher. Die könnten bei nächtlichem Übergang recht tückische Hindernisse werden. In der Richtung des Laufgrabens gibt es aber einige ganz brauchbare Übergänge. Hinter dem Bach am Fuße der Höhe beginnt ein mehrfach gestaffeltes, etwa 70 Zentimeter hohes Drahthindernis. Hart auf dem vorderen Kuppenrand der ,Bärentatze' sind zwei vorgeschobene französische M.G.-Nester eingebaut. Die ,Bärentatze' wird von einem dreifachen Graben durchzogen und besitzt einige gut gedeckte Unterstände." So ungefähr

lauteten die Ausführungen des Hauptmannes. Die Leute vom Stoßtrupp begriffen, daß ihnen eine schwere Arbeit bevorstand.
Nicht weit hinter der Front, in einer befestigten Reservestellung, übte der Stoßtrupp einige Zeit später unter der Leitung des Hauptmannes die Gewaltpatrouille ein. Eine Batterie Feldartillerie, ein Zug leichter Minenwerfer, eine Gruppe Pioniere und eine M.G.-Abteilung sollten das Zusammenspiel mit dem Stoßtrupp ausprobieren. Rote Raketen bedeuteten: „Sperrfeuer", grüne: „Sperrfeuer vorverlegen", gelbe: „Sperrfeuer abbrechen". Endlich war der Hauptmann mit der Probe zufrieden. Jetzt bekam der Stoßtrupp noch seine eigene Anleitung für den Einbruch in die gegnerische Stellung. Durch den Drahtverhau mußte mit Hilfe einer gestreckten Ladung eine Gasse gehauen werden. An einer langen Stange wurden hintereinander mehrere Handgranaten befestigt und miteinander verbunden. Die Stange schob man unter das Drahtverhau. Wer die Strippe abriß, der mußte mit raschen Sätzen etwa zehn Meter zurückspringen und sich platt auf den Boden drükken; denn in fünfeinhalb Sekunden ging die Ladung in die Luft. Schließlich mußten noch im Handgranatenkampf ein Graben aufgerollt und mit mitgeführten Sprengkörpern oder mit geballter Ladung einige Unterstände zerstört werden. Alles kam darauf an, daß das Unternehmen mit Geistesgegenwart und Schnelligkeit ablief. Bei der Übung bekam der Stoßtrupp einen Vorgeschmack vom Ernstfall. Wer dabei mitwirkte, der mußte jedenfalls vorher seine Rechnung mit dem Himmel machen.
In den nächsten Tagen wurde das kommende Unternehmen im Stoßtrupp eifrig besprochen. Die Alten, die in der Champagne, an der Aisne und beim Angriff in Galizien dabei waren, wußten viel zu erzählen aus den Erfahrungen und den Erlebnissen der Vergangenheit. Josef verhielt sich in diesen Tagen auffallend schweigsam. Geradezu einsilbig ging er umher. Wo er es konnte, suchte er sich abzusondern. Ob ihm der Gedanke an das Unternehmen und an die drohende Todesgefahr so sehr zusetzte? Nein, das war es nicht, was seine Seele erfüllte. Mit seinen Gruppenmitgliedern hatte er sich vereinbart, über die Fastnachtstage eine größere Geisteserneuerung zu halten. Er dachte sich die Übung nach Art von Exerzitien. Es sollten Stunden der Betrachtung und des Gebetes sein. Er selber nahm es mit dem gemeinsamen Gruppenvorsatz sehr ernst.
Am ersten Tage beschäftigte er sich mit den ewigen Wahrheiten von Gott, von der Bestimmung des Menschen, von Gericht, Himmel und Hölle. Es war eine betende Zusammenfassung all jener Gedanken, die

ihn in der letzten Zeit so sehr bewegten. Am zweiten Tag überdachte er die Vergangenheit der zwei letzten Monate. Da stand vor seiner Seele das Gnadenwalten Gottes, aber auch die eigene Untreue in so vielen Fehlern und Schwächen. Den Tag verbrachte er in der Gesinnung aufrichtiger Reue und Demut. Am dritten Tage ordnete er die Zukunft. Zunächst griff er dabei auf seine Exerzitien von 1915 zurück. Damals hatte er erstmalig die Grundlinien eines Lebensplanes entworfen. Sie waren bis heute maßgebend geblieben für den Kampf um sein großes Lebensideal. Vorne auf den ersten Seiten seines geistlichen Tagebuches standen sie. In dem Heftchen war er mit den Niederschriften übrigens auf der letzten Seite angekommen. Er legte sich ein neues an und schrieb auch diesmal wieder die Grundgedanken seines Lebensplanes auf die ersten Seiten. Dazu fügte er noch die vier besonderen Vorsätze für das Militärleben. Sie lauteten: das Streben nach Heiligkeit aufrechtzuerhalten, den Mitsodalen ein leiblicher Schutzengel zu sein, nie zu lügen und den Sonntag zu heiligen. Die mußten selbstverständlich auch für die Zukunft in Geltung bleiben. Ratsam schien es ihm aber auch, gerade das noch eigens festzulegen, was ihm in den letzten Monaten einen besonderen Halt gegeben hatte. Nach den gemachten Erfahrungen waren es folgende vier Dinge: Die stete Gewissenserforschung und Rechenschaft an P. Spiritual, die Ideale der Kongregation, zumal der Gedanke an die Parallele Schönstatt-Ingolstadt, ferner die mannhafte Selbstzucht im Partikularexamen und schließlich die Gebetspausen in der geistlichen Tagesordnung. Aus diesen Erfahrungen formte er sich noch folgende vier Vorsätze als Ergänzung:

1. Ich will durch den Seelenführer heilig werden.
2. Ich will ein ganzer Sodale werden und mit Leib und Seele der Kongregation anhangen.
3. Das Partikularexamen will ich mit noch größerem Eifer halten.
4. Ich will kein Opfer scheuen, um täglich eine geistliche Lesung zu halten und ein Rosenkranzgesätz zu beten.

Diesen Vorsätzen fügte er noch das Gebetchen bei, mit dem er seine Tagesarbeit für das „Gnadenkapital“ der Gottesmutter von Schönstatt aufzuopfern pflegte. An den Schluß setzte er dann den schon immer geübten Vorsatz, die vorstehenden Aufzeichnungen bei jeder sonntäglichen Gewissensrechenschaft durchzulesen.

Die drei Tage Exerzitien hatten seinem Innenleben wieder einen fühlbaren Schwung und eine zielstrebige Richtung gegeben. Sie bewegten ihn viel tiefer als die Aussichten auf das bevorstehende Gewaltunternehmen.

Auf der Feldwache vor der deutschen Stellung, fast auf der Talsohle des Forgesbaches, lag indessen Edmund Kampe, ein Schönstätter, mit einigen Kameraden auf Posten. Sie lauschten angestrengt hinüber nach der französischen Stellung. Mitternacht war schon vorüber und über dem Schlachtfeld lagerte eine unheimliche Ruhe. Nur drüben in der Hauptstellung der Franzosen mußte etwas Besonderes vor sich gehen. Ab und zu trug ein Windstoß recht seltsame Geräusche herüber. Ob der Franzmann gerade Ablösung hat? Nein, das konnte es nicht sein. Jetzt wieder dieselben Geräusche. So klingt doch das Kreischen von Rädern. Und jetzt – ohne Zweifel, das war Pferdegetrappel. Dazwischen mischten sich rufende Menschenstimmen. ,,Die Sache ist klar, der Franzmann verstärkt seine Artillerie", sagten die Lauscher auf der Feldwache.

Am andern Tage bekamen sie eine Bestätigung. Über dem ,,Toten Mann" und der Höhe 304 gingen Fesselballons hoch. Aha, jetzt werden die neuen Batterien eingeschossen! Wie dicke Würste hingen die Fesselballons am fernen Horizont. Ob denn kein deutscher Flieger denen auf den Pelz rückt? In der folgenden Nacht hörte die Feldwache vom französischen Graben her dieselben Geräusche. Am anderen Tag lag bereits beim Regiment eine Meldung über diese Wahrnehmungen. Bei der Division liefen noch mehr solcher Berichte zusammen. Es konnte kein Zweifel mehr bestehen: Der Gegner führte etwas im Schilde. Ob es sich um einen größeren Angriff handelte? Jedenfalls mußte die Kräfteverteilung auf dem jenseitigen Frontabschnitt bald festgestellt werden. Von der Division ging an alle zuständigen Stellen die Meldung: ,,Am 24. 2., morgens 2.20 Uhr, Unternehmen Februar."

Im Cäcilienlager stand der Leutnant vor seinem Stoßtrupp. ,,Das Unternehmen ist in den nächsten Tagen fällig. Etwa ein Drittel des Trupps wird sich daran beteiligen. Die übrigen bleiben als Reserve vor der ersten deutschen Linie liegen für den Fall eines französischen Gegenstoßes. Wer meldet sich freiwillig für das eigentliche Unternehmen?" 24 Mann traten vor. Josef kämpfte mit sich selbst. Sollte auch er sich freiwillig melden? Durfte er den Eltern das Leid zumuten, wenn er infolge der freiwilligen Meldung fiele? Und wenn ein vorzeitiger Tod sein späteres Priestertum verhindert hätte, konnte er das verantworten? Am liebsten wäre es ihm, wenn er einfach bestimmt würde. Indessen zählte der Leutnant ab: ,,. . . dreiundzwanzig, vierundzwanzig. Genügt!" sagte er. ,,Morgen abend werdet ihr eine Patrouille machen bis zur ,Bärentatze', um das Gelände kennenzulernen. Zwei Tage später wird das eigentliche Unternehmen sein."

Am Abend des 23. Februar marschierte auf der Straße Dannevoux-Gercourt der Stoßtrupp in leichtem Sturmgepäck. Wie Gespenster glitten ihre Schatten durch die Nacht. Vor den Ruinen des zerschossenen Gercourt bogen sie rechts ab ins offene Feld. Es ging eine leichte Anhöhe hinauf, etwa eine halbe Stunde lang. Dann nahm sie ein Laufgraben auf und führte sie in die Stellung. Dort sah man ihr Kommen mit gemischten Gefühlen. Wenn der Stoßtrupp heute nacht mit dem Franzmann zu Gange ist, wird auch die Grabenbesatzung ,,Zunder" kriegen.
Der Führer des Stoßtrupps besprach sich mit dem Offizier der Stellungskompanie. Die letzte Patrouille hat heute abend an der ,,Bärentatze" nichts beobachtet. Der Franzmann scheint keine Ahnung zu haben, daß etwas in der Luft liegt, meinte der Kompanieführer.
,,Wenn uns die Überraschung gelingt, sind wir unserer Sache sicher", entgegnete der Leutnant und verabschiedet sich mit einem Händedruck. Mitternacht ist längst vorbei. Der Stoßtrupp windet sich durch den Laufgraben bis vor die deutsche Linie. Voraus zieht die Gruppe der Angreifer, hinterher die Reservegruppe. An der Feldwache wartet Edmund Kampe und läßt im Dunkel die Gestalten des Stoßtrupps an sich vorbeihuschen. Jetzt hält er einen an.
,,Engling", sagt er flüsternd.
,,Was, Kampe, du! Bist du denn heute nacht auch dabei?" erwidert der Angerufene.
,,Ich ziche nachher mit einem schweren M.G. nach links. Wir legen einen Feuerriegel auf den östlichen Rand der ,Bärentatze', um eure linke Flanke zu decken." Dann gibt er ihm noch eine genaue Beschreibung des Geländes. ,,Jetzt los. Mach's gut. Auf Wiedersehn!"
Vor dem Drahtverhau bleibt der Reservetrupp in den Granatlöchern verteilt liegen. Die andern pirschen sich behutsam ins Tal hinunter dem Forgesbach zu. Es ist zwei Uhr geworden. Jenseits des Baches verteilt der Leutnant seine Leute und gibt die letzten Anweisungen. Auf die Minute genau setzt ruckartig ein fernes Donnergepolter ein. Die gesamte Artillerie der Division, etwa dreißig Geschütze, richtet ihre feuerspeienden Schlünde auf den kleinen Raum am Hang der ,,Bärentatze". Über die Köpfe des Reservetrupps geht ein Rauschen und Pfeifen und ein vielstimmiges ,,Tsiuuh, Tsiuuh". So nahe scheint es zu sein, daß sie unwillkürlich die Köpfe einziehen. Wie das Winseln und Heulen geschlagener Hunde hört es sich an. Vom jenseitigen Bachufer dröhnt ein ohrenbetäubendes Krachen, Fauchen, Heulen herüber. Sie schießen eine Furche in den feindlichen Drahtverhau. Langsam kriecht

das gelbrot aufzuckende Flammenmeer der einschlagenden Granaten den Berghang empor.
Drüben ist der Franzmann lebendig geworden. Eine Rakete geht hoch, eine zweite, eine dritte. Weiter hinten auf der Höhe 304 dasselbe Lichterspiel. Er alarmiert seine Artillerie. Da fegen auch schon die ersten Granaten in das Niemandsland. Sie sind noch unsicher drüben und tasten das ganze Forgesbachtal ab. Bald haben sie aber die Einbruchsstelle entdeckt. Der Höllenlärm verstärkt sich zum orkanartigen Getöse. Am Horizont zittern die aufblitzenden Lichter der Abschüsse. Über der ,,Bärentatze" tanzt ein Sprühregen von Raketen. Jetzt heben auch die M.G. an und rattern dazwischen. Das deutsche Feuer liegt bereits auf den französischen Gräben. Vor dem Hang zischt eine grüne Leuchtkugel hoch. Der Sturmtrupp hat den Drahtverhau durchschnitten. Jetzt ist es, als hielte der Feuerorkan für ein paar Sekunden den Atem an. Dann poltert er umso heftiger wieder los. Das Feuermeer hat sich nach beiden Seiten auf die rückwärtige Hauptstellung des Gegners verteilt. Die deutsche Artillerie gibt die ,,Bärentatze" frei und schießt eine sogenannte Feuerglocke. Sie soll in der Flanke und nach rückwärts den Gegner abriegeln. Jetzt durchziehen langgezogene, schaurig gellende Laute die Luft. Auf die ,,Bärentatze" fahren glühende Pfeile nieder. Die Minenwerfer sind an der Arbeit. Wieder ein Raketensignal, ein zweites und drittes. Dicht vor der ,,Bärentatze" steigen sie auf. Der Regen feuriger Pfeile bricht ab. Von drüben hallen die dumpfen Schläge der Handgranaten. ,,Sie rollen den Graben auf", flüstern erregt die Kameraden in der Reserve. Sind das nicht Schreie, die jetzt dazwischen gellen?
Die französische Artillerie scheint wieder unsicher geworden zu sein. Sie streut die ganze Talmulde ab. Auf der Anhöhe jenseits des Baches tacken unentwegt einige M.G. Für die Reserve vergehen ein paar qualvolle Minuten. Ob sie auch eingreifen müssen? Die Hände krallen sich um den Karabiner und um die Stiele der Handgranaten. Wieder dröhnen von drüben ein paar Schläge herüber. Diesmal noch dumpfer als vorhin. ,,Sie sprengen Unterstände." Über die ,,Bärentatze" zittern ein paar deutsche Raketen. Das Artilleriefeuer ebbt ab.
Am Forgesbach hört man Stimmengewirr. Im deutschen Graben springen sie an die Schulterwehren. ,,Der Sturmtrupp kommt", geht es von Mund zu Mund. Richtig, da heben sich die ersten Gestalten aus dem Halbdunkel. Edmund Kampe rennt im Eilschritt nach dem Laufgraben. Er späht nach Josef Engling. Da erkennt er seine Gestalt.
,,Wie war's, was ist mit dem Stoßtrupp?" fragt er erregt.

„Vier sind verwundet, einer ist tot, der Unteroffizier Rößler. Da bringen sie ihn. Es war schrecklich. Er hat den französischen Posten angreifen wollen und ging über Deckung. Da traf ihn eine Gewehrgranate in die Brust."
Schweigend tragen ein paar Kameraden in der Zeltbahn den Toten vorbei. Die anderen Angreifer sehen übel zugerichtet aus; die Uniform zerfetzt, die Hände und das Gesicht zerrissen vom Drahtverhau. Da tauchen auf einmal französische Stahlhelme auf. „Was, Franzmänner habt ihr auch mitgebracht?" raunen die Kameraden der Grabenbesatzung. Sie zählen: ein, zweis, drei bis neun. Die Franzosen verschwinden rasch mit dem Stoßtrupp im Dunkel. Über dem Forgesbach liegt wieder die Ruhe der Nacht.
Als Edmund Kampe wieder die Feldwache bezieht, merkt er, daß das Streufeuer der Franzosen auch hier einige Löcher geschlagen hat. Sie suchen nach dem Posten. Da stoßen sie auf eine regungslose, feldgraue Gestalt. Sie liegt in einer Blutlache. Es ist der Posten der Feldwache, Kamerad Münch. Ein schwerer Granatsplitter hat seinem jungen Leben ein Ende gemacht.
Tags darauf stand der Stoßtrupp in Paradeuniform auf dem Friedhof von Brieulles. Dort zogen sich in langen Reihen die kleinen schwarzen Kreuze hin. Die meisten stammten aus der Zeit der großen Verdunschlacht von 1916. Auch die beiden Opfer des gestrigen Unternehmens sollten hier zur letzten Ruhe gebettet werden. Außer den beiden wurden heute noch andere Gefallene aus dem Abschnitt der Division bestattet. Der Feldpater, Freiherr von Köth, hielt eine kurze Ansprache. Die Gesichter der Männer ringsum waren ernst. Wie leicht hätten auch sie bei jenen sein können, die jetzt hier in die fremde Erde gebettet werden. Ob es später nicht doch noch so kommen wird? Die Särge wurden eingesegnet und in die Erde gelassen. Der Stoßtrupp schoß den gefallenen Kameraden eine Salve über das Grab. Die Offiziere legten grüßend die Hand an den Stahlhelm, und für einen Augenblick erstarrten die ausgerichteten Reihen der Soldaten in unbeweglicher Haltung.
In der folgenden Zeit fanden sich die Leute vom Stoßtrupp oft zusammen und besprachen den Hergang des geglückten Unternehmens. Wie der Unteroffizier Rößler gefallen, wie sie den Graben aufgerollt und Unterstände gesprengt, wie sie schließlich die verdutzten Franzmänner aus dem letzten Unterstand herausgeholt, das alles wurde noch einmal durchlebt.
Am Abend saß Josef im Soldatenheim und schrieb einen langen Brief an P. Spiritual in Schönstatt. Dem gab er gewiß eine ausführliche Schil-

derung von den Ereignissen in der letzten Nacht da draußen an der „Bärentatze". Das hätte jeder denken müssen, der ihn so eifrig schreiben sah. Und doch stand von diesen Dingen in dem Brief nicht eine einzige Zeile. Der lange Brief berichtete allein über sein religiöses Leben und Streben.

Am 10. 3. morgens in aller Frühe lag der Stoßtrupp des R. J. R. 25 wiederum im Forgesbachtal vor der ersten Linie im Niemandsland. Das Unternehmen „Februar" sollte wiederholt werden. Diesmal gehörte Josef Engling nicht dem Reservetrupp sondern der ersten Sturmwelle an. Dafür hatte er sich freiwillig gemeldet. Aber nicht soldatisches Draufgängertum bewog ihn, sich in diese äußerste Gefahr zu begeben. Ein ihm eng befreundeter, geistig sehr regsamer Gymnasiast, mit dem er schon manche Gespräche geführt hatte, war als Pionier der ersten Linie beteiligt. Josef wollte den Kameraden nicht allein lassen. Darum entschloß er sich zu der freiwilligen Meldung.

Diesmal wurde das Stoßtruppunternehmen ein Fehlschlag. Die Franzosen hatten sich mittlerweile auf solche Angriffe gut vorbereitet. Auf der Kuppe der „Bärentatze" angelangt, schnitten die Pioniere in das verdrahtete Haupthindernis eine Gasse. Der führende Offizier des Stoßtrupps beorderte Josef Engling an diese Stelle und befahl ihm, dort dem Stoßtrupp in der Dunkelheit den Weg zurück in die deutschen Gräben offenzuhalten und etwaige Verwundete zu versorgen. Daß er hier untätig liegen mußte, während die ganze Wucht des französischen Abwehrfeuers rechts und links um ihn herum niederging, wurde ihm zu einer fürchterlichen Nervensäge. Im Stillen bereute er schon, sich freiwillig gemeldet zu haben. Nach dem abgeschlagenen Angriff flutete der Stoßtrupp eiligst zurück in die deutsche Stellung.

Auf dem Weg zum Cäcilienlager erfuhr Josef ausführlich den Hergang der Ereignisse in der französischen Stellung. Der Franzmann hatte ihnen eine sehr klug vorbereitete Falle gestellt. Es konnte kein Zweifel bestehen, das Unternehmen war verraten und erwartet worden. Die Vorverlegung auf den 10. erwies sich als völlig zwecklos. Schon der Stolperdraht vor dem Graben sei eine ganz gemeine Tücke gewesen. Fast hätten sie sich nicht mehr herausgewickelt. Den Graben selber hatten die Franzosen geräumt. Hinter dem Graben ließ sich eine Gruppe Franzosen in einen Handgranatenkampf ein und zog sich kämpfend zurück nach der zweiten Linie. Indessen rückten von beiden Flanken eine starke Abteilung Franzmänner heran, um ihnen den Rückzug abzuschneiden. Der umsichtige Leutnant witterte aber die Gefahr, daß sie hier in einen Sack gelockt werden sollten. Er gab au-

genblicklich das Zeichen zum Rückzug. Mit knapper Not entrannen sie der Umzingelung. Dann wurden noch ein paar kräftige Flüche ausgestoßen auf die ,,Bummsköpfe", die gerade im entscheidenden Augenblick immer zu kurz geschossen hätten. Einer vom Stoßtrupp war tot geblieben und etwa zehn verwundet worden. Den Toten mußten sie in der Eile im französischen Graben zurücklassen.
Auf dem Heimweg sammelte sich Josef zum Morgengebet. Es war zugleich ein Dankgebet für die glückliche Errettung aus der Lebensgefahr. Er machte die gute Meinung für den heutigen Tag und betete die Sodalengebete. Dann verweilte er im Geiste bei der hl. Messe und erweckte die geistliche Kommunion. Dort, wo kein Krieg war, feierte man ja heute den Sonntag.
In etwas gedrückter Stimmung kam der Stoßtrupp beim Morgengrauen im Cäcilienlager an. Jetzt merkten sie erst, wie sie aussahen. In den Gesichtern stand noch die Aufregung geschrieben von dem nervenaufpeitschenden Erlebnis. Der Schweiß hatte sich mit dem Pulverdampf vermischt und sie angeschwärzt. Beim Durchqueren des Drahtverhaues waren ganze Fetzen aus der Uniform gerissen worden. Hände und Gesicht trugen Blutspuren. War ihnen auch ein Erfolg nicht beschieden gewesen, eines durften sie sich sagen: sie hatten tapfer ihre Pflicht getan.
Auch der Generalmajor erkannte dies an. Unter dem 10. März findet sich im Kriegstagebuch der Division folgender kurzer Vermerk: ,,Unternehmen ,Februar II' ergebnislos verlaufen. Auf der ganzen Front französisches Sperrfeuer. Verluste: 1 Toter, 5 Verwundete. Eigen(e Artillerie verschoß ca. 2500 Schuß. Der Stoßtrupp wurde für sein tapferes Verhalten von der Division belobigt."
Ungefähr um dieselbe Zeit machte auch Josef über den 10. März seine Aufzeichnungen. In der Spalte seiner geistlichen Tagesordnung reihten sich acht waagrechte Striche, drei N und drei Fragezeichen aneinander. Das war s e i n Kampfbericht vom Unternehmen ,,Februar II".
Am selben Nachmittag saß Josef im Soldatenheim lange zusammen mit zweien seiner Schönstätter Mitsodalen, mit Goldner und Beck. Über die Ereignisse der letzten Nacht verlor er kaum ein Wort. Umso eifriger besprach er Angelegenheiten der Kongregation. Doch sollte sich die bequeme Unterkunft im Cäcilienlager für ihn bald ändern. Am 13. März mußten sie ihre schöne Baracke verlassen und kamen nach Brieulles in eine riesige Wellblechbaracke ohne Ofen und zum Teil ohne Boden. Es war entsetzlich kalt, doch fühlten sie sich an dem neuen Ort auch bald heimisch.

In der letzten Zeit empfand Josef eine eigenartige Unzufriedenheit mit sich selbst. Es war zwar immer schon so gewesen, daß der Blick auf das eigene Ich ihn unzufrieden werden ließ. Aber diesmal mischten sich recht seltsame Gefühle der Traurigkeit und Wehmut hinein. Schrieb er davon in seinem geistlichen Tagebuch, dann gebrauchte er oft den Ausdruck: melancholische Stimmungen. Woher die nur kommen mochten? Er wußte es selber nicht recht. Zuweilen beschäftigte ihn der Gedanke an den Tod. Daß alles Leben und Schaffen der Vergänglichkeit verfallen ist, daß alles so flüchtig zerrinnt wie die Welle im Dünensand, das stimmte ihn nachdenklich. Gelegentlich holte er in solchen Stunden sein Tagebuch heraus und kritzelte schnell ein paar Worte hinein.

„Des Menschen Leben", so schrieb er nieder, „ist der Weg zum Grabe. Bald ist es ein Sturmeslauf in Freuden, aber unbemerkt geht es zum Grabe; bald ein Schleichen – bewußt und sicher geht es zum Grabe. Bald ist es ein sicherer Gang, bewußt und frei dem Tode entgegen; der sicherste und beste Weg zum Grabe, getragen von der Hoffnung auf ein Weiterleben hinter dem Grabe."

Warum erzeugten aber solche Gedanken in seiner Seele eine traurige Stimmung? Beschlich ihn dabei etwa die Angst vor der Lebensgefahr oder vor dem Sterben? Nein, dem war nicht so. Eher schien es ihm schon eine quälende Sorge zu sein, es möchte das rasch dahineilende Leben ungenützt verstreichen. Oft wollte ihn eine rechte Unruhe packen, wenn er an seine große Lebensaufgabe dachte. Einstmals hatte er sich als wichtigen Bestandteil dieses Ideals den Satz aufgeschrieben: Ein gelehrter und heiliger Priester. Ja, das Wort mußte wahr werden. Sonst bekäme sein irdisches Dasein keinen richtigen Ewigkeitswert. Der Krieg würde gewiß mit der Frühjahrsoffensive zu Ende gehen. Dann sollte in vollem Umfang wieder das Studium und die Vorbereitung auf den Beruf beginnen. Bis dahin wollte er aber mit der geistigen Arbeit nicht warten. Jetzt schon mußte sie mit aller Kraft einsetzen. Der alte Bildungshunger packte ihn wieder und trieb ihn zum Lesen und zum Studieren. Alles Lesbare, was ihm unter die Finger geriet, weckte sein Interesse.

Dabei machte er diesmal noch viel deutlicher eine Beobachtung, die ihm früher schon aufgestoßen war. Wie vielfältig und gegensätzlich sahen doch die weltanschaulichen und religiösen Auffassungen aus, nach denen der Mensch gebildet werden sollte. Wie konnte da der Mensch überhaupt einen rechten Bildungsgang durchmachen, wenn er in einer solchen Flut von Gegensätzen zerrissen wird? Müßte es nicht ein einziges Bildungsideal geben, das den Menschen durch alle Lebensstufen geleitet und den gesamten Bildungsstoff einheitlich ordnet? Vor seinem Auge tauchte ein Plan auf. Eigentlich ging er schon seit zwei Jahren in unbestimmten Umrissen mit ihm. Es mußte einmal ein groß angelegtes Erziehungs- und Bildungswerk entstehen, das auf katholischer Grundlage aufgebaut den ganzen Bildungsplan des Menschen umfaßt. Es müßte, wie er meinte, die Ausbildung des Geistes enthalten von den Kinderjahren auf dem Mutterschoß bis zu den Grenzen des Wissens. Ob er sich ein solches Werk nicht zur Lebensaufgabe machen sollte? Der Drang zu schreiben und im geschriebenen Wort seine Gedanken zu vermitteln lag ihm ja im Blute. Vorerst trug er in sein Tagebuch den Vorsatz ein: „Nie müßig sein, sondern schaffen, lernen, Menschen- und Seelenkenntnis erwerben und voranschreiten auf dem Weg der Tugend und des Wissens."

Um dieselbe Zeit hörte Josef im Cäcilienlager eine Neuigkeit, die ihn und auch andere Kameraden sehr interessierte. Es sei eine Leihbibliothek aufgemacht worden, bei der man kostenlos Bücher ausleihen könne. Natürlich gingen sie der Sache auf den Grund. Die Bücherausgabe lag in der Hand des Sanitätsfeldwebels Winter. Von dem erfuhr man auch, wie sie zustande gekommen war. Sie sei das Werk des Feldpaters, Freiherr von Köth. Der Feldwebel wußte von dem Seeleneifer und der Herzensgüte des Paters ein hohes Loblied zu singen. Der dächte nur an seine Kameraden. Lange habe er gesonnen, wie er ihnen in den langen Mußestunden des Stellungskrieges die Langweile vertreiben könne. Es gäbe ja so viele schlechte Bücher und Zeitschriften, die Sitte und Seele des Soldaten vergifteten. Da habe der Feldpater die Bibliothek für die Division gegründet, und zwar aus eigenen Mitteln. Mehrere tausend Mark seien dabei draufgegangen. Die Bücher kämen vom Borromäusverein in Bonn. Jeder Soldat, gleich welchen Bekenntnisses, könne sie kostenlos entleihen. So sprach der Feldwebel. Und dann fügte er noch mit freudigem Stolz hinzu, daß er einen riesigen Absatz habe.

Hier konnte Josef also den neu erwachten Bildungshunger vollauf befriedigen. Außerdem kaufte er sich noch einige Broschüren im benachbarten Brieulles. So ging er denn an die Arbeit, um sich das geistige Rüstzeug zu schaffen für die Idee des umfassenden Bildungsplanes. Für den gedachten Zweck kamen aber doch nur sehr wenige der vorhandenen Bücher in Frage. Denn die meisten, die in der Leihbibliothek geführt wurden, gehörten in das Gebiet der Unterhaltungsliteratur. Es ging ihm aber weit mehr um ein regelrechtes Studium. In der Auswahl fühlte er sich darum ein wenig beengt. Jedes gelesene Buch trug er in sein Notizbuch ein. Manchmal fügte er über den Inhalt einige Randbemerkungen hinzu. Da reihten sich in seinem Heftchen folgende Buchtitel aneinander: Wagners „Parsifal", Scheffels „Trompeter von Säckingen", Eschenbachs „Wasserkopf", die Lebensbeschreibungen Gottfried Kellers, Alfred Rethels und Michelangelos, Goethes Epos „Reineke Fuchs" und Faßbenders „Wollen, eine königliche Kunst".

Die Kameraden wunderten sich, daß Josef so versessen war aufs Lesen und Studieren. Kam da eines Tages der Kompanieschneider Paul Süchten an ihm vorbei. „Scheint doch ein rechter Sonderling zu sein, dieser Engling mit der großen Schießbrille", dachte er sich. „In jeder freien Minute hockt er da und ist am Lesen oder Schreiben. Nächstens muß ich doch einmal mit ihm anbändeln und sehen, was das für einer ist." Ganz unbegreiflich wollte es aber den Kameraden scheinen, daß Josef den Lesestoff sogar im Tornister mitschleifte. Zog man zu einem Marsch aus oder rückte man in Stellung, wurde doch jeder noch so kleine, unnütze Ballast zurückgelassen. Und gerade Bücher hatten doch ein fühlbares Gewicht. Josef schleppte sie unbedenklich mit. Er konnte es ohne geistige Beschäftigung nicht recht aushalten.

Die gelesenen Werke brachten ihn übrigens auf ein altes Lieblingsfach, die deutsche Sprache. Wie hatte er sich seinerzeit in Schönstatt doch in das Studium der Muttersprache vertieft! Seitdem wollte ihn der Gedanke nicht mehr loslassen, sich zu einem Meister des deutschen Stiles auszubilden. Dazu drängte ihn nicht nur der erwählte Lebensberuf. Es war auch eine große und unausgesprochene Liebe zur Muttersprache dabei. Sie konnte ihn einfach fesseln. Im nächsten Brief an die Eltern bat er darum, man möchte seinen Schulbüchern die deutsche Grammatik entnehmen und sie ihm ins Feld nachsenden. Jetzt konnte er also der alten Neigung wieder nachgehen und sich an dem geheimnisvollen Reichtum der deutschen Sprache freuen. Die Grammatik wanderte künftig mit ihm bis vorne in die Stellung, in den Schützengraben.

Wenn Josef gemeint hatte, die geistige Arbeit werde seine innere Unruhe und seine melancholischen Stimmungen bannen, so hatte er sich getäuscht. Zwar bereitete ihm das Lesen und Studieren immer einen wirklichen Genuß. Es gab Tage, da konnte er in seinem geistlichen Tagebuch sogar von Lesewut sprechen. Die melancholischen Stimmungen ließen aber deswegen nicht nach. Im Gegenteil, manchmal brach eine solche Unrast in ihm auf, daß er es selbst bei den Büchern nicht mehr aushielt. Es packte ihn ein unerklärlicher, geistiger Wandertrieb. Er wanderte von der Unterhaltung zum Briefschreiben, vom Briefschreiben zum Lesen. Und wenn er las, kam wieder die Sehnsucht nach der Unterhaltung mit einem verstehenden Freund. Genau so war es ihm vor einigen Tagen ergangen. Zuerst beschäftigte er sich mit einem Brief an seinen Bruder Valentin. Dann ging er ins Soldatenheim und suchte die Unterhaltung mit einem befreundeten Kameraden. Bald brach er sie ab und las im „Trompeter von Säckingen". Beim Lesen überkam ihn wieder der Drang, sich mit einem guten Freunde auszutauschen. Er wußte nicht mehr, was mit ihm los war und wie er diese rätselhafte Unrast deuten sollte. Daß ein Gnadenruf Gottes bei ihm anpochte und ihn in eine tiefere Einsamkeit des Gebetes führen wollte, das ahnte er noch nicht. Zuerst mußte er all der äußeren Dinge überdrüssig werden, bis Auge und Ohr sich öffneten für die Geheimnisse des Innern.

Vorläufig wußte Josef nichts Besseres zu tun, als unbeugsam an den Entschlüssen seiner privaten Exerzitien festzuhalten. Sie erstreckten sich im wesentlichen auf die getreue Durchführung seiner geistlichen Tagesordnung. Immer mehr spürte er, wie wichtig sie war. Je unruhiger sich die äußeren Lebensverhältnisse gestalteten, desto mehr benötigte er eine Ruhestatt im eigenen Innern. Und je heftiger die lähmenden Einflüsse von außen auf ihn einstürmten, desto mehr mußte er sich gegen die Außenwelt abriegeln. Er wollte sich nicht leben lassen von der Umwelt. Er wollte ein Eigenleben führen, das ganz unter dem Einfluß seines Persönlichen Ideals stand. In diesem Bemühen galt ihm die geistliche Tagesordnung als eine Art Klostermauer, die er um sich herum aufrichtete. Hinter ihrer schützenden Wehr lag das friedliche Eiland einer tiefen Einsamkeit. Zu ihm sollte nur Gott Zutritt haben. Die religiösen Übungen der Tagesordnung waren nichts anderes als ein tiefes Atemholen der Seele in dieser gotterfüllten Einsamkeit. Kein Ereignis des Tages durfte in das innerste Heiligtum des Herzens einbrechen und es mit seinen unheiligen Einflüssen überfluten. Darum auch sein zähes Ringen, in jedweder Lebenslage die geistliche Tagesordnung aufrechtzuerhalten. Im Laufe des letzten Jahres hatte er damit Erfolg gehabt. Sie blieb bestehen im zermürbenden Dienst, auf schweren Märschen und im geisttötenden Nichtstun des Stellungskrieges. Sie konnte auch nicht erschüttert werden durch aufreizende Erlebnisse an den Menschen seiner Umgebung oder durch heftige Erregung der Leidenschaft. Ja, sie hatte sogar standgehalten im aufregenden Kampfgeschehen der

Front. Nicht immer auf den ersten Hieb und völlig fehlerfrei war es ihm geglückt. Aber kein Rückschlag konnte ihm den Mut nehmen. In den nächsten Tagen sollte sie wieder eine Feuerprobe bestehen in einem Ereignis vorne an der Front.
Im Stab der Division lebte man seit einiger Zeit in Spannung und Erwartung. Vom A.O.K. waren neue Nachrichten eingegangen. Meldungen der rechten Nachbardivision, so hieß es da, ließen erkennen, daß der vermutete französische Angriff unmittelbar bevorstehe. Nach allem, was man wisse, werde aber auch wahrscheinlich die 15. Reserve-Division in das Geschehen hineingezogen. Stoßrichtung des gegnerischen Angriffes sei Malancourt. Davon würde also der rechte Flügel der Division und die ganze Nachbardivision betroffen. Über den Umfang und die Tiefe des Angriffs habe man freilich noch keine rechte Vorstellung. Der Generalmajor ordnete sofort erhöhte Alarmbereitschaft an. Man mußte auf alles gefaßt sein, ganz gleich ob es sich um ein kleines Gewaltunternehmen handelte oder um eine größere Kampfhandlung mit taktischen Zielen. Ein Gegenstoß der Division Richtung Malancourt wurde bis in die Einzelheiten durchbesprochen und vorbereitet.
Mitten in der Nacht vom 15. auf den 16. März ging durch das Cäcilienlager der Alarmruf. In einer halben Stunde standen die Ruhebataillone bereit zum Abmarsch. Den Mannschaften wurde mitgeteilt, daß man im Laufe des Tages mit einem Angriff des Gegners rechne. Noch vor dem Anbruch des Tages bezogen sie die Bereitschaftsstellungen. Aus der Richtung der Front schlug ihnen verstärkter Geschützdonner entgegen. Am Horizont tanzten die unruhigen Lichter des Mündungsfeuers. Die alten Frontkämpfer rümpften bedeutungsvoll die Nasen. ,,Wie 15 in der Champagne", sagten sie. Das Feuer verstärkte sich von Stunde zu Stunde. Vorläufig schienen es noch leichte und mittlere Kaliber zu sein. Es kam von halbrechts aus der Gegend von Malancourt. Jetzt mischten sich auch noch die tiefen Bässe in das Konzert. Drüben boten sie also auch die schwere Artillerie auf. Nun zogen die Geschoßbahnen ins Hinterland, in die rückwärtigen Stellungen, auf die Anmarschstraßen und in die Ruhequartiere. Über die Köpfe der Reservetruppen wuchteten die schweren Kaliber dahin und hinterließen ein langezogenes Gurgeln.
Der Stoßtrupp des Regiments war mit den Bataillonen ausgezogen. Vom Regiment lief eine Meldung bei ihm ein, er habe sich sofort am sogenannten Reservewäldchen zu postieren. Das genannte Wäldchen lag am Hinterhang der ersten deutschen Stellung. Vom oberen Rande

hatte man einen guten Überblick über das ganze Schlachtfeld. Jetzt sahen sie in der Ferne halbrechts das beschossene Gelände. Dicke, schwarze Rauchschwaden zogen darüber hinweg. Darüber zuckten die blitzenden Einschläge.
Um die Mittagszeit kam ein neuer Befehl vom Regiment. Er ordnete erhöhte Gefechtsbereitschaft an. Der Stoßtrupp machte sich zum Gegenstoß fertig. Jetzt konnte es also jeden Augenblick losgehen. Die Stimmung war ernst und gespannt. Das Feuer schien sich indessen zu verstärken. Bei Einbruch der Dämmerung schwoll es zum Trommelfeuer an. Nach etwa einer Stunde ging es langsam über auf die rückwärtigen Stellungen. Man hörte es jetzt hart rechts von der Flanke. Drunten im Forgesbachtale belferten bereits die Maschinengewehre. Dazwischen krachten die dumpfen Schläge der Handgranaten. Aha, jetzt war der Kampf der Infanterie im Gange! Von Minute zu Minute erwartete der Stoßtrupp den Befehl zum Gegenstoß. Er blieb aus. Das Artilleriefeuer und der Lärm des Nahkampfes verebbte. Was mochte vorne in der ersten Linie geschehen sein? Wurde der Angriff abgeschlagen? Keiner wußte es. Dann folgte eine unruhige Nacht. Die Artillerie hüben und drüben lieferte sich ein grimmiges Feuerduell. Mit dem Gewehr im Arm suchten die Leute vom Stoßtrupp ein wenig zu schlafen. Es wollte aber nicht recht gelingen. Denn das Wetter der Märznacht war klar und kalt. Und die Erregung hielt die Gemüter in Spannung. Was wird der Morgen bringen?
In aller Morgenfrühe schwoll das Feuer wieder an. Diesmal lag es auf dem rechten Flügel der Division. Die Nacht hatte sich noch nicht recht gelichtet, da ging es bereits über zum Trommelfeuer. Am Rande des Reservewäldchens beobachteten die Offiziere durch den Feldstecher die Vorgänge an der Höhe 304. Das klare Wetter ermöglichte bereits früh eine Fernsicht. Im Tal des Forgesbaches mischten sich in den Granathagel eigenartig dumpfe Aufschläge. Der Franzmann schoß mit Gasgranaten. Durch die Reservetruppen lief der gedehnte Ruf: Gaaas! Rasch stülpte man die Gasmaske über. Jetzt suchte das Granatfeuer das Hintergelände auf. Die französische Artillerie tastete nach den Reservetruppen. Bis jetzt hatte der Stoßtrupp noch keine Verluste. Im Handumdrehen konnte aber das Unheil hereinbrechen. Hoch oben kreiste ein französischer Flieger und leitete das Wirkungsschießen seiner Artillerie. Wenn doch endlich der Befehl zum Angriff käme! Das entsetzliche Warten in diesem brodelnden Hexenkessel riß fürchterlich an den Nerven. Nun heulten auch wieder die tiefen Bässe ihre schauerliche Melodie.

Bald darauf setzte auf die Mulde von Malancourt der französische Angriff ein. Dort berührte sich der rechte Flügel der 15. Res.-Division mit dem linken Flügel der Nachbardivision. Auf den westlichen Hängen der Höhe 304 brachen Sturmwellen auf. Etwa ein Bataillon mochte es sein. Ganz deutlich konnte man die Linien an den niedrigen Stahlhelmen verfolgen. Die blaugrauen Rockschöße schlenkerten im Sturmlauf. Im Forgesbachtal tauchten die Sturmwellen unter. Da hoben sich vor der ersten deutschen Linie mächtige Rauchwolken. Der Franzmann griff mit Flammenwerfern an. Gleichzeitig setzte der Lärm des Nahkampfes ein. Die fiebrige Spannung wuchs im Stoßtrupp mit jeder Minute. Stunde um Stunde verrann. Es wurde Abend. Drunten im Tal verlor sich der Schlachtenlärm. Gegen neun Uhr abends erreichte den Stoßtrupp der Befehl: Gefechtsbereitschaft aufgehoben! Der Angriff war abgeschlagen worden. Die Stellungsbataillone am rechten Flügel hatten es allein gepackt.
Am folgenden Tage trug der Schreiber am Divisionsstab in das Kriegstagebuch folgenden kurzen Vermerk ein: „Am 17. 3. 18 morgens 5.45 Uhr französischer Vorstoß auf die Mulde von Malancourt in Stärke eines Bataillons. Der Angriff wurde unterstützt von Flammenwerfern. Zuvor lag schweres Trommelfeuer auf dem ganzen rechten Flügel der Division. Es gelang den Gegnern, sich vorübergehend in der ersten Widerstandslinie festzusetzen. Im Gegenstoß wurde er wieder herausgeworfen. Eigene Verluste: 32 Tote, 67 Verwundete und 62 Vermißte."
Und was konnte Josef von diesem Tage melden? Nach schlaflos verbrachter Nacht hatten sie neben dem schußfertigen M. G. und den bereitgelegten Handgranaten tagsüber im Reservewäldchen gekauert. Vor ihnen tobte die Schlacht. Offiziere wie Mannschaften erwarteten jede Minute den Befehl zum Gegenstoß und quälten sich mit der Frage, wie es vorne stünde. In dieser Lage hielt Josef seelenruhig seine übliche Geisteserneuerung. Es war ja Sonntag heute. Er las seine Exerzitienvorsätze durch und sammelte sich zu betender Einkehr. Als am Abend der Befehl zum Abrücken eintraf, standen auf seiner geistlichen Tagesordnung lauter senkrechte Striche. Alle Übungen des Tages hatte er also fehlerlos durchgeführt. Auch mit den beiden Wachestunden, mit der geistlichen Lesung und dem Rosenkranz war es diesmal gut gegangen. In schweren Lagen hatte es ja meist mit diesen Übungen etwas gehapert. Auch der Tag einer höchsten Nervenspannung war also ein Tag innerer Einsamkeit geworden.
Noch mehr als das Kampfgeschehen der Front nahm die folgende

Karwoche Josefs Seelenleben in eine Schule der Innerlichkeit. Am 20. März siedelte das Regiment in das Magdalenenlager bei Cunel über. Dort wurde jeden Abend vom Feldgeistlichen eine Abendandacht gehalten. Dabei hatten die Soldaten Gelegenheit zu kommunizieren. Zu diesen Andachten fand sich Josef selbstverständlich jedesmal ein. Den 25ern konnte der Feldgeistliche einen großen Eifer im Besuch des Gottesdienstes nachrühmen. Auch Josef stellte mit Freude fest, daß die abendlichen Andachten stets gut besucht wurden. Wenn er zuvor in seinem näheren Bekanntenkreis werbend umherging, fand seine Einladung meist eine willige Aufnahme. So zog er oft eine große Schar von Kameraden mit sich. Der Feldaltar stand, vor Fliegersicht geschützt, unter einer Baumgruppe. Hinter dem Altar hatte man dem Feldpater sogar einen Beichtstuhl eingerichtet. Da reihten sich oft die Soldaten in langer Kette aneinander, um ihre Osterbeichte abzulegen. Mit einer heimlichen Genugtuung stellte Josef eines Tages fest, daß auch der Kompanieführer in der Reihe stand. Er wunderte sich darüber nicht. Daß er sich dort ohne Menschenfurcht anstellen würde, hatte er eigentlich schon erwartet. Mehr als einer der Kameraden schloß sich der Reihe erst an, nachdem ihm Josef mit ein paar aufmunternden Worten auf den Weg geholfen hatte.

Daß er nun jeden Tag zur heiligen Kommunion gehen konnte, machte die Karwoche zu einer Betwoche. Sie erweckte und vertiefte in ihm das eucharistische Gnadenerlebnis. Im Geiste morgens an der Messe Anteil zu nehmen, war schon lange eine feste Übung seiner geistlichen Tagesordnung. Die Begegnung mit dem eucharistischen Heiland sollten die beiden Wachestunden im Tageslauf festhalten und erneuern. Dafür bildete sich langsam eine bestimmte Form heraus. Im Geiste versetzte er sich am liebsten in das Kapellchen zu Schönstatt. Dort grüßte er den Heiland im Sakrament und erweckte die geistliche Kommunion. Alsdann brachte er sich gemeinsam mit dem ihm einwohnenden Christus Gott, dem Vater, zum Opfer dar, indem er ihm das kostbare Blut seines Sohnes aufopferte. In der Folgezeit suchte er des öfteren Stoßgebete zu verrichten und die Stunde in innerer Sammlung zu verbringen. So wanderte er mit seinem göttlichen Meister durch das ganze Tagewerk. Überdies spürte er schon lange in sich den Drang, den Sonntag zu heiligen und zu einem Bettag zu machen. Wie wenig merkte man doch im Felde, daß der Sonntag der Tag des Herrn war. In der letzten Zeit fielen die größeren Kampfhandlungen der Front ausgerechnet auf den Sonntag. Die Eintragungen im Tagebuch bezeugten Josef, daß er die vorgenommene Geisteserneuerung am Sonntag fast ausnahmslos

gehalten hatte. Neuerdings weitete sich sein Blick noch über den Sonntag hinaus auf die Geheimnisse und Ereignisse des Kirchenjahres. Auch sie würde er nun in der Zukunft noch inniger und bewußter mitleben. Fortan hinterließen sie auch darum jedesmal erkennbare Spuren in seinem Seelenleben.
Wie wenn ihm ein Licht aufging, schrieb Josef damals in sein Tagebuch: „Warum mache ich so wenig Fortschritte in der letzten Zeit? Wohl, weil ich so wenig bete, trotz der vielen Zeit. Auch die Melancholie wagt sich wieder hervor. Ich will und muß ein Heiliger werden!" Nun hatte er endlich den Ariadnefaden in der Hand, der ihn aus dem Labyrinth der melancholischen Stimmungen herausführen sollte: das Gebet. Ja, er müßte es noch viel besser verstehen, in sich hineinzulauschen und den Ruf der Gnade zu hören. Dort sprach Gottes Stimme zu ihm. In seiner Nähe würde endlich alle Unrast zum Schweigen kommen. Einige Tage später schien ihm diese Wahrheit noch viel einsichtiger geworden zu sein; denn er vermerkte in seinem Tagebuch:
„Wie viele Gnaden habe ich in der letzten Zeit unbenützt gelassen, lieb Mütterlein! Immer wieder regst Du mich an, mich in den drei Gebetsarten zu üben und machst mir Vorwürfe, weil ich so garnicht an meinen Namenspatron gedacht habe. Und wie oft habe ich sonst noch Deinen Gnadenruf verschmäht. Das heißt: den Neigungen, die der göttlichen Gnade entspringen, behende folgen und auf der Straße der Tugend Riesenschritte machen. Ich will keine Gnadenanregung überhören. Ich will, und Du, o Mütterchen, hilfst mit!"
Josef sann nach. Wie könnte er am ehesten feinhörig werden gegenüber dem Ruf Gottes? Wie erlernte er am besten, jeder Anregung der Gnade willig Gehorsam zu leisten? Bald meinte er das Rechte gefunden zu haben. Er schrieb den Vorsatz nieder: Ich will täglich eine Viertelstunde dem Gebete widmen in einer der Arten, wie sie im Büchlein „Idee der aszetischen Theologie" angegeben sind. Ja, das betrachtende Gebet! Bisher hatte er es wohl gelegentlich unbewußt geübt. Aber das schien ihm nicht hinreichend zu sein, daß er es so dem Augenblick überließ. In der Zukunft mußte er sich darin gewiß noch mehr Mühe geben. Als Josef am Ostersonntag eine gründliche Geisteserneuerung hielt, da hatte er für sein Streben nach Heiligkeit wieder eine klare Linie gefunden. Künftig müßte er sich im Gebet noch mehr sammeln, noch feinhöriger den Ruf Gottes aufnehmen, noch williger ihm gehorsam sein. Das wäre zweifellos der einfachste Weg aus der Unrast aller Stimmungen. Um diese Erkenntnis nicht zu vergessen, schrieb er in sein Tagebuch:

„Heilig ist, wer gewohnheitsmäßig, folgerichtig in Übereinstimmung mit Gott handelt. Gott ist unendlich vollkommen. Darum muß auch mein Handeln vollkommen sein in der Tat wie in der Gesinnung. Ich will stets das tun, was ich für das Richtige halte."
Am Ostermontag sollte um drei Uhr nachmittags im Magdalenenlager Feldgottesdienst sein. Mittags ging Josef hinüber zum Feldaltar um nachzusehen, ob alles vorbereitet war. Dort traf er den Kompanieschneider Paul Süchten bereits an der Arbeit. Das hatte er nicht gedacht, daß der lustige und zu allen Späßen aufgelegte Rheinländer so fromm sei. Sogar für Fahnenschmuck hatte er Sorge getragen. Zwei große und je drei kleine Fähnchen zierten den Altaraufsatz. Ganz stolz auf seine Leistung zeigte der Kompanieschneider die mit eigener Hand angefertigten Fahnen. Es fehlen nur noch einige Blumen und etwas Grün. Josef streifte durch den Wald und hielt Ausschau nach den ersten Frühlingsboten. Viel war es nicht, was er zusammenbrachte. In ein paar Flaschen und Konservenbüchsen ordnete er die Weidenkätzchen und Schlüsselblumen zu mageren Sträußen. Nun trug der Altar wenigstens etwas Frühlingsschmuck. Dem Burschen des Feldpaters teilte er noch mit, daß er beim Gottesdienst das Amt des Meßdieners übernehmen möchte.
Zuvor war aber noch eine andere Angelegenheit zu erledigen. Um nichts Geringeres handelte es sich als um eine Stunde Nachexerzieren. Das kam so. Heute nacht um zwei Uhr hieß es für den Stoßtrupp plötzlich: Alarm! Als sie noch schlaftrunken in Reih und Glied standen, hielt der Leutnant eine gepfefferte Ansprache. Soeben habe er die Wache besichtigt und den Posten nicht an Ort und Stelle gefunden. (Böse Zungen erzählten später, der Leutnant sei im angeheiterten Zustand aus der Offizierskaserne heimgekehrt.) Nach dem bekannten Grundsatz: einer für alle und alle für einen, habe der ganze Stoßtrupp von 1.30 bis 2.30 Uhr Nachexerzieren. Gegen den Posten würde er Tatbericht einreichen, und der Dienst werde künftig strammer und länger. Zur befohlenen Stunde marschierte der Stoßtrupp im Sturmanzug zu dem Übungsplatz. Da hagelten die Kommandos: Links marschiert auf, marsch, marsch! – Rechts schwenkt, marsch, marsch! – Links schwenkt, marsch, marsch! – Über die Hindernisbahn marsch, marsch! – Mit acht Schritten schwärmen, marsch, marsch! – Hinlegen! – Auf! – Hinlegen! – auf! Achtung usw. So ging es eine geschlagene Stunde lang. Auf dem Heimweg stimmten die ersten Glieder das Lied an: „Es gibt ja doch kein schöneres Leben als diesen Soldatenstand." Bald sang es der ganze Stoßtrupp mit. Im Ton spürte man ein Gemisch

von Galgenhumor, Spott und Ausgelassenheit. Immerhin vermochte das Lied Josefs aufkeimenden Groll wieder zu verscheuchen.
Bei der heiligen Messe diente er zusammen mit dem Burschen des Feldpaters am Altar. In seiner Seele klang heller Osterjubel, so wie er es ins Tagebuch schrieb: „Christus ist erstanden! Auch ich bin erwacht und aufgestanden zum Kampf mit mir selbst, zu einem neuen, wirklichen Leben. Ora pro nobis, Mater!"

Unter den andern

Je mehr Josef dem Zuge des Herzens folgte und sich in die betende Einsamkeit zurückzog, desto mehr verlor sich Unrast und melancholische Stimmung. Noch eine andere Wahrnehmung konnte er machen. Sein Verhältnis zu den Kameraden hatte dabei nicht nur nicht gelitten, sondern sogar erheblich gewonnen. Früher pflegte es ihn innerlich zu erregen, wenn er größere Verfehlungen und Unarten der Kameraden sah. Namentlich unsittliche Gespräche erregten sein ärgstes Mißfallen. Inzwischen war er aber mit dem Urteil über sittliche Fehler sehr nachsichtig geworden. Selbst bei denen, die sich nach außen sehr liederlich

benahmen, entdeckte er auf dem Grunde der Seele noch einen guten Kern. Wie war es doch gewesen neulich mit dem Kameraden, der noch auf dem Marsch zur Gewaltpatrouille unsittliche Lieder singen wollte? Aus seinen sonstigen Redensarten glaubte Josef auf einen verdorbenen Menschen schließen zu müssen. Als er ihn dann vor Ostern einlud zur Osterbeichte, ging er ohne Zögern mit. Bei wievielen konnte er ähnliche Beobachtungen machen! Es war viel Leichtsinn und Schwäche dabei, wenn sie sich oft so ärgerniserregend aufführten. Wirkliche Bosheit lag in den wenigsten Fällen vor. Sein Glaube an das Gute im Nächsten ging ihm erst so richtig auf, als er ein einsamer, betender Mensch unter ihnen wurde.
Die Kameraden fühlten natürlich heraus, wie echt menschlich und gütig verstehend ihnen Josef gegenüberstand. Sie mochten ihn deswegen auch gut leiden. Der Kompanieschneider führte eines Tages seinen Vorsatz aus, mit dem „Sonderling", wie er meinte, „anzubändeln". Und da erfuhr er wirklich, „was das für einer sei". Kein dummer Rekrut, sagte er sich, auch kein sonderbarer Kauz, nein, ein zweiter hl. Aloysius. Das hatte er hinter dem Engling nicht vermutet. Ganz genau so dachte Nikolaus Gilgenbach. Er war ein stiller, versonnener Bauernjunge aus der Eifel. Aber er beobachtete die Menschen gut und wußte sie genau zu beurteilen. Was er über Josef dachte, das vertraute er niemand an. Auch mit dem Kompanieschneider hatte er nie über ihn gesprochen. Aber im Herzen überlegte er still: So ungefähr muß wohl der hl. Aloysius gewesen sein.
Kam man in Lebensgefahr, dann hatten manche Kameraden Josef gerne in ihrer Nähe. Warum, wußten sie selber nicht. Mehr als einmal geschah es, daß sie ihm nach überstandener Lebensgefahr herzhaft die Hand drückten. Josef wunderte sich darüber. Das sah ja aus, als ob sie ihm danken wollten, ohne ihm etwas schuldig zu sein. Am Karfreitag forderte die Lagerleitung vom Stoßtrupp ein Arbeitskommando. Bei der Auswahl der Leute wurde Josef sichtlich übergangen. Nachher fragte einer unwillig, warum denn Engling nicht zur Arbeit abkommandiert werde. „Wohl mit Rücksicht auf seinen Beruf, damit er heute zum Gottesdienst gehen kann", sagte jemand. „Ach so", antworteten die andern und fanden es ganz in Ordnung.
Wiewohl Josef in den letzten Wochen seine Aufmerksamkeit sehr dem Gebetsleben widmete, erstreckte sich das Partikularexamen doch fast ausschließlich auf das Verhältnis zu den Kameraden. Einmal hieß es: „Ich will mich keiner Unterhaltung entziehen" – oder: „ich will allen erlaubten Spaß mitmachen" – oder: „ich will auf kleine, apostolische

Gelegenheiten achten". Ein andermal wollte er die Menschenfurcht bekämpfen. Darum hieß der Vorsatz: „Ich will mutig meine Meinung sagen" – oder: „ich will in der Unterhaltung auf die Selbständigkeit meiner Meinung achten". Wie seine Aufzeichnungen besagen, machten ihm die genannten Vorsätze selten ernstliche Schwierigkeiten. Am Vorabend von Ostern brachte er unter seinen Kameraden sogar einen Volksliederabend zustande.

Noch viel mehr erfüllte ihn um diese Zeit die Verantwortung um die eigenen Mitsodalen, zumal um die Mitglieder seiner Gruppe. In den letzten Wochen richtete sich sein Bemühen auf einen geordneten aber ungezwungenen Briefverkehr in der Gruppe. Es lag ihm sehr am Herzen, daß die einzelnen Mitglieder ein echt menschliches und familienhaftes Verhältnis zueinander fänden. Solange noch manche Briefe den sachlichen Stil eines deutschen Aufsatzes an sich trugen, fühlte er sich nicht recht wohl dabei. Die Briefe freuten ihn am meisten, die einen persönlichen Ton und eigene Gedanken und Vorschläge in das Gruppenleben brachten. In der Gruppenarbeit schwebte ihm für die nächste Zeit ein klares Ziel vor. Das war die Einführung der geistlichen Tagesordnung. Das schriftlich geführte Partikularexamen hatte sich ja schon seit etwa drei Monaten eingebürgert. Nun durfte man wohl einen Schritt weitergehen. Was eine recht geübte geistliche Tagesordnung in den Verhältnissen des Militärlebens zu bedeuten hatte für das Streben nach Heiligkeit, wußte er aus ureigenster Erfahrung.

Um die Aussprache über das Thema in Gang zu bringen, schrieb er wie früher Gruppenbriefe. Da wanderte mancher Schrieb hinaus zu den fernen Mitsodalen. Leicht war die Arbeit nicht. Die Zeit zum Schreiben mußte er sich in den dienstfreien Minuten zusammenstehlen. Sehr ungelegen kam es ihm, daß sie aus der Baracke in eine Wellblechbude übersiedeln mußten. In dem engen Raum, unter den lauten Unterhaltungen der Kameraden und beim flackernden Schein eines Kerzenstummels Briefe zu schreiben, fiel recht schwer. Kein Wunder, daß manche Kameraden auf den Gedanken kamen, der ständig schreibende Engling müsse ein Sonderling sein.

Eine Aussprache über die geistliche Tagesordnung würde wohl am ehesten in Fluß kommen, wenn man die Fragen nach ihrem Sinn und Zweck stellte. Warum hatte er selber eigentlich bislang die geistliche Tagesordnung geführt? Darauf gab es eine einfache Antwort. Er benötigte sie, um mit seinem Persönlichen Ideal Ernst zu machen. Ging er näher auf die Antwort ein, fand er drei Gründe. Der erste hieß: R e l i g i ö s e V e r i n n e r l i c h u n g . So schrieb er an seine Mitsodalen:

„Unser ganzes Tagewerk muß ein Gebet sein . . . Es muß von dem Streben nach Gott durchdrungen werden . . . Jede Handlung muß den Stempel der Gottangehörigkeit an sich tragen . . . Unsere Kameraden müssen aus unserem ganzen Wesen – das ist ja die Gesamtheit und der Spiegel unserer Handlungen – unseren Beruf, unsere ständige Vereinigung mit Gott ahnen können."
Derlei Sätze zogen sich durch alle Briefe. Ein zweiter Grund lautete: „Gnadenkapital" der Gottesmutter von Schönstatt.
„Ein Mittel, der Handlung eine übernatürliche Weihe zu geben, besitzen wir in der Idee des Gnadenkapitals der Mater ter admirabilis" schrieb er. An sich selber hatte er jedenfalls diese Erfahrung gemacht. Mit Leib und Leben wollte er aufgehen im Dienste des Nächsten. Das ging immer noch am besten, wenn der ganze Tag ein einziger Beitrag zum „Gnadenkapital" wurde.
Den dritten Grund hätte er Ordnung oder Rechenschaft nennen können. Ja, planmäßig gestraffte Ordnung und regelmäßige Rechenschaft an den Seelenführer brauchte er. Was war das doch oft für ein wogendes Durcheinander in seiner Seele! Hochstimmung und Tiefstimmung, eine Fülle von Plänen und Anregungen, ungestümer Eifer und geistige Lahmheit wechselten miteinander ab. Und dann die regellosen, äußeren Verhältnisse, ihre lähmenden und zermürbenden Einflüsse. Von all dem mußte er unabhängig werden. Nichts besseres hätte er gewußt als eine regelmäßig geführte geistliche Tagesordnung mit der Rechenschaft an den Seelenführer. Seine Mitsodalen hatten gewiß in gleicher Lage die gleichen Schwierigkeiten. Aus eigener Erfahrung riet er ihnen darum zu dem erprobten Mittel der geistlichen Tagesordnung. In diesem Sinne schrieb er also seine Gruppenbriefe.
Mit den Mitgliedern seiner Gruppe, die als Angehörige desselben Regimentes in seiner Nähe lagen, hätte er gerne den Stoff der Rundbriefe mündlich besprochen. In den nächsten Tagen schon schien sich hierfür eine Gelegenheit zu ergeben. Am 6. April wurde das I. Bataillon abgelöst und kam in Ruhe. Da konnte er also mit Paul und Johannes im Magdalenenlager zusammentreffen. Beim Mittagsappell sah er sich jedoch in dieser Hoffnung schon betrogen. „Der Stoßtrupp geht am heutigen Abend in Stellung, um Drahthindernisse zu ziehen", lautete ein neuer Regimentsbefehl. Kurz vor dem Abmarsch gelang es ihm dennoch, die beiden aufzutreiben. Mehr als ein paar Worte und einen herzhaften Händedruck vermochte er nicht mit ihnen zu wechseln. Der Aufenthalt in der Stellung brachte ihn in eine etwas ungewohnte Ordnung. Je nach dem Wetter und der Fernsicht mußte vor oder nach

Mitternacht sechs Stunden am Drahthindernis gearbeitet werden. Der Franzmann bereitete ihnen einen sonderbaren Empfang. Gleich am ersten Tage belegte er den Abschnitt der Division mit 7–8000 Granaten. Das kostete sie 13 Tote und 20 Verwundete.

Mit Schraubpfählen und Drahtrollen beladen machten sie sich im Dunkel der Nacht auf den Weg in das Gelände vor der deutschen Stellung. Man sprach im Flüsterton und nur das Allernotwendigste. Der Franzmann schien nichts zu merken. Fast die ganze Nacht fiel kein Schuß. Ein Mann rammte die Pfähle ein, zwei spulten die Rollen ab und zwei befestigten den Draht. Die beiden mit der Rolle hatten heute Pech. Sie fanden das Drahtende nicht, an dem bei der neuen Rolle mit dem Abspulen begonnen werden mußte. Eigentlich hätten sie das schon bei Tageslicht freilegen müssen. Jetzt wälzten sie die Rolle hin und her und griffen an allen Enden suchend in den Draht. Dabei rissen sie sich die Hände auf, bis sie bluteten. Den andern ging es nicht viel besser. Sie waren schon ein paarmal in Granatlöcher abgerutscht und im zerschossenen Drahtverhau alter Stellungen hängengeblieben. Der Ort ihrer Arbeit sah ja 1916 die blutigen Kämpfe um die Höhe 304. Damals hat der Boden, auf dem sie standen, gedampft und gezittert unter den Einschlägen der großen Kaliber.

Jetzt lag über dem Forgesbachtal der tiefe Frieden der Nacht. Nur ab und zu scholl aus den Granatlöchern des Talgrundes ein häßliches Quietschen. Die berüchtigten Verdunratten! Die Soldaten hatten ihnen den Vernichtungskampf geschworen. Nicht nur, weil sie mit unerhörter Frechheit in die Stollen eindrangen und ihnen das Kommißbrot wegfraßen. Die Ratten waren Leichenfledderer. Daß sie sich an den gefallenen Kameraden vergriffen, das trug den gefräßigen Biestern den tödlichen Haß der Frontsoldaten ein. Manche Handgranate flog in die Rattenrudel hinein. Einer setzte eines Tages mit Zement gemischtes Mehl für sie aus. „Das gibt Beton in Magen und Gedärme", sagte er mit Ingrimm; „die krepieren so sicher wie die Granaten der französischen Klatschbatterie."

Gegen Morgen kehrte der Stoßtrupp jedesmal in die Stellung zurück. Die Stollen in der vordersten Linie und auf den Feldwachen waren etwas eng und nicht sehr wohnlich. Namentlich die gegen den Talesgrund gelegenen zogen Grundwasser. Darum hatte man über den Boden bereits Lattenroste gelegt. In dem kleinen Raum herrschte eine muffig feuchte Luft, die sich mit Gerüchen der Ausdünstung und des Tabakqualmes mischte. Jetzt im Frühjahr kam noch eine neue Plage dazu. Seit Tauwetter und Regen einsetzten, tropfte es unaufhörlich

von der Decke und von den Wänden. An den Tropfstellen benutzte man Konservenbüchsen als kleine Regentonnen. Wer im faulen Nichtstun auf den Drahtbetten des Stollens lag, konnte an den aufschlagenden Tropfen die ganze Tonleiter abhören. Mit dumpfen Schlägen fingen sie im hohlen Gefäß an, um in dem gefüllten ganz hell zu enden. Das war für den musikalischen Zuhörer jedesmal das Zeichen, daß die Büchse geleert werden mußte. Auf den Drahtbetten ließ sich so recht und schlecht schlafen. Zuweilen spürte man, wie die Ratten über einen hinweghuschten. Dann zog man den Mantel enger um den Kopf und stieß im Halbschlaf eine Verwünschung aus. Hin und wieder gelang es einigen Kameraden, eine Ratte zu erlegen.
Bis um die Mittagszeit konnten die Drahtzieher sich der Ruhe hingeben. Nach dem Essen wurden die Uniformen ausgebessert. Meistens waren etliche Löcher zu flicken, die während der nächtlichen Arbeit der Stacheldraht hineingerissen hatte. Dann folgte Grabendienst bis in die Nachmittagsstunden. Die freie Zeit am Abend benutzte Josef zum Beten und Schreiben, zumal zum Erledigen seiner Gruppenpost. Das Echo auf seine letzten Briefe wollte ihn nicht ganz befriedigen. Als Entschuldigung durfte er aber gelten lassen, daß einige eifrige Mitarbeiter zur Zeit in die Offensive verwickelt waren. Manche der eingegangenen Antworten hielten sich bei den grundsätzlichen Erwägungen über die geistliche Tagesordnung nicht lange auf. Sie gingen gleich dazu über, praktische Vorschläge zu machen, welche Übungen man darauf setzen müsse. Josef war es recht so. Hier mußte er gleich die Aussprache aufgreifen, damit sie im Flusse blieb. Wenn er in seinem Stollen nur richtig hätte schreiben können! In dem engen Raum behinderte einer den andern. Zuweilen wurde die Unterhaltung so laut, daß man keine rechten Gedanken fassen konnte. Dann stieß wieder einer im Vorbeigehen an seinen Tornister, daß der Kerzenstummel darauf umfiel und das flüssige Wachs über den Briefbogen goß.
Da kam ihm ein rettender Gedanke. Gar nicht weit von hier bewohnte doch Clemens Meier einen ruhigen Unterstand. Er hatte die Wetterbeobachtung inne. Mit seinem Schreibpapier flüchtete er also schnell hinüber zu dem „Wetterpropheten“. Dort konnte er ruhig schreiben und gleichzeitig mit Clemens Meier die Gruppenarbeit besprechen. Das taten beide sehr gründlich. Als Frucht ihrer gemeinsamen Beratung ging aus Josefs Hand am 9. 4. folgender Rundbrief an die Gruppe:
„Liebe Mitsodalen! – Habe jetzt nach Euren Briefen im Verein mit Meier die geistlichen Übungen für unsere gemeinsame Tagesordnung

zusammengestellt. Es sind das die notwendigsten Übungen. Unserer Marienliebe glaube ich durch einen Akt der Hingabe und Liebe ans liebe Mütterlein Ausdruck geben zu müssen. Die ‚gute Meinung', meinte Meier, dürften wir nicht fortlassen, da durch sie erst unsere guten Werke verdienstlich werden, und die geistliche Kommunion müsse uns die fehlende wirkliche ersetzen. Über geistliche Lesung und Rosenkranzgesätz waren wir uns ja schon längere Zeit einig. Diese Übungen sind zwar nicht immer leicht, aber unmöglich werden sie wohl selten sein. Allgemeine Gewissenserforschung und vollkommene Reue sind zwar Teile des Nachtgebetes. Da sie aber von so großer Wichtigkeit für unseren Fortschritt und unser ewiges Heil sind, habe ich sie extra angeführt. Zu verzeichnen, wann man gebeichtet und kommuniziert hat, wird unserem Seelenführer zum besseren Einblick in unser geistliches Leben dienen. Diesen Übungen kann jeder andere, die sein persönliches Bedürfnis verlangt, hinzufügen. Ferner werden wir hier solche verzeichnen, die wir uns für einzelne Zeiten des Kirchenjahres vorgenommen haben. Für das Rosenkranzgesätz werde ich, wenn alle damit einverstanden sind, monatlich eine Meinung angeben. Für den Mai bitte ich Meinungen vorzuschlagen.

Auf der anderen Seite des Blattes ist ein Schema für das Partikularexamen. Die Anzahl der Fächer wird sich nach den persönlichen Bedürfnissen richten; daneben schreibt man in ganz bestimmter Form den Vorsatz, was ich wenigstens für gut halte. Die geistliche Tagesordnung wollen wir, wie das Partikularexamen, also alle vierzehn Tage einsenden, wenn Ihr damit einverstanden seid. Es sind darüber noch keine Meinungen geäußert worden. Der Vorschlag stammt von mir. Wir wollen mit der schriftlichen Rechenschaft Montag, den 29. d. M., beginnen. Ich bitte jeden, mir dann mitzuteilen, ob er es getan hat. Zwecks Vertiefung der geistlichen Übungen mache ich den Vorschlag, einander zu schreiben, wie und wann man z. B. das Morgengebet verrichtet, die allgemeine Gewissenserforschung anstellt, das Partikularexamen und die Wachestunde hält. Jeder hat darin seine eigenen Erfahrungen, und durch Gedankenaustausch kann man diese Übungen immer fruchtbarer gestalten. Hierbei wird es von Vorteil sein, wenn jeder mit einem in besonders regen Verkehr tritt, wie es unter Punkt I unserer Neuregelung angeraten ist. Es werden sich wohl schon immer zwei finden, die zusammen passen."

An den Monat Mai und seine Vorbereitungen hatten die beiden also auch schon gedacht. Sie meinten, die schriftlich geführte Tagesordnung wäre eine entsprechende Maiarbeit für die Gruppe. Ob sie noch

mehr Vorsätze für den Mai vorschlagen sollten? Sie kamen überein, im Ruhequartier erst die beiden andern, Johannes und Paul, zu befragen. Die Gelegenheit kam bald. Nach zehntägigem Aufenthalt in Stellung rückte der Stoßtrupp ins Magdalenenlager. Dort hielt Josef mit den beiden andern eine Gruppensitzung ab. Das Ergebnis teilte er jedem Mitglied mit folgenden Worten mit:
„Im Mai wollen wir das Rosenkranzgebet beten, um von unserer Mutter einen baldigen Frieden zu erflehen, damit wir uns wieder ganz unserem Berufe hingeben können. Johann, Paul und ich wollen uns im Mai des Rauchens enthalten und zugunsten der Kongregationskasse ein kleines materielles Opfer bringen. Letzteres schlugen Johann und Paul für alle vor, während ersteres nicht alle verpflichtet, da ich noch keine Antwort von Euch darauf habe. Ferner wollen wir mit dem Mai mit der schriftlichen Tagesordnung beginnen, die Du ja schon längere Zeit übst. Außerdem will noch jeder besondere Opfer für unser Mütterlein bringen. Sie hat es sicherlich um uns verdient. Wir wollen uns ihm wieder als Werkzeuge anbieten und auch als solche bezeigen zum Heil der unsterblichen Seelen."
Als Josef diese Briefe schrieb, hatte ein höherer Befehl ihn und seine Division bereits auf einen andern Kriegsschauplatz verschlagen.

IN DEN STAHLGEWITTERN DER FRONT

In Flandern, da reitet der Tod

Im kleinen Dorf Rémonville bei Dun an der Maas stauten sich Ende April 1918 deutsche Truppenverbände. Die 15. Reserve-Division kehrte aus der Stellung vor der Höhe 304 zurück und marschierte in die Etappe. In den nächsten Tagen sollte sie an einem andern Frontabschnitt eingesetzt werden. Sie galt als ausgeruhte Division und mußte sich darum auf kommende Großkampftage gefaßt machen. Das erste Bataillon des R.I.R. 25 bezog in Rémonville Quartier. Am Abend saßen in den Häusern und Scheunen die Leute bei eifriger Unterhaltung über die kommenden Ereignisse. Der lang erwartete Schlag gegen die Westfront war endlich da. Ende März und Anfang April tobte zwischen Arras und La Fère die große deutsche Angriffsschlacht. Unternehmen „Michael" hieß sie. Sie hatte die Front durchbrochen und den Angriff bis beinahe Amiens vorgetragen. Zur Zeit war auf flandrischem Boden südlich von Ypern eine neue, zweite Angriffsschlacht im Gange. Der berühmte Kemmelberg befand sich bereits in deutschem Besitz. Ein unsagbares Kraftgefühl durchströmte die ganze deutsche Armee. Jahrelang schon fühlte man sich bei den unzähligen Offensiven des Gegners als Amboß. Jetzt war man endlich Hammer geworden. Nun würde Hindenburg mit wuchtigen Schlägen die ganze Westfront zertrümmern. Eine nie gekannte Siegeszuversicht packte die Herzen. Für diesen gewaltigen Schlag mußte noch einmal das Letzte hergegeben werden. Aber dann kam sicher der Friede, der lang und heiß ersehnte Friede.
Am längsten drehte sich die Unterhaltung natürlich um die Frage: Wo werden wir eingesetzt? Die Meinungen gingen auseinander. Auf die beiden ersten Hammerschläge würde gewiß ein dritter folgen, wahrscheinlich an der Aisne. „Den zu führen, ist unsere Sache", meinten die einen. Andere zeigten sich bedächtiger. In Flandern gehe es auffallend langsam vorwärts, sagten sie. Der Tommy sei eben ein zäher Bursche. Bis da die Unsern durch seien, müsse noch manche Division dran glauben. Die kleinen Generalstäbler in den Wohnungen und Scheunen von Rémonville brauchten sich nicht mehr lange den Kopf zu zerbrechen.
Am 24. April morgens in der Frühe erging der Befehl zum Abrücken

nach dem Verladebahnhof Romagne. Es folgte eine schöne Fahrt durch das reizende Maastal. Die Natur prangte im Frühlingsschmuck. Als der Morgen graute, las man an den Bahnhofsgebäuden belgische Städtenamen. Charleroi, Edingen und Tournai zogen vorüber. Die Fahrtrichtung zeigte also nach Flandern. Die nächste Stadt mußte Lille sein. In Ascq, auf der Station unmittelbar vor Lille, hielt der Transportzug an. „Es geht zu Fuß weiter", erging der Befehl. Im großen Bogen marschierten die Regimenter um die Stadt herum. In den Dörfern südlich von Lille bezogen sie Quartier. Aus der Ferne grollte ein unheimlicher Kanonendonner herüber. Das klang, wie wenn ein schwerer Lastwagen über ein holperiges Straßenpflaster fährt. An den schlimmsten Tagen vor Verdun hatte es an der Front nicht so gekollert wie jetzt hier. Selbst die Alten im Regiment horchten erstaunt auf. „Wird ein Schlamassel werden, schlimmer als an der Aisne", sagten sie und verzogen ahnungsvoll die Gesichter.
Im Stabsquartier des IX. Reservekorps zu Lille besprach sich General von Morgen mit dem Kommandeur der 15. Reserve-Division. Über eine große Karte gebeugt verfolgten die beiden Männer den Stand der Schlacht im Raum von Armentières. Die Angriffslinie, sagte der General, ziehe sich vom Wytschaetebogen südlich Ypern über den eroberten Kemmel, über Bailleul, Merville bis Béthune. Dabei beschrieb er auf der Karte einen leicht geschwungenen Bogen. Der Angriff habe sich in den letzten Tagen erheblich verlangsamt, da der Gegner beträchtliche Verstärkungen an die bedrohte Stelle geworfen habe. Es sei sogar mit einem wachsenden Gegendruck zu rechnen. Laut Armeebefehl solle die erreichte Linie zunächst gehalten und später eine Fortsetzung des Angriffs vorbereitet werden. Die kritische Stelle der Angriffsfront liege im Bereich des IX. Reservekorps, und zwar südlich von Merville. Hier werde die 15. Reserve-Division eine schwierige Aufgabe zu erfüllen haben. Und dann verbreitete sich der General über taktische Einzelheiten der Lage.
Am folgenden Tage versammelte der Kommandeur der 15. Reserve-Division die Führer der Regimenter und Bataillone in seinem Stabsquartier zu Haubourdin. Das R.I.R. 25 hatte einen neuen Kommandeur erhalten in der Person eines Gardeoffiziers. Der Generalmajor erläuterte die Lage. „Wir lösen am 2. 5. die 16. I.-D. ab südlich von Merville. Das ist die Stelle, an der die Angriffslinie am weitesten vorgetragen wurde. Hier ragt die deutsche Front keilförmig in die des Gegners hinein. Das Dorf Calonne bildet die Spitze dieser keilförmigen Einbuchtung. Die Regimenter verteilen sich in folgender Weise. Sie, Herr

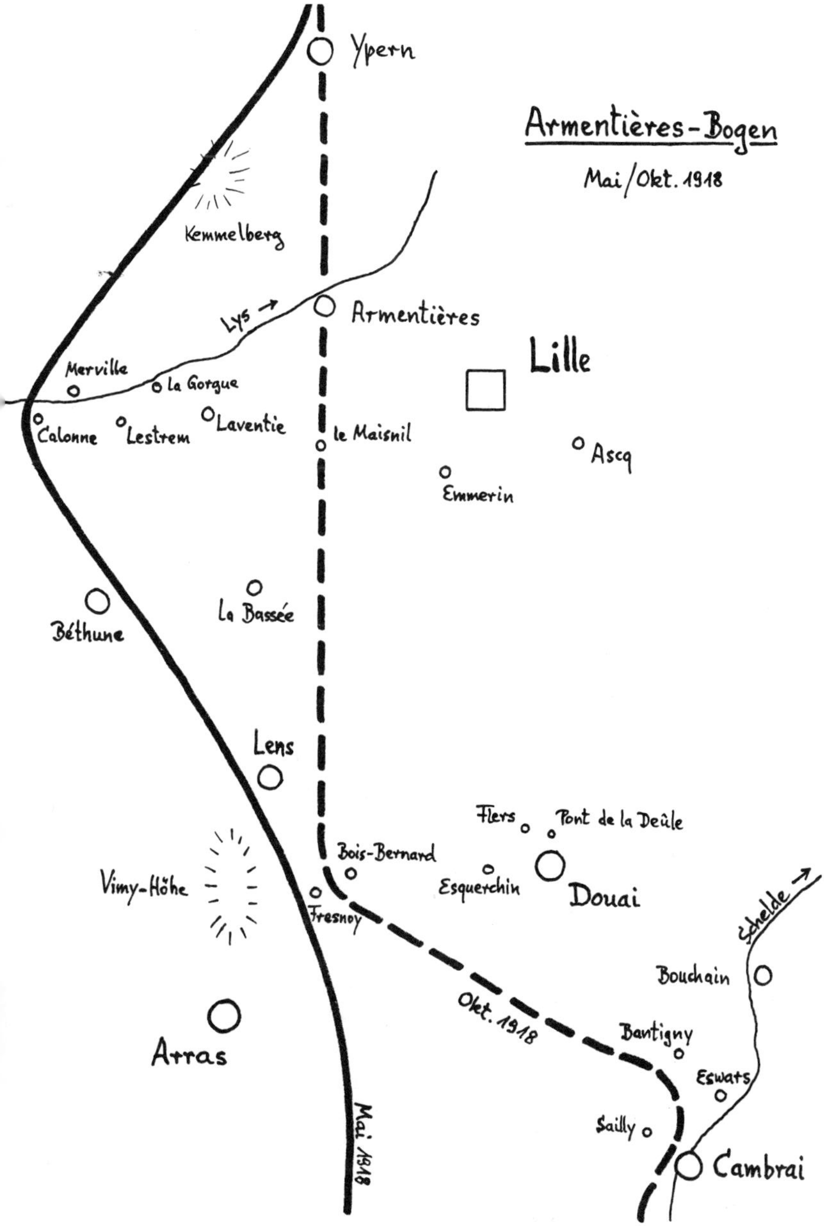
Armentières-Bogen
Mai/Okt. 1918
Ypern
Kemmelberg
Lys
Armentières
Lille
Merville
La Gorgue
Calonne
Lestrem
Laventie
le Maisnil
Ascq
Emmerin
Béthune
La Bassée
Lens
Flers
Pont de la Deûle
Bois-Bernard
Esquerchin
Douai
Vimy-Höhe
Fresnoy
Schelde
Bouchain
Okt. 1918
Arras
Bantigny
Eswars
Sailly
Mai 1918
Cambrai

Major, – dabei blickte er auf den neuen Regimentskommandeur des R.I.R. 25 – übernehmen den Abschnitt rechts und links von Calonne. Rechter Flügel $^1/_2$ Kilometer von der Bahn Calonne–St. Floris, linker Flügel 2 Kilometer südlich davon. Sie lösen dort am 2. 5. das I.R. 68 ab." Der Major legte grüßend die Hand an den Mützenrand. Er wußte, daß ihm die empfindlichste Stelle der ganzen Offensive zugefallen war.

Um 3 Uhr stand um den Major im Dorfe Santes das Führerkorps des Regiments. Es handle sich nicht um einen Angriff, führte der Major aus. Vorerst müßte die Stellung bei Calonne gegen den wachsenden Druck des Gegners gehalten werden. Sie könnte vom Feinde leicht eingesehen werden und läge von drei Seiten her unter schwerem Artilleriefeuer. Hier standzuhalten stelle bekanntlich an die Nerven und den Mannesmut der Truppe höhere Anforderungen als ein Angriff. Die Bataillone müßten für die spätere Fortsetzung der Offensive eine Ausgangsstellung schaffen. Jedes Bataillon käme eine Woche in die erste Linie, dann eine Woche in Bereitschaft und in der dritten Woche in die Ruhequartiere. Der Kommandeur bestimmte die Reihenfolge der Ablösungen.

Noch am selben Tage um 6 Uhr gab der Führer des I. Bataillons im Dorfe Emmerin vor seinen Kompanieführern einen Überblick über die Aufgaben der nächsten Tage: „Das Bataillon bezieht am 2. 5. die Bereitschaftsstellung bei Lêstrême, etwa 4 Kilometer hinter der ersten Linie. Der Gegner verfügt über beträchtliche Luftstreitkräfte. Darum muß die Truppe zur sorgfältigen Deckung und Tarnung der Stellungen angehalten werden. Für jeden Dienst, der irgendeine Bewegung im Gelände erfordert, nehme man nur die allerzuverlässigsten Leute. Am 8. 5. geht das Bataillon in die erste Linie. Bei der Ablösung muß mit äußerster Vorsicht vorgegangen werden, da der Gegner jedes auffällige Geräusch abhört und mit schweren Feuerüberfällen beantwortet. Eine ausgebaute Stellung mit Gräben und Unterständen gibt es vorne noch nicht. Sie muß aber baldigst geschaffen werden. Vorerst besteht die vordere Linie nur in ein paar Erdlöchern."

Am 29. April mittags um drei Uhr brach das I. Bataillon in Emmerin auf zum Abmarsch an die Front. Nach einer Wegstunde überquerten sie die große Straße Lille–La Bassée. Von da ab merkten sie, daß sie im Rücken einer kämpfenden Armee standen. Endlos scheinende Kolonnen von Fahrzeugen aller Art strebten nach vorne. Munitionswagen fuhren frontwärts zu ihren Batterien. Eine lange Kette von leichten Feldgeschützen eilte rasselnd und knarrend vorüber. Auf den hohen

Protzen saßen die Kanoniere und guckten ein wenig mitleidig auf die schwerbepackten „Landser" herunter. Dicke, schwere Mörser klapperten auf breiten Radgurten einher. „Da schau", sagte einer, „die dicke Berta in Holzpantoffeln." Die andern lachten über diesen drolligen Einfall. Auf den Feldern hatten sich Ballonzüge aufgebaut. Über die Nebenstraßen drängten die langen Schlangen der Infanterie. In Massen strömten sie zur Front und rannen irgendwo wieder spärlich zurück.
In Maisnil wurde gegen Abend haltgemacht. Hier zog sich die ehemalige Front entlang, von der die deutsche Offensive ihren Ausgang genommen hatte. Die Dörfer ringsum glichen einem Trümmerhaufen. Im Gelände klafften hart nebeneinander die Trichter. Das Feld war zermahlen und zerstampft von der Feuerwalze. In der englischen Stellung lagen noch unbeerdigte Tote umher. Waren das wirklich Engländer? Nein, Portugiesen hatten den Frontabschnitt inne gehabt. Darum die unbekannten Uniformen. Das Bataillon suchte sich Unterkünfte in den zerschossenen Häusern und in den verlassenen Gräben. Um die herumliegenden Toten kümmerten sie sich nicht. Viel vorsichtiger schritten sie über die vielen Blindgänger hinweg, namentlich über die schweren „Zuckerhüte". Schon wollten sich die marschmüden Soldaten zur Ruhe ausstrecken, da zerriß ein ohrenbetäubender Knall die Luft. In der Nähe feuerte ein deutsches Schiffsgeschütz und warf 38 cm Granaten in das feindliche Hinterland. „Nur immer feste druff", sagten die müden „Muskoten" und hörten bald nichts mehr von den krachenden Abschüssen.
Der nächste Marschtag führte bis Laventie, etwa 10 bis 15 Kilometer hinter die Front. Auf den von Granaten zerpflügten Straßen herrschte ein unbeschreibliches Jagen und Hasten. Eine Batterie preschte im gestreckten Galopp vor und ging in Feuerstellung. Beladene Sanitätsautos suchten sich behutsam um die Granatlöcher herumzuschlängeln. Es gelang nicht immer. Bei jedem heftigen Aufstoß erscholl aus dem Innern des Wagens ein schmerzliches Stöhnen der Schwerverwundeten. Ein Trupp gefangener Engländer eilte mit leichtem Schritt dem Hinterlande zu. Eigenartig, wie die Pferde sich gebärdeten. Sie witterten die nahe Front und die herumliegenden Kadaver. Ihr Fell wurde starr und struppig, weil sich die Haare buchstäblich sträubten. Das Weiße im Auge weitete sich und nahm einen schreckhaften Ausdruck an. Zuweilen glitt ein leichtes Zittern über die Flanken. Plötzlich fuhren sie steil in die Höhe und konnten nur mit einem blutigen Sporenhieb vorwärts getrieben werden. Nach etlichen hundert Metern ge-

wahrte der Fahrer den widerlich süßen Geruch verfaulender Leichen. Die Tiere hatten ihn schon lange zuvor gewittert und sich dagegen aufgebäumt.
Selbst an den Menschen gingen seltsame Veränderungen vor sich. Die Front! Wie wirkte doch dieses erlebnisschwere Wort auf die Männer im Stahlhelm. Der Körper straffte sich, die Gesichter wurden ernst, fast hart. So mancher oberflächliche, leichtlebige Ausdruck schien wie weggewischt. Blutjunge Gesichter bekamen einen Ausdruck männlicher Reife.
Das Städtchen Laventie war vor der Offensive englische und jetzt deutsche Etappe. Die beiderseitige Beschießung ließ überall verheerende Spuren zurück. Die verlassenen Häuser sahen aus, als habe man sie ausgeräuchert. Manche lagen in Trümmern; andere hatten ganze Wände eingebüßt, so daß einen die aufgerissenen Wohnräume anstarrten. Die Quartiermacher des Bataillons teilten jeder Kompanie einen Straßenzug zu. Wenn die wackeligen Wände nur nicht über uns zusammenbrechen, dachten die Soldaten und suchten sich in den Ruinen eine Unterkunft. Die Häuser um den freien Platz an der Kirche ließen sie unbesetzt. Niemand hatte es befohlen, aber ein eigenartiges Gespür gab das so ein. Ragende Kirchen galten als lockende Zielpunkte für die Artillerie. Das schöne Gotteshaus hatte unter der Beschießung sehr gelitten. Beim Vormarsch drehte mancher deutsche Richtkanonier das Fadenkreuz des Richtgerätes auf die Kirchturmspitze. Da oben saß nämlich eine englische Artilleriebeobachtung. Heute hatten sich an derselben Stelle die Deutschen eingenistet.
Die Nacht überraschte die feldgrauen Schläfer mit einem aufregenden Erlebnis. Gegen 12 Uhr nahmen englische Ferngeschütze die Ruhequartiere unter Feuer. Mit einem hohlen, gurgelnden Ton kam es von weit her herangewuchtet. Dudel – dudel – dudel bumm– wrach! Eine ganz ,,Schwere" saß in Laventie. Wieder röchelte eine heran, noch eine. Die Leute fuhren erschreckt aus dem Schlafe. Einige waren ganz verstört und wollten hinaus. ,,Liegen bleiben", mahnten die Besonnenen. Draußen surrten Splitter, kollerten Steine und Dachziegel umher. An der großen Bagage riß sich eine Pferdekoppel los und raste mit dröhnendem Hufschlag durch die Straßen. Am Kirchplatz faßte sie ein Volltreffer. In den betäubenden Krach des Einschlages mischte sich das gellende Schreien der getroffenen Pferde. Acht bis zwölf lagen in ihrem Blute. Irgendwo erscholl eine markerschütternde Stimme: Sanitäter, Sanitä – mitten im Wort brach sie ab. Das hatte bei Menschen eingeschlagen. Nach einer Stunde hörte die Beschießung auf.

Gleich darauf stürzten aus den Häusern Soldaten mit Seitengewehr und Kochgeschirr nach dem Kirchplatz. Die gefallenen Pferde wurden zerlegt und die blutigen Beutestücke wanderten in die Kochgeschirre. In dieser hungrigen Zeit galt ein Pferdebraten als beachtliche Zugabe zu dem mageren Küchenzettel. Da stand vor seinem toten Reitpferd trauernd ein Wachtmeister. Das gräßliche Geschick seines treuen Tieres schnitt ihm ins Herz. Er streichelte zärtlich und fast wehmütig seine Mähne. Die Soldaten mit Seitengewehr und Kochgeschirr schlichen von einer eigenartigen Scheu gehalten um beide herum. An einem Tier, das von soviel menschlichen Empfindungen umwittert war, wollten sie ihr blutiges Handwerk nicht ausüben.

Die nächtliche Beschießung kostete das Bataillon zwei Tote und drei Verwundete. Auf dem neu angelegten Soldatenfriedhof am Rande des Städtchens wurden sie unter den Trauermärschen der Regimentsmusik zur Ruhe gebettet. Schon mehr als fünfzig Grabkreuze ragten dort auf. Hier hatten die 68er ihre gefallenen Kameraden begraben, die Blutopfer bei den letzten Sturmangriffen. Die 25er umstanden sinnend die offenen Gräber der beiden Kameraden. „Wieviel Grabkreuze werden es sein, wenn wir von hier abrücken?“ Wenn sie gewußt hätten, daß sie über 120 neue Kreuze hinzufügen sollten!

In Laventie noch länger zu bleiben, schien der Führung des Bataillons nicht ratsam. Sie beorderte die Kompanien am Abend in das eine Wegstunde entfernte Dorf Lestrem und ließ sie dort am Dorfrande Biwak beziehen. Um sich gegen Fliegersicht zu decken, schlugen die Soldaten die Zelte unter den zahlreich umherstehenden Bäumen auf. Vor seiner kleinen Behausung hockte Josef Engling und schrieb in sein Tagebuch. Der Rückblick auf die letzten Tage des Monats beunruhigte ein wenig sein Gewissen. Auf dem Transport hatte er den Kontrollzettel für die geistliche Tagesordnung verloren. Aus einer gewissen Nachlässigkeit unterließ er es, gleich einen neuen anzufertigen. Zwar wurden seine religiösen Übungen deswegen nicht unterbrochen. Aber daß für ein paar Tage die schriftliche Rechenschaft unterblieb, weil er saumselig geworden war, das machte ihn unfroh. Mit dem gestrigen Tag begann der Wonnemonat der Gottesmutter. Daheim hielt man wieder Maiandachten. Und er? Mußte er sich nicht schämen, daß er mit so wenig Eifer den Monat der Himmelskönigin angefangen hatte? Er legte seinen Tornister auf die Knie und breitete ein Blatt Papier darüber. Dann hub er an, Linien zu ziehen für die Tabelle seiner geistlichen Tagesordnung.

Als er nach der fertigen Arbeit aufschaute, fiel sein Blick auf ein Ka-

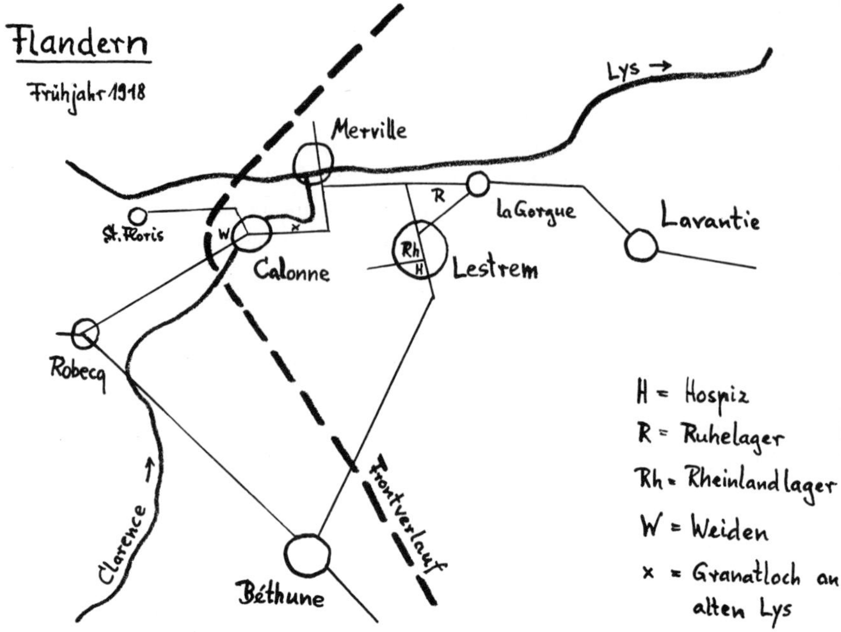

pellchen an einer Wegkreuzung hart am Dorfrand. Nicht weit davon stand ein großes Haus mit weithin sichtbaren Spuren der Beschießung. Ein unbestimmtes Gefühl, daß er der Gottesmutter Abbitte leisten müsse für seinen mangelnden Eifer in den letzten Tagen, trieb ihn zu dem Kapellchen. Im Herzen erwog er einen plötzlichen Einfall. Ob man hier nicht mit den Kameraden Maiandacht halten könnte? Leider war das Kapellchen, dem leidenden Heiland an der Geißelsäule geweiht, vom Granatfeuer beschädigt worden. Die Statuen hatte es jedoch verschont. Zudem schien die nahe Wegkreuzung ein gesuchter Zielpunkt der Artillerie zu sein. Gab es keinen geeigneteren Ort, um doch eine Maiandacht halten zu können?
An der Stirnseite des großen Gebäudes nebenan las er die Worte: ,,Hospice du Sacre Coeur. Aha, ein katholisches Altersheim! Das hat gewiß eine Kapelle. Im Garten traf er auf den Sanitätsfeldwebel Winter, der dort mit seinen Leuten unter den Bäumen Zelte errichtete. Ihm konnte er seinen Plan bezüglich der Maiandachten unbefangen vortragen. Der Feldwebel stand im Ruf, ein guter Freund und treuer Helfer des Feldpaters zu sein. Er zeigte Josef einen passenden Raum im Untergeschoß des Altersheimes und stellte ihn für den gedachten Zweck gerne zur

Verfügung. Josef eilte sofort zurück ins Biwak und suchte seine Schönstätter Kameraden auf. Die ließen sich für den Plan sofort gewinnen. Rasch entschlossen gingen sie an die Arbeit. Der Raum im Altersheim wurde gründlich gesäubert. Eine alte Kommode diente als Altar. Statuen und Blumenvasen entnahmen sie dem Kapellchen, Blumen fanden sie genug draußen im Garten. Nun konnten sie wirklich Maiandacht halten. Um 9 Uhr abends fanden sie sich dort ein. Sie warben auch unter den katholischen Kameraden und brachten immer eine stattliche Schar zusammen. Josef ersetzte den Priester und betete den Rosenkranz vor. Den Raum der Notkapelle erfüllte das dumpfe Gemurmel betender Männerstimmen. Dann klangen aus rauhen Soldatenkehlen die zarten Weisen der Marienlieder. Etwa sechs Kilometer entfernt donnerte die Front eine ganz andere Melodie.

Am Samstag, dem 4. Mai, hielt der Feldwebel der 4. Kompanie einen Appell ab. Das Bataillon, so verkündete er, rücke am kommenden Dienstag in die vordere Linie. Morgen, am Sonntag, sei noch einmal Gottesdienst. Dann verteilte er die einzelnen dienstlichen Verrichtungen für die Dauer des Aufenthaltes vorn in Stellung. Führer des Trägertrupps, dem hauptsächlich die Sorge um die Verpflegung oblag, wurde Unteroffizier Thalhofer. Dem fuhr bei dieser Mitteilung ein leichter Schrecken in die Glieder. Gerade der Dienst fiel ihm zu, den sich jeder in den nächsten Tagen am wenigsten wünschte. Da durfte er beim Feldwebel aber auch die Forderung stellen, daß ihm eine genügende Anzahl zuverlässiger Leute zur Verfügung gestellt würde. Nach dem Appell brachte er sein Anliegen gleich vor und nannte mehrere Kameraden. Dabei fiel auch der Name Musketier Engling. Der Feldwebel erklärte sich mit den Vorschlägen einverstanden.

Indessen stand Josef bei einigen seiner Schönstätter Kameraden und überlegte, wie man den morgigen Gottesdienst ausgestalten könne. Sie suchten sich zuerst einen gegen Fliegersicht geschützten Platz aus. Dann wurden leere englische Munitionskisten zusammengeschleift und zu einem Altaraufbau verarbeitet. Das frische Frühlingsgrün der blühenden Bäume lieferte den Altarschmuck. Am andern Tag sammelte sich eine große Schar von Kameraden um den amtierenden Priester. Wer irgendwie abkommen konnte, war dabei. Jeder wußte, um was es in den bevorstehenden Tagen ging. Darum machten sie sich reisefertig für die Ewigkeit.

Im neuen Biwak an der Straße zwischen Lestrem und La Gorgue rüsteten sich am Dienstagabend die vier Kompanien des I. Bataillons zum Abmarsch in die erste Linie. Gegen elf Uhr abends nahmen die Kom-

paniefführer die Meldung entgegen, daß die Truppe zum Abrücken bereit sei. ,,Erste Kompanie, in Gruppen rechts schwenkt, marsch!" In je zehn Minuten Abstand folgten die drei andern. Am Himmel malten sich unheilverkündende Zeichen. Der Horizont loderte im unruhigen Geflacker zuckender Stichflammen. Wieviel Geschützmündungen mochten es sein, die einen solch vielfältigen Widerschein an den Nachthimmel warfen? In der Wegrichtung geradeaus schlug ein brodelndes, grollendes Poltern auf. Über das weite Flachland hüpften da und dort reihenweise grell auffahrende Blitzlichter. Die englische Artillerie bestrich das Anmarschgelände. Der geübte Blick des Frontkämpfers suchte nach dem Feuerstrich. Der eine lag geradeaus, der andere weiter nach links. Das traf also genau auf die beiden Anmarschstraßen zu, die nach Calonne führten.
Der Leutnant befahl Gänsemarsch und bog von der Straße ab querfeldein. Wortlos schob sich die Menschenschlange ins Dunkel der Nacht. Über den Feldern raschelten ihre schlürfenden Schritte. Das Schanzzeug klirrte und schepperte leise um die geisterhaft dahinhuschenden Gestalten. Da und dort torkelten einige in die Mulden der Granattrichter. Eine halblaute Stimme rief: ,,Nicht abreißen – Anschluß halten!" Von vorne pflanzte sich durch die Reihe nach rückwärts der gedämpfte Ruf fort: ,,Achtung! Draht!" Hier hatten die Engländer kurz vor dem Rückzug mit einer Reservestellung begonnen. Die Granatlöcher wurden zusehends häufiger. Jetzt streute eine Batterie quer durchs Gelände. Die tanzenden Irrlichter wirbelten ein paar hundert Meter vor der Kompanie vorüber. An den krachenden Einschlägen erkannte man ein mittleres Kaliber. Der Leutnant ließ in den umliegenden Trichtern warten, bis sich das Feuer nach links verzogen hatte. Dann schloß sich wieder die Kette des Gänsemarsches. Das wiederholte sich jetzt noch öfters.
Plötzlich fuhr geradeaus eine Funkengarbe hoch. Leise rauschend stieg eine Leuchtrakete empor und zerplatzte mit mattem Schlag. Ruckartig blieb die vorwärts hastende Menschenschlange wie angewurzelt stehen. Nur keine Bewegung jetzt! Das könnte zum Verhängnis werden. Die da drüben haben scharfe Augen. Ein fahles, silbriges Licht ergoß sich weit und breit über das Flachland. Langsam schaukelte der seidene Fallschirm mit der Magnesiumfackel der Erde zu und verlosch. Im Schein der Rakete sah man ganz in der Ferne die Umrisse eines zerschossenen Dorfes. Das mußte Calonne sein. Weiter also! Hoch über den Köpfen hörte man ein vielstimmiges Rauschen, Gurgeln und Stöhnen. Die Geschoßbahnen der Ferngeschütze suchten das Hinter-

land und die Ruhequartiere heim. Jetzt ging dort der unheimliche Spuk der Geisterstunde an.
Vorne tauchten die ersten Häuser von Calonne auf. Das Dorf lag unter schwerem Artilleriefeuer. Ob die Engländer etwas von der Ablösung gemerkt haben? Aus den Häuserreihen klang in kurzen Abständen das Dröhnen schwerer Einschläge. Hart hinter dem Dorf sollte die deutsche Linie sein. Die Kompanie wartete am Dorfrand, ob das Feuer nicht abflaue. Schließlich gab der Leutnant das Zeichen zum Aufbruch. In weitem Bogen führte er seine Leute um das Dorf herum. Zuweilen tanzten ihnen die Einschläge hart auf den Fersen. Dann wieder hemmte ein dichter Feuervorhang den Schritt nach vorwärts. Die Kompanie hatte ungewöhnliches Glück. Als sie um drei Uhr endlich an der befohlenen Stelle lag, zählte sie nur ein paar Verwundete. Normalerweise wäre sie in einer Wegstunde in der ersten Linie gewesen. In der Hetzjagd der Feuerüberfälle brauchten sie in dem weglosen Trichtergelände das Vierfache.
Beim Morgengrauen besahen sich die Neuangekommenen ihre Stellung. Sie gewahrten nichts mehr als eine Kette von Erdlöchern. Einige Postenlöcher im Vorfeld hatten die Vorgänger bereits verdrahtet. Von der Hauptwiderstandslinie waren höchstens ein paar Meter ausgehoben. Und das sollte ein Ausfallstor sein für die nächste Offensive? Der Stellungsbau stak ja noch in ganz armseligen Anfängen! Was in aller Welt mochten denn die Vorgänger in der verflossenen Woche hier getrieben haben? Auf diese Fragen gaben bereits die nächsten vierundzwanzig Stunden eine deutliche Antwort. Den ganzen Tag und die ganze Nacht übersäte der Engländer in kurzen, unregelmäßigen Abständen das Gelände mit Feuerüberfällen. Keine Stunde war man vor ihnen sicher. In den schlagartig hereinbrechenden Stahlgewittern fegte jedesmal jaulend und fauchend eine Bö von 50 bis 100 Granaten in den Abschnitt. Am Regimentsstab schätzte man die Zahl der Granaten im Raume des Kampfbataillons für manche Tage auf etwa Sechstausend. Einmal wuchtete der Prankenhieb der Artillerie ins Vorfeld, dann wieder weit rechts oder links, ein andermal in den Rücken auf das Dorf Calonne.
Jetzt griff er erbarmungslos mitten in die Kette der Erdlöcher. Links an der Straße nach Robecq setzte er an. Jedesmal eine ganze Lage. Blitzschnell fuhren ein paar schwarze Striche in den Boden. An der Stelle türmten sich sofort unter Donnerkrachen haushohe Erdfontänen hoch. Langsam kroch das Feuer auf sie zu. In den Erdlöchern preßten sich bebende Menschenleiber gegen die schützende Erde. Abschuß –

Einschlag! Abschuß – Einschlag! Die nächste Lage mußte mitten hineinhauen. Diese wenigen Sekunden gehörten zu den schrecklichsten Erlebnissen der Frontsoldaten. Die Männer im Stahlhelm überlief es eiskalt. Sie hielten krampfhaft den Atem an und hörten, wie das Herz in wilden Schlägen bis zum Halse schlug. Dann zuckten diese häßlichen, schwarzen Striche dicht vor den Augen in den Boden. Ein durchdringendes, betäubendes Krachen zerrte am Trommelfell. Die Erde wankte, als würde sie von Titanenfäusten geschüttelt. Splitter fuhren surrend rechts und links in den Boden. Erdklumpen hagelten klatschend herunter. Wie entgeistert starrten sich die Überlebenden an. Erst das gellende Aufschreien eines Schwerverwundeten brachte sie wieder zur Besinnung. Die folgenden Einschläge saßen schon weiter rechts. Wann würde der nächste Feuerwirbel kommen? So ging es fast den ganzen Tag und die ganze Nacht. Immer diese tückischen, unberechenbaren Feuerüberfälle, immer dieses entsetzliche Winseln und Heulen der Granaten.
Am Horizont hingen fünf feindliche Fesselballons. Die schienen das Feuer zu lenken. Von drei Seiten riefen sie es herbei. Gerade das schuf ein unerträgliches Gefühl, daß sie einen regelrecht in die Zange nehmen konnten. Besonders das Feuer aus den beiden Flanken peitschte furchtbar die Nerven. Hier schutzlos und wehrlos liegen müssen unter den Tatzenhieben der Batterien und dann Stunde um Stunde von neuem die kalte Todesangst auszukosten, das war zuviel. Dazu hätte man Nerven von Stahl haben müssen. Die Luft wurde beherrscht von einer Übermacht feindlicher Flieger. Oft kreisten bis fünfzehn Maschinen über dem Abschnitt und erspähten jede Bewegung. So mußte die Truppe tagsüber regungslos unter der Zeltbahn oder unter einer notdürftigen, dünnen Deckung liegen.
Nachts wurde zwischen den kurzen Feuerpausen geschanzt und Draht gezogen. Merkten es am andern Tag die englischen Flieger, ließen sie wieder alles zusammenschießen. Die Meldegänger und die Leute vom Trägertrupp erlitten empfindliche Verluste. Nach zwei Tagen verzeichnete das Bataillon acht Tote und 28 Verwundete. Der Kompanieführer ließ der Befehlsstelle mitteilen, daß er nur noch im äußersten Notfall Meldungen nach rückwärts schicke. Am Gefechtsstand des Kampftruppen-Kommandeurs (K.T.K.) suchte man einen Ersatz zu schaffen und baute 500 Meter entfernt eine Blink- und Fernsprechstation auf. Aber schon nach den ersten Gesprächen stampfte sie ein wilder Feuerwirbel in Grund und Boden. Daß um den Gefechtsstand des K.T.K. lebhafter Verkehr herrschte, mußte der Engländer wohl

auch entdeckt haben. Eines Tages brach das Unheil herein. Volltreffer einer schweren Granate zermalmten den Unterstand. Die Trümmer bargen 7 Tote.
Am 15. August hielt der Kommandeur der 15. Reserve-Division einen inhaltschweren Korpsbefehl in Händen. Die 6. Armee ordnete an, daß die Vorbereitungen für das Unternehmen „Hubertus" einzuleiten seien. „Hubertus" war der Deckname für die geplante Großoffensive, die der schwer angreifbaren Front von Arras in den Rücken fallen sollte. Der Armeebefehl sah den Angriff vor im Raume zwischen Merville bis Béthune mit der Stoßrichtung auf St. Pol. Für den Generalmajor bestand kein Zweifel, daß der Brennpunkt der kommenden Offensive im Bereich seiner Division, und zwar im Abschnitt Calonne, liegen werde. Wenn sich die Regimenter bis dahin nur nicht schon verbluteten. Vom Divisionsstab wanderten in den nächsten Tagen neue Anweisungen an die vorderen Befehlsstellen.
In der flandrischen Ebene mähte unaufhaltsam der Schnitter Tod.

„Ich hatt' einen Kameraden"

Über dem Schlachtfeld von Calonne tobten wieder einmal den ganzen Tag die Feuerüberfälle. Zuweilen lagen sie nicht mehr als eine Viertelstunde auseinander. Mehrmals am Tage breiteten sie sich über das ganze Gelände aus und schwollen an bis zum Trommelfeuer. Am nordwestlichen Ausgang des Dorfes kauerte in zahlreiche Erdlöcher zerstreut die vierte Kompanie. Aus einer Feldscheune hatten sie sich Weizengarben geholt, um sich gegen Fliegersicht zu decken. Über das zerstampfte Land sank langsam eine pechschwarze Nacht. Gott sei Dank! Nun durfte man sich wenigstens wieder regen und bewegen. Und im Laufe der Nacht wird es wieder etwas Warmes zu essen geben.
Mit dieser letzten Frage marterte Unteroffizier Thalhofer schon lange sein Hirn. Seine Leute vom Trägertrupp konnten nicht mehr. Nacht für Nacht waren sie mit dem Tode um die Wette gelaufen. Die englischen Batterien hatten unterwegs mit ihnen Fangball gespielt. Und jeder Gang kostete sie blutige Opfer. Tagsüber quälten sie die nervenzermürbenden Feuerüberfälle. Nein, heute abend würde er keinen mit einem Befehl zwingen. Er mußte sehen, daß er Freiwillige zusammenbekam. Er lief zu einem Erdloch, wo einige seiner Leute Unterschlupf gefunden hatten.

,,Wer meldet sich freiwillig zum Essenholen?" Keine Antwort. ,,Freiwillig?" sagte jemand; ,,um alles in der Welt renne ich nicht mehr durch dieses Höllenfeuer."
Der Unteroffizier fragte bei der nächsten Gruppe. Auch dort folgte betretenes Schweigen. Da scholl eine Stimme aus dem Dunkel: ,,Gut, ich gehe dann." Es war Josef Engling. Ein paar Kameraden bekamen Mut und schlossen sich ihm an.
Mit Kochgeschirren rings herum behängt stürmten sie auf das Dorf zu. Wenn sie das nur glücklich hinter sich hätten! Dann wäre das Schlimmste überstanden. Das Dorf lag fast ständig unter Beschuß. Im Regimentsgefechtsstand bezifferte man die nächtliche Beschießung von Calonne mit durchweg 2500 Granaten. Mitten im Dorf packte sie ein rasender Feuerorkan. Häuserwände schlugen mit polterndem Krachen zusammen, Steine, Balken und Dachziegel wurden wie Spielzeug umhergewirbelt. Nun ging die gewohnte Hetzjagd an. Deckung – etliche Meter Sturmlauf – Deckung und wieder Sturmlauf. Man brauchte gar nicht nachzudenken. Ein unberechenbarer Instinkt warf einen urplötzlich hin und hetzte einen ebenso plötzlich wieder auf. Ein paarmal streckten sie sich hart neben einigen gefallenen Engländern nieder. Die Gesichter waren zitronengelb verfärbt und begannen bereits zu zerfallen. Die eingeschrumpften Lippen ließen die Zähne durchblicken. Das gab ihnen einen häßlich grinsenden Ausdruck. Die gefährlichste Stelle befand sich an der großen Wegkreuzung unweit der Kirche. Dort führten die Einschläge einen sinnverwirrenden Reigen auf. Wie sie da überhaupt durchkamen, das wußten sie später selber nicht mehr. Am andern Dorfrande blieben sie eine Weile liegen. Stoßweise flog der Atem und das Herz hämmerte in wilden Schlägen. Der Schweiß rann in dikken Tropfen und mischte sich mit dem Niederschlag der Staubwolken zu einer grauschwarzen Schminke.
Indessen beobachtete Josef aufmerksam das Feuer im Hintergelände. ,,Links halten", winkte er den Kameraden zu und stürmte davon. Da tanzten vor ihm ganz sonderbare Aufschläge über das Land. Puff! Puff! machten sie und endeten mit einem eigenartigen Knistern. Josef sog langsam und prüfend die Luft durch die Nase. An den Schleimhäuten des Gaumens spürte er einen bekannten süßlichen Geschmack. ,,Gas" schrie er seinen Kameraden zu und stülpte rasch die Gasmaske über. Weiter! Der dampfende Schweiß beschlug die Schießbrille und die Augengläser der Maske. Er konnte keinen Schritt weit mehr sehen. Manchmal griff sein vorwärtsschreitender Fuß ins Leere. Dann prallte er mit voller Wucht in ein Granatloch und stieß sich an den Kochge-

schirren die Knochen wund. Ein andermal hing er im Stacheldraht und wußte sich nicht mehr herauszuwinden. Endlich hatten sie die Feuerzone hinter sich. Sie nahmen die Gasmasken ab und schöpften tief Atem. Es war ihnen, als seien sie dem Ersticken nahe. Weiter! Um Mitternacht wenigstens mußten sie an der Küche sein. Da drüben unter den Weiden stand ein Klumpen Menschen. Gott sei Dank! Die Küche! Der Koch besah sich die Regimentsnummer der Essenholer. „Ja, Menschenskinder, ihr seid doch von einer ganz anderen Division!" Den Leuten vom Trägertrupp wollte es den Atem verschlagen. Also hatten sie sich verlaufen bis in einen fremden Divisionsabschnitt. Ohne Zögern stapften sie weiter. Der fremde Küchenunteroffizier gab ihnen eine genaue Beschreibung mit auf den Weg, wie sie zu laufen hätten. Todmüde standen sie endlich vor der gesuchten „Gulaschkanone". Rasch wurden die Kochgeschirre gefüllt und etwas gegessen. Auf alle Fälle mußten sie vor dem Morgengrauen wieder in der ersten Linie sein. Der Rückweg führte wiederum durch vergastes Gelände. Diesmal bereitete die Gasmaske schier unüberwindliche Schwierigkeiten. Josef torkelte von einem Trichter zum andern. Seinen Kameraden ging es genauso. Als er sich wieder einmal nach einem heftigen Sturz erhob, fehlte ihm ein Kochgeschirr. Der kostbare Inhalt lag am Boden. Um zeitig genug zurück zu sein, wählten sie den kürzesten Weg. Da geschah, was sie befürchtet hatten. Der Tommy bemerkte sie und bestrich das Gelände mit einem M.G. Die Geschoßgarbe spritzte ihnen um die Füße. Josef warf sich mit einen Ruck vor eine Bodenfalte. Da spürte er, wie sich unter ihm der heiße Inhalt eines Kochgeschirres ergoß. Das M.G. setzte aus. Er machte ein paar Schritte vorwärts. Verflixter Tommy dahinten! Schon wieder tackte sein M.G. Weiter, nur weiter! Noch einige Male plumpste er in unerkannte Trichtermulden. Es kostete ihm ein drittes Kochgeschirr. Schweißgebadet und mühsam nach Atem ringend kamen sie alle bei der Kompanie wieder an. Wie sehr sie sich zerschunden und zerstoßen hatten, das sahen ihnen in der Dunkelheit die Kameraden nicht an. Sie vermißten bei den Essenträgern nur die fehlenden Kochgeschirre. Einige fingen darob an, schrecklich zu schimpfen und zu toben. „Die haben den Frontkoller", sagte jemand und keiner widersprach dem Ungebärdigen. Die überreizten Nerven nahmen manchem das klare Urteil. Dann taten sie Dinge, die sie später selbst nicht mehr begriffen.
Josef erwog indessen einen Plan. Bei den häufigen Gängen durch das Dorf war ihm aufgefallen, daß zahlreiche Tornister umherlagen. Die stammten von deutschen Gefallenen, die man hier aufgelesen und fort-

geschleppt hatte. In den Tornistern befand sich ganz gewiß Brot mit Zulagen. Und in den Häusern, in denen noch vor vier Wochen die Engländer gehaust hatten, mußte ebenfalls noch manches aufzutreiben sein. Man war es ja so gewohnt, in ihren verlassenen Unterständen immer eine Menge Lebensmittel, zumal das begehrte Corned Beef (Fleischkonserven) zu finden. Derartige Dinge wären eine wertvolle Ergänzung gewesen zu der mageren Kost und zu dem halb verschütteten Essen von heute nacht. In das Dorf zu gehen, galt freilich als ein Wagnis, bei dem man sein Leben aufs Spiel setzte. In der Morgenfrühe packte er sich einen Sandsack und verschwand mit ein paar großen Sätzen in den Häuserreihen. Hoffentlich merkten es die englischen M.G.-Schützen nicht. Und jetzt schnell gehandelt, ehe ein plötzlicher Feuerüberfall einsetzte. Seine Vermutungen hatten ihn nicht getäuscht. Mit einer reichen Beute kehrte er zu den Kameraden zurück. Vor ihren staunenden Augen holte er aus dem Rucksack drei Kommißbrote, eine große Blechbüchse mit Mehl, ein Stück Speck und eine Menge englischer Fleischkonserven. Kein Wunder, daß noch zwanzig Jahre später Unteroffizier Thalhofer meinte: „Er war der beste Mann von meinem Trägertrupp."

In seinem Erdloch lag Josef und hielt sein geistliches Tagebuch in der Hand. Gestern, am Sonntag, hätte er eigentlich die übliche Geisteserneuerung halten sollen. Der Tag brachte aber zuviel ablenkende Beschäftigung. Da hatte er es vorgezogen, sie auf heute zu verschieben. Jetzt las er langsam seine Exerzitienvorsätze durch, dann die Vorsätze für das Militärleben und schließlich die Ergebnisse aus den privaten Exerzitien im Februar dieses Jahres vor Verdun. Bei jeder wöchentlichen Einkehr tat er das. Und er mußte sich gestehen, daß er dieser Lesung noch nie überdrüssig geworden war. Auch dieses Mal machten die aufgezeichneten Gedanken Eindruck auf ihn. Dann betete er das Aufopferungsgebet an die Dreimal wunderbare Mutter von Schönstatt, das er sich ebenfalls ins Tagebuch geschrieben hatte. Dieses Gebet griff ihn immer tief ins Herz. Es enthielt ja nichts anderes als sein Persönliches Ideal. Darum klang in dem kleinen Gebetchen seine ganze Lebensgeschichte wider. Als er nun aber seine geistliche Tagesordnung zur Hand nahm, da wollte ihn Beschämung und Traurigkeit beschleichen. Beim Abmarsch in die Stellung vor fünf Tagen verlor er zum zweitenmal das Formular samt dem Rosenkranz und das Büchlein für die geistliche Lesung. Zwar hatte er sich gleich wieder ein neues Verzeichnis angelegt. Aber wie sah in den letzten Tagen die Ausführung aus? Nur etwa zwei Drittel der Übungen konnte er mit einem senkrechten Strich bezeichnen. Von den andern wußte er gar nicht anzugeben, ob er sie gehalten oder aus Nachlässigkeit unterlassen habe. Das sollte nun eine besondere Ehrengabe an die Mutter Gottes sein? Auf seine Seele legte sich ein tiefes Schuldbewußtsein.

Mit seinem Bleistift machte er hinter den verflossenen Tag – es war der 13. Mai – einen dicken Strich. Es sollte ein Abschluß und zugleich ein neuer Anfang sein. Von jetzt ab mußten alle Übungen der geistlichen Tagesordnung mit einer unerschütterlichen Treue durchgeführt werden. Kein Ereignis durfte ihn davon abhalten, weder das Trommelfeuer noch die Schanzarbeit, ja nicht einmal die aufregenden Gänge im Trägertrupp. Nach der Gewissenserforschung schrieb er einen Brief an P. Spiritual und gab ihm einen Bericht über den Stand seines Seelenlebens. Dann machte er noch einige Notizen in sein Tagebuch. Die geistige Einkehr des heutigen Tages trug ihre Frucht. In den nächsten Wochen bekam die geistliche Tagesordnung ein recht befriedigendes Aussehen. Nahezu alle Übungen hielt er lückenlos durch. Damit zog in sein Inneres wieder Frieden ein. Um in herum aber tobten mit unverminderter Heftigkeit alle Schrecken der Materialschlacht.

Mit dem Stellungsbau ging es in der ersten Linie nur langsam vorwärts. Der Boden war überdies dafür sehr ungeeignet. Nach ein bis anderthalb Meter Tiefe stand man bereits im Grundwasser. Und doch brauchte man den Schutz der Erde, um gegen die Streuwirkung der Granaten und gegen die Geschoßgarben der englischen M.G. einigermaßen gesichert zu sein. Zudem mußten bei unerwarteten Vorstößen des Gegners brauchbare Stützpunkte zur Verfügung stehen. Im übrigen hatte das Kampfbataillon Anweisung, den Feind durch Patrouillen ständig zu beobachten und über sein Tun zu berichten. Fast jede Nacht strich darum ein Spähtrupp durchs Gelände und pirschte sich vor bis an die englische Stellung. Er sollte dort alle verdächtigen Geräusche verfolgen und alle auffallenden Veränderungen feststellen. Der Tommy zeigte sich genau so wißbegierig und wachsam wie sein Gegenüber. Darum entwickelten sich in der Nacht oft wilde Knallereien der M.G.-Nester.

An einem Spätnachmittag kam ein Melder des Kompanieführers in das Erdloch gesprungen, in dem Josef mit seinen Kameraden das aufgezwungene Nichtstun des Tages verbrachte. „Du, Kofel“, sagte er, „du bist für heute abend zur Patrouille bestimmt. Um acht Uhr antreten am Gefechtsstand des Kompanieführers“ Sprachs und rannte wieder davon. Musketier Kofel nahm die Meldung der Ordonnanz wortlos entgegen. Er gehörte zu den älteren Leuten der Kompanie. Er war verheiratet und hatte mehrere Kinder. Die Patrouille konnte sein Tod werden. In Gedanken verloren saß er da. Jetzt wischte er verstohlen eine Träne aus den Augen. Wahrscheinlich dachte er an seine Lieben daheim und nahm im Geiste von ihnen Abschied. Josef beobachtete ihn und empfand mit ihm das schwere Leid seines Herzens. In der Stille faßte er einen Entschluß. Als Musketier Kofel sich erhob, um sich fertigzumachen, trat Josef an seine Seite und sagte schlicht: „Bleib, Kamerad, ich geh' für dich!" Er machte an seiner Statt die Patrouille, die ohne besonderen Zwischenfall ablief. Die wilde Kriegsfurie schien es aber auf Musketier Kofel nun einmal abgesehen zu haben. Sie ließ sich das erwählte Opfer nicht entreißen. Vierzehn Tage später tötete ihn ein Zufallstreffer unweit des Ruhelagers. Ein winziger Granatsplitter drang in der Herzgegend ein, so daß er tot umfiel.

Das Tag und Nacht währende Artilleriefeuer aus drei Seiten zerrte furchtbar an den Nerven der Truppe. Das untätige Herumliegen erhöhte noch die vibrierende Spannung. Ein Sturmangriff oder ein Abwehrkampf gegen den anstürmenden Gegner wäre ihnen dreimal lieber gewesen als dieses langsame und wehrlose Verbluten an Ort und Stelle. Der eigenen Artillerie fehlte eine größere Zahl schwerer Geschütze, um den Tommy einigermaßen bändigen zu können. Fast jeden Tag entspannen sich zwischen den Batterien hüben und drüben mörderische Zweikämpfe. Sobald sie wieder voneinander abließen, fielen sie über die Gräben der Infanterie her. Da kam um die Mittagszeit herum zum K.T.K. atemlos ein Melder angerannt. „Das deutsche Artilleriefeuer liegt auf der eigenen vorderen Linie." Der Kommandeur fuhr erregt hoch. Das hatte zu allem Überfluß noch gefehlt. Rasch zog er den Artillerie-Verbindungsoffizier zu Rate. Das kurzliegende Feuer könne nur von der Untergruppe B der Nahkampfbatterien kommen, entschied der befragte Offizier. Melder flitzten hin und her, Telefone rasselten bis zu den höheren Befehlsstellen. Das deutsche Feuer brach sofort ab.

Am andern Tage wiederholte sich dasselbe aufregende Ereignis. Der Grabenoffizier stellte fest, daß das Feuer einer 10,5 Zentimeter Haubitzenbatterie dicht vor der eigenen Linie und dasjenige von zwei 7,7 Zentimeter Kanonenbatterien auf und hinter der Hauptwiderstandslinie lag. Vorn schimpfte die Grabenbesatzung wütend auf die „Bummsköpfe". Wenn das Feuer nicht augenblicklich aufhöre, kämen sie nach hinten und schlügen ihnen die Knochen krumm. Wieder eilte der Artillerie-Verbindungsoffizier zum Kommandeur der Untergruppe B. Es gab einen peinlichen Auftritt. Schließlich entschied man

sich, daß sämtliche Batterien neu eingeschossen und die Sperrfeuersignale neu geregelt werden sollten. Der Zwischenfall brachte aber auch eine segensreiche Wirkung hervor: An den höheren Befehlsstellen wurde eine genaue Dienstvorschrift ausgearbeitet über das enge Zusammenwirken zwischen Infanterie und Artillerie. Die Untergruppe B legte eine eigene Beobachtung in die vordere Linie. An die Bataillone erging der Befehl, besondere Läufer- und Signalposten einzurichten, die mit bewährten Leuten zu besetzen seien. Deren Aufgabe war es, eine enge Verbindung zwischen den Befehlsstellen beider Waffengattungen herzustellen. In den nächsten Tagen schrieb Josef in sein Tagebuch: „Ich bin auf Läufer- und Signalposten."
Die acht Tage in der ersten Linie dünkten den Soldaten entsetzlich lang. Als am Abend des letzten Tages endlich der Befehl kam: Alles fertigmachen zur Ablösung!, da ging durch die Reihen ein erlöstes Aufatmen. „Die Toten der Kompanie", so hieß es, „werden zusammengetragen und auf den Verbandsplatz geschafft." Ohne eine besondere Weisung abzuwarten, stellte sich Josef sofort für diese Arbeit zur Verfügung. Bald lagen die toten Kameraden in einer Reihe nebeneinander. Eine stumme und erschütternde Predigt über die letzten Dinge des Menschen. Einen hatte ein Volltreffer gräßlich verstümmelt. Es sei der Musketier Winzen, sagten sie. Ach, der gute Kamerad! Er war ein braver Familienvater. Noch neulich hatte ihm seine Frau ein Bild geschickt. Da war sie selber mit drei pausbackigen, frischen Kindern drauf. Ganz stolz hatte er es bei den Kameraden herumgereicht. Nun würden sie daheim bald um den toten Vater trauern. Ein Glück, daß sie nicht zu sehen brauchten, wie übel ihn die Granate zugerichtet hatte. Und daneben der junge, lebensfrohe Hergenrath! Noch am Abend vor seinem Tode bekam er den Urlaubsschein. In der Nacht sollte er abrücken. Er war ganz aufgeregt vor lauter Freude. Ein plötzlicher Feuerüberfall kurz vor dem Abmarsch schleuderte eine Granate in seine Nähe. Da reiste er ab in ein besseres Jenseits. Und noch so manchen andern legte man in die Reihe, der es vielleicht nicht geahnt hatte.
Von den nahen Weiden hieben die Kameraden Äste herunter. Um die Toten schlugen sie eine Zeltbahn und knüpften sie an die Stange. Dann schwankten sie mit der Last nach rückwärts. Als ob sie eine Ahnung von dem Leichenzug hätten, ließen die Engländer ihre Geschütze schweigen. Unbehelligt kamen die Totengräber am Verbandsplatz an. Dort machten sie sofort kehrt. Sie wollten ihr Gepäck holen und dann mit der abgelösten Kompanie in die Bereitschaftsstellung abrücken.

Inzwischen begann die englische Artillerie mit ihrem üblichen Abendkonzert. Sie schien vorhin während der Feuerpause nur Atem geholt zu haben, um jetzt um so heftiger loslegen zu können. Wahrscheinlich hatten die Kanoniere die heißen Rohre gekühlt und neue Geschoßstapel aufgeschichtet. Sie mußte etwas Besonderes im Schilde führen; denn sie zog alle Register, angefangen vom hellen Gebell der kleinen „Ratscher" bis zu den tiefen Bässen der schweren Mörser. Oder ob sie da drüben eine Ahnung hatten von der heutigen Ablösung? Dann würde es eine Schreckensnacht werden. Über der ersten Linie schwoll das Feuer immer mehr an und steigerte sich zum Trommelfeuer. Jetzt griff es sogar auf die Bereitschaftsstellung über. Bei dieser Lage der Dinge beschloß Josef mit seinen Kameraden, das Gepäck vorläufig in der Stellung zu belassen. Sie wollten nach dem Abflauen des Feuers bis zur Bereitschaftsstellung vorgehen, um dort mit ihrer abgelösten Kompanie wieder zusammenzutreffen.
In der Bereitschaftsstellung rüstete sich indessen das zweite Bataillon zum Vorrücken in die erste Linie. Das Kampfbataillon hatte jeder Kompanie zwei Führer zugeschickt. Sie sollten die ablösenden Abteilungen in die zugewiesenen Abschnitte geleiten. Drei Kompanien der Ablösung setzten sich in kurzen Abständen unbehelligt in Marsch. Die letzte schickte sich eben an zu folgen. Da donnerte ein schwerer Feuerüberfall los und fegte den ganzen Kompanieabschnitt ab. Es gab Tote und Verwundete. Auch die beiden Führer wurden verletzt und mußten zurückgebracht werden. Um diese Zeit erreichte Josef mit seinen Begleitern die Bereitschaftsstellung. Sie wunderten sich nicht wenig, als sie im Dunkel so viel aufgeregt hin- und herhastende Gestalten wahrnahmen. Das sah wie Verwirrung und Aufregung aus. Sie eilten hinzu und fragten nach der Kompanienummer.
„Wir sind die Achte", bekamen sie zur Antwort.
„Und ihr?" erkundigten sich die andern.
„Von der Vierten!" sagten sie.
Da trat ein Offizier aus dem Dunkel. „Von der Vierten seid ihr? Die sollen wir ja ablösen. Unsere beiden Führer sind verwundet. Kein Mensch weiß hier Bescheid. Von der Achten ist noch keiner in Stellung gewesen. Wer von euch ist bereit, uns nach vorne zu führen?"
„Ich", sagte Josef und trat vor.
„Gut, Kamerad", fuhr der Offizier fort, „übernimm die Spitze."
Gleich bildete sich eine Linie im Gänsemarsch. Kaum waren sie einige Minuten unterwegs, da brach ein neues Unwetter über sie herein. Der Feuerwirbel hielt gerade auf sie zu. Die Menschenschlange spritzte

auseinander und suchte Deckung. Etwa zwanzig Minuten blitzte und fauchte ein rasendes Feuer um sie her. Abschüsse und Einschläge gingen rasch ineinander über und vermengten sich zu einem einzigen Bersten und Tosen. Wieder zählte man Tote und Verwundete. Als das Feuer nachließ, rannte Josef im Sturmschritt weiter. Die andern folgten in unregelmäßigen Abständen.
Die vierte Kompanie mußte in derselben Zeit eine ähnliche Nervenprobe aushalten. Der Tommy hämmerte ohne Unterlaß auf die vordere Linie. Nach den ersten Einschlägen krochen die meisten in die Granatlöcher des Vorfeldes. Da ging das Schlimmste über sie hinweg. Diesem frühzeitigen Ausweichen hatten sie es zu verdanken, daß noch keine Verluste eingetreten waren. Mit Schmerzen warteten sie nun auf die Achte, um möglichst bald aus diesem Hexenkessel herauszukommen. Das Feuer ebbte merklich ab. Als endlich die Ablösung auftauchte, rafften sie eilig ihre Sachen zusammen, um gleich „abzuhauen".
Da keuchte atemlos ein Kamerad heran mit einer Hiobsbotschaft. Dort drüben im Gehöft habe eine „Schwere" eingeschlagen. Zwei Mann seien verschüttet, stieß er hervor. Der Kompanieführer entschied, es sollten ein paar Leute zurückbleiben und sich der Verschütteten annehmen. Die Kompanie müsse augenblicklich abrücken. Es sei höchste Zeit. Josef meldete sich sofort als Helfer für die bedrohten Kameraden. In fliegender Hast begannen sie an der Unglücksstelle zu graben und die Trümmer wegzuräumen. Glücklicherweise hatten sich mehrere Balken so eingeklemmt, daß über den Verschütteten ein leichter Hohlraum entstand. Wären die Mauermassen unmittelbar auf sie gestürzt, wäre das Haus ihr Grab geworden. Nach einer Stunde harter Arbeit zogen sie die beiden vorsichtig aus dem Schutt. Sie waren bewußtlos, aber noch am leben. Außer schweren Quetschwunden trugen sie auch noch Wunden durch Granatsplitter davon. Behutsam schleiften sie die zwei in der Zeltbahn dem Verbandsplatz zu. Das leichte Schütteln brachte sie wieder zur Besinnung. Sie stöhnten unter den Schmerzen der Quetschwunden. Durch die Nacht geisterte immer noch vereinzeltes Streufeuer. Mühsam quälten sich die Kameraden mit ihrer Last durch das beschossene Gelände. Zuweilen mußten sie plötzlich zu Boden gehen, um sich vor einer einschlagenden Granate zu schützen. Dann tat einer der Verwundeten immer einen markerschütternden Schrei. Er schien überhaupt ganz irre zu sein. Sie kamen alle heil am Verbandsplatz an. Die Sanitäter nahmen die Verwundeten gleich in Empfang und gaben ihnen eine Tetanusspritze. Dann schnitten sie ihnen die Kleider vom Leib und brachten sie vor den Arzt. Josef eilte im

Laufschritt nach der Bereitschaftsstellung. Mit Beginn des Tages hatte er dort den Dienst als Läufer- und Signalposten zu versehen. Als er bei seiner Kompanie eintraf, graute der Morgen. Die nächtliche Ablösung kostete 13 Tote und 19 Verwundete.

Die vierte Kompanie zog in die Bereitschaftsstellung ein mit der Hoffnung, nun bekäme sie es besser. Darin sollte sie sich aber täuschen. Von den Feuerüberfällen wurde sie jetzt genau so heimgesucht wie vorne in der ersten Linie. In mancher Hinsicht war es hier sogar noch schlechter bestellt. Wenn die schwere Artillerie der Engländer das Hintergelände unter Feuer nahm, vergaß sie auch nie die Reservestellungen. Auf seinem neuen Posten verlebte Josef mit seinen beiden Kameraden darum manche gefahrvolle Stunde. Sie durften sich nicht wie die andern in die Erde verkriechen; denn sie hatten ständig Ausschau zu halten ob nicht vorne das Signal für Sperrfeuer auffuhr. Zwischendurch kamen auch Aufträge, mit einer Meldung bis an die vorderen Gräben zu laufen. Dann begann wieder das gefürchtete Katz- und Mausspiel inmitten der aufspritzenden Einschläge.

Ein Dienst wie der in den letzten vierzehn Tagen mußte aber langsam selbst Bärenkräfte zermürben. Acht Tage im ständigen Feuer der ersten Linie, fast jede Nacht beim Trägertrupp, gestern nacht eine aufregende Ablösung, heute den ganzen Tag Läuferdienst, von den nervenpeitschenden Erlebnissen ganz zu schweigen. Josef spürte eine bleischwere Müdigkeit in allen Gliedern. Aber daran durfte er jetzt nicht denken. Kam der Befehl, dann riß er die Hacken zusammen und sauste los. Es mußte sein. Denn gerade von dem rechten und genauen Einsatz des Sperrfeuers hing das Leben ungezählter Kameraden ab. Am Abend zog er wie immer seine geistliche Tagesordnung hervor und prüfte den Tag. In allen Feldern der Tabelle außer einem konnte er einen senkrechten Strich machen. Vom Rosenkranz hatte er heute nicht nur ein, sondern vier Gesätzchen gebetet. Geistliche Lesung hielt er zur Zeit aus der „Nachfolge Christi". Hoffentlich durfte er heute nacht einmal einen tiefen Schlaf tun.

Am Abend lief bei der Kompanie eine Weisung des Bataillons ein, es seien zwei Arbeitskommandos zu stellen. Eines von 24 Mann habe Stellungsmaterial vom Pionierpark zum K.T.K. zu tragen. Ein zweites zu 16 Mann solle in der Hauptwiderstandslinie schanzen. Der letzten Gruppe wurde auch Josef zugeteilt. Mit der erhofften Nachtruhe würde es also nichts werden. Oder sollte er vorstellig werden und sich wenigstens einmal für diese Nacht völlige Ruhe erbitten? Er hätte das Recht dazu gehabt. Und keiner seiner Vorgesetzten hätte ihm diese

Bitte abgeschlagen; denn niemand hielt ihn für einen Drückeberger. Aber dann müßte ja ein anderer Kamerad für ihn die Arbeit tun. Das wollte er nicht. Darum rückte er mit den übrigen Schanzern ab. Der Grabenoffizier maß vor der Hauptwiderstandslinie eine 12 m lange Strecke ab. Hier sei 80 cm tief ein Graben auszuheben für einen Stützpunkt, sagte er. Jedem Mann wies er 75 cm zu. Wer seine Arbeit getan habe, könne gehen. Die letzte Bemerkung entfachte einen sichtlichen Arbeitseifer. Keiner wollte lange hier bleiben; denn die Stelle, an der sie schanzten, galt als eine gefährliche Kante. Sie lag unter feindlichem M.G.-Beschuß und für manchen Kameraden war sie bereits zur Todesstelle geworden. Die Schanzarbeit ging recht langsam vom Fleck. Es stand kein anderes Schanzzeug zur Verfügung als der kurzstielige, kleine Spaten der Infanteristen. Damit konnte man immer nur ganz geringe Erdmassen bewegen.
Die Schanzer mußten in ihrem Arbeitseifer etwas viel Geräusch gemacht haben. Plötzlich bestrich die Geschoßgarbe eines englischen M.G. das Gelände, daß ihnen der Dreck um den Kopf spritzte. Sie warteten das Feuer ab und dann ging es in fieberhafter Eile weiter. Einige waren bereits fertig und verließen im Laufschritt den unheimlichen Ort. Auch Josef hatte seine pflichtschuldige Arbeit erledigt. Da sah er einen älteren Kameraden, der mit seinem Anteil weit im Rückstand blieb. Der arme Mann quälte sich furchtbar. Es mochten Todesangst und Erschöpfung zugleich sein, die derart seine Kräfte lähmten. Mit einem Satz stand Josef an seiner Seite und nahm ihm die Arbeit ab. Als die letzten zwar, aber nicht lange nach den andern kehrten die beiden in die Reservestellung zurück. Dasselbe Ereignis sollte sich in den folgenden Nächten noch oft wiederholen.
Am andern Morgen schrieb Josef in sein Tagebuch: „Ich bin kaputt – nicht in Stücke zerrissen – übermüdet. Die ganze Nacht wieder geschafft und jetzt auf Posten. Ach, könnte ich mich erst hinlegen. Die Augen fallen mir zu.“
Trotz alledem gab er den Forderungen des überanstrengten Körpers nicht nach. Er riß sich gewaltsam zusammen, er tat seine Pflicht, er rang mit sich selbst, und er betete. Bei der abendlichen Gewissenserforschung konnte er vermerken, daß er seine inhaltreiche geistliche Tagesordnung tadellos durchgeführt habe.

In dem Erdloch, in dem der Signalposten seinen Standort hatte, lag Musketier Riedinger und beobachtete mit wachsendem Staunen seinen Kameraden Josef Engling. Was war der doch für ein sonderbarer Mensch! Fast in jeder freien Minute beschäftigte er sich mit Lesen, Schreiben und Studieren. Gerade saß er wieder mit dem Notizbuch in der Hand auf dem Trichterrand. Ständig schlugen in seiner Nähe Granatsplitter ein. Er blieb ruhig und tat, als ob er nichts davon sehe und höre. Überhaupt besaß der Kerl eine unglaubliche Kaltblütigkeit. Er führte die schwersten Befehle aus, ohne mit einer Wimper zu zucken. Durch das tollste Granatfeuer lief er und zeigte nicht die mindeste Spur von Erregung oder Todesangst. Und wie er die Kameradschaft übte – na, da gab es kaum einen zweiten in der Kompanie, der ihm das nachmachte. Sehr fromm schien er zu sein. Das spürte man aus gelegentlichen Bemerkungen. Unter seinen Büchern fanden sich viele religiöse Schriften. Manchmal sah es so aus, als ob er still für sich bete. Alles in allem, sein Kamerad war ihm ein Rätsel, das ihn nicht mehr in Ruhe ließ. Es reizte ihn geradezu, hinter das Geheimnis dieses merkwürdigen Menschen zu kommen.

Musketier Kunibert Riedinger war von Beruf Kunstschüler und besuchte vor dem Einrücken die Malerschule. Hinter ihm lag ein recht leichtfertiges Leben. Obwohl gut katholisch erzogen, hatte er schon seit zwei Jahren nicht mehr die Sakramente empfangen. Die Schrecknisse der Materialschlacht konnten ihn zwar tief erschüttern, aber dennoch nicht zu einer gründlichen Umkehr bewegen. Daran trug nicht böser Wille die Schuld, sondern sein etwas leichtlebiges Temperament. Im Grunde seines Herzens regte sich oft sein besseres Ich und verlangte wieder nach den Idealen der frühesten Jugend. Bis heute vermochte es aber noch nicht sich durchzusetzen. Seit er mit seinem Kameraden Engling so nah zusammenlebte, wollte ihn eine innere Gewissensunruhe nicht mehr loslassen. Und eines Tages geschah, was er selbst nicht für möglich gehalten: er legte seinem Kameraden sozusagen eine Lebensbeichte ab. Als habe er es mit dem vertrautesten Freunde zu tun, erzählte er ihm alle Verirrungen seiner Jugend. Es dauerte nicht lange, da betete er mit ihm zusammen sogar den Rosenkranz.

Musketier Riedinger sah richtig. Unter dem schlichten Äußeren seines Kameraden verbarg sich ein Geheimnis. Das freilich vermochte er kaum zu ahnen, daß er es mit einem Menschen zu tun habe, der zwei Welten angehörte. Die eine Welt der täglichen Ereignisse und Erleb-

nisse teilte er mit ihm. Die andere war ihm mehr oder weniger unbekannt. Er spürte bloß ihr geheimnisvolles Dasein. Josef nannte sie sein Innenleben. Es war wirklich eine Welt für sich, die von diesem Wort umschlossen wurde. So sehr erfüllte und beherrschte sie ihn, daß die Welt da draußen keine eigentliche Macht mehr über ihn bekam. Im Gegenteil, was sich da draußen abspielte, das erhielt von seiner Innenwelt aus erst seinen Sinn und seine Prägung.
Was ging in jenen Wochen in Josefs Seele vor sich, als über die flandrische Ebene die Materialschlacht niederging wie ein Weltgericht? Am 13. Mai zog Josef in seiner geistlichen Tagesordnung den dicken Strich. Es sollte ein Abschluß und ein Anfang sein. Früher brachte der Mai immer eine Hochblüte der Marienverehrung in seinem Herzen hervor. Noch in jedem Jahr sammelte er die kleinen Opfer des täglichen Lebens zu einem Strauß „Maienblüten" und schenkte sie seiner himmlischen Herrin. So sollte es auch in diesem Jahre werden. Und zwar wollte er diesen Strauß winden auf blutiger Walstatt mitten im tobenden Trommelfeuer. Selbst dieser nüchternste aller Werktage seines Lebens mußte aus der Kraft religiöser Innerlichkeit geprägt und geheiligt werden. Sein Augenmerk richtete sich darum wieder auf die geistliche Tagesordnung. Ihre getreue Durchführung sollte in den kommenden Tagen sein Partikularexamen sein. An Hand der Tagesordnung ließ sich noch am besten sein ganzes Tagewerk in eine einzige Maiengabe an die Gottesmutter verwandeln. Es ging ihm ja nicht darum, im Tagesablauf eine Summe frommer Übungen abzuhaspeln und am Abend die geleisteten Einzelakte abzuzählen. Die religiösen Übungen galten als Ruhepausen der Seele, als ihr Atemholen in der Einsamkeit mit Gott. Auch mitten in der Schlacht sollte dieses gottangefüllte Alleinsein nicht untergehen. Um es in wirksamer Weise wach zu halten, brauchte er die religiösen Übungen seiner Tagesordnung. So schrieb er es ja noch neulich in einem Gruppenbrief, als er den Sinn der geistlichen Tagesordnung erklärte. „Unser Tagewerk muß ein Gottesdienst sein, alle Handlungen müssen den Stempel der Gottangehörigkeit an sich tragen." So wollte es sein Persönliches Ideal, in dem der Gedanke von dem zeitgemäßen Heiligen des Werktags eine hervorragende Rolle spielte. Darum wählte er gerade jetzt dieses Partikularexamen, jetzt im Monat der „Maienblüten".
Am Anfang des Tages stand das Morgengebet, der erste Aufblick zu Gott. Wenn der Tag begann, lag Josef meistens in einem Erdloch in der ersten Linie oder in der Bereitschaftsstellung. Zuweilen überraschte ihn der Morgen noch auf seinem letzten Gang im Trägertrupp oder

beim Zurückschleifen von Verwundeten oder bei den letzten Spatenstichen nächtlicher Schanzarbeit oder gar auf der Heimkehr von einer Patrouille. Die erste Erhebung des Herzens beim Morgengrauen trug zu Gott das Gebet des Dankes und der Hingabe empor. Auch dieser Tag sollte ihm geweiht sein. Da stand vor ihm sein Persönliches Ideal: Allen alles werden, Maria ganz zu eigen sein. Darin erkannte er den Ruf Gottes. Aus seinem Ideal klang vornehmlich der Auftrag heraus: Werde ein Heiliger und heilige den Werktag! Gestalte ihn zum Gottesdienst! Diesen Ruf beantwortete er, indem er die gute Meinung erweckte. Die Übung der guten Meinung bekam für ihn noch einen eigenen Sinn. Mit dem Morgengebet verband er nämlich die sogenannten Sodalengebete. Sie bestanden in drei ,,Gegrüßet seist du, Maria" und in dem Gebetchen ,,O meine Herrin, o meine Mutter". Damit besiegelte er von neuem die Sodalenweihe, mit der er sich unlöslich der Gottesmutter verschrieben hatte.
Ein Heiliger wollte er werden unter dem Schutz und im Dienste der lieben Gottesmutter. Nicht bloß seine Person, auch sein ganzes Tagewerk mußte darum ihr geweiht sein. Da formte er nach Art einer guten Meinung ein eigenes Gebet, in dem er den Tag der Dreimal wunderbaren Mutter von Schönstatt aufopferte für ihr ,,Gnadenkapital". So wollte er sich einsetzen für die Idee einer reiligiös-sittlichen Erneuerungsbewegung, die von dem kleinen Heiligtum der Gnadenmutter ihren Ausgang nehmen sollte. Vielleicht würde der heutige Tag wieder harte Opfer von ihm fordern. Lähmende Müdigkeit, quälender Hunger, Herumliegen in den Erdlöchern, zermürbende Feuerüberfälle, gefahrvolle Gänge auf Läuferposten und beim Trägertrupp, mühselige Schanzarbeit – ja, so ähnlich würde es heute wieder kommen. Alles sollte ein Beitrag sein für die große Idee des ,,Gnadenkapitals".
Dann weilte er bei der Feier der hl. Messe. Daheim in Schönstatt und an so vielen, vielen andern Altären würde jetzt wieder das heilige Opfer dargebracht. Er erweckte die geistliche Kommunion, um so eng wie möglich mit der Feier der heiligen Geheimnisse verbunden zu sein. Nun sollte das gnadenhafte Einwohnen Christi in der Seele erneuert werden. Im unblutigen Kreuzesopfer Christi fand er das Vorbild seines persönlichen Ideals wieder. Allen alles! Nirgendwo kam es ergreifender zum Ausdruck als im Kreuzesopfer Christi. Schon in Schönstatt war es darum sein Bemühen gewesen, die hl. Kommunion zum beherrschenden Mittelpunkt des ganzen Tages zu machen. Dazu leitete ihn mit innerer Folgerichtigkeit sein Persönliches Ideal an. Die enge Gemeinschaft mit dem eucharistischen Christus sollte erneuert und ver-

tieft werden in den beiden Wachestunden. In der Kaserne damals hielt er sie mitten in der Exerzierübung und auf dem Marsche. Hier im Felde tat er es mitten in den plötzlichen Zwischenfällen des aufregenden Frontdienstes. Für gewöhnlich versetzte er sich dabei in das Kapellchen zu Schönstatt. Das war zugleich eine geistige Wallfahrt in das Heiligtum der Gottesmutter.
So wanderte er betend mit seinem göttlichen Meister durch den Tag. Dieses betende Einssein mit ihm gab Josef die innere Ruhe in Gefahr, jene Kaltblütigkeit, die seine Kameraden so sehr in Erstaunen setzte. Weil er sich eins wußte mit dem geopferten Christus, fand er auch den Mut und die Kraft, sich für andere zu opfern. Deshalb brachte er es fertig, jedem bedrohten Kameraden helfend beizuspringen. Um diesen Opferwillen ständig wach zu halten, wollte er jeden Tag einen ausdrücklichen Akt einer bewußten und empfindlichen Selbstüberwindung setzen. Auch das galt als eine Übung seiner geistlichen Tagesordnung.
Im Laufe des Nachmittags hielt er die geistliche Lesung. Sie sollte den Geist wieder sammeln, ihn aber auch weiterbilden in der Wissenschaft des geistlichen Lebens. Für gewöhnlich dauerte sie eine Viertelstunde. In den letzten Wochen verrichtete er sie unter dem Donnerkrachen der Granaten und inmitten der ringsum surrenden Splitter. Während des Postendienstes glitten die Perlen des Rosenkranzes durch die Finger. Manchmal geschah es auch auf dem Marsch zum Essenholen oder auf dem Meldegang zu einer Befehlsstelle. Ein Gesätzchen brachte er wohl jedesmal zustande. Auf einsamem Posten betete er den ganzen Rosenkranz. In der letzten Zeit leistete ihm sein Kamerad Riedinger dabei Gesellschaft.
Den Tag beschloß die abendliche Gewissenserforschung und das Nachtgebet. Zuerst wurde die schriftliche Rechenschaft über den Tag erledigt. Die nahm die Stelle einer Gewissenserforschung ein. Die Erfahrung hatte ihn belehrt, daß sie am besten ausfalle, wenn er sie schriftlich vornähme. Dann wurde sie gründlich und blieb kein allgemeines, verschwommenes Nachdenken; denn sie forderte ein klares, entscheidendes Urteil über greifbare Einzelheiten. Genau wie bei seiner Beichte entnahm er die Maßstäbe für sein Urteil seinem Persönlichen Ideal. Seine erste Frage hieß darum nicht: Welche Verstöße kamen vor gegen die Gebote Gottes? Sie lautete vielmehr: Wie bin ich heute dem Rufe Gottes zum Heroismus gefolgt? In dieser letzten Frage war natürlich die erste enthalten. So blieb sein Leben immer frei von Sündenangst, von krampfhafter Fehlersuche oder von ungesunden Ge-

fühlen eigener Minderwertigkeit. Und doch ist seinem am Ideal geschärften Auge kein Fehler entgangen. Im Anschluß an die Gewissenserforschung erfolgte ein Akt vollkommener Reue über alle begangenen Schwächen und Untreuen. Am Schlusse des Tages wanderten seine Gedanken zum letzten Mal nach Schönstatt, und dann erbat er sich im Geiste von P. Spiritual den Abendsegen. Unter dessen priesterlicher Leitung war er hineingewachsen in die Ideale seines Lebens. Er sollte ihn führen auf dem Wege zur Heiligkeit. Darum mußte er am Ende des Tages seinen Segen geben. Er dünkt ihm ein Unterpfand zu sein für den Segen der Gnadenmutter von Schönstatt. Mit dieser letzten Übung schloß seine geistliche Tagesordnung ab. Jetzt hatte er einen Strauß von „Maiblüten" gewunden zur Ehre Unserer Lieben Frau.

Um eine derart umfangreiche geistliche Tagesordnung im Lärm des Werktages durchführen zu können, bedarf die Seele tiefster Einsamkeit und Sammlung. Der Mensch muß inmitten seiner geräuschvollen Umwelt einsam sein wie ein Mönch in der weltfernen Klosterzelle. Wenn Josef Engling ein solch gottangefülltes Alleinsein möglich war, dann erwuchs ihm die Kraft dazu nicht ausschließlich aus einem unbeugsamen Willensentschluß. Sie kam vornehmlich aus dem Reichtum eines gnadenbetauten Innenlebens. Ja, sein Kamerad Riedinger und so viele andere Kameraden hatten recht geahnt. In seinem tiefsten Innern barg er ein Geheimnis.

Auf seinen täglichen Meldegängen als Läufer traf Josef eines Tages auf Edmund Kampe. Der empfing ihn mit einer schlimmen Kunde. Zwei von den Schönstätter Kameraden, Clemens Meier und Johannes Biebrich, seien schwer verwundet worden. Ihre Kompanie lag zur Zeit in vorderster Linie. Der Clemens sei unter die Geschoßgarbe eines englischen M.G.'s geraten und habe ein paar Steckschüsse in die Lunge bekommen. Dem Johannes sei von einer Granate der Fuß zerschmettert worden. Das war wirklich eine Trauerbotschaft. Zwei seiner Gruppenmitglieder schwer verwundet! Hoffentlich macht sie die Verwundung nicht zu Kriegskrüppeln oder forderte von ihnen gar das Leben! In den nächsten Tagen wartete er auf ein Lebenszeichen der beiden aus irgendeinem Feldlazarett. Ja, das Schlachtfeld an der Lys trank viel deutsches Blut. Vierzehn Tage lag nun die eigene Kompanie in Stellung. Ohne überhaupt einmal mit dem Gegner zusammengeraten zu sein, hatte sie in dieser Zeit doch schon etwa ein Viertel ihres Bestandes eingebüßt. Und wie sahen die Überlebenden aus! Sie wankten umher in lehmbekrusteten Kleidern, in denen das Ungeziefer hauste. Die hohlwangigen Gesichter mit den struppigen Stoppelbärten trugen alle

Spuren überstandener Schrecken, schlafloser Nächte und ungenügender Ernährung an sich. Es war Zeit, daß sie bald in die Ruhequartiere kamen.

Über dem granatbesäten Schlachtfeld ging ein strahlend schöner Maientag auf. Vom Schanzen ermüdet schlief die vierte Kompanie in den Erdlöchern der Reservestellung. Josef konnte noch keinen Schlaf finden. Mit einer eigenen Festtagsfreude begrüßte er den erwachenden Frühlingsmorgen, Dort, wo kein Krieg das Leben in einen düsteren, immerwährenden Werktag verwandelte, feierte man heute Pfingsten. Es war ihm fast ein wenig verwunderlich: seit dem letzten Halbjahr meldeten sich die Zeiten des Kirchenjahres und ihrer Hochfeste bei ihm mit einer besonderen Eindringlichkeit an. Auch heute hielt ihn das Festgeheimnis in Bann.

Der anbrechende Sonntag sollte zugleich wieder ein Tag der Einkehr und seelischen Erneuerung werden. Die Sehnsucht, am hl. Opfer teilzunehmen und sich mit dem eucharistischen Heiland zu vereinigen, brannte heute in seiner Seele mit besonderer Innigkeit. Er las wie immer die ersten Seiten seines geistlichen Tagebuches durch. Die Begeisterung für das Ideal des Heiligen entzündete sich an diesen oft gelesenen Zeilen immer wieder aufs neue. Das war nötig, denn er mußte lernen, mit dem Kampf um dieses Ideal jeden Tag von neuem anzufangen. Nicht die Friedenszeit durfte er abwarten, sich nicht vertrösten auf die Rückkehr normaler Zeiten. Nein, jetzt mußte es geschehen, mitten im rauhen Alltag der Front. Sonst wäre es ja kein Heiliger des Werktags gewesen, den er sich zum Vorbild genommen. Er schrieb in sein Tagebuch:

„Volo fieri sanctus magnus (Ich will ein großer Heiliger werden). Ich will mit noch größerem Eifer nach Heiligkeit streben. Ach, wenn ich nur immer das Gute bereitwillig, schnell und freudig wollte. An Gelegenheit, das Streben nach Heiligkeit zu betätigen, fehlt es beim Kommiß nicht. Wenn man nur will, kann man auf dem Wege der Vollkommenheit schnell voranschreiten, aber es ist schwer. O, Mütterchen, bitte den Hl. Geist, daß er mir seine sieben Gaben verleihe, damit ich stets das Gute will und tue."

Im Ruhelager an der Straße Lestreme – La Gorgue hielt der Feldwebel der vierten Kompanie in der letzten Woche des Mai einen Apell ab. Gestern nacht war das Bataillon aus der Stellung hierher zurückgekehrt. Der Feldwebel machte den Dienst bekannt. Exerzieren im offen Gelände könne nicht stattfinden. Man müsse ständig auf Überfälle feindlicher Bombengeschwader gefaßt sein. Ausgenommen sei die Ausbildung des Regimentsstoßtrupps. Für den neuen Trupp stelle die Kompanie acht Mann. Als er die Leute verlas, fiel auch der Name Musketier Engling. Wegen der Fliegergefahr sei der Sturmdienst von 9 bis 11 Uhr abends angesetzt. Daß sie keinen Dienst zu machen brauchten, war den Leuten sehr recht. Sie wollten schlafen, nichts als schlafen. Mit den Fliegern, so meinten sie, würde es wohl nicht so schlimm werden. Sie sollten sich aber täuschen. Was von denen zu erwarten war, davon bekamen sie bald eine Probe.

Eines Tages wiegten sich über der Front zwei Infanterieflieger. Plötzlich sahen sie sich gestellt von drei englischen Jagdfliegern. Aus höchster Höhe stürzten sich die drei pfeilschnell fast senkrecht auf ihre Opfer. Dabei hörte man ein rasend schnelles M.G.-Feuer. In der Höhe der Infanterieflieger angekommen, rissen sie ruckartig ihre Maschinen um und schnellten mit unglaublicher Geschwindigkeit wieder empor. So wendig waren die Apparate, daß sie oft eine Steigung bis zu 60 Grad bezwangen. Dann wiederholten sie zweimal und dreimal hintereinander ihre Stürzflüge. Die beiden deutschen Infanterieflieger entkamen mit knapper Not ins Hintergelände. Unten schauten mit verhaltenem Atem die Soldaten dem spannenden Luftkampf zu. „Sind das gefährliche Hornissen", sagten sie und wünschten sich keine Begegnung mit ihnen.

Aber schon in den nächsten Tagen sollte die Begegnung kommen. Diesmal war es ein Bombengeschwader. Sie suchten die Ortschaften der Ruhequartiere heim. Jetzt kreisten sie über Lestreme – La Gorgue. Von den hechtgrauen Vögeln lösten sich winzig kleine Tropfen los. In Sekundenschnelle wurden sie zusehends größer und schwollen zu Hühnereiern und dann zu mächtigen Kürbissen an. Die Luft erfüllte ein unheimliches Rauschen und Gurgeln. „Achtung, Bomben!" schrieen entsetzt die Soldaten im Biwak und rannten auseinander. Aus den beiden Dörfern hallten schwere Detonationen. Eine Bombe fiel in die Nähe des Biwakplatzes. Einer Gruppe von Soldaten wurde es zum Verhängnis. Als man nachher die getroffene Stelle aufsuchte, lagen dort mehrere Tote und Verwundete in ihrem Blute. Die Bomben hatten eine mächtige Splitterwirkung und rissen gräßliche Wunden. Vom Tage, an dem das Ruhebataillon zum erstenmal diese Dinge erlebte, galten die Flieger als grimmig gefürchtete Gegner. Die häufigen Alarmrufe vor den Bombenangriffen gehörten von nun ab zu denselben Nervenproben wie die Feuerüberfälle an der Front. Die Zeit in den Ruhequartieren zehrte darum auch nicht weniger an der Lebenskraft der Truppe wie die Wochen in Stellung.

Noch am selben Morgen, als das Bataillon ins Ruhequartier einrückte, ging Josef auf die Suche nach dem Feldgeistlichen. Im Biwak erfuhr er, daß der Feldpater Freiherr v. Köth im Nachbarabschnitt bei den 17ern sei. Er machte sich sofort auf den Weg und traf den Feldpater tatsächlich dort an. Er möchte doch bald zu den 25ern kommen und dort Gottesdienst halten, bat er ihn. Der Pater war aber bereits für heute nachmittag an einem anderen Ort festgelegt. Der befand sich allerdings zwei gute Wegstunden vom Ruhequartier der 25er entfernt.
,,Gut", sagte Josef, ,,wir werden uns dort einfinden."
Nach der Rückkehr ging er werbend unter seinen katholischen Kameraden umher. ,,Ach, Engling", meinten die, ,,heute nacht sind wir erst aus Stellung gekommen. Wir sind total kaputt und müssen uns erst einmal richtig ausschlafen. Zwei Wegstunden, das ist für unsere zerschlagenen Knochen zuviel." Aber Josef ließ nicht locker. Er brachte auch tatsächlich ein Häuflein Kirchgänger zusammen. Zwei seiner Schönstätter Kameraden, Nikolaus Gilgenbach, Kunibert Riedinger und noch vier andere waren dabei, im ganzen also acht Mann. Vom Feldwebel erbat und erhielt er für alle den gewünschten Urlaub. Auf dem Hinweg nahm er sich unauffällig einen um den andern auf die Seite. Er würde doch gewiß heute zur heiligen Kommunion gehen, fragte er an. Manche trugen Bedenken. Ohne vorherige Beichte, das ginge doch nicht. Josef wußte ihre Bedenken zu zerstreuen. Zudem würde bei dem zu erwartenden Andrang wieder Generalabsolution gegeben. Kunibert Riedinger riet er allerdings an, bei passender Gelegenheit eine persönliche Beichte abzulegen. Riedinger meinte, er wolle sich die Sache noch einmal überlegen. Josef fühlte sich sehr beglückt, als er wieder einmal zur hl. Kommunion gehen konnte. Er tat es diesmal mit einer Andacht und Innigkeit wie selten im Leben. Nach der Messe suchte er gleich den Feldpater auf. Nun müsse er aber auch bald zu den 25ern kommen, sagte Josef. ,,Am nächsten Sonntag schon", antwortete Freiherr von Köth, ,,werde ich bei euch den gewünschten Gottesdienst halten." Da kehrte Josef befriedigt wieder zurück.
Am Sonntagmorgen hörte der Pater vor der Messe noch lange Beichte. Auch Josef stand in der Reihe, hinter ihm Kunibert Riedinger. Er hatte sich wirklich ein Herz gefaßt und wollte in seinem Leben einen gründlichen Wandel schaffen. Zuvor mußte ihm Josef noch ein bißchen helfen und Mut zusprechen. Nach der Beichte aber fühlte sich Riedinger überfroh und wie ein neuer Mensch. Die hl. Messe war wie immer gut besucht. Josef verrichtete am Altar das Amt des Meßdieners.
Die Luft erfüllte während des Gottesdienstes eine sehr seltsame Be-

gleitmusik. Die englischen Flachbahngeschütze lenkten unaufhörlich schwere Geschosse in das Hinterland der deutschen Etappe. Sie orgelten hoch über den Köpfen der Beter eine recht unerbauliche Melodie. Die Artilleristen von der Haubitzenbatterie bekamen es heute beim Beten dauernd mit Zerstreuungen zu tun. Jetzt wird beim Tommy drüben der Batterieoffizier Zahlen rufen, malten sie sich in der Phantasie aus. Die Richtkanoniere drehen an der Richttrommel und stellen den Zeiger auf die eingekerbten Striche. Die andern setzen die Kartusche an das Geschoß und laden. Nun heben die Richtkanoniere die Hand. Der Offizier kommandiert: „Feuer!", und hoch in der Luft gurgeln ein paar „Schwere" die Orgelbegleitung zum „Gloria in excelsis Deo". So orgeln sie zum Evangelium, sie orgeln zur Opferung und orgeln zum Sanctus. Und jetzt sollten sie drüben eigentlich eine Weile einhalten; denn jetzt kam doch die Wandlung. Die frommen Beter beugten ihr Knie und neigten andächtig ihr Haupt. Da zuckte eine plötzliche Unruhe durch die feldgrauen Männer. Eine der heranrauschenden „Schweren" orgelte diesmal auf einem ganz falschen Ton. Den Artilleristen fuhr blitzschnell der Gedanke durch den Kopf: da hat sich der englische Richtkanonier mindestens um zehn Striche vertan. Sie hatten den Gedanken kaum zu Ende gedacht, als eine Stimme über den Platz gellte: „Achtung, Deckung!" Im Nu war die Menschenmenge um den Altar wie weggeblasen. Etwa vierzig Meter vom Altar hieb ein Flachbahngeschoß in den Boden und warf eine mächtige Erdsäule hoch. Nach dem nächsten Abschuß fehlte der Mißton. Der Richtkanonier mußte wohl sein Versehen bemerkt und berichtigt haben. Die flüchtig gewordene Betergemeinde strömte wieder zurück auf den Platz. Dort stand genau wie vordem der Feldpater noch am Altar und neben ihm kniete sein treuer Ministrant. Die beiden hatten sich nicht stören lassen und in aller Ruhe die Messe fortgesetzt. Gerade sprach der Priester die Kommuniongebete.

Mit dem Tage, an dem sie aus Stellung kamen, wechselte Josef sein Partikularexamen. Der Mai näherte sich seinem Ende. Die letzte Woche mußte noch einmal eine Zeit der Treue und des besonderen Opfers werden. Die geistliche Tagesordnung durfte er als gesichert ansehen. So griff er im Partikularexamen auf eine Übung zurück, die ihn zu Beginn des Mai beschäftigt hatte. In der Zeit, als er noch vor Verdun lag, faßte er einmal den Vorsatz, sich am Tage für einige Zeit dem betrachtenden Gebet zu widmen. Es sollten kleine Gebetspausen werden im Tagesablauf. An dieses Vorhaben knüpfte er wieder an. Am leichtesten fiel ihm das betrachtende Gebet, wenn er es irgendwie mit der Person der Gottesmutter verband. So bildet sich bei ihm eine eigen geartete Übung heraus, die nun der ausgesprochene Gegenstand seines Partikularexamens werden sollte.

Die erwähnte Übung verrichtete er in folgender Weise. Mehrmals am Tage sammelte er sich zu einer kurzen, besinnlichen Einkehr. Er stellte sich vor, die Gottesmutter stände vor ihm und schaute ihm bei seinem werktäglichen Tun zu. Dabei nähme sie an ihm und seinen Handlungen in recht mütterlicher Weise interessierten Anteil. Das zu denken, gab ihm seine kindliche Liebe zur Gottesmutter ein. Der Glaube lehrte ihn ja, daß sie in der göttlichen Wesensschau die von Gott ihr anvertrauten Menschen sieht, ihr Flehen hört und fürbittend für sie eintritt. Um dieser Glaubenswahrheit ganz inne zu werden, half ihm die Phantasie mit dem Bild der gegenwärtigen und teilnehmenden Gottesmutter nach. Zuweilen ging er von dieser Vorstellung auch auf eine geistige Schau ihres Wesensbildes über und betrachtete die Eigenschaften ihrer Persönlichkeit. An diese Gedanken und Vorstellungen schloß er dann eine Erhebung des Herzens an, wie sie ihm die schlichte Kindesliebe gerade eingab. Oft war es ein Wort des Dankes aus eben überstandener Lebensgefahr, dann wieder ein Wort der Reue und Abbitte über eine begangene Nachlässigkeit, oder ein Gebet des Vertrauens im Gefühl der eigenen Schwäche, oder ein Gebet der aufopfernden Hingabe vor einer gefahrvollen Lage, oder ein Ausdruck der Ehrfurcht vor ihrer Reinheit und vor ihrem Seelenadel. Wie ihm der Augenblick und die Sprache des Herzens die Worte auf die Zunge legten, so betete er sie aus vor seiner himmlischen Mutter. Der dritte Teil der Gebetsübung bestand in einem Entscheid des Willens. Er bezog sich auf die gerade vorliegende Handlung. Sie sollte eine Opfergabe an die Gottesmutter sein. Sie mußte darum auch in einer Art getan werden, daß sie ihr zur Ehre und Freude gereichte. Das traf dann zu, wenn sie mit großer Gewissenhaftigkeit und reiner Absicht verrichtet wurde. Nur ein Tagewerk durfte ihr angeboten werden, das den Stempel seines Eifers, seiner Anstrengung, seiner Liebe an sich trug.

In seinem Partikularexamen nahm er sich vor, vormittags und nachmittags je dreimal eine solche Gebetspause einzulegen. In ihr hielt er gleichsam vertrauliche Begegnung mit der Gottesmutter. So wandelt er nun an ihrer Hand durch den Tag. Er begegnete ihr während den täglichen Dienstübungen, im Umgang mit den Kameraden, in der Todesgefahr und beim ermüdenden Sturmdienst am Abend. In allen frohen und traurigen Erlebnissen des Tages fand er sich bei ihr ein. In diesem Wandel mit Maria hatte er nun die schönste Form seiner „Maienblüten“ gefunden. Sie sollte in den nächsten Wochen in seiner Seele eine einzigartige Frucht hervorbringen.

„Nimm mich als Opfer an“

Der Feldwebel der vierten Kompanie hatte diesmal beim Apell viel zu verkünden. Er las die Anweisung vor für den Abmarsch in die Stellung. „Nächsten Dienstag, den 29. Mai, rückt das Ruhebataillon in die erste Linie. Jeder nimmt für drei Tage Verpflegung mit. Warmes Essen gibt es in Stellung nicht mehr, weil der Trägertrupp beim Essenholen zu große Verluste erleidet. Dafür wird jeder Mann auf den Tag ein viertel Pfund Brot und Büchsenfleisch empfangen. Außerdem bekommt er noch eine zweite Feldflasche mit Kaffee und zwei Büchsen Hartspiritus zum Abkochen. Alle überflüssigen Sachen werden in einen Sack gepackt und bei der Bagage abgegeben.“ Jeder dieser Weisungen fügte der Feldwebel noch ausführliche Erläuterungen bei. Als sich die Kompanien in den ersten Stunden des 29. Mai in der vorderen Stellung einnisteten, fanden sie bereits einige, metertiefe Gräben vor. Die beiden andern Bataillone waren also in der Zwischenzeit recht fleißig gewesen. Eine regelrechte Stellung konnte man freilich die erste Linie noch lange nicht nennen.
Der Standort für den ersten Signal- und Sperrfeuerposten befand sich hart hinter der vorderen Linie in einem Erdloch. Josef packte gerade seinen schweren Tornister aus. Sein Kamerad Riedinger sah ihm aufmerksam zu. Schon auf dem Marsch hierher hatte er sich gedacht: Was mag der nur in seinem hochbepackten „Affen“ alles mitgeschleift haben? Jetzt kam es zum Vorschein: eine ganze Ladung Bücher. „Das hier ist ein Missionskalender, diese Hefte sind Nummern der ‚Katholischen Welt‘ und diese Schriften heißen ‚Allerlei Kurzweil im Unterstand‘“, erklärte Josef dem erstaunten Riedinger. „Das alles ist Unterhaltungsliteratur für die Kameraden. Und das hier sollst du lesen“, fuhr er fort. Dabei reichte er ihm das Buch hin von Faßbender: „Wollen eine königliche Kunst“. Ob er in seiner mitgeschleiften Bücherei auch etwas habe über Spiritismus, wollte Riedinger wissen. Das interessiere ihn sehr. Doch die übrigen Schriften waren alle anderer Art. Da gab es noch die „Göttliche Komödie“ von Dante, eine Sammlung der Langenscheidt'schen Unterrichtsbriefe für Französisch und eine Einleitung in die Philosophie von Prof. Cohn, Freiburg, mit dem Titel: „Führende Denker“. Derartiger Lesestoff war aber nicht nach Riedin-

gers Geschmack. Er wollte sich die Langeweile vertreiben und brauchte etwas Prickelndes. Die Unterhaltungsliteratur packte Josef in einen Sandsack. Dann griff er nach einem zweiten Sack mit Handgranaten. Den hatte er beim Marsch in die Stellung seinem Kameraden abgenommen und tragen helfen. Den einen warf er über die rechte, den andern über die linke Schulter und kroch hinüber nach der ersten Linie. ,,Hier", sagte er den Kameraden, ,,da sind eure Handgranaten und das hier ist etwas zum Lesen, wenn es langweilig wird."

Vom Regiment lief noch am gleichen Abend beim K.T.K. folgender Befehl ein: ,,Vom 30. 5. bis 2. 6. wird für das Kampfbataillon erhöhte Gefechtstätigkeit angeordnet. Der Gegner ist durch geeignete Maßnahmen ständig zu beunruhigen. Jeden Tag geht eine Offizierspatrouille hinaus. Auch andere gewaltsame Einbrüche sollten unternommen werden. Den schweren M.G. sind jede Nacht besondere Aufgaben im Störungsschießen zu stellen. Die leichten Minenwerfer geben jede Nacht auf die ersten feindlichen Linien 100 Schuß ab. Die Artillerie hat ähnliche Anweisungen erhalten." – ,,Na ja", dachte sich der K.T.K., ,,das läßt sich der Tommy so ohne weiteres nicht gefallen. Wird wohl wieder einmal ein rechtes Schlamassel werden in den nächsten Tagen." Darin bekam er recht. Die schweren Schußwaffen lieferten sich bald ein erbittertes Feuerduell.

Auf dem Sperrfeuerposten bekamen sie fast die ganze Nacht zu tun. Entweder mußten Signale hinüber und herüber geschossen werden, oder es galt, Meldungen hin und her zu bringen zwischen der ersten Linie und den rückwärtigen Befehlsstellen. Die Front bei Calonne feierte wieder einmal einen rechten Hexensabbat. In diesen Tagen wurden die Sperrfeuerposten ständig umlauert vom Schnitter Tod. Die Raketenpistole schußfertig in der Hand saß Josef in seinem Erdloch und hielt Ausschau nach der ersten Linie. War das wieder ein wildes Brodeln und Toben der losgelassenen Elemente! Man sollte meinen, bei Calonne schicke sich die Welt an zum Untergang. Hier würde wohl die Kompanie in der nächsten Zeit das zweite Viertel ihres Bestandes einbüßen.

Josef sann über den heutigen Tag nach. Die geistliche Tagesordnung war glatt verlaufen. Mit dem neuen Partikularexamen hatte er übrigens das Rechte getroffen. Viermal morgens und viermal nachmittags hielt er die geistige Begegnung mit der Gottesmutter. Und jedesmal machte die betrachtende Gebetsübung auf ihn einen nachhaltigen Eindruck. Ja, so hatten seine ,,Maienblüten" einen rechten Inhalt bekommen. Mit dem heutigen Tag ging der Maimonat zu Ende. Ein tiefes Gefühl

der Dankbarkeit durchströmte seine Seele. Er vertiefte sich in die Zeit in Schönstatt und in die Ideale, die er dort kennengelernt hatte. Er erinnerte sich der Menschen, mit denen er sich in einer großen, familienhaften Gemeinschaft verbunden wußte. Er dachte an das große Werk, zu dem sie sich berufen fühlten. In allem erblickte er eine wundersame Gnadenführung durch die Hand der Gottesmutter. Was hatte er ihr nicht alles zu verdanken! Alles Große und Schöne in seinem Leben war ja ein Geschenk ihrer Muttergüte. Wenn er nur wüßte, wie er seine Anhänglichkeit und Hingabe beweisen könnte! Für die große Idee der Kongregation und des „Gnadenkapitals" wollte er sich ganz einsetzen und die letzte Lebenskraft verzehren. Wenn es sein sollte, auch mit dem Opfertod auf dem Schlachtfeld. Ja, er wäre damit einverstanden, wenn jetzt drüben ein englischer Kanonier gerade die Granate in das Geschützrohr steckte, die ihn das Leben kosten würde. Ob er sich sogar anbieten dürfte, in dieser Weise Opfer zu sein für die Sache der Gottesmutter? Es kam ihm der Anblick der Toten in den Sinn, die er rückwärts getragen hatte. Sein Auge sah wieder die gräßlich Verstümmelten, die er geborgen und fortgeschleift hatte. Alles das wollte er selber erdulden, wenn er mit dem Opfer seines Lebens der Gnadenmutter von Schönstatt dienen könnte. Es falteten sich langsam seine Hände. Wieder hob sich sein Herz zur Gottesmutter empor. „Wenn es sich mit deinen Plänen vereinen läßt, laß mich ein Opfer sein für die Ziele, die du unserer Kongregation gesteckt hast." Auf dieses Gebet ward im Himmel ein Amen gesprochen.
Seit auf deutscher Seite erhöhte Gefechtstätigkeit angeordnet worden war, zeigte sich auch der Gegner zusehends unruhiger. Genau wie die Deutschen schickte er täglich Patrouillen aus. Die gerieten im Vorfeld oft aneinander und lieferten sich heftige Handgranatenkämpfe. Josef stand gerade auf Sperrfeuerposten und lugte hinüber nach der ersten Linie. Dort mußte wieder ein solcher Krawall unter den beiderseitigen Spähtrupps im Gange sein. Er erwartete jeden Augenblick das Signal zum Sperrfeuer. Die englische Artillerie tat dann gewiß das Gleiche. Die Kosten der Balgerei aber bekamen diejenigen zu tragen, die untätig im feindlichen Granatfeuer zu liegen hatten. Während er Ausschau hielt, beschäftigte er sich innerlich mit seinem Partikularexamen. Wie wäre es, dachte er bei sich, wenn er es mit einem neuen Zusatz erweiterte; wenn er jedesmal den Tod auf dem Schlachtfeld der Gottesmutter als Opfer anböte? Mit diesem Angebot war es ihm gestern abend sehr ernst gewesen. Als er sie bat, ein Opfer sein zu dürfen für ihre Sache, lebte er durchaus nicht in einer gefühlvollen, überschwenglichen

Andachtsstimmung. Die gleiche Bitte wollte er jetzt bei jeder Übung des Partikularexamens wiederholen. Darin gipfelte von jetzt ab sein betrachtendes Gebet bei der geistigen Begegnung mit der Gottesmutter. Und vorbehaltlos sollte das Angebot sein. Der Tod mochte über ihn kommen mit allen längst geschauten und erlebten Schrecken der modernen Materialschlacht. Achtmal am Tage erneuerte er fortan das Angebot seines Lebensopfers. Damit verband er das Flehgebet, die Gottesmutter möge das Opfer annehmen, damit in ihrem Heiligtum zu Schönstatt eine Erneuerungsbewegung erstehen könne zur religiös-sittlichen Wiedergeburt der Zeit.
Die stille Einkehr und betende Begegnung mit der Gottesmutter entfaltete in seinem Innern eine geheimnisvoll wirkende Kraft. Sie weckte die zartesten Regungen seines Herzens und die feinsten Empfindungen seines reichen Gemütes. So lebhaft und innig waren die Eindrücke, daß er sie erlebte wie eine fühlbare Nähe der Gottesmutter. Sie riefen ihn aber auch auf zu männlich tapferem Mut. Nirgendwo konnten die Proben des Mannesmutes besser abgelegt werden als im Trommelfeuer. Wenn die Schrecknisse der Schlacht den Menschen wie wilde Dämonen umgeisterten, wenn ihn die Todesangst schüttelte in furchtbaren Schauern, dann fiel aller unechte Schein, alle vortäuschende Schminke von seinem Wesen ab. Dann offenbarte er sein wirkliches Gesicht und ließ seinen innersten Wert oder Unwert erkennen. Was ist in diesen Lagen an Josefs Wesen sichtbar geworden? Die Kameraden sagten, eine erstaunliche Kaltblütigkeit, tapferer Mannesmut und aufopfernde Kameradschaft. Was drinnen in seinem tiefsten Innern vor sich ging, das vertraute Josef einmal seinem geistlichen Berater an. Gerade im Augenblick höchster Lebensgefahr erfaßte ihn jedesmal ein unbeschreibliches Gefühl der Geborgenheit. Da lebte er bis in die letzten Fasern seines Wesens in der großen Idee seines Lebens. Er betete zur Gottesmutter, er fühlte sich versetzt in ihr Kapellchen und dachte an alle jene Menschen, mit denen er sich zum gleichen Ideal berufen fühlte. So schrieb er am 20. Mai an P. Spiritual:
„Halte heute geistige Erneuerung. Habe mich dabei an meinen früheren Eifer für die Kongregation erinnert, an die Zeit in Schönstatt und dem Mütterchen versprochen, wieder so eifrig zu werden. Ebenso soll es mit meiner Nächstenliebe werden. Vor einigen Tagen, als die Granaten rechts und links neben mir einschlugen, betete ich wie gewöhnlich zum Mütterchen und versetzte mich in unsere Kapelle. Da fühlte ich mich meinem lieben Mütterchen so nahe, wie noch nie in meinem Leben. Ihre Nähe kam mir so süß und lieblich vor; ich fühlte nicht mehr

die geringste Angst vor den Granaten. Es war ein glücklicher Zustand, in dem ich immer hätte bleiben wollen. Wie schön und erhaben, wie lieblich und vertrauenerweckend ist doch unsere liebe Mater ter admirabilis. Eine große Sehnsucht nach ihrem Heiligtum, nach Ihnen und den lieben Mitstudenten überkommt mich öfter."

Der heroische Sinn des tapferen Mannes und das zarte Gefühl des geborgenen Kindes klangen hier in einem einzigen Erlebnis zusammen.

Im Erdloch des Signalpostens war es für drei Mann etwas eng. Wer seine Beine ausstrecken wollte, mußte fürchten dem anderen in die Rippen zu treten. Josef hatte gerade eine Lektion Französisch beendet. Er bat Kunibert Riedinger, ihm die Wörter abzuhören. Der war Elsässer und sprach einigermaßen Französisch. Aber daß sein Kamerad Engling hier vorne im Donner der Granaten Sprachstudien trieb, das kam ihm doch ein bißchen ungewöhnlich vor. Ja, wenn man dessen eiserne Ruhe gehabt hätte! Die französische Sprache, meinte Josef, ziehe ihn sehr an. Überhaupt möchte er Frankreich noch besser kennen lernen. Bei der nächsten Gelegenheit würde er Umschau halten nach Büchern über seine Geographie und Geschichte.

Nun nahm Josef ein anderes Buch zur Hand, die Einleitung in die Philosophie mit dem Titel: „Führende Denker". Mit den Kapiteln über die Philosophie des Sokrates, Plato und Aristoteles war er bereits fertig. Heute kam Decartes an die Reihe. Nein, was diese Philosophen doch für interessante Einfälle hatten. „Cogito ergo sum", sagte Descartes. („Ich denke, also existiere ich.") So begründete er sein eigenes Dasein. Auch für das Dasein Gottes stellte er recht seltsam anmutende Beweise auf. Von denen hatte er in seinem früheren Religionsunterricht nocht nichts gehört. Es wollte ihm auch nicht so recht eingehen, wie sie eigentlich gemeint seien. Vielleicht waren die nachfolgenden Philosophen etwas leichter verständlich. Er blätterte ein paar Seiten weiter. Spinoza – Kant – Fichte, stand über den nächsten Abschnitten. Nun ja, wenn der Tommy in den kommenden Tagen keinen Volltreffer in das Postenloch schmeißt, wird er diese Herren wohl auch noch kennen lernen. Zwar schien der Rede Sinn bei den Philosophen zuweilen etwas dunkel; aber die philosophischen Untersuchungen machten ihm dennoch Freude. Seit etlichen Tagen beschäftigte ihn auch wieder der Gedanke eines umfassenden Bildungsplans. Er legte die Bücher weg. Seine Zeit zum Postenstehen brach an.

In der Schreibstube des Bataillons ging der Feldwebel die Meldungen durch, die von der Front gekommen waren. Sie berichteten fast alle

von der anhaltenden Belästigung durch die englische Artillerie. Der Feldwebel trug in das Kriegstagebuch des Bataillons den Satz ein: „Das feindliche Artilleriefeuer ist gleich stark wie an den Vortagen.“ In der letzten Zeit mischte der Tommy in das Konzert seiner Geschütze auffallend viele Baßstimmen. Offenbar lag ihm daran, die deutsche Artillerie niederzukämpfen. Da drüben in der rechten Flanke schien er es ganz besonders auf die Stadt Merville abgesehen zu haben. Täglich rauschten große „Zuckerhüte“ in die Häusermassen. Der ragende Kirchturm stand noch. Aber ständig umtanzten ihn einschlagende Geschosse. Zuweilen verirrten sich die englischen Mörser nach links zu den 25ern. Dann gab es stets ein unheimliches Donnergepolter.
Zur Zeit beschäftigten sie sich wieder mit dem Kirchturm. Jetzt dröhnte von drüben ein gewaltiges Krachen. Am Ort der Kirche hob sich eine mächtige Staub- und Rauchwolke hoch. Als sie sich verzog, war der Kirchturm verschwunden. „Hoffentlich hat sich die deutsche Beobachtung da drüben früh genug davon gemacht“, sagten die Zuschauer in den Gräben. Auch im Erdloch des Signalpostens hatte man die Zerstörung der Kirche beobachtet. „Schade um das schöne Gotteshaus“, dachte Josef und schrieb weiter an einem Brief. Er war gerade daran, P. Spiritual eine Rechenschaft zu geben über den Monat Mai. Die ausgefüllte geistliche Tagesordnung wollte er ihm beilegen. Es waren ja die „Maienblüten“ zu Ehren der Gottesmutter. Es drängte ihn auch, an die Sodalenkönigin im Kapellchen einen Gruß kindlicher Liebe mitzugeben. Da schrieb er auf den Zettel das Gebetchen, mit dem er ihr sein Lebensopfer anzubieten pflegte.
„Lieb Mütterlein! Mater ter admirabilis! Dir bringe ich mich aufs neue als Opfer dar. Dir opfere ich auf, alles, was ich bin und habe, meinen Leib und meine Seele mit allen ihren Fähigkeiten, all mein Hab und Gut, meine Freiheit und meinen Willen. Dir will ich ganz und gar gehören. Dein bin ich. Verfüge über mich und das Meinige, ganz wie es Dir gefällt. Wenn es sich jedoch mit Deinen Plänen vereinigen läßt, laß mich ein Opfer sein für die Aufgaben, die Du unserer Kongregation gestellt hast.
In Demut Dein unwürdiger Diener
Im Felde, den 3. 6. 18. Josef Engling.
Nun war das Angebot seines Lebensopfers gleichsam schriftlich besiegelt.
Bei den 25ern machte sich in der letzten Zeit immer mehr das Gefühl breit, als müsse das Regiment bald aus diesem Abschnitt herausgezogen werden. Fast sechs Wochen verbrachten sie bereits auf dem heißen

Boden um Calonne. Die Verluste lichteten sichtbar die Reihen der Kompanien. Die einen hatten ein Drittel, die andern etwa die Hälfte ihrer Gefechtsstärke verloren. Dabei waren sie sechs Wochen lang völlig untätig gewesen. Ein einziger Sturmtag hätte sie wahrscheinlich die gleichen Verluste oder gar noch größere gekostet. Und dennoch wäre ein solcher Tag garnicht zu vergleichen mit dem wochenlangen, untätigen Daliegen in den zermürbenden Artilleriekämpfen. Die fraßen an ihren körperlichen und seelischen Kräften wie ein auszehrendes Fieber. Es braucht nicht mehr lange zu dauern, dann sind sie zermahlen und ausgebrannt zu Schlacke. Der Krieg wurde zu einer unerhört harten Nerven- und Charakterprobe. Neben dem Heldentum des wagemutigen, vorwärtsstürmenden Angriffs wuchs noch ein anderes. Es war das Heldentum der still duldenden, ungebrochenen seelischen Spannkraft. Das letzte mochte sogar das schwerere sein. Nicht jeder ragte zu dieser heldischen Größe auf. Für den Durchschnitt galt die allgemeine Überzeugung: Wir sind bald am Ende unserer Kraft. Auch der Regimentskommandeur beurteilte die Lage nicht gerade günstig. Er ließ in das Kriegstagebuch des Regiments folgende Eintragung machen: „Infolge des erheblichen feindlichen Artilleriefeuers und der sich schnell mehrenden Verluste ist die Kampffreudigkeit und Stimmung der Truppe erheblich gesunken. Eine drei- bis vierwöchentliche Ruhezeit würde dieselbe wieder vollauf beheben.“ Und etwa zehn Tage später mußte er ergänzend im Kriegstagebuch vermerken: „Der Kampfwert der Truppe ist in der wenig Schutz bietenden und fast unter fortwährendem Artilleriefeuer liegenden Stellung stark gesunken.“

Je mehr Josef in seinem neuen Partikularexamen lebte, desto mehr verlor für ihn die moderne Materialschlacht auch ihre letzten Schrecken. Er machte sich immer mehr vertraut mit dem Gedanken, eines Tages sein Leben zu beenden in den Stahlgewittern der Front. In den gefallenen Kameraden hatte er das Sterben ja so oft miterlebt. Seitdem die Engländer die Einschläge ihrer Mörser in unmittelbare Nähe lenkten, schien der Schnitter Tod oft zum Greifen nahe. Er erzitterte nicht im geringsten, wenn er rechts oder links plötzlich die schwarzen Striche der einschlagenden schweren Granaten wahrnahm. Dieser Zustand völliger innerer Ruhe wollte ihm selber manchmal ein wenig wunderlich erscheinen. Mitten in einer starken Beschießung schrieb er am 5. 6. in sein Tagebuch:

„Wir sind in Reserve. Der Tommy hat anscheinend unsere Stellung entdeckt und funkt elend hierher. Ich bin ein sonderbarer Mensch, ich verstehe mich selbst nicht. Die Granaten mögen neben mir einschla-

Liebe Mütterchen, Mater ter admirabilis, Dir bringe ich mich erneut als Opfer dar Dir opfere ich mich alles was ich bin u. habe, mein Leib u. meine Seele mit allen ihren Fähigkeiten, all mein Hab u. Gut, meine Freiheit, meinen Willen. Dir will ich ganz u. gar gehören. Dein bin ich. Verfüge über mich u. das Meinige ganz wie es Dir gefällt. Wenn es sich jedoch mit Deinen Plänen vereinigen läßt, laß mich ein Opfer sein für die Aufgaben, die Du unserer Kongreg. gestellt hast. In Demut Dein unwürdiger Diener

Josef Engling

Im Felde, den 3. 6. 18

gen, ich habe keine Angst. Ich bleibe ruhig und gefaßt, kalt, wie wir sagen. Während mein Kamerad vor Aufregung zittert, andere stiften gehen, liege ich ruhig in meinem Loch und stelle mir vor, eine Granate reiße mich in Stücke, und es überfällt mich kein Gruseln. Im Gegenteil, hinter dieser Vorstellung schimmert ein glücklicheres Sein durch. Doch auch bei dem Gedanken, ich liege lebend elend verstümmelt da, überfällt mich kein Gruseln. . . . Kommt eine . . . nun, in Gottes Namen."

So spricht einer, dessen seelische und körperliche Spannkraft ungebrochen ist. Nicht weil er mit verbissenem Trotz das Schicksal zwang, sondern weil er in einer höheren Welt verwurzelt war, konnte er so sprechen. Wer das Geheimnis seiner Seele nicht kannte, der hätte sich sein Tun nicht zu erklären vermocht.

Bei der vierten Kompanie lief eines Tages folgender Bataillonsbefehl ein: ,,Die Musketiere Engling und Riedinger werden vom Signalposten abgelöst und der Infanterie-Beobachtung (I.B.O.) zugeteilt. Sie sind mit dem heutigen Tage dem Leiter der I.B.O., Edmund Kampe, unterstellt." Kampe und noch einige seiner Schönstätter Kameraden waren inzwischen befördert worden. Als sogenannte Einjährige gehörten sie ja zu den Offiziersanwärtern. Daß sie zu Ämtern aufrückten, während er einfacher Musketier bleiben mußte, erregte in Josef nicht das geringste Mißbehagen. Er konnte P. Spiritual auf dessen Frage ehrlich gestehen, daß er sich über die Beförderung seiner Mitschüler herzlich freue.

Als Edmund Kampe die Leitung der I.B.O. bekam, forderte er sofort beim Bataillon Josef Engling und dessen Freund Riedinger als Hilfsbeobachter an. So kam also Josef die Beförderung seines Mitschülers zugute; denn die Versetzung nach der I.B.O. erleichterte fühlbar seine bisherige Lage. Er brauchte nicht mehr zu schanzen, keine Laufdienste mehr zu tun und nicht mehr auf Patrouille zu gehen. Darüber wollte er aber nicht recht froh werden. Es gab so viele alte Leute in der Kompanie, denen nach seiner Meinung der leichte Posten auf der I.B.O. eher zugestanden hätte. Schon nach einigen Tagen hielt er bei Edmund Kampe an. Er könnte den schweren Kompaniedienst besser vertragen als die älteren Kameraden. Edmund möge ihn darum gegen einen andern auswechseln. Damit war Edmund aber nicht einverstanden. Auf der I.B.O. gab es in den nächsten Tagen gefährliche Aufgaben zu lösen. Dafür brauchte er einen zuverlässigen Mann.

Die Vorgänger auf der I.B.O. hatten sich ihr Amt ein bißchen leicht gemacht. Sie rückten vor allem nicht in die Nähe der Engländer vor.

Unter Edmund Kampe wurde das anders. Er wählte den Standort für die I.B.O. im Vorfeld der ersten Linie. Dort ragten einige Weiden auf, die das Granatfeuer bisher verschont hatte. In einer Entfernung von 180 bis 200 Metern zog sich der englische Graben hin. Die Vorpostenlöcher des Engländers lagen noch näher. Nicht weit von den Weiden bauten sie in einem Erdloch ihre I.B.O. ein. Ihre sehnsüchtigen Blicke richteten sie jedoch auf die buschige Krone der Weiden. Wenn man da oben sitzen könnte! Von dort aus würden sie dem Tommy glatt in die Gräben gucken. Dann bekäme man sicher auch genau die Lage einiger vorgeschobener M.G.-Nester heraus. Deren Knallerei ging nämlich der ersten deutschen Linie fürchterlich auf die Nerven. Schon manchen Kameraden waren sie zum Verhängnis geworden. Einige Infanterieflieger hatten bereits mehrere Versuche unternommen, ihren Standort zu ermitteln. Aber der Tommy wußte sie mit einer heftigen Beschießung stets in respektvoller Entfernung zu halten. Und doch mußten die Nester niedergekämpft werden, sonst war es vorne nicht mehr auszuhalten. Am hellichten Tage vor den Augen des Engländers auf eine der Weiden zu klettern, wäre ein völlig aussichtsloses Unterfangen gewesen. Er würde die Baumkronen sofort mit den Geschoßgarben seiner M.G.'s bestreichen. Dann kämen sie aus den Ästen geplumpst wie reife Äpfel im Herbststurm. Es stand aber kein anderer Ausweg offen; sie mußten in die Baumkrone einer der Weiden gelangen.
In ihrem Erdloch sitzend, besprachen die beiden, Josef und Edmund, einen kühnen Plan. Heute bei der Abenddämmerung kämen gewiß wieder die zwei deutschen Infanterieflieger. Über die schien sich der Tommy jedesmal maßlos zu ärgern; denn er belferte nach ihnen mit all seinen M.G.'s. Das sei der Zeitpunkt, um unvermerkt auf die Weide zu klettern, entschieden die beiden. Es kam genau, wie sie gedacht. Als sie das Gefühl hatten, jetzt ist die Aufmerksamkeit des Engländers ganz gefesselt von den Fliegern, sprangen sie auf. Mit ein paar mächtigen Sätzen erreichten sie die Weide und schwangen sich behende in die buschige Krone. Die Äste zitterten und wiegten sich unter den hastigen Bewegungen der beiden Kletterer. An diesen paar Sekunden hing die Entscheidung. Haben die Engländer den Vorgang an der Weide bemerkt? Das Herz schlug vor Erregung bis zum Halse. Es geschah aber nichts, Gott sei Dank! Schnell das Glas heraus! Welch prachtvolle Sicht! Die fiebrig am M.G. arbeitenden Tommys zum Greifen nahe! Nun rasch eine Zeichnung gemacht. Also da drüben links hart am Clarence-Bach das erste M.G. Eine Linie hundert Meter nach rechts, sechzig Meter zurück das zweite. Wieder achtzig Meter rechts und

fünfzig zurück das dritte. Aha, schachbrettartig standen sie; dann muß doch hart links auch noch eines sein. Richtig! Dort an der Straße nach Robecque. So, nun noch einmal schnell überprüft. Stimmt alles. Noch immer schossen die Engländer wie besessen nach den deutschen Fliegern. Achtung, wir lassen uns gleichzeitig fallen! Plumps, lagen sie unten. Flink wie die Wiesel krochen sie in ihr Erdloch zurück. Dort fertigten sie gemeinsam eine Zeichnung an und trugen alle Beobachtungen ein. Das Blatt wanderte vom K.T.K. zum Artilleriekommandeur der Nahkampfgruppe. Am anderen Tag hämmerten die deutschen Geschütze planmäßig auf die englischen M.G.-Nester.
Im Ruhequartier zu La Gorgue stand die vierte Kompanie angetreten zum Appell. Der Feldwebel richtete an die Führer der Korporalschaften die Aufforderung, ihm jene Leute vorzuschlagen, die nach ihrer Meinung das E.K. verdient hätten. Ohne sich lange zu besinnen und ohne ihre Meinung untereinander auszutauschen, nannten die Unteroffiziere einmütig an erster Stelle Josef Engling. Und hätte der Feldwebel die Kameraden befragt, er würde ebenso einmütig ihr zustimmendes Urteil gehört haben. Über diese spontane und einheitliche Meinungsäußerung der Unterführer machte der Feldwebel ein ganz verblüfftes Gesicht. „So . . .? Der Missionsschüler? Das hätte ich nicht gedacht." Aus seinen Worten klang die Frage heraus: Hat es denn mit diesem jungen Mann eine besondere Bewandtnis?
In den letzten Tagen des Juni beendete die 15. Reserve-Division ihre Tätigkeit im Raume von Calonne. Volle acht Wochen verweilte sie auf diesem blutgetränkten Schlachtfeld. Sie brauchte dringend ein paar Wochen völliger Ruhe. Darum schob man sie an einen wenig belebten Frontabschnitt vor der Vimy-Höhe. Die acht Wochen im Abschnitt Calonne hatte sie fast 2000 Mann gekostet. Über Lestrem ging der Marsch nach Lavantie, wo die Division in den Zug verladen und weiter nach Süden abtransportiert wurde.
Josef schaute auf die Zeit bei Calonne zurück mit einem Gefühl grenzenloser Dankbarkeit. Das Schlachtfeld und die hundertmal erlebte Todesnähe war ihm eine ungeahnte Erziehungsschule geworden. Wohl nie in seinem Leben fühlte er sich so geborgen unter der schützenden und führenden Hand der Gottesmutter wie gerade jetzt. Tief bewegt schrieb er in sein Tagebuch:
„. . . Wunderbar hat mich Gott geschützt. Wie kann ich ihm und seiner heiligen Mutter danken? Mutter, Beschützerin, Königin! Was verlangst Du von mir? Hier bin ich. Deinem Willen gehorche ich . . ."

DER VOLLENDUNG ENTGEGEN

In Urlaub

In den Revierstuben des R.I.R. 25 zu Esquerchin bei Donai stauten sich Anfang Juli die Fieberkranken. Seit etlichen Tagen ging unter den Soldaten der Westfront die Grippe um und warf sie massenweise aufs Krankenbett. In Esquerchin wußte man sich ob des Andranges schon bald nicht mehr zu helfen. Ratlos stand eines Tages der Sanitätsfeldwebel vor dem Regimentsarzt. Der Zuzug der Fieberkranken nähme täglich zu. Alle verfügbaren Räume und Betten seien bis auf den letzten Platz belegt, berichtete er.

„Dann müssen wir eben aufräumen", meinte der Arzt. „Wer einigermaßen das Fieber überwunden hat, muß Platz machen für die andern. Im übrigen tritt die Grippe ja nicht gerade bösartig auf."

„Aber dafür in einem zahlenmäßig nie gekannten Umfang", erwiderte der Feldwebel.

„Das ist richtig und kann einen nicht wundern", bestätigte der Arzt. „Bedenken Sie, vier Jahre Krieg, was das heißt. Die Leute sind ausgehungert und von den Strapazen ausgemergelt. Das jahrelange Herumliegen in der feuchten Erde und die unerhörten Wirkungen einer modernen Materialschlacht zermürben den Körper. Die Leute besitzen keine körperliche Widerstandskraft mehr und erliegen darum ohne weiteres den Anfällen der Epidemie."

Dann gingen die beiden prüfend von Bett zu Bett. Der Feldwebel führte die Revierliste mit und erstattete jedesmal Bericht über den Kranken.

„Musketier Engling", sagte er jetzt, „ebenfalls grippekrank, seit drei Tagen hier." – „Wie steht es mit der Temperatur?" fragte der Arzt.

„Läßt seit gestern abend nach; heute morgen noch nicht ganz fieberfrei", berichtete der Feldwebel.

Der Doktor fühlte den Puls und ließ die Zunge zeigen. „Wann waren Sie zuletzt in Urlaub?" fragte er dabei.

„Vor vierzehn Monaten", entgegnete Josef.

„Herr Feldwebel, sorgen Sie dafür, daß der Mann sofort in Urlaub geschickt wird." Der Feldwebel machte sich eine Notiz und vermerkte dabei, daß von morgen ab ein freies Bett mehr zur Verfügung stehe.

Am nächsten Abend saß Josef bereits im Urlauberzug. Den Körper schüttelte ein leichtes Frösteln, obwohl es draußen recht warm war. Auf dem Wege zum Bahnhof hatte er sich an seinem Tornister todmüde geschleift. Nun folgte eine lange, lange Fahrt quer durch Deutschland von einem Ende bis zum andern. Als er am Bahnhof Frankenau in Ostpreußen ausstieg, hatte er bis in seinen Heimatort Prositten noch vier Kilometer zu laufen. Die Nähe der Heimat beschwingte seine Schritte. Die müde Gestalt straffte sich. Im Vaterhause angekommen, mußte er aber gleich das Bett aufsuchen. Es hatte ihn eine leichte Lungenentzündung gepackt. Die sorgliche Pflege der Mutter stellte ihn jedoch in etwa acht Tagen wieder auf die Beine. Nun konnte er wenigstens ungestört die Heimat auf sich wirken lassen.
Wie eigen und anheimelnd muteten ihn doch die alten, vertrauten Räume und Winkel des Vaterhauses an nach dem monatelangen Aufenthalt in den lehmigen Erdlöchern. Und das verträumte Dörflein mit seiner schlichten Kirche rief so viele liebe Erinnerungen seiner Jugend wach. Er dachte an die Front. Dort sanken ganze Dörfer in Schutt und Asche. Die Felder wurden zerstampft und durchwühlt vom Eisenhagel der Granaten. Wenn das alles über seine geliebte Heimat hereingebrochen wäre! Ach, sie konnten Gott gar nicht genug danken, daß er sie vor diesem Unheil bewahrt hatte. Unvergeßlicher Dank gebührte auch den braven Kameraden, die da draußen ihr Leben gelassen und mit ihrem Opfer die Heimat geschirmt hatten. Und wieviele Erinnerungen wurden erst in ihm lebendig, wenn er mit der Mutter, ganz wie ehedem, am Morgen wieder zur Messe ging.
Ja, die Mutter! Er sah es jetzt noch viel mehr als bisher, was sie ihm gewesen war. Daß sich sein Herz so sehr der Gottesmutter erschloß, das verdankte er ihr. An ihr hatte er es ja greifbar erlebt, wie gut und edel eine Mutter sein kann. Ein bißchen sehr gealtert kamen ihm die Eltern vor. Die Kriegsnot lastete auch auf ihnen. Wie mußte die Mutter in der Küche rechnen mit ihren Karten. Da gab es Brotkarten, Butterkarten, Zuckerkarten; soviele Lebensmittelsorten, soviele Arten von Karten. Am schönsten fand Josef die Abendstunden im Kreise der Familie. Von den Erlebnissen an der Front erzählte er wenig. Meistens sprach er von Schönstatt, vom Priesterberuf, und was nun werden würde, wenn der Frieden bald käme. Im Dorfe sah es nicht gut aus. Junge Leute gewahrte man kaum mehr. Fast in jeder Familie beweinte man einen Gefallenen. Selbst an den abgetragenen Kleidern und mehr noch an den neuen Ersatzstoffen merkte man die Kriegsnot. Wie es hieß, sollten auch die Glocken bald vom Kirchturm geholt und in Granaten einge-

schmolzen werden. Die Leute meinten, dann sei der Krieg aber ganz gewiß verloren. Schon jetzt mochte fast niemand mehr recht an den Endsieg glauben. „Gibt es denn immer noch keinen Frieden?“ fragten sie jeden heimkehrenden Urlauber.
Ob all der Not ringsum wollte Josef an seinem Urlaub nicht recht froh werden. Und als die Abschiedsstunde schlug, wurde es ihm recht schwer ums Herz. Noch einmal kniete er vor Vater und Mutter nieder. Tief bewegt gaben beide ihm den Segen. „In Gottes Namen“, sagten sie. „Auf Wiedersehen“, meinte Josef zuversichtlich. Es war ein Abschied fürs Leben.
In Gedanken weilte Josef fast auf der ganzen Fahrt bereits in Schönstatt. Vier Tage vom Urlaub hatte er sich für diesen Besuch aufgespart. Was würde das ein Wiedersehen werden! Wohl ein dutzendmal hatte er es sich im Geiste ausgemalt. Nun würde er bald im Kapellchen knien vor dem Bild der Gottesmutter. Er würde mit P. Spiritual zusammentreffen und alles mit ihm besprechen, was seine Seele so sehr erfüllte. Die jüngeren Mitsodalen träfe er wohl gerade vor der Abreise in die Ferien.
Am 25. Juli um die Mittagszeit wanderte er vom Bahnhof Vallendar auf bekannten Wegen Schönstatt zu. Da grüßte schon von weitem das neue Studienheim. An den Fenstern saßen Verwundete in der gestreiften, leichten Lazarettkleidung. Unten im Tale ragten die beiden alten Türme auf. Und daneben unter den Tannen versteckte sich das Kapellchen. Ja, das war Schönstatt, seine geliebte zweite Heimat. Er stellte sein Gewehr neben die Kapellchentür, legte den schwer bepackten Tornister dazu und trat in das Heiligtum der Gottesmutter. Es war ein Augenblick, der ihn tief bewegte. Wie oft war er doch im Geiste zu dieser Stätte gepilgert! Jeden Tag, wenn er seine beiden Wachestunden hielt, versetzte er sich hier vor den Tabernakel. Sooft er der Gottesmutter ein schweres Opfer anbot für das „Gnadenkapital“, suchte er sie hier in Gedanken auf. Dieses schlichte Heim der Sodalenkönigin galt ihm als Symbol einer großen Idee. Von hier sollte ein Gnadenstrom in die Lande fließen zur religiös-sittlichen Erneuerung des Vaterlandes. An diese Idee knüpfte er sein Lebensopfer. Darum tauchte es auch jedesmal in seiner Erinnerung auf, wenn ihn auf dem Schlachtfeld der Tod umlauerte. Da sah er sich plötzlich hierher versetzt und seine Seele durchzitterte das Gefühl einer unsagbaren Geborgenheit. Das alles stürmte jetzt auf ihn ein. Da betete er ein langes, langes Gebet der Begrüßung vor dem Bild der Gottesmutter.
Und nun ging es mit frohem Herzen und beflügeltem Schritt hinauf

zum Zimmer des P. Spirituals. Soweit kam er aber zunächst nicht. Auf den Gängen und Treppen des Hauses überraschte ihn ein übermütig aufgeregtes Treiben. Die Schüler sollten morgen in die Ferien fahren. Da wurde heute gepackt. Ach ja, diese Stunden waren ihm von ehedem noch in guter Erinnerung. So manchesmal hatte er sie mit den gleichen Empfindungen froher Ferienstimmung miterlebt. Aber wieviele schritten an ihm vorüber mit völlig unbekannten Gesichtern! Und wie blaß und schmal manche dreinschauten! Von den oberen Jahrgängen, die in seiner Zeit noch zu den Kleinen gehörten, waren nicht mehr viele da. Inzwischen hatte der Krieg sogar die vom Jahrgang 1900 zu den Waffen gerufen. Kaum 18 Jahre zählten sie. Sein ehemaliger Gruppenvertreter Alfons Hoffmann gehörte auch dazu. Wenn da und dort ein alter Bekannter auftauchte, gab es jedesmal eine stürmische und herzliche Begrüßung. Auf einmal stand er vor seinem kleinen Landsmann Paul Eschke. Ach, was hatte der schmale Backen bekommen! Der arme Junge! Gleich kramte Josef aus seinem Tornister ein Stück Speck heraus, das ihm die Mutter mitgegeben hatte. Der Kleine meinte es nicht nehmen zu dürfen; denn die Soldaten litten doch auch Hunger. Aber Josef wußte ihm so väterlich zuzureden, daß er schließlich das kostbare Geschenk ganz beglückt einsteckte.
In der sogenannten ,,Kaserne" wurde Josef einquartiert. Das war jenes Zimmer, das man den Urlaubern vorbehalten hatte. Da klopfte jemand an die Zimmertür. Ein Junge mit Eimer und Schrubber erschien und meldete, er habe den Auftrag, das Zimmer zu putzen. Schelmisch lächelnd nahm Josef dem kleinen Mann die Putzgeräte ab und half beim Reinemachen. Zum Schluß schenkte er ihm noch eine Tüte voll Keks, mit der der Kleine vergnüglich davon trottete. Im Herzen dachte er still für sich: Ist das aber mal ein guter Soldat! Im Haus ging derweilen die große Säuberung an. P. Präfekt hielt sehr darauf, daß es in einem tadellosen Zustand zurückgelassen wurde. Auf den Sälen und Gängen mußte gründlich ausgefegt und geschrubbt werden. Als Josef die Jungen bei der Arbeit sah, griff er kurz entschlossen zu und tat kräftig mit. Die mit dem Hausputz beschäftigten Schüler waren nicht wenig erstaunt, als sie solch unerwartete und eifrige Hilfe bekamen. Die meisten kannten Josef gar nicht und fragten neugierig, was das für ein hilfsbereiter Soldat sei. Bald ging die Kunde durchs Haus: ,,Der Engling ist auf Urlaub. Droben macht er Offizien."
Einen aus den mittleren Klassen schien diese Nachricht nicht erreicht zu haben. Wie seine erste Begegnung mit dem unbekannten Engling ausfiel, hat er später in folgender Weise erzählt:

,,Die Herbstferien standen vor der Türe. Ich befand mich gerade im Waschraum, als ich plötzlich jemand schweren Schrittes aus dem anstoßenden Zimmer kommen hörte. Ich schaute auf und erblickte vor mir einen Feldgrauen. Liebevoll kam er auf mich zu, reichte mir seine Hand und erkundigte sich bescheiden nach meinem Befinden, wie es mir in Schönstatt gefalle und ob ich mich auf die Ferien freue. Mir kam es ungewöhnlich vor, daß ein Soldat soviel Interesse an einem Schüler habe, der ihm doch völlig fremd war. Neugierig schaute ich mir den Fragesteller einmal näher an. Aber an ihm war weder etwas Besonderes noch etwas Bekanntes wahrzunehmen. Eine ganz gewöhnliche Uniform, eine große Soldatenbrille im Gesicht, die sich mit ihren feldgrauen Bändern an Stelle der Bügel urkomisch ausnahm. Das war es, was ich von meinem Gegenüber zunächst wahrnahm. Etwas auffällig erschien mir noch für einen Soldaten die etwas nach vorn geneigte Haltung. Seine eigene, herzgewinnende Freundlichkeit zwang mich, ihm wie einem schon längst gekannten Freunde zu antworten. Als er wieder weggegangen war, dachte ich: Nun, das ist aber ein liebenswürdiger Laienbruder, dem schaut ja die Güte aus den Augen. Später kam ich auf den Schlafsaal. Und was sehe ich da zu meinem großen Erstaunen? Derselbe Soldat war an der Arbeit und half den Schülern den Saal putzen. ‚Das ist doch ein Ideal von einem Bruder', dachte ich bei mir, ‚den mußt du unbedingt kennen lernen.' Auf meine Nachfrage erhielt ich nun die überraschende Antwort: ‚Das ist kein Bruder, das ist der Josef Engling, der ehemalige Präfekt der Minor.' Das war nun allerdings eine gewaltige Enttäuschung. Denn unter diesem so berühmten Namen hatte ich mir doch eine andere Erscheinung vorgestellt."

Drunten im Hof lud der Klassenpräfekt des obersten Kurses die Körbe und Pakete auf den Wagen, um sie zur Bahn zu befördern. Gleich stand Josef helfend an seiner Seite. Dann setzte er sich zu ihm auf den hochbeladenen Wagen und fragte: ,,Nun, wie steht es in der Kongregation?" Der Befragte mußte nun erzählen von den Sorgen und Arbeiten des letzten Jahres. Als endlich alle häuslichen Arbeiten beendet waren, konnte Josef sich auch dem P. Spiritual vorstellen. Das gab ein herzliches, langersehntes Wiedersehen.

Gleich darauf wurde er aber wieder von den jüngeren Mitschülern in Anspruch genommen. Sie drängten sich an ihn heran und wollten vom Krieg erzählt haben. Dem Namen nach war Josef allen gut bekannt. Er galt unter den nachfolgenden Jahrgängen als das unerreichte Muster eines Präfekten der Kongregation. Darum genoß er in dieser kleinen Welt den Ruf eines berühmten Mannes. Zuerst hantierten sie an seinem militärischen Handwerkszeug herum. Der schwere Tornister wurde gelüftet und umgeschnallt. Da sackten sie aber in die Knie, denn er schlug ihnen bis in die Kniekehlen. Jetzt kam das Gewehr an die Reihe. Zielübung, Öffnen des Schlosses, Griffe, Präsentiergriffe, alles mußte fachmännisch erklärt und eingeübt werden. Dann hatten sie es mit der Gasmaske zu tun und bliesen ordentliche Pausbacken hinein. Josef ging mit väterlich-gutmütiger Geduld auf alle Einfälle des jungen Volkes ein und freute sich an ihrem Zeitvertreib. Nun deuteten sie auf das schwarzweiße Bändchen an seinem Waffenrock und wollten wissen, wie er das E. K. verdient habe. Am liebsten hätten sie jetzt gruselige und aufregende Kriegsabenteuer gehört. Da konnte er sie aber nicht befriedigen. Es kam ihm gar nicht vor, als habe er sich das E. K. durch eine besondere Leistung verdient. Und von den Schrecken des Krieges vermochte er erst recht nicht zu erzählen. Schließlich wollten sie von ihm militärische Übungen vorgemacht haben. Dabei zeigte er ihnen, wieviel Körperbeherrschung oft bei ganz einfachen Übungen erforderlich sei.

„Auch bei dem ‚Hinlegen' und ‚Sprung auf, marsch, marsch'", fragte einer.

„O ja", sagte Josef, „auch da! Gib mal acht!" Und dann machte er auf dem Hof hinter dem Hause die Übung vor.

Seine schlichte Güte eroberte ihm im Fluge die Herzen seiner jüngeren Mitschüler. Jetzt ahnten sie, warum er ein hervorragender Präfekt gewesen war.

Als nun das junge Volk sich endlich befriedigt zeigte, fand Josef auch Gelegenheit, sich längere Zeit mit P. Spiritual zu unterhalten. Da mußte er nun erzählen. Alles, was sich in seinem geistlichen Leben zugetragen hatte, zog noch einmal an seinem Auge vorüber. P. Spiritual sprach zu allem ein billigendes Ja. Am Schluß kamen sie darin überein, daß drei Tage seines Aufenthaltes in Schönstatt nach Art von Exerzitien in der Einsamkeit und im Schweigen des Gebetes verlaufen sollten.

Gleichzeitig mit Josef trafen noch vier andere Soldaten aus den oberen Jahrgängen zum Urlaub in Schönstatt ein. Da drängte es zu einem Austausch der Erfahrungen und Erlebnisse. Abends saßen sie noch lange beieinander und erzählten. Zuerst befaßte sich das Gespräch mit der Lage an der Front. Einer hatte das große Unternehmen „Michael" mitgemacht oder „Die große Schlacht von Frankreich", wie man damals sagte. Im Frühjahr dieses Jahres genau mit dem Frühlingsanfang war sie zwischen Arras und St. Quentin angebrochen. Wie viele Siegeshoffnungen knüpften sich doch an diese größte aller deutschen Angriffsschlachten an der Westfront. Die Soldaten seien, so erzählte er, hochgemut in den Kampf gezogen. Es sollte ja eine Entscheidungsschlacht sein. Mit einem wuchtigen Aufprall hätten sie die englisch-französische Front durchstoßen. Aber nun läge die Offensive fest vor Villers-Bretonneux, unmittelbar vor Amiens. Sie käme einfach nicht mehr vom Fleck. Es seien keine Reserven mehr da. Nach den hochgespannten Hoffnungen mache sich jetzt unter den Soldaten Enttäuschung und Mißmut breit. Man frage sich: Wozu diese Blutopfer? Den erhofften Sieg haben sie uns nicht erbracht und den heiß ersehnten Frieden erst recht nicht.

Ein anderer von den Vieren diente in einem Garderegiment und war bei der Offensive am Chemin des Dames Ende Mai dabei gewesen. Bis Château-Thierry seien sie vorgedrungen, tief in die französische Etappe. Dort kam 1914 auch der Vormarsch auf Paris zum Stehen. Der ausgehungerte deutsche Soldat habe noch einmal seine letzte Kraft aufgeboten. Es habe aber nicht gereicht. Wie arm wir dran seien, das merke man erst, wenn man in die neubesetzten französischen Städte komme. Die Franzosen litten zwar auch unter dem Krieg; aber lange nicht so wie die deutsche Heimat. Nach dem Durchbruch sollen auf dem Vormarsch ganze Regimenter stecken geblieben sein, weil die Leute von den eroberten Proviantlagern einfach nicht wegzubringen waren. Es hätten sich zuweilen dabei auch recht wüste Szenen abgespielt. Jedenfalls habe die Führung die Truppe nicht mehr so in der Hand wie ehedem. In manchen Regimentern sehe es böse aus. Die allgemeine Kriegslage beurteilten alle vier nach dem Fehlschlag der Angriffsschlachten als sehr ernst, ja als hoffnungslos.

Die Unterhaltung ging über auf die religiös-sittliche Lage des Volkes und der Armee. Einer hatte den Krieg von 1914 ab mitgemacht. Die andern waren ein oder zwei Jahre später eingezogen worden. Sie bestätigten allgemein einen sittlichen Niedergang. Die unerhörte Not zermürbte nicht nur die körperliche, sondern auch die sittliche Widerstandskraft vieler Soldaten. Am besten stehe es noch ganz vorne bei der kämpfenden Truppe. Je weiter man aber nach rückwärts komme in die Etappe, desto schauderhafter gehe es zu. Einige Etappenstädte seien die reinsten Lasterhöhlen geworden. Dort trieben sich die Drückeberger und Deserteure herum. Vor den schlechten Häusern ständen sie oft Schlange und warteten, bis sie an die Reihe kämen.

Und in der Heimat sei es nicht viel besser bestellt. Die Schieber, Kriegsgewinnler und die ,,Unabkömmlichen" plünderten geradezu das deutsche Volk aus. Alle waren sich einig in der Meinung, daß die wachsende Kriegsnot einen sittlichen Zerfall des Volkes herbeiführe. Man spüre überall die Kräfte der Zersetzung und Verseuchung an der Arbeit. Nach dem Kriege gebe es eine gewaltige Erneuerungsarbeit zu leisten.

Damit waren sie auf dem Thema ,,Kongregation" angekommen. Ja, wenn sie die nicht gehabt hätten! Was war das doch für eine Charakterschule, die sie in der Jugend durchmachen durften. ,,Wer weiß", so gaben sie alle ehrlich zu, ,,ob wir in den allgemeinen sittlichen Gefahren stand gehalten hätten? In diesem reißenden Strome wird man mitgerissen, ohne daß man es recht weiß." Wieviel Halt und Anregung gaben ihnen die Gruppen und die Zeitschrift ,,Mater ter admirabilis". Und dann das Schönste an der Kongregation, ihre Marienverehrung und ihre große Idee: Schönstatt ein zweites Ingolstadt. Die in den Wettern der Front gestählten Krieger schämten sich nicht, von der Gottesmutter zu sprechen und von ihrem Schutz in mannigfachen Gefahren. Das Ideal ihrer fleckenlosen Reinheit hatte sie draußen behütet. Wie ganz anders standen sie deshalb der Frau gegenüber als so manche Kameraden. Der eine oder andere wußte zu erzählen von Theologiestudierenden, die bei den Soldaten ,,gekippt" seien. Andere hätten sie

getroffen, die vor lauter Enttäuschung ganz mutlos geworden seien. Sie selber teilten diese Mutlosigkeit nicht. Als Sodalen fühlten sie sich berufen zu einem großen Werk. Das sei ihnen allen klar, hier im Kapellchen zu Schönstatt habe die Gottesmutter in besonderer Weise ihren Gnadenthron aufgeschlagen. Sie werde von dort aus einen Gnadenstrom zur religiös-sittlichen Erneuerung des Vaterlandes ausgehen lassen. Wie das im einzelnen vor sich gehe, das könne man noch nicht genau sagen. Aber Anfänge dazu seien schon sichtbar. Neuerdings hätten sich mehrere auswärtige Gymnasiasten und Theologen der Außenorganisation angeschlossen. Die Kongregation sei gewiß noch zu Großem berufen.
Josef hörte diese Unterhaltungen seiner älteren Mitsodalen meistens in der Rolle des aufmerksamen Schweigers zu. Im stillen gab er ihnen überall recht. Als sie nun zum Schlusse auf die Kongregation, auf ihre Zukunft und auf die Gottesmutter zu sprechen kamen, da wollte ihm das Herz aufgehen. Genau wie die andern, so hatte auch er den Segen der Kongregation, der Marienverehrung und des „Gnadenkapitals" erfahren. Mochte sich in politischer und religiös-sittlicher Hinsicht über dem geliebten Vaterland eine düstere Wetterwolke zusammenballen. Sie, die Sodalen der Gnadenmutter von Schönstatt, lebten deswegen nicht in Untergangsstimmung. Sie fühlten sich am Anfang eines jungen Frühlings. Darum schauten sie siegesfroh in die Zukunft.
In den nächsten Tagen hielt Josef unter der Leitung seines Spirituals Privat-Exerzitien. Er benötigte dazu weder Vorträge noch eine Fülle neuer Gedanken. Um so mehr hielt er Gebetsstunden vor dem Tabernakel und dem Bild der Gottesmutter im Kapellchen. Mit P. Spiritual besprach er sich ausführlich, wie er nun künftig sein geistliches Leben gestalten sollte. Josef erzählte ihm, welchen Eindruck auf ihn die Lebensbeschreibung des hl. Gabriel Possenti gemacht habe. Zumal dessen Wandel in der Gegenwart Gottes sage ihm außerordentlich zu. Er fühle sich sehr gedrängt, ein Gleiches zu tun. Die genannte Lebensbeschreibung hatte ihm im letzten Monat als geistliche Lesung gedient. P. Spiritual erspürte, daß wohl die Gnade des Heiligen Geistes ihm dieses Drängen eingegeben habe. Darum erteilte er ihm Ratschläge, die sein Seelenleben in demselben Sinne unterstützten. Sie sollten für seine weitere Entwicklung in der Zukunft von großer Bedeutung werden.
Von P. Spiritual erfuhr Josef auch einiges über den Stand der Außenorganisation unter den Schönstätter Sodalen. Neuerdings gliederte sie sich in vier Abteilungen. Jede umfaßte etwa vier bis fünf Gruppen. Eine dieser Abteilungen bestand ganz aus auswärtigen Theologen und

Gymnasiasten. Wie es schien, wollte die Gottesmutter auf dem Weg über diese letzte Abteilung die Bestrebungen der Kongregation in weitere Kreise hineinleiten. Viele Sodalen bemühten sich, brauchbare Kameraden für die Ideale der Kongregation zu interessieren. Um solche Versuche zu unterstützen, habe die Kongregation die kleine Broschüre herausgegeben: ,,Laienapostolat im Weltkrieg". Diese Mitteilungen erfüllten Josef mit neuer, froher Zuversicht. Mochte der Krieg das Lebensopfer von ihm fordern. Er starb für eine Idee, die sich anschickte, eine Zukunft zu erobern.

In den Stunden der Einsamkeit beschäftigten sich seine Gedanken auch mit seiner Gruppe. In den letzten Wochen waren die Gruppenmitglieder durch die Teilnahme an der Angriffsschlacht an der Mitarbeit sehr behindert worden. Johannes Biebrich schrieb aus dem Lazarett, daß ihm das Bein abgenommen worden sei. Clemens Meier lag im Lazarett zu Berlin. Auch die andern tauchten nach den glücklich überlebten Kämpfen wieder so langsam auf. Glücklicherweise befand sich unter den übrigen Urlaubern in Schönstatt auch Josefs Abteilungsführer Rudolf Groß. Mit ihm besprach er die Gruppenarbeit. Rudolf hatte für seine Abteilung die Losung ausgegeben: Unseren Grundsätzen treu bleiben, das Werk unserer Erziehung vollenden und als ganze Männer heimkehren.

Josef brauchte für seine Gruppe ein neues Stoff- und Arbeitsgebiet. Bislang hatte sich die Gruppe vor allem mit den Fragen der Selbstheiligung befaßt. Geistliche Tagesordnung, Partikularexamen, Gewissensrechenschaft waren in der Gruppe allgemein in Übung gekommen. Jetzt hielt er die Zeit für gekommen, daß auch das Apostolat ihre Aufmerksamkeit beanspruchen dürfe. Das entsprach wohl am meisten der augenblicklichen Lage der Außenorganisation und seiner eigenen inneren Entwicklung. Von der heiligen Messe war er zum tieferen Verständnis des Kirchenjahres vorgedrungen. Nun stand eine neue Wirklichkeit lebhaft vor seiner Seele: die Kirche. Er sah in ihr die neue Trägerin einer religiös-sittlichen Wiedergeburt. Die Beiträge zum ,,Gnadenkapital" taten das ihre, um seinen Sinn noch mehr für die Kirche und ihre Sendung zu erschließen. So wählte er als neues Arbeitsgebiet für die Gruppenarbeit das Apostolat. Darüber schrieb er von Schönstatt aus einen langen Gruppenbrief.

Am 30. Juli morgens schlug für Josef die Abschiedsstunde. Er kniete vor P. Spiritual nieder und bat um seinen Segen. Dann ging er hinab ins Kapellchen. An einem mit dunklem Plüsch überzogenen Brett hingen dort die Eisernen Kreuze der Sodalen, eine Weihegabe an die Sodalenkönigin. Auch das seine war dabei. Es erinnerte ihn an das Angebot seines Lebensopfers. Da wiederholte er vor dem Bilde der Gottesmutter sein Weihegebet. Bis dorthin, wo das Besitztum Schönstatts endet und das Stadtgebiet beginnt, gab ihm P. Spiritual das Geleit. ,,Nos cum prole pia." (Mit ihrem lieben Kinde) sagte P. Spiritual. ,,Benedicat Virgo Maria!" (Segne uns die Jungfrau Maria) beendete Josef den bekannten Segensspruch. Dann zog er fort. Schönstatt sah er nicht mehr wieder.

Die Front wankt

Josef war noch nicht lange von Schönstatt abgereist, da traf sein Freund Karl Burg dort ein. P. Spiritual empfing ihn mit den Worten: ,,Das ist aber schade, daß du nicht etwas früher gekommen bist. Dann wärest du noch mit Josef zusammengetroffen. Du hättest dich sicher an ihm erbaut. Er ist gereift, abgeklärt. Sein Blick ist so klar." Ja, in Josefs Seele hatte sich in den letzten Jahren eine bedeutende Entwicklung vollzogen. Und der Aufenthalt in Schönstatt hatte ihm Stunden gnadenerfüllter Einsamkeit geschenkt.
Auch andere gewahrten die Änderung, die an seinem Wesen vor sich gegangen war. Kurz nach seiner Rückkehr an die Front traf er in Bois-Bernard mit seinem Schönstätter Kameraden Josef Goldner zusammen. Ihr Gespräch drehte sich bald um Schönstatt, um die Kongregation und um religiöse Fragen überhaupt. Josef Goldner spürte, wie über der Persönlichkeit seines Mitsodalen ein Hauch religiöser Weihe lag. Es wurde ihm ganz eigen zumute. In Hagenau noch hatte er sich geschämt, mit Josef auszugehen. Er war ihm nicht schneidig genug und schien ihm auch ein wenig einfältig zu sein. Als Schüler einer höheren Klasse kannte er ihn nur von ferne. Und jetzt? Wie doch Engling ihn jetzt in den unerklärlichen Bann seines Wortes ziehen konnte! Es sprach aus seinem Wesen eine geheimnisvolle religiöse Ergriffenheit, die ihn geradezu packte. Noch lange wirkten die außerordentlichen Eindrücke dieser Unterhaltung in seiner Seele nach. So tief waren ihre Spuren, daß er sie später das tiefste religiöse Erlebnis der Kriegszeit nannte.
Am 8. August zog Josefs Bataillon wieder in Stellung. Sie lag westlich von Douai und bestand in einem völlig ausgebauten Grabensystem. Auf einer leichten Anhöhe zwischen den Dörfern Bois-Bernard und Fresnoy zogen sie sich hin. In der Ferne zeichneten sich die Hänge der

Vimy-Höhe ab. Mit Unteroffizier Edmund Kampe teilte sich Josef wieder in die Aufgabe der I. B. O. Hinter der ersten Linie hatten sie ihre Behausungen eingerichtet.

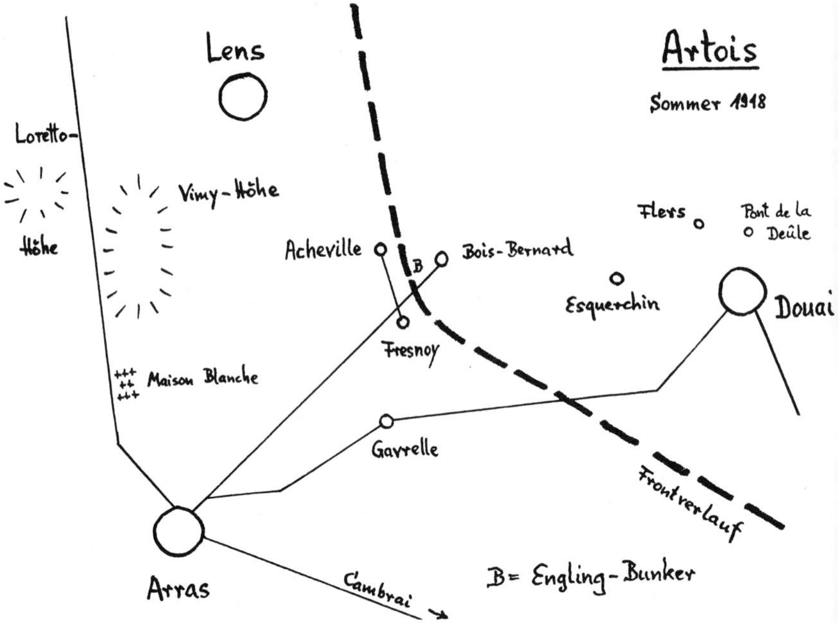

Über der Stellung vor der Vimy-Höhe ging mit klarem Wetter ein Sommermorgen auf. Josef stand schon seit geraumer Zeit am Scherenfernrohr und beobachtete prüfend die Gegend von Fresnoy und Arleux. Dort zog sich die erste englische Linie hin. Die Zeit der Dämmerung mußte immer gut ausgenützt werden; da ließen sich meist einige Nachzügler der nächtlichen Schanzarbeit erwischen. Ihr Tun konnte dem geübten Beobachter so mancherlei verraten. Langsam lichtete sich das Morgengrauen. Da hatte er auf einmal schattenhaft sich bewegende Gestalten im Glas. Tatsächlich, drunten bei Arleux sah man eine Gruppe Engländer beim Schanzen. Dicht vor der ersten Linie warfen sie einen Graben aus. Jetzt ebneten sie hastig die ausgeworfene Erde ein, um die Spuren ihrer Tätigkeit zu verwischen. Von rückwärts scholl eine Stimme. Edmund Kampe fragte an, ob es am Scherenfernrohr etwas Neues gäbe. Auf Josefs Mitteilung stand er sofort am Glas. Richtig, die Engländer hoben Gräben aus. Was sollte denn das bedeuten? Etwa eine Ausfallstellung? Das wären ja Anzeichen eines bevorstehenden Angriffs. Er drehte das Glas links auf eine ihm bekannte Baumgruppe. Dort fehlten ein paar Stämme. Seine Überraschung wuchs, als jetzt von rechts ein Trupp Engländer erschien. Soweit er feststellen konnte, schleiften sie schwere Gegenstände herbei. Nun sah es aus, als ob sie etwas aufmontierten. Aha, die haben Bettungen für Minenwerfer gelegt, und jetzt bringen sie die Werfer in Stellung. Bei zunehmender Helligkeit deckten die Engländer alles gegen etwaige Sicht sorgfältig ab und verschwanden in den Gräben. Für die Beobachter bestand kein Zweifel mehr: Der Tommy führte etwas Besonderes im Schilde. Es mußte unter allen Umständen versucht werden, ihm sein Geheimnis zu entreißen.

Im Unterstand studierten die beiden gründlich die Karte des gesamten Grabensystems. Hier vorne, im Vorfeld des ersten Grabens, mußte das Scherenfernrohr aufgepflanzt werden. Von dort konnte man sicher das rätselhafte Tun der Engländer gut beobachten. Aber gefährlich war die Sache. Die da drüben besaßen ja ebenso scharfe Augen und guckten genau so wachsam herüber. Wenn der Tommy sie da vorne bei der Arbeit entdeckte, prasselte ganz gewiß im nächsten Augenblick eine Lage der Artillerie auf sie nieder, oder ein M.G. bestrich ihren Standort. Also äußerste Vorsicht und ständige Deckung war geboten. Sie setzten den Stahlhelm auf, legten die Gasmaske um und steckten vier Stielhandgranaten ein. Dann trotteten sie durch die endlos gewundenen Verbindungsgräben nach vorne in die ersten Gräben. Vor ihnen dehnte sich das Niemandsland. In etwa 300 Meter Entfernung lag die erste Linie des Engländers. Hier mußte doch irgendwo die Feldwache sein. Merkwürdig, weit und breit ließ sich kein deutscher Soldat sehen. Hatte man etwa dieses Gebiet bereits geräumt? Dann konnte einen ja von irgendwoher jeden Augenblick der Tommy anfallen. Vor ihnen wand sich ein Laufgraben durchs Feld bis hinunter in die englische Stellung. Er stammte aus der Zeit, als die Deutschen noch die Vimy-Höhe im Besitz hatten. Dort, wo er in den eigenen Graben einmündete, war er zugeschüttet. Solange sie sich vorne aufhielten, drohte von dem Laufgraben her eine große Gefahr. Hier hätte sie der Engländer unerwartet anschleichen und überrumpeln können. Josef bekam den Auftrag, am Laufgraben Posten zu beziehen. Herannahende Gegner sollte er mit Handgranaten solange fernhalten, bis das Scherenfernrohr in Sicherheit sei.

Josef zog seine Handgranaten und legte sie schußfertig neben sich. Edmund Kampe suchte sich indessen einen geeigneten Standort für

sein Scherenfernrohr. Vorsichtig hob er die auseinandergespreizten Glasaugen seines Beobachtungsgerätes über die Deckung und drehte nach rechts und links. Da rückte plötzlich ein Kopf in das Blickfeld der Glasaugen hinein. Ein englischer Beobachtungsposten! Vor ihm lag ein M.G. Unter dem tellerförmigen Stahlhelm schauten hagere Gesichtszüge gelangweilt in der Gegend umher. Wenn der jetzt seine Augen aufmachte und die Sehhörner des Scherenfernrohres erblickte, dann würde es brenzlig werden. Edmund Kampe drehte sich um nach Josef Engling. Der stand seelenruhig vor seinen wurfbereiten Handgranaten und musterte aufmerksam das Niemandsland. Edmund beobachtete weiter. Die aufmontierten Geräte waren gegen jede Sicht gut abgedeckt. Aus der ganzen Anlage zu schließen konnte es sich aber um gar nichts anderes handeln, als um eingebaute Minenwerfer.
Nachdenklich schlichen die beiden in die Stellung zurück. Was sie gesehen, verkündete nahendes Unheil. Vorgeschobene M.G.-Posten, neu ausgebaute Minenwerfer in der vordersten Linie, Ausfallgräben: das ließ nichts Gutes ahnen. Handelte es sich hier um die Vorbereitungen zu einem örtlich begrenzten Unternehmen oder zu einem Großangriff?
Diese Frage vermochte der einfache Mann vorne im Graben nicht ganz zu entscheiden. Aber von seinen kleinen Beobachtungen an seinem Abschnitt leitete ihn eine dunkle Ahnung weiter zu den großen Ereignissen der Front. Besonders die alten Frontsoldaten hatten dafür eine feine Witterung. „Dicke Luft", meinten sie und verzogen dabei die Nase. So sagten sie immer, wenn sich ein schweres Umwetter zusammenbraute. Auch diesmal lag etwas in der Luft, das roch nach Offensive. Ganz auffallend war die Verstärkung der gegnerischen Luftwaffe. Gestern zählte man über dem Abschnitt der Division etwa vierzig Flieger. Dagegen hatten unsere paar Maschinen nichts zu bedeuten.
Im Unterstand der I. B. O. saßen sie in diesen Tagen oft zusammen und besprachen ihre Eindrücke. Vielleicht noch vierzehn Tage, meinten sie, dann bräche in der hiesigen Ecke ein furchtbares Unwetter los. Ob sie in der Lage seien, einem gegnerischen Masseneinsatz standzuhalten, fragten sie sich besorgt. Seit sie von Calonne abgezogen waren, hatten sie keinen Ersatz mehr bekommen. Auch in der jetzigen, verhältnismäßig ruhigen Stellung gab es fast jeden Tag Verluste. Manche Kompanien besaßen nicht mehr die Hälfte ihres vorjährigen Bestandes. Und von den übrigen Fronten kamen Nachrichten, die gar nicht hoffnungsfroh klangen. Aus strategischen Gründen würde vorläufig die Offensive nicht mehr fortgesetzt, hieß es. An der Marne habe man

einige Gebiete dem Gegner überlassen, um die Front zu verkürzen. Diese amtlichen Meldungen erregten Verdacht. Sollte das etwa heißen, daß die ganze Offensive fehlgeschlagen sei? War etwa der Gegner bereits zu einem Gegenangriff übergegangen? Dann mußte man ja in den täglichen Beobachtungen innerhalb des eigenen Abschnittes die Vorboten großer Geschehnisse sehen. Die Ungewißheit quälte die Gemüter und legte sich wie ein Alpdruck auf die Herzen.
An den höheren Stäben wußte man bereits mehr und machte darob ernste Gesichter. Die eingebrachten Gefangenen aus dem Abschnitt der Division gehörten nicht weniger als vier neuen kanadischen Divisionen an. Schon allein, daß Kanadier vor ihnen lagen, deutete auf einen Großangriff hin. Die gehörten zu den englischen Elitesoldaten und galten als bewährte Angriffsregimenter. Und dazu noch eine ausgeruhte Truppe! Da mußte man sich auf das Schlimmste gefaßt machen. Vom Korps kam der Befehl, die Großkampfgliederung vorzunehmen. Ganz tief mußten die Bataillone gestaffelt werden mit einem dünnen Schützenschleier im Vorfeld. Dabei zeigte sich erst richtig, wie sehr die Gefechtsstärke der Kompanien herabgesunken war. Rechts und links standen ebenfalls abgekämpfte Divisionen. Die rechte Nachbardivision zum Beispiel brachte für je ein Regiment nur noch vier- bis fünfhundert Gewehre auf. Das bedeutete ein Viertel der vorjährigen Gefechtsstärke. Wie sollte man mit diesen zusammengeschrumpften, zermürbten Verbänden einen feindlichen Massenangriff aushalten können. Man hatte doch einen vierfach überlegenen Gegner vor sich! Und was für einen Gegner! Man brauchte sich nur die Gefangenen zu besehen. Lauter junge, gut genährte und tadellos gekleidete Kerle. Wie stachen dagegen die Feldgrauen ab mit ihren verschlissenen Uniformen und hageren Gesichtern. Und erst die gegnerische Übermacht an Material! Die da drüben schossen, wie wenn sie unbegrenzte Mengen an Munition zur Verfügung hätten. Das entging dem hohen Offizier so wenig wie dem einfachen Mann. Den Frontsoldaten durchzitterte das Gefühl, daß sich ein Unwetter von nie gekannten Ausmaßen über ihm zusammenballe.
In der obersten Heeresleitung sah man in dieser Zeit die Lage noch viel düsterer. Seit Mitte Juli war die deutsche Offensive endgültig zum Stehen gekommen. Der 18. Juli enthüllte schlagartig die ganze Gefährlichkeit der Lage. Die Reserven waren verbraucht. Neue Pläne für die Operationen der folgenden Wochen lagen nicht vor. Das Gesetz des Handelns ging über an den Gegner. Im Hochgefühl der neu erwachten Kraft war man monatelang Hammer gewesen; jetzt wurde man wieder

Amboß. Der Gegner wußte seine Stunde zu nutzen. Am 8. August brachen die Regimenter Marschall Fochs aus den Wäldern von Villers-Cotteret in die deutschen Linien ein und zertrümmerten die Front an der Marne und an der Vêsle. Eine neue Marneschlacht spielte sich ab, genau so tragisch wie die erste. Im Juli standen bereits über eine Million Amerikaner auf französischem Boden. Bei Verdun und in den Argonnen holten sie zu einem großen Schlag aus. Hinter ihnen rollte ein geradezu unbegrenztes Kriegsmaterial. Jetzt maßen sich auf der Westfront etwa 6 Millionen Gegner mit 3 Millionen Deutschen.
In Flandern sammelte der Engländer seine Streitkräfte zu einer neuen, groß angelegten Offensive. Kein Zweifel, die ganze Westfront war ins Wanken geraten. Mit einiger Hoffnung sahen die deutschen Heeresführer auf die rückwärtigen, schon seit einigen Jahren ausgehobenen Feldbefestigungen, auf die Siegfried- und Hermann-Stellung, auf die Wotan- und Brunnhildelinie. Ob sie in der Lage sind, den gewaltigen Aufprall des Gegners aufzufangen? Mehr wagten sie nicht mehr zu hoffen. Der Glaube an den Endsieg war dahin.
Die kritische Lage der Westfront konnte auf die Dauer der kämpfenden Truppe nicht mehr verborgen bleiben. Aus zahlreichen Gerüchten, Mutmaßungen und aus dem eigenen Erleben dämmerte langsam die Ahnung auf, daß man am Vorabend einer großen Katastrophe stehe. Der Glaube an die oberste Führung wurde auf das schwerste erschüttert, die Hoffnung auf ein glückliches Ende des Krieges schwand. In der Seele des einfachen Mannes ballten sich alle diese Eindrücke zusammen zu einem aufwühlenden und marternden Erlebnis von gespenstischer Größe. Er sah sich vor die schwerste seelische Kraftprobe des Krieges gestellt, die schlimmer war als alle Materialschlachten.
Auch Josef Engling fühlte sich von der ganzen erschütternden Wucht der Ereignisse getroffen.
In dieser Stunde höchster vaterländischer Not traten in der Heimat gewissenlose Männer auf, die den schwergeprüften Frontsoldaten zum Verrat und zum gewaltsamen Umsturz aufforderten. Durch ungezählte Kanäle sickerten ihre Ideen hinein in die Armee und gingen um wie ein schleichendes Gift. Dieses verbrecherische Tun sollte die an sich schon schwere seelische Krise des Soldaten von 1918 bis ins Unerträgliche steigern. Wer sie trotz alledem meisterte, hat den Anspruch darauf, zu den Besten seines Volkes gerechnet zu werden.
Josef Engling hat sie gemeistert.

Bei der I.B.O. traf am 17. August ein Befehl des Bataillons ein, Musketier Engling habe als Vorkommando mit einem zweiten Mann in einen weiter nach rechts gelegenen Abschnitt abzurücken. Die dortige Stellung sollte am folgenden Tage vom R. I. R. 25 übernommen werden. Es seien dementsprechend an Ort und Stelle alle Vorbereitungen zu treffen. Die beiden hatten sich kaum ihres Auftrages entledigt, da traf ein neuer Befehl ein, der den ersten wieder umstieß. Der dem Regiment zugewiesene Abschnitt läge an einer anderen Stelle, wurde ihnen mitgeteilt. Wieder machten sich die beiden auf und bereiteten nach den neuen Befehlen die Ablösung vor. Josefs Kamerad war sehr ärgerlich über die doppelte Arbeit und schimpfte nicht schlecht auf die ,,Affen" da hinten in den Stäben. Am späten Nachmittag erst wurden sie mit allem fertig und suchten für die Nacht einen passenden Unterstand auf. Mit einem Stoßseufzer der Erleichterung warf der Kamerad den Tornister in die Ecke. Josef ließ sich auf den ziemlich breiten Treppeneingang des Stollens nieder, um zu schreiben und zu lesen. Er kam aber nicht dazu, denn der Kamerad setzte sich neben ihn. Er schien bis zum Bersten mit Mißmut und Groll beladen zu sein und brauchte offenbar einen geduldigen Zuhörer. Auch er war bereits ein Opfer jener meuchlerischen Hetzer geworden, die damals Heimat und Heer zu durchwühlen begannen.
,,Das will ich dir sagen", hub er an, ,,wenn die Herren da droben von der Führung nicht bald Schluß machen mit dem ganzen Schlamassel, dann tue ich es für meine Person auf eigene Faust. Sechs Jahre bin ich nun Soldat und habe es dick bis zum Erbrechen. Sechs Jahre bin ich belogen und betrogen worden. Und dafür hat man sich in Dreck und Blut herumgewälzt. Schockschwerenot, ist das ein Hundeleben!"
In diesem Stil ging es noch eine ganze Weile weiter: Wer ist schuld an diesem Krieg? Welchen Sinn hat das alles? Was heißt kämpfen für eine gerechte Sache? Wer hat den Nutzen davon? Fragen über Fragen wurden aufgeworfen. Sein Kamerad nahm kein Blatt vor den Mund und redete sich richtig in Eifer. Josef hörte meistens schweigend zu. Es war nicht zum erstenmale, daß er eine solche Gesinnung in seiner Umgebung antraf. Solche und ähnliche Sprecher tauchten in der letzten Zeit überall auf. Er hörte sie im Unterstand, er hörte sie im Ruhequartier; er hatte sie neulich im Abteil der Eisenbahn gehört, als er in Urlaub fuhr. Nicht alle waren in gleicher Weise radikal und umstürzlerisch. Aber überall gärte und brodelte es wie in einem verhaltenen Vulkan. Es be-

schlich ihn das Gefühl, als stände man unmittelbar vor einem Erdbeben. Sein Kamerad nebenan meinte gerade: ,,Du bist noch jung. Du hast das Leben noch nicht richtig kennengelernt. Wenn du solange Soldat gewesen wärest wie ich, dächtest du genau so. Du kannst die ganze Westfront ablaufen, vom Hartmannsweiler Kopf bis Ypern, du wirst finden, daß bald die meisten mit mir einer Meinung sind."
,,Das stimmt nicht, Kamerad. Und selbst wenn es so wäre, ich bin vorläufig anderer Ansicht." Sein Kamerad schien von der Unterhaltung genug zu haben. Er klopfte sich am Stiefelabsatz die Pfeife aus und stopfte sich eine ansehnliche Ladung. Das Gespräch ging auf alltägliche Dinge über.
Die gepflogene Unterhaltung ging Josef noch lange nach. Eine verwirrende Fülle von Fragen stürmte auf ihn ein. Er fühlte, wie sie ihn vor schwere Entscheidungen stellten. Wie war das überhaupt mit dem Krieg? Mußte dieses entsetzliche Völkermorden mit all seinen grauenvollen Zerstörungen wirklich sein? Gab es denn tatsächlich kein anderes Mittel, die Streitigkeiten der Völker zu schlichten als den Krieg? Da stieß er auf eine sehr schwierige Frage, die zu lösen er sich im Augenblick außerstande sah. Und was sollte er halten von dem jetzigen Krieg? Handelte es sich dabei wirklich um nichts anderes als um einen groß angelegten Schwindel? Sein Kamerad war nicht der einzige, der so dachte. Gewiß, die schamlose Ausbeutung durch die Kriegsgewinnler, das schreiende Unrecht gegenüber dem einfachen Mann regte ihn genau so auf wie die anderen. Trotz alledem hatte er bislang immer noch die Überzeugung gehabt, sie kämpften für eine gerechte Sache. Wie sollte er diese Meinung gegenüber den Zweiflern rechtfertigen? Über die tieferen Gründe mußte er sich erst noch klar werden. Die Frage ließ sich ja auch nicht übers Knie brechen und bedurfte eines gründlichen Studiums.
Er schrieb an P. Spiritual, es stiegen ihm mancherlei Fragen über den Krieg auf. Es fehle ihm aber die Zeit, sie ganz auszudenken oder entsprechende Bücher zu lesen. So stellte er diese schwierigen, grundsätzlichen Fragen vorläufig zurück.
Und was die Meinungen über das Vaterland angingen, was sollte er dazu sagen? In einem Punkte mußte er innerlich dem Kameraden recht geben. Im heutigen öffentlichen Bewußtsein, zumal in den amtlichen Reden hieß Vaterland für gewöhnlich Monarchie. An das Volk und an die Heimat dachte man dabei weniger. War denn dieses ,,Vaterland", d. h. die heutige Staatsform mit dem Kaiser an der Spitze, wirklich solcher Blutopfer wert? Das schien ihm mehr als fraglich. In einem Brief

an seinen Freund Karl hatte er sich vor etlichen Tagen noch zu dieser Frage ausgesprochen. Er sei nicht ganz überzeugt, daß das heutige „Vaterland" ein derart ideales Gut sei. Vielleicht sei es doch so. Aber über die Gründe könne er sich nicht klar werden. Ganz anders lag für ihn der Fall, wenn man unter Vaterland zuerst das Volk und die Heimat und erst in zweiter Hinsicht die wandelbare Staatsform verstand. So oft hatte er es den Eltern vom Feld aus geschrieben, wie sehr wir Gott und unseren Soldaten dankbar sein müßten, daß sie die ostpreußische Heimat vor dem Russeneinfall und vor der Verwüstung des Krieges geschützt hatten. Ja, für Volk und Heimat konnte er sich unbedenklich mit seiner ganzen Person einsetzen. Die Frage, ob das bestehende staatspolitische System auch diese Opfer verdiene, ließ er offen. Zum mindesten bestanden für ihn ernste Zweifel.

Und schließlich das mannigfach besprochene Thema: Heldentod. Da fiel Josef ein Gruppenbrief eines älteren Mitsodalen ein, der ihm vor kurzem zugegangen war. Er zog ihn heraus und las: „Heldentod – Martyrertod." Nach einer Darstellung des Heldenmutes der urchristlichen Blutzeugen fuhr der Schreiber fort:

„. . . Auch unsere Soldaten an der Front sind solche Heroen . . . Auch sie kämpfen für ein hohes Gut, für eine heilige Sache: für Freiheit und Recht und das gemeinsame Vaterland. Welche Opfer müssen sie nicht bringen! Das Teuerste, was sie haben, die Angehörigen und die Heimat müssen sie verlassen. Welche Strapazen, Leiden und Qualen müssen sie ausstehen. . . Sie könnten ihr Leben wohl sicherstellen, wenn sie die nächste sich bietende Gelegenheit benützen wollten, um zum Feinde überzugehen . . . Da ist es die Treue, die Liebe zum Vaterland, die den guten Soldaten vor solch frevelhaftem Tun und Verrat zurückschrecken läßt . . ."

Unbefriedigt faltete Josef das Papier zusammen. In diesem feierlichen Ton wollte der Frontsoldat heute nicht angesprochen werden. Sonst würde er diese Worte ebensowenig ernst nehmen wie eine pathetische Kaisers-Geburtstag-Rede. Das klang jetzt im vierten Kriegsjahr wie künstliche Stimmungsmache und wirkte darum unecht. Nein, wer in der Zeit der Auflösung, der Verbitterung, der Mutlosigkeit und des Umsturzes dem einfachen Mann wieder einen festen Halt geben wollte, der mußte von ewigen Wahrheiten, vom Gottesglauben und von göttlicher Vorsehung ausgehen. Er durfte nicht einfach zurückgreifen auf die Reden der Friedenszeit. Sie mochten noch so wahr und gut gemeint sein, in der jetzigen Lage wurden sie einfach als Phrase empfunden.

In stiller und besinnlicher Einsamkeit formte sich Josef aus seinen innersten Überzeugungen einen klaren und festen Standpunkt. Die schwierigen Fragen über den Krieg und den Wert der heutigen Staatsform würde er sich für ein späteres Studium aufsparen. Die praktische Lösung aus den gegebenen Schwierigkeiten dachte er sich so: Über allem Weltgeschehen regiert ein gütiger und weiser Gott. Er hat in seinen unerforschlichen Ratschlüssen den Krieg zugelassen. Den kommenden Zusammenbruch muß man als schwere Prüfung Gottes auffassen; er weiß zu gegebener Zeit wieder alles zum Guten zu lenken. Durch die rechtmäßige Obrigkeit hat sein Wille ihm den Beruf des Soldaten und Vaterlandsverteidigers aufgetragen. Also muß er, weil sie zu Recht regiert, in diesem Berufe seine Pflicht tun.
Aus diesem Standpunkt zog er nun die notwendigen Folgerungen. Er würde in der Zukunft mutig weiterkämpfen. Nicht aus Freude am Krieg und am Blutvergießen, aber aus Gehorsam gegen die von Gott gesetzte Obrigkeit. So erfüllte er auch seinen Fahneneid. Er wollte sich auch nicht drücken: denn das widerspräche dem Geiste des im Glauben erfaßten Gehorsams. Daran mußte er festhalten, auch auf die Gefahr hin, daß er noch vor dem Kriegsende fallen sollte. Die Strapazen des Krieges würde er weiterhin schweigend ertragen. Sie blieben nach wie vor gemäß dem Willen der göttlichen Vorsehung eine wirksame Charakterschule im Streben nach Heiligkeit. Sehr streng nahm er sich vor, über die allgemeine Lage nicht zu räsonieren oder über den Kommiß zu schimpfen. Im Gegenteil, er mußte dafür Sorge tragen, daß auch unter den Kameraden sich eine religiöse Auffassung des Krieges breit mache. So konnte man am ehesten der allgemeinen Kriegsmüdigkeit und der umstürzlerischen Gesinnung entgegenarbeiten.
Mit diesen Auffassungen fühlte er wieder festen Boden unter den Füßen. Er blieb bei dem Wort, das er vor ein paar Tagen an seinen Freund Karl geschrieben hatte: „Gott hat den Krieg zugelassen und uns durch die rechtmäßige Obrigkeit in den Kampf gerufen . . . Wie Du, so mag auch ich mich nicht drücken, sondern will gerne kämpfen und Strapazen erdulden . . .“ Und P. Spiritual teilte er kurz und bündig das Ergebnis seiner Überlegungen mit in den einfachen Worten: „Es ist Gottes Wille, daß ich kämpfe, und das genügt.“ Zwei Monate später, als die Abwehrschlachten in vollem Gange waren, schrieb er unter dem 2. Oktober an die Eltern: „Wir halten die Stellung, mag der Tommy auch in Haufen kommen.“ Und an P. Spiritual konnte er am selben Tag berichten: „Mit dem Schimpfen über den Kommiß habe ich seit einiger Zeit ganz gebrochen. Im Gegenteil, wo ich nur kann, suche ich ihn in

ein gutes Licht zu stellen und gegen die Kriegsmüdigkeit anzukämpfen."

Mit den Problemen des Krieges und des drohenden Zusammenbruches war er fertig. Inmitten einer erschöpften und bereits geschlagenen Armee stand er als aufrechter Soldat und wider die Geister des Umsturzes als ungebrochener Charakter.

Indessen eilten Josefs Gedanken über die augenblicklichen Zeitereignisse bereits hinaus. Er sah vor sich die Kirche und ihre Sendung als Trägerin einer religiös-sittlichen Erneuerung. Er dachte an die große Idee einer Wiedergeburt von Volk und Vaterland aus dem Glauben und der Gnade. Sein Blick heftete sich an das kleine Heiligtum der Gottesmutter zu Schönstatt, die Heimat der Kongregation, zugleich das Symbol ihrer Ideale und Bestrebungen. Sie forderte den Heiligen im Werktag des alltäglichen Lebens. Dieses Ideal mußte jetzt erst recht unverrückbar vor seinem Auge stehen. In der geistlichen Tagesordnung wurde es angewandt auf den Werktag und fruchtbar gemacht für die Idee des „Gnadenkapitals". Das mußte so bleiben. Mit den Zielen der Kongregation hatte er sogar sein Lebensopfer verknüpft. Auch das blieb in Geltung. Gerade jetzt, wo ringsherum sich Verzagtheit und Mutlosigkeit breit machten, mußte die Kongregation mit ungeschwächtem Glauben und neuer Kraft zu Eroberungen ausziehen. Diese Parole faßte er zusammen in dem Kennwort: Apostolat. Es sollte ja zugleich das neue Arbeitsfeld der Gruppe sein. Zwei greifbare Aufgaben sah er zunächst vor sich. Die Mitglieder der Gruppe mußten mit frischem Mut sich auf allen erreichbaren Gebieten als Laienapostel betätigen. Ferner sollten brauchbare Kameraden für die Idee Schönstatts gewonnen und der Außenorganisation angeschlossen werden.

In diesem Sinn schrieb Josef zwei lange Gruppenbriefe. Im ersten befaßte er sich mit den Grundlagen des Apostolates, mit der Gesinnung des Laienapostels und mit der Heiligung des eigenen Lebens. Im zweiten ging er dann zu praktischen Vorschlägen über. Er stellte neue Arbeitsgebiete auf:

1. Das Apostolat des guten Beispiels.
2. Direkte Arbeit am Seelenheil anderer.
3. Kampf gegen die Unsittlichkeit.
4. Liebe zur heiligen Kirche.
5. Arbeit für religiöse Auffassung des Krieges.
6. Erziehung neuer Apostel.
7. Presseapostolat.
8. Heidenmission.
9. Soziale Bestrebungen.

Zu den einzelnen Arbeitsgebieten fügte er erläuternde Bemerkungen bei. So erklärte er das Apostolat des guten Beispiels mit den Stichworten: Leben aus dem Glauben, militärische Tüchtigkeit und Kameradschaft. Bei dem Kapitel: ,,Soziale Bestrebungen" ergänzte er: Pflege der Liebe zur Familie, Abwehr gegen Klassen- und Ständekampf, Unterstützung des Bildungsdranges einzelner Kameraden.
Das groß angelegte Arbeitsprogramm verriet überall die Kennzeichen seiner täglich erprobten Erfahrung. Es war eine knappe Zusammenfassung seiner eigenen apostolischen Tätigkeit.
Neue Mitglieder anzuwerben für die Sache Schönstatts lag ihm natürlich ebenso sehr am Herzen. Er selber hatte damit bereits seit Wochen einen mutigen Anfang gemacht. Zur Zeit führte er drei Kameraden ein in die Gedankenwelt der Kongregation. Sie sollten vorläufig in seiner Gruppe mitarbeiten. Mit einem stand er in schriftlicher Verbindung, zwei gehörten zu seiner Kompanie. Es waren Kunibert Riedinger und Paul Süchten, der Kompanieschneider.

So sah die Zeit des Zusammenbruchs ihn mit starkem Sendungsglauben und kühnem Eroberergeist vorwärtsschreiten in die Zukunft.

Zwischenfälle

Anfang September saß Josef eines Tages im Unterstand der I.B.O. Er hatte gerade einen Brief geschrieben und griff nun zu den Büchern, um zu studieren. Zuerst kamen die französischen Sprachstudien an die Reihe. Für den September hatte er sich vorgenommen, in jeder Woche aus den Langenscheidt'schen Unterrichtsbriefen zehn Seiten zu wiederholen und eine Lektion neu zu lernen. Er tat es meistens in der Zwischenzeit, wenn er vom Beobachtungsdienst abgelöst wurde. Mit Edmund Kampe konnte er innerlich noch immer nicht recht einig werden. Es wollte ihn der Eindruck nicht loslassen, als habe er zum stundenlangen Beobachten nicht die rechte Geduld. Die ihm zufallende Beobachtungszeit – so wollte es ihm scheinen – lud er auf die andern ab. Das war Josefs Wesen nun sehr zuwider und erregte seinen stillen Unmut. Bei einem anderen Kameraden hätte er nicht viel dabei gefunden; aber daß einer seiner Schönstätter Mitsodalen so handelte, wollte ihm doch sehr mißfallen. Gerade kam Edmund Kampe raschen Schrittes in den Unterstand. Josef hatte sich in sein Studium so vertieft, daß er ihn kaum hörte. Da schreckte ihn sein Anruf plötzlich auf. Er sollte

auf Beobachtung gehen und den dortigen Posten ablösen. Da entfuhr Josef das Wort: „O, du könntest dich auch einmal ans Scherenfernrohr setzen, statt den ganzen Tag auf der Falle zu liegen.“ Er sprach es ohne eigentliche Erregung; aber man hörte den Unterton eines leichten Unwillens heraus. Die Kameraden ringsum sahen belustigt auf. Daß der neugebackene Unteroffizier mit dem schmalen Knabengesicht so väterlich abgekanzelt wurde, kam ihnen sehr spassig vor. Am liebsten hätten sie vor heimlichen Behagen über das ganze Gesicht gegrinst. Der Unteroffizier, der sich im Besitze seiner Tressen wußte, fühlte sich in aller Öffentlichkeit geschulmeistert wie ein kleiner Junge. Da wurde ja seine ganze Autorität aufs Spiel gesetzt. Eine jähe Röte des Zornes schoß ihm ins Gesicht. „Das kann ich machen, wie ich will“, gab er gereizt zurück. Und um die bedrohte Autorität zu retten, ließ er Josef stramm stehen. „Reißen Sie die Hacken zusammen – Hände an die Hosennaht!“ Dann erteilte er ihm mit militärischem Schneid eine amtliche Rüge wegen Verletzung der Disziplin.
Bei den Umstehenden schlug der Vorfall ein wie eine Bombe. Der Kampe und der Engling, die zwei Schönstätter, na, so etwas! Der Unteroffizier brauste davon und Josef bezog schweigend den Posten am Scherenfernrohr. Allen beiden aber saß im Herzen ein äußerst ungemütliches Gefühl. Ein paarmal schon war Edmund Kampe in den folgenden Stunden um Josef herumgegangen und hatte ihn jedesmal mit einem scheuen Seitenblick gestreift. Jetzt trafen sie sich im Unterstand allein. Ein gespanntes Verhältnis, nein, das hielten sie beide nicht aus. Sie setzten sich zusammen und besprachen in aller Ruhe den Zwischenfall. „Siehst du Josef“, sagte Edmund, „ich muß manche Gänge zum Regimentsstab machen. Da kann ich nicht immer bei der Beobachtung sein. Und dann durftest du das auch nicht in Gegenwart der Kameraden sagen.“ Josef bat wegen seiner Unüberlegtheit schlicht und treuherzig um Entschuldigung. Aber auch Edmund sah ein, daß er viel zu heftig gewesen war. Er hatte darum nicht weniger das Gefühl, etwas wiedergutmachen zu müssen. Sie einigten sich bald in einer herzlichen Versöhnung. So echt war der Friedensschluß, daß der Zwischenfall auch nicht einen Schatten auf ihr gegenseitiges Verhältnis warf.
Mit der Verlegung auf einen ruhigeren Frontabschnitt mußte das Regiment auch manche Nachteile in Kauf nehmen. Vor allem verschlechterte sich ganz erheblich die Verpflegung. Die kämpfende Truppe hatte es darin im allgemeinen etwas besser. Beim Essenempfang wurden zudem die ausgefallenen Toten und Verwundeten meist noch einige Tage mitgezählt. In der Stellung vor der Vimy-Höhe bekamen sie es nun

wieder ganz empfindlich mit der Hungerplage zu tun. Sie merkten es bald am Koppel und mußten bereits einigemale die Schnalle um ein Loch zurückschieben. Am schlimmsten stand es mit der Brotversorgung. Nicht ganz ein Kommißbrot für drei Tage will bei magerer Kost wenig bedeuten. Vorsorglich teilten sie sich auf der I.B.O. jedesmal das neu empfangene Brot in drei gleich große Teile, indem sie sich in die Brotrinde entsprechende Kerben einschnitten. Einen hatten sie dabei, der machte zwar auch wie andere brav seine Einschnitte. Es gelang ihm aber nie, sich an die selbst gewählte Ordnung zu halten. Seine Augen musterten gleich am ersten Tag mehr als einmal begehrlich den dikken Brotlaib. Und die Nase sog behaglich den würzigen Duft des frisch gebackenen Brotes ein. Dabei verdarb ihm der knurrende Magen jedes Augenmaß. Er schnitt etwas über die Kerbe hinaus, dann noch etwas und schließlich wieder etwas. Am Abend des ersten Tages war das ganze Brot weg. So ging es ihm jedesmal. Ein Laib Brot galt für ihn einfach als eine unbezwingbare Versuchung. Die Kameraden schimpften ihn wohl zuweilen aus, daß er so unbeherrscht sei und gar nicht haushalten könne. Kamen nun die Kaffeeholer in den Unterstand hereingeklappert, saß er immer traurig in einer Ecke. Er sah von ferne zu, wie die andern ihr ziemlich genau vorgezeichnetes Stück herunterschnitten. Es mußten wohl recht hungrige Blicke gewesen sein, die er ihnen zuwarf; denn sein Kamerad Engling konnte das nicht mehr mit ansehen. Rasch schnitt er von seinem Kommißbrot ein zweites Stück ab und steckte es stillschweigend dem Hungernden zu. Am dritten Tag hungerten sie dann beide.
In der letzten Zeit hatte Josef viel Gruppenpost zu bewältigen. Die einzelnen Mitglieder mußten ja für den Gedanken des Apostolates gewonnen werden. Mit Paul Reinhold konnte er sich in der Woche mehrmals treffen zu mündlicher Aussprache. Freilich mußte er zuvor weit herumlaufen, bis er ihn endlich fand. Die andern machten ihm inzwischen mancherlei Sorgen. Drei lagen im Lazarett, zwei davon in Berlin. Hier lernten sie so recht die Gefahren der Großstadt kennen und die sittliche Haltlosigkeit der breiten Masse. Das wirkte auf sie wie eine lähmende Enttäuschung. Wenn sie auch selber standhaft blieben, so drohten die neuen Erlebnisse sie dennoch ganz mutlos zu machen. Den übrigen Gruppenmitgliedern ging es nicht besser. Sie litten sehr unter der allgemeinen Zeitlage und fühlten sich durch die herrschende Mutlosigkeit ganz niedergeschlagen. Alle bekamen es mit Zweifeln an den bisherigen Idealen zu tun und wollten sogar an den Menschen überhaupt irre werden. In ihrer Umgebung trafen sie fast keinen Ge-

sinnungsgenossen, mit dem sie sich einig wußten. Deshalb überkam sie ein unsagbares Gefühl der Vereinsamung inmitten einer andersdenkenden Welt. Es schien ihnen so, als ständen sie ganz allein in einem reißenden Strom, der alles um sie herum widerstandslos mit sich fortspült. Und nun schrieb ihr guter Gruppenführer lange Briefe vom Apostolat, von religiös-sittlicher Erneuerung, vom Wirken in der Umwelt. Daß dessen Idealismus noch immer nicht bankrott gemacht hatte! Ach, das war doch alles zwecklos. Die Dinge muß man einfach treiben lassen bis zum Untergang. Josef fühlte bald die seelische Not seiner Gruppenmitglieder und nahm sich ihrer teilnehmend an. Das Gruppenziel ließ er aber nicht einen Augenblick aus dem Auge. Er hätte den andern gerne seinen eigenen ungebrochenen Glauben mitgeteilt. Er schrieb Briefe auf Briefe. Nicht alle wurden beantwortet. Aber er ließ nicht locker. Er richtete auf und feuerte an. Gerade in dieser Zeit nahm sein Briefverkehr einen beträchtlichen Umfang an. Doch sollte auch sein eigener apostolischer Eifer und sein Glaube an die Menschen noch auf eine harte Probe gestellt werden.
Seit etwa vierzehn Tagen weilte sein Freund Riedinger in Urlaub. Er hatte sich schon seit längerer Zeit Josefs Gruppe angeschlossen und arbeitete zu dessen Freude lebendig mit. Josef setzte darum große Hoffnungen auf ihn. In diesen Tagen mußte er wieder zur Truppe zurückkehren und sich auf der I.B.O. einfinden. Die fällige Frist verstrich, ohne daß man etwas von ihm hörte. „Merkwürdig“, sagte Edmund Kampe, „da muß ich mich doch mal beim Kompanieschreiber erkundigen, was da los ist.“ Auch Josef war an dieser Nachfrage sehr interessiert.
Da kam eines Tages Edmund Kampe von der Schreibstube zurück und brachte eine unerwartete Nachricht mit. Er empfand, daß er mit seiner Mitteilung Josef eine schmerzliche Enttäuschung zu bereiten habe; denn er wußte, wie er mit Riedinger stand. Der war inzwischen im Urlaub wieder schwach geworden und in seine früheren Verfehlungen zurückgefallen. Nicht nur das. Er mußte Josef berichten, daß Riedinger von einer Seuche angesteckt sei, die durch sittliche Verfehlungen übertragen wird. Die Schreibstube habe ihn darum dem Lazarett überweisen müssen. Josef war wie erstarrt. Um seine Mundwinkel zuckte ein Zug von Schmerz und Trauer. Auch eine Karte Riedingers habe er ihm von der Schreibstube mitgebracht, sagte Edmund. Unterdessen untersuchte er alle Taschen. „Ich habe sie verloren“, gestand er ein wenig verlegen, „aber ich weiß so ungefähr, was drauf steht. Er gesteht dir reumütig alles ein und unterschreibt: Dein unglücklicher Freund.“

Der Fall ging Josef tief zu Herzen. Kein Wort der Verachtung oder der Entrüstung kam über seine Lippen. Das einzige Gefühl, das ihn bewegte, war Trauer und Mitleid. Ja, er wollte nicht den Stab brechen über den gestrauchelten Kameraden. Er wollte nicht einmal von ihm abrücken. Er mußte ihn wieder aufrichten von seinem Fehltritt und ihm zu einem anständigen Leben verhelfen. „Edmund, sieh doch einmal nach der Karte, ich brauche die Adresse von Riedinger", bat er. Edmund krempelte alle Taschen um; sie war nicht mehr da. Josef sann traurig nach. Wie sollte er nur seinem bedauernswerten Kameraden zu Hilfe kommen? „Du, Edmund", bat er herzlich zum drittenmal, „schau doch noch mal ganz gründlich. Vielleicht findest du sie doch noch." Die Karte blieb jedoch verschollen, sein gestrauchelter Freund und Mitarbeiter auch.
Von seinen üblichen Gängen brachte eines Tages Edmund Kampe eine überraschende Botschaft mit. Er sei zum Offizierskurs abkommandiert nach Deutschland. Auf Weisung vom Bataillon übernähme Engling von jetzt ab die Leitung der I.B.O. Daß Edmund Offizier werden sollte, erfüllte Josef mit ehrlicher Freude. Er gönnte es ihm von ganzem Herzen, auch wenn er selber, sein Mitschüler, der zufällig nicht das Einjährigen-Examen gemacht hatte, einfacher „Muskot" bleiben mußte. Und dann war Edmund, sein Vorgesetzter, immer ein guter Kamerad gewesen. Manche schwere Stunde hatten sie auf dem Schlachtfeld miteinander verlebt und immer treu zusammengehalten. Auch Edmund tat es leid. daß er von Josef Abschied nehmen mußte. Einen solchen Kameraden und Untergebenen würde er wohl nie mehr wiederfinden.
Die I.B.O. wurde in diesen Tagen an eine andere Stelle verlegt. Dort mußten Josef und seine Leute den Unterstand teilen mit den Ordonnanzen des Bataillons. Da gerieten sie aber in eine üble Gesellschaft. Josef witterte bald, daß er es mit sittlich Haltlosen zu tun habe. Wenn die Kerle noch ihren armseligen Zustand eingesehen und bedauert hätten. Sie schienen sich jedoch in ihrem Lasterleben geradezu wohl zu fühlen. Dieser Spott und diese Prahlerei mit der eigenen Gemeinheit, das war nicht mehr zum Anhören. Religion galt ihnen natürlich auch nichts. Die Pfaffen und ihr fades Salbadern hätten sie schon lange dick. Die glaubten ja selber nicht, was sie lehrten.
Josef nahm sich gleich vor, auch diesen Kameraden als Apostel zu begegnen. An keinem wollte er verzweifeln. Auch in ihnen war gewiß noch ein besserer Mensch zu wecken. Er tat zunächst nichts anderes als die einfache Pflicht der Kameradschaft. Seine besondere Sorge galt dem

Unterstand. Er sollte immer wohnlich und sauber bleiben. Als eines Tages ein klarer, schöner Sonntag über der Stellung aufging, unterzog er ihn einer gründlichen Säuberung und hängte ansprechende Bilder hinein. Auch am Unterstand sollte man den Sonntag erkennen; denn am Tag des Herrn müsse man Gott auch äußerlich ehren. Man empfände das Kriegsleben nicht halb so schwer, wenn der Unterstand wie ein wohnliches Heim aussehe, schrieb er in sein Tagebuch. Den übrigen Kameraden gefiel es sehr, daß Josef sich so eifrig um die Bude bemühte. Nur die Ordonnanzen glaubten um so nachlässiger sein zu dürfen. Sie warfen nun erst recht alle Abfälle auf den Boden und benahmen sich wie richtige Schmierfinke. Warum sollte man auch anders sein? Es war ja ein Dummer da, der griff am Tage mehrmals zum Besen und brachte alles wieder in Ordnung. Josef fühlte, wie er von ihnen mißbraucht und dazu noch geringschätzig abgetan wurde. Im Innern regte sich ein heftiges Widerstreben. Da sollte er noch an den Diensten der Kameradschaft festhalten? Erst nutzten einen diese Rohlinge aus und dann verlachten sie einen als dummen Trottel. In einer gelinden Erregung schrieb er ins Tagebuch:

„Der Aufenthaltsraum könnte im Dreck verkommen, ehe daß eine Ordonnanz einen Besen zur Hand nähme. Und diese äußere Unreinlichkeit ist der inneren Unterpfand. Das Wort Schweine ist noch zu gut für sie. Heute reinigte ich zum ersten Male nicht die Bude und war auch sonst nicht ganz so freundlich gegen sie. Man kann tatsächlich manchmal an seinem Idealismus verzweifeln und ihn an den Nagel hängen. Doch es handelt sich um unsterbliche Seelen, da darf einem nichts zu viel sein."

Mit dem letzten Satz fand er wieder zu sich selber zurück. Er tat es ja nicht um einer Gegenleistung willen. Weder die Anerkennung noch die Dankbarkeit noch irgendeinen anderen Vorteil verlangte er dafür. Er tat es, um seinem Ideal treu zu bleiben. Und darin stand der Dienst an den unsterblichen Menschenseelen geschrieben. Wenn ihm sein Tun nun gar mit Undank und Verachtung vergolten wurde, dann diente er Gott mit um so reinerer Gesinnung.

Beim Essenempfang gab es eines Tages auch die üblichen Rationen an Rauchmaterial. „Der Engling raucht nicht", sagten die Ordonnanzen zueinander. In dieser Tatsache sahen sie eine stillschweigende Aufforderung, wie lästige Bettler über ihn herzufallen. „Langsam, langsam", wehrte Josef, „ein paar von den Zigarrren will ich behalten für meinen Vater." Alles andere wanderte in ihre Hände. So ging es jedesmal. Gerade die unverschämten Ordonnanzen gebärdeten sich am aufdringlichsten. Trotzdem sammelte sich in Josefs Besitz ein kleiner Vorrat von Zigarren; bald würden es so viele sein, daß er dem Vater ein gefülltes Paketchen schicken könnte. Wie würde der sich freuen! Daheim war es ja mit den Rauchwaren schlecht bestellt. ,,Feld, Wald und Heide" nannte man das Kraut, das es da noch zu rauchen gab. Und der Vater hing so sehr an dem kleinen Genuß einer annehmbaren Zigarre. Die bescheidene Freude hatte er gewiß verdient, der gute Vater. Die angesammelten Zigarren würde er ganz sicher am Sonntag rauchen, wo es doch noch ganz gute Ware ist und zudem ein Geschenk seines Jungen.

Josef ging an seinen Tornister, um die Zigarren versandfertig zu machen. Als er aber die Schachtel mit dem angesammelten Vorrat öffnete, gähnte ihn eine große Leere an. Nur ein schäbiger Rest lag noch darin. Er erriet gleich, was geschehen war. Die Ordonnanzen hatten ihn bestohlen. In seinem Innern flammte eine heftige Empörung auf: ,,Jetzt ist aber Schluß! Diese gemeine Bande! Denen werde ich es heimzahlen. Zuerst sollen sie sehen, daß ich sie als Diebe erkannt habe." Erregt eilte er in den Aufenthaltsraum und legte die restlichen Zigarren vor sie hin. Die könnten sie jetzt auch noch nehmen, sagte er. Dann zog er auf Posten. In seiner Seele tobte ein mächtiger Kampf. Konnte man denn hier wirklich noch seine Ideale hochhalten? Allen alles werden, wenn man dabei so niederträchtig behandelt wurde? Apostel sein, wenn man nichts erntete als Undank und Verachtung? Um die Seele derer ringen, die sich wie rücksichtslose Rohlinge gebärdeten? Sein Blick richtete sich auf die Gottesmutter. Ihre Fürbitte kann in den Seelen Wunder wirken. Sie fordert aber von uns das Opfer, das stellvertretende Sühneopfer; denn so hat es ihr Sohn gelehrt und gelebt. Da neigte sich der Sieg auf die Seite seines Lebensideales. Er zog sein Tagebuch heraus und begann zu schreiben.

,,Auf Posten. Wollte mir gleich zu Anfang meiner drei Stunden die Wut von der Leber schreiben, unterließ es aber, bis ich ganz ruhig geworden war. Man hatte mir wieder Zigarren geklaut, die ich meinem Vater schicken wollte, und ein Hindenburglicht. Im ersten Augenblick ging's mir auf und nieder: Jetzt wird den Ordonnanzen alles geklaut, was mir nur unter die Finger kommt; kein Gefallen wird ihnen mehr erwiesen. Ich ging hinauf in den Aufenthaltsraum und legte die noch übrig gebliebenen Zigarren hin mit den Worten: Hier nehmt auch die noch! – Doch ich will ihnen weiter Gutes tun. Vielleicht nimmt die himmlische Mutter das Opfer für sie an." – Das war ein hart erkämpfter, aber schöner Sieg.

Das Leben in der Gruppe machte Josef in der letzten Zeit wachsende Sorgen. Seine zahlreichen Anregungen zum Thema: Apostolat, weckten überhaupt kein Echo. Kein einziger schien sich an den vorgetragenen Gedanken entzündet zu haben. Die allgemeine Zeitlage und die bitteren Erfahrungen an der Umwelt lähmten die Gemüter. Sie lasen ganz gerne, was ihnen der Gruppenführer schrieb. Zu der gleichen aktiven Arbeit konnten sie sich aber nicht aufschwingen. Darum wußten sie auch auf seine Briefe meist nur sehr spärliche oder belanglose Antworten zu schreiben. Der neue Gruppenvertreter in Schönstatt war zu jung und unreif, um der Gruppe eine Stütze sein zu können. Er ließ Josefs Briefe ebenso oft unbeantwortet wie die andern Gruppenmitglieder. Dieser betrübliche Zustand der Gruppe dauerte bis zu Josefs Tode. Es gelang ihm nicht mehr, die Mitarbeiter für das neue Ziel zu gewinnen und einzusetzen. Soviel erreichte er allerdings doch, daß sie in einer schweren Zeit nicht gänzlich den Glauben an ihre Ideale und an die Menschen verloren. Schon daß einer unter ihnen lebte, der diese Ideale hochhielt, gab ihnen einen starken Halt. Das hat einer aus der Gruppe noch nach Jahren anerkannt mit den Worten: „In einer Zeit, da ich selbst schwer litt unter den mir durchaus nicht zusagenden militärischen Verhältnissen, war Josef fast das einzige greifbare Licht in düsteren Stunden.“
So wurde Josef also wieder einmal geschlagen mit Prüfungen und Mißerfolgen. Er stand ganz allein. Keiner seiner Schönstätter Kameraden befand sich in seiner unmittelbaren Nähe. Die Gruppe ließ ihn im Stich. Der Schönstätter Gruppenvertreter zeigte sich ob seiner Jugend der Aufgabe nicht gewachsen. Die Versuche, neue Gesinnungsgenossen zu werben für die Sache Schönstatts, waren im Falle Riedinger völlig fehlgeschlagen. Das Apostolat an der Umgebung vollzog sich auf steinigem Boden. Es trug ihm nichts als Ärger und Mißerfolg ein. Ringsherum machte sich eine gärende und kriegsmüde Stimmung breit. Und doch blieb Josef frei von Bitternis gegenüber seiner Umwelt, von Verzagtheit gegenüber den Zeitereignissen, von Verwirrung über erlittenes Unrecht. Er stand aufrecht im ungebeugten Glauben an die alten Ideale seiner Jugend.
Dieser Starkmut hat sein Geheimnis. In den Prüfungen und in der Einsamkeit erlebte Josef die schönste Gottesbegegnung seines Lebens.

Die beiden Monate August und September, die letzten seines Lebens, sollten Josefs Seelengeschichte auf ihren Höhepunkt führen. Sie standen im Zeichen einer gnadenvollen Gottesbegegnung. Die Tage der Einkehr in Schönstatt anläßlich seines Urlaubs erwiesen sich als außerordentlich fruchtbar. Er kehrte Anfang August zwar wieder in dieselben äußeren Lebensverhältnisse zurück, aber er war nicht mehr der völlig gleiche Mensch. Etwas ganz Neues hatte sich in seiner Seele begeben, für das er anfänglich keinen rechten Namen wußte. Erst die Lebensbeschreibung des heiligen Gabriel Possenti half ihm, das Neue recht zu deuten. Seitdem sprach er vom Wandel in der Gegenwart Gottes.

Gleich am ersten Tage seines Urlaubs in Schönstatt bildete er sich ein neues Partikularexamen. Es hieß: „Ich will täglich sechsmal daran denken, daß Gott bei mir ist und mich sieht." Es sollte freilich keine bloße Gedankenübung, sondern eine Gebetsübung sein. Im Grund genommen war es keine andere als jene, die er Wochen und Monate vorher in Verbindung mit der Gottesmutter gepflegt hatte. Nur daß diesmal an ihrer Stelle der allgegenwärtige Gott im Mittelpunkt seines Denkens stand. Er ging darum bei dem neuen Partikularexamen in derselben Weise vor wie damals. Zuerst sammelte er sich, um des in der Seele einwohnenden Gottes innezuwerden. Zu ihm erhob er sein Herz in mannigfachen Anmutungen und opferte ihm die gerade vorliegende Tageshandlung auf. Ein geheimnisvoller Drang im Innern gab ihm diese Gebetsübung ein. Als er die Lebensbeschreibung des hl. Gabriel Possenti las, verspürte er in dessen Seelengeschichte denselben Vorgang. Sie regte ihn darum ungemein an und wurde ihm zum Wegweiser. Mit diesem Partikularexamen zog er Ende Juli zurück an die Front. In den alten und gewohnten Lebensverhältnissen merkte er so recht, daß in ihm etwas anders geworden war. Am leichtesten wurde er über sich selber klar, wenn er alles P. Spiritual erzählen konnte. So sammelte er sich und schrieb:

„Bin gestern glücklich bei der Kompanie angelangt. Fühle mich jetzt nach dem Urlaub als ein ganz anderer Mensch. Der Abschied von zu Hause fiel mir schwerer als der von Schönstatt. Aber die Trennung von letzterem empfinde ich schmerzlicher als die von Eltern und Geschwistern. Wollte Hochwürden noch bitten, strenger mit mir zu verfahren, doch ganz wie es Hochwürden für das Beste halten. Noch eine Frucht des Wandels in Gottes Gegenwart will ich Ihnen mitteilen. Öfter,

wenn ich beim Gebet zerstreut war, kam mir jetzt der Gedanke: ‚Gott ist bei dir', und das Gebet wurde andächtiger."
Josef konnte sich eingentlich sagen, daß seine neue Gebetsübung, der Wandel mit Gott, doch nicht so urplötzlich über ihn gekommen war. Die Uranfänge gingen bereits zurück bis in die Jahre von Schönstatt. Damals spürte er in seinem erwachenden Persönlichen Ideal und in den Zielen der Kongregation einen Anruf Gottes. In seinem bisherigen Leben hatte er ja deswegen so unentwegt um diese Ideale gerungen, weil er sich einem Auftrag Gottes getreu und gehorsam wußte. Keine besondere übernatürliche Offenbarung tat ihm das kund, sondern der schlichte, einfältige Vorsehungsglaube. Die Beiträge zum „Gnadenkapital" lehrten ihn, im alltäglichen Leben mit der Hingabe an den erkannten Ruf Gottes auch um den Preis schwerster Opfer Ernst zu machen. Die geistliche Tagesordnung zog ihn in die Einsamkeit des Gebetes. Die wirkliche oder geistige Anteilnahme am eucharistischen Opfer, dem Mittelpunkt seines Tagewerkes, wies ihn hin auf die gnadenhafte Einwohnung Christi in der Seele. Im Wandel mit der Gottesmutter erlebte er die kindhafte Geborgenheit in dieser übernatürlichen Welt. Alle diese vorausgegangenen Teilerlebnisse klangen nun in einem einzigen zusammen: im Erlebnis der Gotteskindschaft. Es besagt einsames Geborgensein in der Nähe Gottes, willige und opferbereite Hingabe an den in der Seele gegenwärtigen dreifaltigen Gott. Um dieses Geheimnisses der Gotteskindschaft in seiner Tiefe und Fülle innezuwerden, hätte ihm keines der vorausgehenden Teilerlebnisse fehlen dürfen.
Wie wunderbar zeigte sich überhaupt der vorsehende Gott, seine Belehrung und seine Fügung, im vergangenen Leben! Früher, so schien es Josef, hatte er diese Dinge gar nicht so deutlich wahrgenommen. In den letzten Wochen wurde sein Auge für das Walten Gottes erst so recht sehend. Stand er einsam auf Posten am Scherenfernrohr der I.B.O., dann fand er oft Zeit zum Nachdenken. Einmal, am 1. 9., schrieb er das Ergebnis einer solchen Betrachtung an P. Spiritual.
„Vor einigen Tagen kam mir in den Sinn, wie schön mein Mütterlein die Tugendbeispiele ihrer drei Diener Barbaric, Coassini und Gabriel von der schmerzhaften Mutter benutzt hat, um mich zur Vollkommenheit zu führen. Ich erinnere mich noch ganz gut, wie das Leben des Peter Barbaric mich anregte zur Treue im Kleinen und fleißigem Studium und aneiferte, ein ganzer Sodale zu werden. Vom Germaniker Coassini lernte ich die Willensstärke, das tatkräftige ‚Volo!' ich will, die religiösen Übungen und das Streben nach allseitiger Vollkommen-

heit. Das Leben des seligen Gabriel zeigt mir auch das innere Leben, den Wandel in Gottes Gegenwart. Ich lese es zum zweitenmal. Täglich ein Kapitel, manchmal auch nur die Hälfte, aber stets betrachtend. In seinem Tugendspiegel finde ich noch so viele Fehler an mir. Ich glaubte schon, weit vorangekommen zu sein, und nun finde ich nichts als Fehler. Und wenn ich sein Handeln in seiner ganzen Tragweite erst auf mich anwenden wollte, Hochwürden, ich müßte den Mut verlieren. Zu jeder Tugend, die er übte, finde ich die entgegengesetzten Fehler an mir. Doch meine Mutter wird und muß mir helfen. Ein Heiliger muß ich werden, noch ein größerer als der selige Gabriel. Seliger Gabriel, erflehe Du mir nur eine große, ja riesengroße Liebe zu meinem Mütterlein, und ich werde vollkommen wie Du!"

Und wie gütig hatte sich erst Gottes Vorsehung erwiesen, daß sie ihn so früh in die Schule der Gottesmutter schickte! Die Liebe zu ihr weckte in seinem Innern die Triebkräfte zum Guten und betaute sie mit dem Segen des Himmels. Alles, was ihm jetzt wie ein Reichtum dünkte in seiner Seele, das verdankte er ihr. Darum brannte jetzt noch mehr der Wunsch in seiner Seele, daß die Marienliebe wachse zu innerer Glut. Er erweiterte deshalb auch bald sein Partikularexamen mit einem Zusatz. Jedesmal wollte er Gott um die Gnade einer innigen Marienliebe bitten, wenn er ihm begegnete in der Gebetsübung des Partikularexamens. Und wie wenn die Gottesmutter ihn darob gesegnet habe, wuchs andererseits in ihm auch wieder die Gnade der Gotteskindschaft. Nicht bloß sechsmal am Tage hielt er fortan seine Gebetsübung, sondern jede Stunde. Auch als er Mitte August demselben Partikularexamen eine neue Fassung gab, blieb der Gedanke an die Gottesmutter erhalten. Er schwang in allen seinen Gebeten unbewußt mit. Der neue Vorsatz lautet darum: „Ich will stündlich daran denken, daß Gott Vater, Schöpfer meiner Mutter, mein und der mich umgebenden Welt Schöpfer, mit Recht voll Interesse auf mich schaut. Und ich will mich mit ihm unterhalten."

In jenen Wochen zog es ihn immer mehr in die Einsamkeit des Gebetes. Wohl nie in seinem Leben wurde seine geistliche Tagesordnung mit solcher Treue durchgeführt wie in den beiden letzten Monaten seines Lebens. Es kam fast nie vor, daß eine der vorgenommenen Übungen schuldhafterweise ausfiel. Dabei vergrößerte sie sich in jener Zeit um etliche Zusätze. Des Morgens erneuerte er jedesmal sein Persönliches Ideal: Allen alles werden, Maria ganz zu eigen sein. In diesem Gedanken stand sein ganzes Leben. In ihm sollte auch der ganze Tageslauf stehen. Es war eigentlich eine ganz persönlich gefärbte Gute Meinung,

die er da aussprach. Sie sollte dem ganzen Tag eine höhere Weihe geben. Ferner nahm er noch ein Gebet für den Bonifatiusverein in die Tagesordnung auf. Die Anliegen der Kirche Gottes waren ihm ja in den letzten Jahren sichtlich mehr eine persönliche Herzenssache geworden. Das galt natürlich in ganz besonderer Weise von der Kirche im eigenen Vaterland. Die Sorge um ihre Lage und Aufgabe sollte in seinen apostolischen Bemühungen eine besondere Rolle spielen. Dazu mußte das tägliche Gebet für den Bonifatiusverein eine Mahnung sein. In gleicher Weise reihte er das Bruderschaftsgebet vom Skapulier in die Tagesordnung ein. Beide Gebete verrichtete er mehr oder weniger regelmäßig bereits seit Jahren. Von jetzt ab sollten sie aber zu seinem Tagesprogramm gehören. Schließlich erhöhte er das Rosenkranzgebet von einem Gesätzchen auf fünf. So umfaßte nun seine Tagesordnung außer dem Partikularexamen im ganzen siebzehn einzelne Übungen.
Mit ihrer Erweiterung wuchs gleichzeitig auch die Genauigkeit der schriftlichen Rechenschaft. Er erforschte sich fortan zweimal am Tage. Dabei gab er jedesmal die Stunde an, in der er die Erforschung vorgenommen hatte. Das unruhige Leben der Front wechselte ja häufig Tag und Nacht sozusagen gegeneinander aus. Wie manchesmal galt die Nacht als Zeit der Arbeit und der Tag als Zeit der Ruhe. Die abendliche Einkehr und Gewissenserforschung fiel meistens in die Zeit von 10 bis 1 Uhr nachts; die andere hielt er um die Mittagszeit von 11 bis 2 Uhr. Alles in allem umschloß seine geistliche Tagesordnung für die ungewöhnlichen Verhältnisse des Frontlebens eine ansehnliche Tagesleistung.
Und doch konnte Josef nicht sagen, daß sie ihn eine größere Anspannung des Willens gekostet hätte. Weder die siebzehn Gebetsübungen des Tages noch das stündlich geübte Partikularexamen, noch die zweimalige schriftliche Rechenschaft am Tage, noch die sonntägliche Geisteserneuerung bereiteten ihm heute eine nennenswerte Schwierigkeit. Auf keinen Fall zwangen sie ihn zu einer krampfhaften Anstrengung des Willens. Bald wollte es ihm dünken, als gelänge ihm jetzt alles mit einer gewissen Leichtigkeit. Je tiefer die innere Sammlung des Herzens wurde, desto vielgestaltiger konnte sein Tagewerk werden. Er erfuhr, wie sich überhaupt ein großer Umschwung vollzog in seinem Seelenleben. Früher mußte er das Ringen um sein Ideal führen unter mühsamer Anstrengung seines Willens, unter dem Aufgebot eigener Tätigkeit. Jetzt übernahm Gottes unsichtbare Hand die Führung seiner Seele. Er selber tat zwar noch mehr als früher. Aber das eigene Tun erschien so geringfügig. Die Seele fühlte sich ganz erfüllt vom Wirken

Gottes. Darum ging heute auch alles viel leichter und behender. Schaute er rückwärts auf die Vergangenheit, dann mußte er sich vorkommen wie ein Schiffer, der mühsam zu rudern gezwungen ist. Jetzt dagegen schien ein kräftiger Wind die Segel zu schwellen und sein Schifflein spielend vorwärtszutragen. Zwar ruderte er noch tapfer weiter, noch eifriger sogar als früher. Aber wie unbedeutend war doch der kleine Beitrag zu der fliegenden Fahrt mit der Kraft des Windes!
Eigentlich hatte er sich gegenwärtig nur noch auf eine einzige Anstrengung zu besinnen: Auf Gottes Stimme zu lauschen und den Einsprechungen seiner Gnade willigen Gehorsam zu leisten. Unter dem Einfluß solcher Erfahrungen formte sich bald ein neues Partikularexamen. Es hieß: „Der Heilige Geist mit seinen Gaben ist bei mir, in meiner Nähe. Wie muß ich mich da anstrengen, seiner Gnade zu entsprechen, wie es Du, lieb Mütterlein, tatest. Stündlich daran denken!" Ja, so war es, der Heilige Geist selber, der große, göttliche Lehrmeister, regierte in fühlbarer Weise sein Seelenleben. Seinen Eingebungen ganz folgsam zu sein, das mußte jetzt seine ernsteste Sorge werden. Dort, wo der Wille Gottes klar erkannt wurde, mußte er an sich die Forderung unbedingten Gehorsams stellen. Freilich wird die vom Glauben erleuchtete Vernunft vorher immer zu prüfen haben, ob man eine besondere Anregung der Gnade annehmen dürfe. Im Leben des heiligen Gabriel las er manchmal von harten und ungewöhnlichen Abtötungen. Sollte auch er etwas Ähnliches tun? Vorläufig schien es ihm nicht ratsam, den gleichen Weg zu gehen. Darum schrieb er an P. Spiritual:
„Das Leben des seligen Gabriel gab mir viel zu denken. Seine vollständige Losschälung von der Welt, sein Bußeifer, sein Gehorsam, wie er das alles übte, Hochwürden, das war wirklich heilig. Manchmal allerdings schien es mir, als sei er auch zu weit gegangen. Bis jetzt habe ich nur den Entschluß gefaßt, mit aller Kraft nach Heiligkeit zu streben. Ein ‚Ja' auf die Frage: Ist es der Wille Gottes? auch bei den geringsten Sachen ist ausschlaggebend. Lange habe ich mich gefragt, ob man den vollkommenen Gehorsam, Demut, Liebe zur Armut auch in der Welt üben kann, so vollkommen wie Gabriel; habe aber noch keine entscheidende Antwort geben können. Bedeutend vollkommener wie bisher kann ich mich beim Kommiß aber üben. Meine Liebe zum lieben Mütterlein muß zum mindesten so groß werden wie die seine. In dieser Woche will ich sie besonders üben."
Ob er dem klar erkannten Willen Gottes freudigen Gehorsam geleistet hatte, sollte künftig auch der bevorzugte Gegenstand seiner Gewissensrechenschaft sein. In diesem Sinne teilte er P. Spiritual mit:

,,Sende Ihnen meinen Rechenschaftsbericht, den ersten nach den gnadenreichen Tagen, die ich in Schönstatt verbrachte. Als erster sollte er ganz ohne Fehler sein, was leider nicht ganz der Fall ist. Bis auf die drei letzten Tage habe ich so ziemlich der Gnade entsprochen. Am 13., 14. und 15. habe ich mir größere Verfehlungen zuschulden kommen lassen. Was für welche, kann ich mich nicht mehr recht entsinnen. Auch das Partikularexamen hielt ich sehr schlecht, wenn ich auch alle Übungen hielt. Bitte, Hochwürden, mir eine Buße aufzuerlegen. Das Gelübde der heiligen Reinheit habe ich gehalten und für den nächsten Halbmonat gemacht."

Der stündlich geübte Wandel mit Gott erzeugte neben dem Drang, feinhörig und folgsam zu sein, noch eine andere segensvolle Wirkung. Je mehr er sich in die Stille des Gebetes zurückzog, desto mehr schärfte sich sein Blick für die kleinen und kleinsten Flecken im Bilde des eigenen Ich. Fast war es so, als fielen ihm die Schuppen von den Augen. Dinge, die er früher kaum beachtet oder wenigstens nicht empfunden hatte, erregten jetzt sein tiefstes Schuldbewußtsein. Oft konnte er keinen greifbaren Fehler oder Einzelheiten aufzählen. Aber er entdeckte in seinem Innern eine Unsumme ungeordneter Regungen der Eigenliebe. Er litt darum mehr denn je unter dem Gefühl, ein sündhafter und triebhafter Mensch zu sein.

,,Jetzt weiß ich genau", schrieb er, ,,daß ich den allgegenwärtigen Gott nicht einige-, sondern unzähligemale beleidige. Und trotz dieser vielen Beleidigungen bleibt er immer in meiner Nähe, obwohl er die Beleidigungen so bitter verspürt."

Das Leiden an sich selber ob der begangenen Sünden und Fehler war kein selbstquälerisches und ungesundes Gefühl der eigenen Minderwertigkeit. Dieses pflegt in der Seele Unruhe, Verzagtheit oder gesteigerte Ichsucht zu erregen. Statt dessen verblieb seine Seele immer in der stillen Ruhe vertrauensvoller Geborgenheit. Aber der Schmerz um die zahlreichen Fehler und Unvollkommenheiten brannte in seinem Innern wie ein verzehrendes Feuer.

Mit dem verfeinerten Wahrnehmungsvermögen für die kleinsten Stäubchen im eigenen Innern und mit dem vertieften Schuldgefühl steigerte sich gleichzeitig ein lebhaft empfundenes Sühnebedürfnis. Sühne betätigt sich im Entsagen und im Opfer. ,,Einen Weg gibt es nur", schrieb er in dieser Zeit in sein Tagebuch, ,,das ist der des Opfers und der Entsagung." Von jetzt ab wollte er die Gelegenheit dazu nie mehr unbenutzt vorübergehen lassen. Der Alltag bot sie ihm ja reichlich dar. Die mangelhafte Verpflegung ließ ihn sehr empfindlich den

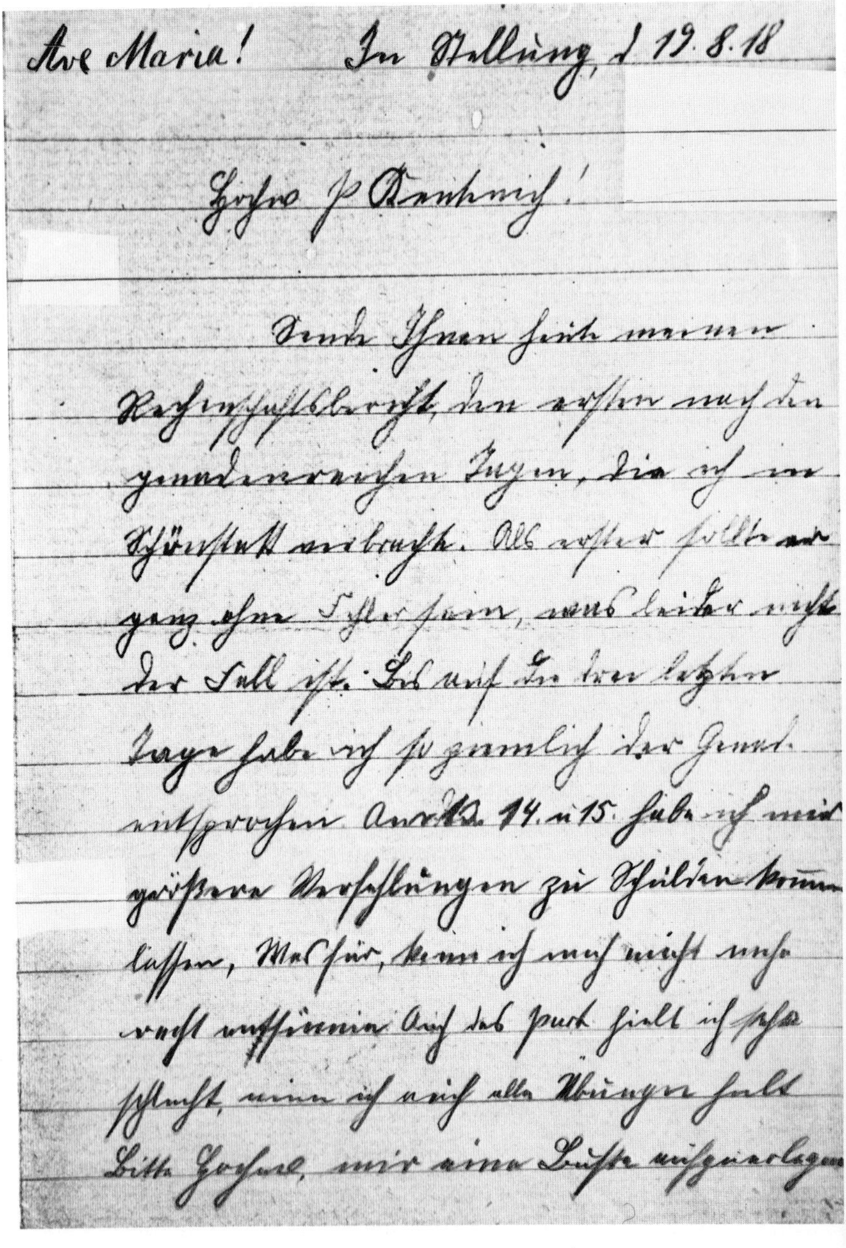
Ave Maria! In Stellung, d. 19.8.18

Hochw. H. Spiritual!

Sende Ihnen heute meinen Rechenschaftsbericht, den ersten nach den gnadenreichen Tagen, die ich in Schönstatt verbrachte. Als erster sollte er ganz ohne Fehler sein, was leider nicht der Fall ist. Bis auf die drei letzten Tage habe ich so ziemlich der Gnade entsprochen. Am 14. u. 15. habe ich mir größere Verfehlungen zu Schulden kommen lassen, [illegible], wenn ich mich nicht mehr recht aufführe. Auf das Part. hielt ich schlecht, wenn ich auch alle Übungen hielt. Bitte Sie, mir eine Buße aufzuerlegen

Hunger spüren; das Zusammenleben mit den Ordonnanzen des Bataillons legte ihm tagtäglich neue Geduldsproben auf; er mußte sich ihre Rohheit und Verachtung gefallen lassen; die Mißerfolge im Apostolat prüften seine Ausdauer, das Versagen seiner Gruppe nicht weniger; die kriegsmüde und gereizte Stimmung seiner Umwelt forderte Proben des Starkmutes; manche militärische Befehle verlangten Opfer der Selbstverleugnung und des gewissenhaften Gehorsams. Alle diese unzähligen Gelegenheiten sollten künftig ein ununterbrochener Kreuzweg der Entsagung werden. Als er einige Tage mit größter Strenge gegen sich selber diesen Kreuzweg gegangen war, packte die menschliche Natur ein geheimes Grauen. Der innere Mensch schien zu erschrecken und sich aufzubäumen. Da schrieb er betend in sein Tagebuch: „Mutter hilf mir, daß ich so weiterfahre. Hilf mir, das Grauen davor zu überwinden."

Der göttliche Lehrmeister, der Heilige Geist, der nun sein Innenleben mit Milde und Festigkeit leitete, zog die Seele immer mehr hinein in eine geheimnisvolle Gottesnähe. Unter seiner Anleitung suchte Josef Gott im tiefsten Innern seiner Seele. Sein Blick richtete sich auf den ihm einwohnenden Gottessohn. Da formte er sein Partikularexamen in folgender Weise: „Ich will in jeder Stunde, in der ich wach bin, an Gott Sohn und sein Wohnen in mir denken." In einer der folgenden Wochen lautete es: „Gott Sohn, der opferfreudige Erlöser der Menschheit, Erlöser und Sohn meiner Mutter, ist bei mir." Dann war es wieder der dreifaltige Gott, dem er sich zuwandte. Das kam in seinem Partikularexamen zum Ausdruck: „Ich will stündlich daran denken, daß die heiligste Dreifaltigkeit stets ganz bei mir ist, beim Schlafen, beim Aufwachen, bei jedem Gedanken und bei jeder Tat." In der folgenden Woche sprach er den Gedanken der Gottvereinigung noch deutlicher aus: „Ich will mir der Gegenwart der heiligsten Dreifaltigkeit wenigstens stündlich ganz bewußt werden mit der Erinnerung, daß ich mit ihr einst auf das innigste vereinigt werden soll, und daß die geringste Unvollkommenheit diese Vereinigung hindert und verzögert." Stetige Buße und beharrliches Gebet, das waren die Lebensbedingungen, unter denen sich Josefs inneres Wachstum vollzog. So reifte in ihm ein hoher Grad der Gottvereinigung. Sein ganzes Wesen, ja sein Empfinden wurde des gegenwärtigen Gottes inne. Er erlebte eine fast fühlbare Gottesnähe.

Hier setzte nun der göttliche Erzieher mit einem neuen Zug seiner führenden Tätigkeit ein. Er ließ die Seele unsicher werden im Urteil. Die Unterscheidung darüber, ob eine Regung des Herzens der Gnade oder

der Eigenliebe entstamme, wurde ihr schwer. Nach einer wirklichen und klar erkannten Unvollkommenheit steigerte sich um so mehr das Sühnebedürfnis. Mit beidem, mit der Unsicherheit des Urteils und dem Schuldgefühl, verwies er ihn an den Priester. Er sollte fragen und bekennen. Josef schrieb an P. Spiritual:
„Das Gelübde der heiligen Reinheit habe ich gehalten und für diesen Halbmonat wieder gemacht. Für die Monate September und Oktober will ich mich des Alkohols, des Rauchens und des Kartenspiels enthalten. Nur solange dadurch der Verwirklichung meines Persönlichen Ideals: Omnibus Omnia kein Hindernis entsteht, gilt das. Die Enthaltung soll mich unter läßlicher Sünde verpflichten, jedoch soll das von Ew. Hochwürden abhängen. In der letzten Zeit waren die Versuchungen zur Selbstsucht häufiger. Um sie niederzukämpfen, unterließ ich einigemale Aufzeichnungen über Gruppenarbeit und im geistlichen Tagebuch. Durch das Leben des seligen Gabriel ist mir meine ungeordnete Neigung nach Süßigkeiten zum Bewußtsein gekommen. Ich habe zum Beispiel ein Pfund Kunsthonig an einem Tage gegessen. Ebenso Marmelade und Zucker gleich beim Empfang. Habe sie etwas bekämpft. Einige Male jedoch suchte ich das Bewußtsein der Gegenwart Gottes zu unterdrücken und gab dieser Leidenschaft nach. Gerade die Unterdrückung der Gottesgegenwart war das Schändliche. Strafen Hochwürden mich bitte empfindlich dafür. Der Wandel in Gottes Gegenwart ist das beste Mittel auf dem Wege zur Vollkommenheit. Ich werde ihn immer mehr in Beziehung zu meinem Lebensideal bringen."
P. Spiritual las in der Ferne die letzten Briefe seines Beichtkindes mit besonderer Aufmerksamkeit. Auch er erkannte, daß hier eine ungewöhnliche Gnadenführung des Heiligen Geistes in der Seele sichtbar wurde. Bislang hatte er in Josefs Seelengeschichte eine große Zurückhaltung geübt. Seine Tätigkeit als Spiritual sah er vor allem darin, das Ideal der Gemeinschaft, die Idee der Schönstätter Kongregation überzeugend und gewinnend darzustellen. Im übrigen stand er mit den sich ihm anvertrauenden Beichtkindern in lebendiger persönlicher Fühlung. Auch bei Josef war das so gewesen. Weil er sich in Schönstatt an dem aufgezeigten Ideal mit einfacher Selbstverständlichkeit emporentwickelte, brauchte P. Spiritual kaum einmal wegweisend in sein Innenleben einzugreifen. Selbst die Briefe, die er ihm ins Feld schickte, beschränkten sich auf wenige Zeilen. Meistens bestanden sie in einigen kurzen Sätzen, die er an den Rand jener Briefe schrieb, die Josef von seinen Mitschülern in Schönstatt bekam. Gegenüber der neuen Lage in

Josefs Seelenleben änderte er aber sein bisheriges Verhalten; denn jetzt bedurfte er tatsächlich einer besonderen priesterlichen Führung. Die Unsicherheit des Urteils brauchte eine feste Norm. Bei aller Gewissenszartheit durfte er keiner inneren Unfreiheit verfallen. Und dem Wunsche, aus der Hand des Priesters die Buße entgegenzunehmen für die begangenen Fehler, mußte ebenfalls entsprochen werden. So gab er ihm folgende Antwort:

„Es ist mir recht, daß Du Dich in diesem Monat unter läßlicher Sünde verpflichtest, Dich des Alkohols, des Rauchens und des Kartenspielens zu enthalten. Vorausgesetzt, daß das Persönliche Ideal nicht anders rät. Es ist gut und notwendig, daß unser Ideal in allen indifferenten Dingen den Ausschlag gibt, freilich muß man sich auch hüten vor den Anfällen der Eigenliebe und Menschenfurcht. Du verstehst, was ich meine. Aber, um Dein Gewissen vor unnötiger Unruhe zu bewahren, würde ich an Deiner Stelle in zweifelhaften Fällen lieber trinken, rauchen und Karten spielen und mich dafür lieber abtöten durch weises Maßhalten. Seh' ein jeder wie er's treibe, seh' ein jeder, wo er bleibe, – wo er steht, daß er nicht falle, – e i n e s s c h i c k t s i c h n i c h t f ü r a l l e.

Daß Du, um Dich vor Eigenliebe zu bewahren, Deine Aufzeichnungen nicht vollständig gemacht, halte ich nicht für zweckmäßig; es kann sich dabei leicht etwas Krampfhaftes einschleichen. Du erinnerst Dich vielleicht des Beispiels des hl. Bernhard. Bei Gelegenheit einer Predigt kam ihm der Gedanke: ‚Bernhard, das hast du aber gut gemacht.' Er antwortete dem Versucher: ‚Ich habe deinetwegen die Predigt nicht angefangen, aber deinetwegen höre ich auch jetzt nicht auf.'

Sehr unterstreichen möchte ich auch die Gnadenanregung, die Dich antreibt, recht streng gegen Dich zu verfahren; denn daß Du weiter sein könntest bei all den Gnaden, die der liebe Gott und die liebe Mutter Dir gegeben, siehst Du klar ein. Eine der größten Wohltaten erblicke ich darin, daß Du Dein altes Ziel, ein Heiliger zu werden, mit der alten Frische und Lebhaftigkeit anstrebst trotz der großen Schwierigkeiten, in die Dich das Militärleben versetzt hat. Pflege die Sehnsucht und das Verlangen nach diesem Ziele durch innere Affekte und Stoßgebete; wenn es Dir nicht zu schwer ist, könntest Du als Sühne für die verzeichneten Fehler der Gaumenlust zweimal auf den Kunsthonig verzichten oder ihn einem Kameraden zuweisen."

Inzwischen geleitete die Gnadenführung des Heiligen Geistes Josefs Seelenleben wiederum einen Schritt weiter. Er mußte von neuem seine Schwäche und Ohnmacht erleben. Ja sogar auf das beglückende Gefühl der Gottesnähe mußte er vorübergehend verzichten. Der Hunger und die Gaumenlust bereiteten ihm diese Prüfung der Demut. Als Sühne für die begangenen Fehler hatte ihm P. Spiritual aufgetragen, zweimal zu Gunsten eines Kameraden auf den Kunsthonig zu verzichten. Er erhielt den Brief, kurz bevor er den Kunsthonig für seine Leute in Empfang nehmen sollte. Nach kurzem Kampf mit sich selbst verschob er die Buße auf die beiden nächsten Gelegenheiten. Aus Schwäche folgte er nicht sofort dem Ruf der Gnade. In der folgenden Woche verschob er die Buße noch einmal und erlag damit derselben Schwäche. Auf einem anderen Gebiet erlitt er eine zweite Niederlage. Die Anordnungen eines Unteroffiziers verletzten sein Rechtsgefühl. Eine innere Stimme sagte ihm: es ist besser, wenn du dazu schweigst. Trotzdem sprach er vor den Kameraden ein unmutiges Wort über den Kommiß. Für diese Fehler des Ungehorsams strafte ihn Gott, indem er ihm sofort das beseligende Gefühl seiner Nähe entzog. Tiefunglücklich darüber schrieb er in sein Tagebuch:

„Mutter, vorgestern und heute war ich sehr nachlässig. Heute habe ich sogar schwer gefehlt. Die enge Vereinigung mit Gott, die ich durch mein Streben im Entsagen erreichte, habe ich durch mein triebhaftes Handeln aufgelöst. Ach, erwirke mir Verzeihung. Es bittet Dich Dein unwürdigster Diener."

Die Vorfälle empfand Josef als eine tiefe Verdemütigung. Nun hatte er Wochen und Monate die schwersten Proben der Entsagung und des Starkmutes gebracht, und nun wurde er in diesen Kleinigkeiten Gott untreu. Das brachte ihm seine ganze Ohnmacht und Abhängigkeit zum Bewußtsein. In schlichter Ehrlichkeit bekannte er seine Schuld vor P. Spiritual:

„Am Donnerstag", so schrieb er, „gab es wieder Honig. Anfangs wollte ich darauf verzichten. Doch es war ein Schwanken, und dann wurde ich schwach. Erst am Freitag empfand ich eine wirkliche Genugtuung, als ich meinem Mütterlein als Buße für die am Donnerstag begangenen Fehler einige Selbstüberwindungen darbieten konnte. Habe mich in dieser Woche stramm in die Zügel genommen. Oft wurde mir bange, wenn ich daran dachte, ständig ein solches Opferleben führen zu müssen, wenn ich ein Heiliger werden will."

So ging er also wieder den Weg reumütiger Buße. Auch in seinem Partikularexamen nahm er Bedacht darauf. Es hieß in dieser Zeit: „Mir stündlich die Gegenwart Gottes, des liebevollen Vaters, zum Bewußtsein bringen und daran denken, daß er mein Verhalten gegen die Menschen sieht."

Am 1. und 2. Oktober schrieb Josef seinen letzten Brief an P. Spiritual. Darin konnte er ihm mitteilen, daß er der bestehenden Schwierigkeit Herr geworden sei. „Die im letzten Brief mitgeteilten Bußen habe ich gehalten . . . Mit dem Schimpfen über den Kommiß habe ich seit einiger Zeit ganz gebrochen, im Gegenteil, wo ich nur kann, suchte ich ihn in ein gutes Licht zu stellen und gegen die Kriegsmüdigkeit anzukämpfen, natürlich nur soweit ich das mit der Wahrheit vereinigen kann."
In seinem Herzen war Ruhe und Frieden eingezogen. Er lebte wieder wie zuvor in dem frohen Bewußtsein des Gotteskindes, das sich in der Liebe des himmlischen Vaters geborgen weiß.

HEIMGANG

Die letzten Stunden

Seit mehr als einem Monat schon hing über der Front vor der Vimy-Höhe die Erwartung eines englischen Großangriffs. Es lag wie Gewitterschwüle in der Luft und legte sich gleich einem Alpdruck auf die Gemüter. Ende September mehrten sich die Anzeichen dafür, daß das Unwetter in den nächsten Tagen losbrechen müsse. Ganz unerwartet kam am ersten Oktober abends beim R.I.R. 25 das Vorkommando eines fremden Regimentes an. „Ablösung und Abmarsch hinter die Front" hieß der Befehl. „Das hat nichts Gutes zu bedeuten", sagten sich ahnungsvoll die 25er. „Wir sind ausgeruhte Truppen, man wirft uns gewiß an eine windige Ecke." In Flers, unweit Douai warteten bereits Lastautos auf sie und beförderten sie auf den Bahnhof von Pont de la Deule. Die Eile, mit der die Division hier abtransportiert wurde, steigerte die düsteren Ahnungen. Wo mochte die brüchig gewordene Stelle der Front sein, die sie zu verteidigen hatten?

Seit etwa vierzehn Tagen tobten auf der ganzen Linie der Westfront die Abwehrschlachten. Um Ypern war ein Großangriff im Gange. Der heißumstrittene Kemmelberg fiel in die Hand des Gegners. An der Lys eroberte er den gesamten Abschnitt wieder, den die 15. R.I.D. noch vor zwei Monaten mit soviel Blutopfern verteidigte. Am ersten Oktober besetzte er St. Quentin. Das alles bedeuteten feindliche Vorstöße in die deutsche Front bis tief in die rückwärtigen Feldbefestigungen. Nun hatte der Engländer zu einem Zangenangriff angesetzt rechts und links von Cambrai. Wenn dieser Eckpfeiler fiel, brach die ganze Siegfriedstellung zusammen. Und diese Gefahr rückte in greifbare Nähe. Nördlich von Cambrai gelang dem Gegner in den letzten Tagen des September ein Einbruch in die deutsche Front. Die Oberste Heeresleitung stand vor einer geradezu verzweifelten Lage. An allen Frontabschnitten sollten die Löcher der gegnerischen Einbrüche gestopft werden. War eines geschlossen, rissen an einer anderen Stelle gleich zwei neue auf. Die Widerstandskraft der Armee erlahmte. Die vorgeschickten Regimenter zerrieben sich an den feindlichen Massenangriffen und sackten unter den Händen der Führung einfach weg.

Vor Cambrai nahm der englische Angriff die Stoßrichtung Sailly-Eswars. Die Absicht des Gegners war offenkundig. Cambrai sollte von

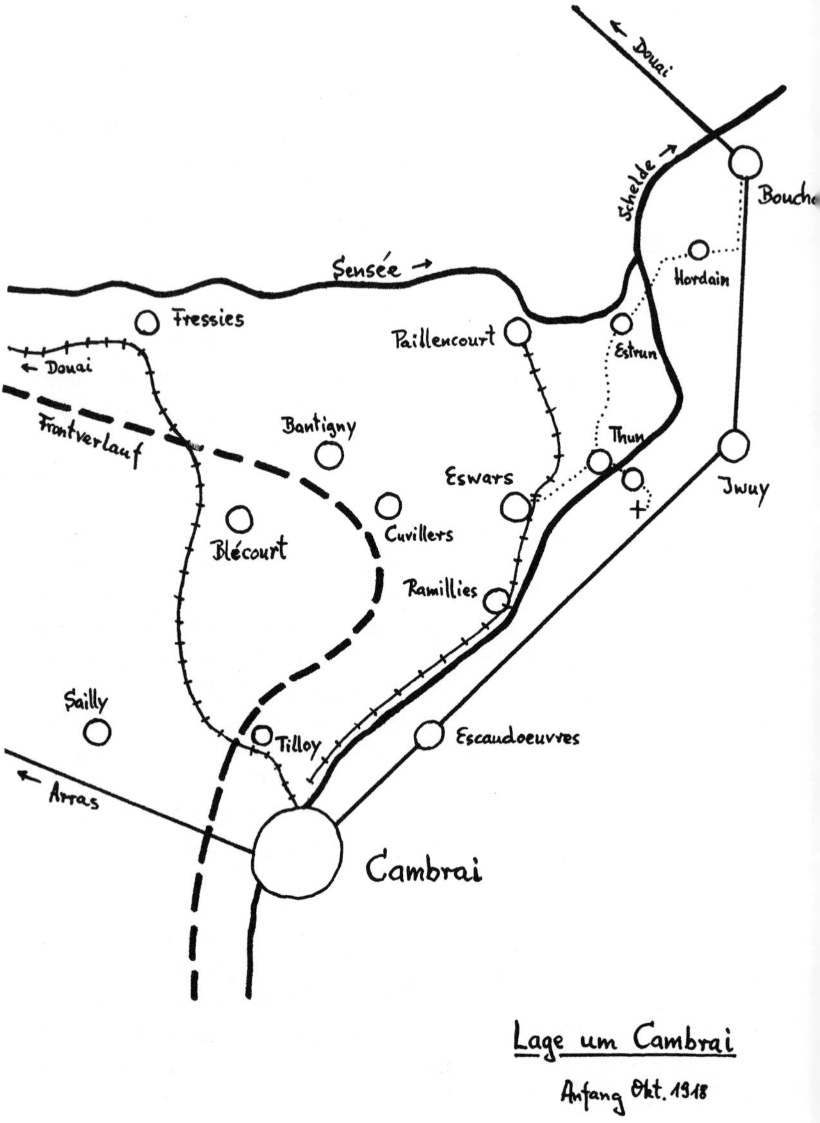
← Douai
Schelde →
Bouch
Sensée →
Hordain
Fressies
Paillencourt
Estrun
← Douai
Frontverlauf
Bantigny
Thun
Eswars
Jwuy
Blécourt
Cuvillers
Ramillies
Sailly
Tilloy
Escaudoeuvres
← Arras
Cambrai
Lage um Cambrai
Anfang Okt. 1918

Norden her umfaßt werden. Die Spitze des vorgetriebenen Keiles ragte bereits bis zu dem Dorfe Eswars. In den letzten Tagen des September trat hier die 26. R.I.D., eine württembergische Division, zum Gegenstoß an. Die tapferen Schwaben warfen den Gegner bis zur Bahnlinie Cambrai-Douai zurück. Der Engländer sammelte größere Streitkräfte zu einem erneuten Vorstoß. Die zusammengeschossene württembergische Division führte einen tagelangen, erbitterten Kampf zwischen den Dörfern Blécourt und Tilloy nordwestlich Cambrai. Allein konnte sie es nicht mehr schaffen. Sie brauchte dringend Verstärkung. Den braven Schwaben zu Hilfe zu eilen, war die Bestimmung der 15. Reserve-Division.

Der Transportzug mit dem R.I.R. 25 hielt in Bouchain. Dort wurde zunächst Quartier bezogen. An den Straßenschildern las man: Nach Cambrai 15 Kilometer. Inzwischen drangen verworrene Nachrichten in die Etappe über die Vorgänge an der Front bei Cambrai. Allerlei Gerüchte durchschwirrten die Luft. Der Tommy sei durch, und die Siegfriedstellung sei verloren. Wie Hornissenschwärme rückten die englischen Bombengeschwader heran und suchten die Etappenstädte heim. In Douai hatte man auf der Vorbeifahrt an mehreren Enden der Stadt große Rauchfahnen gesehen. Die Stadt schien zu brennen. Hier in Bouchain sah es nicht viel besser aus; denn fast jede Nacht ging ein Hagelschlag von Bomben über der Stadt nieder. In der Nacht des dritten Oktober hieß es in den Kompanien des R.I.R. 25 plötzlich: „Alarm! Alles fertig machen zum Abmarsch!" Auf der Straße nach Cambrai schob sich das Regiment im Dunkel der Nacht vorwärts zur Front. Ein Korpsbefehl beorderte es in den Raum zwischen Eswars und Bantigny.

Über die Straßen schlürften die müden Schritte der Kompanien. Wortlos und unter der Last des Tornisters gebeugt schritten sie dahin. Zwei schwere und vier leichte M.G. mit den zugehörigen Munitionskästen mußten noch mitgeschleppt werden. Abwechselnd wanderten die Lasten von einem zum andern. Wie waren die Kompanien in den letzten Monaten doch zusammengeschrumpft! Trotzdem sie durch neuen Ersatz aufgefüllt wurden, erreichten sie höchstens den Stand von sechzig Gewehren. In der vierten Kompanie marschierte mit den anderen auch wieder Josef Engling. Die I.B.O. hatte man seit dem Abmarsch von der Front an der Vimy-Höhe aufgelöst; denn in der Kompanie wurde jetzt jeder Mann benötigt. Josef fand seine Kameraden in sehr niedergeschlagener Stimmung. In der Eile des Transportes waren sie nur sehr notdürftig verpflegt worden. Die Aufregung der sich ständig wieder-

holenden Bombenangriffe spannte die Nerven. Die schwer lastenden M.G. und die Munitionskästen drückten die Schultern und zogen in den Armmuskeln. Dazu kam das lähmende Gefühl, in einen völlig aussichtslosen Kampf zu ziehen. „Es geht nicht mehr, wir sind am Ende", sagten sie. Josef ging die schwere Lage der Kameraden sehr zu Herzen. Gleich stellte er darauf sein Partikularexamen ein. In diesen Tagen hieß es: „Ich will stündlich mit dem Munde sagen: Gott ist bei mir, der liebe Vater der Menschen. Er sieht, wie ich den mir eingepflanzten Drang zu helfen im Dienste der Menschen betätige." Da half er über seine Verpflichtung hinaus die schweren Munitionskästen schleifen. Er munterte die Kameraden auf und suchte sie zu überzeugen, daß hier die Stellung gehalten werden müsse. Noch gestern hatte er es selber an die Eltern geschrieben. „Wir halten die Stellung, mag der Tommy auch in Haufen kommen."
Gegen Morgen wurde in einem Dorfe für kürzere Zeit haltgemacht. Es war noch dunkel. An einer Straßenmauer leuchteten die weißaufgetünchten Buchstaben: „Thun-l'Evêque". Man merkte die Nähe der Front. Überall hatten in der Nacht die englischen Flachbahngeschosse gehaust. „Die 4. Kompanie besetzt den Nordostrand des Dorfes Eswars", erklärte der Bataillonsführer. „Die anderen Kompanien schließen sich in nördlicher Richtung an." Über das holprige Pflaster der Straße nach Eswars scharrten die Stiefel der müden Infanteristen.In einem Hohlweg hinter Thun-l'Evêque staute sich der Zug. Eine mit Zelttuch verdeckte Wagenkolonne hemmte den Durchmarsch. Einige hoben neugierig das Zelttuch hoch. „Deutsche Kampfwagen sind es." Das wirkte beruhigend. Nach etwa zwanzig Minuten wurde Halt befohlen. Die 4. Kompanie stand vor den Häusern von Eswars. An den Heckenzäunen und in den Straßengräben ließen sich die Soldaten hinfallen. Einige schanzten sich in den Hang der Straßenböschung ein Loch, andere schliefen auf der Stelle ein. Über den Feldern lagen die Herbstnebel. Es war 6 Uhr morgens.
Mit dem anbrechenden Tag suchten sich die englischen Artilleristen neue Zielpunkte. Ein Glück, daß die Kompanie nicht in das Dorf hineingegangen war. Fortwährend schlugen dort schwere Granaten ein. Die geübten Kenner der Front schnupperten mit der Nase und sagten: „Dicke Luft." Man mußte also auf etwas Großes gefaßt sein. Am ersten Gehöft des Dorfes lagen ein paar von der Kompanie unter dem schützenden Überhang einer Weißdornhecke. Einer stieß seinem Nachbarn in die Rippen und deutete stillschweigend geradeaus. In unmittelbarer Nähe lag der Ortsfriedhof, und daneben schloß sich ein

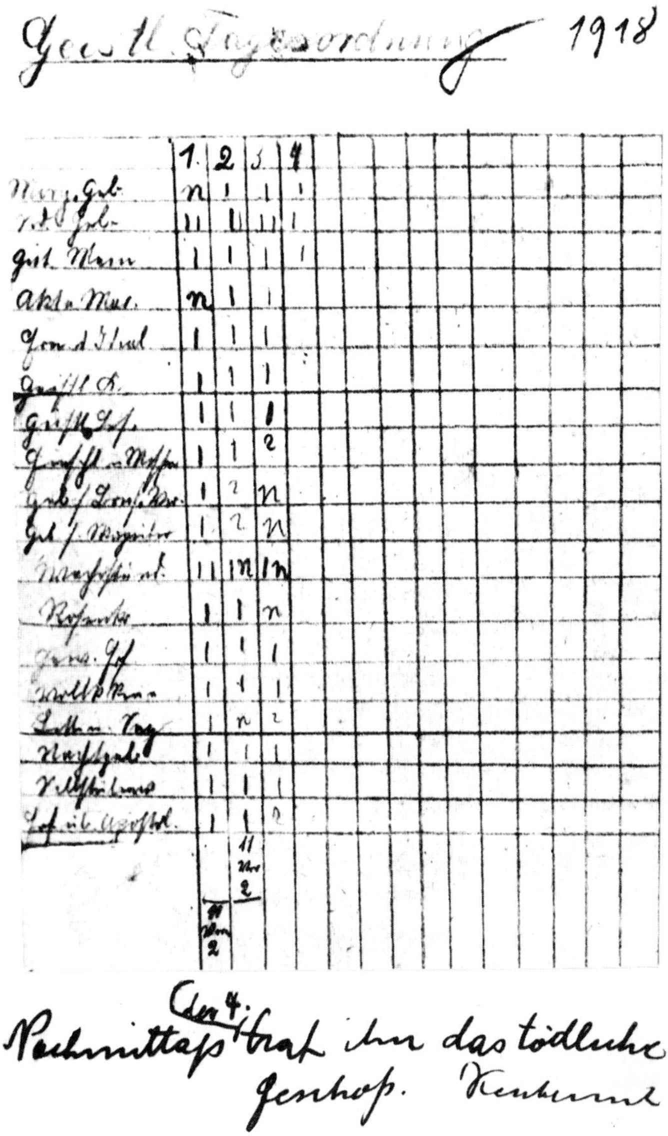

Geistl. Tagesordnung 1918

Am 4.: Nachmittags traf ihn das tödliche Geschoß. Kentenich

kleinerer deutscher Soldatenfriedhof an. Eine und eine halbe Reihe schwarzer Kreuze ragten dort auf. Daneben zog sich ein breiter, frisch ausgeworfener Graben hin. Der Angestoßene verstand die bezeichnende Handbewegung seines Kameraden und nickte. ,,Alles fix und fertig", meinte er, ,,das Heldengrab reicht für die ganze Kompanie."

Die Leute plagte der Hunger. Die magere Verpflegung von gestern abend und der Nachtmarsch ließen ihn recht empfindlich werden. Noch schlimmer erging es den vier Mann von der aufgelösten I.B.O. Die Kompanie hatte nur für zwei anstatt für vier Mann mehr empfangen. Da mußten sich die Vier in das kärgliche Mahl von zwei Mann teilen. Josef lag bei den Kameraden unter der Dornhecke und schrieb in sein Tagebuch:

,,In Eswars 5 Kilometer von Cambrai . . . Jetzt sitzen wir in Stellung in Bereitschaft, während der Tommy ständig in unsere Nähe funkt. 50 Meter von mir ist auch gleich der Heldenfriedhof und der frühere Gottesacker, wo schon einige ausgeworfene Gräber auf uns warten. Doch so weit sind wir noch nicht. Heute halte ich unfreiwilliges Fasten; die uns verpflegende Kompanie hat nur für zwei Mann von uns empfangen, und infolge der Verschiebung kann noch nichts nachempfangen werden. So hat niemand von uns heute etwas zu essen, und die Küche kommt erst abends."

Als es Mittag wurde, zog er seine geistliche Tagesordnung heraus. Alle Übungen des Vormittags hatte er gehalten. Auch das Partikularexamen bekam für jede Stunde einen senkrechten Strich. Wandel mit Gott und gleichzeitiger Helferdienst unter den Kameraden, Frömmigkeit mitten im Alltag, das war sein letztes Partikularexamen. Nun schrieb er das Amen unter seine Lebensarbeit.

Beim Stab der 15. Reserve-Division zu Bouchain liefen neue Meldungen von der Front ein. Seit gestern war der Kampf in den ersten Linien zum Stehen gekommen. Die wackeren Schwaben hielten also stand. Ihre Reihen freilich lichteten sich mit jedem Tage immer mehr. Ihr linker Flügel, der sich an Cambrai anlehnen sollte, hing völlig in der Luft. In die klaffende Lücke mußten Reserven eingeschoben werden, sonst drohte hier eine große Gefahr. Beim Regimentsstab zu Thun-St. Martin traf der Befehl ein, das I. Bataillon habe sich heute abend hart rechts von Cambrai einzuschieben und werde dem dort kämpfenden württembergischen Regiment unterstellt. Noch am selben Nachmittag sollte sich das Vorkommando beim Stab des angegebenen Regiments melden. Der Bataillonskommandeur ließ einen bewährten Unteroffi-

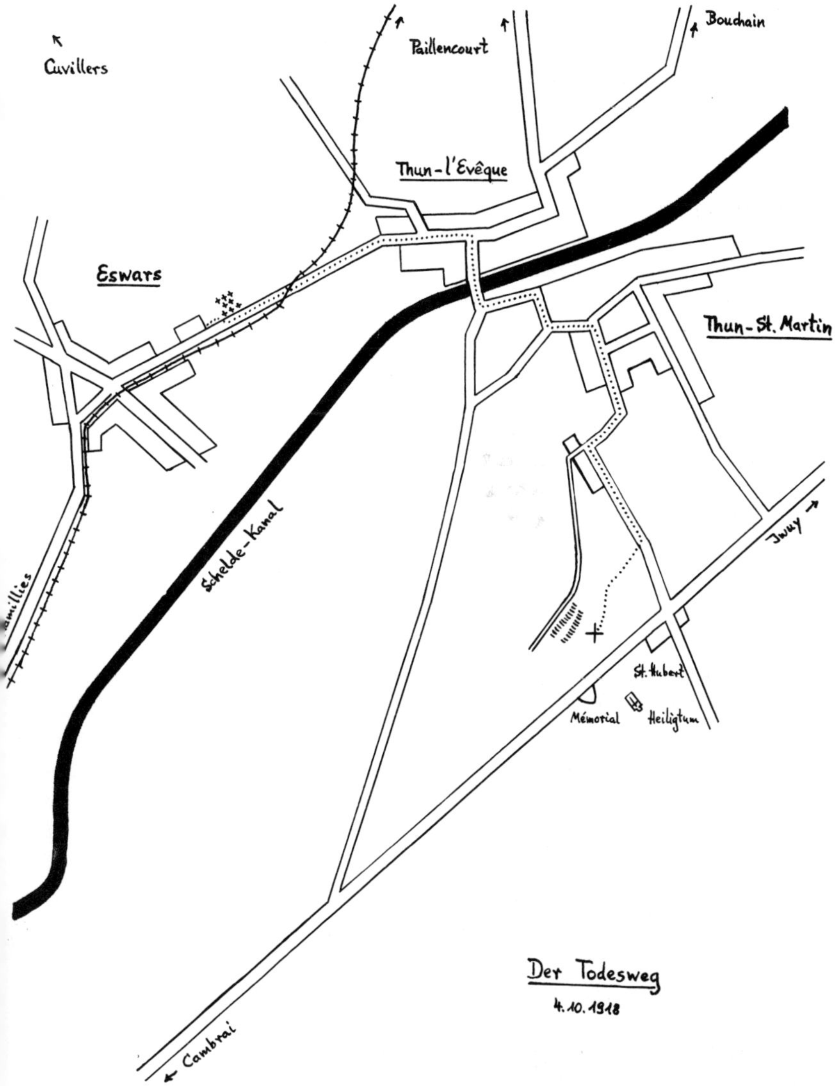
Cuvillers
Paillencourt
Bouchain
Thun-l'Evêque
Eswars
Thun-St. Martin
Schelde-Kanal
Iwuy
St. Hubert
Mémorial
Heiligtum
Cambrai
Der Todesweg
4.10.1918

zier kommen und erklärte ihm den Auftrag des Kommandos. Von jeder Kompanie sollte ihm ein zuverlässiger Mann beigegeben werden.

Am Nachmittag suchte Josef seinen Schönstätter Kameraden Paul Reinhold auf. Sie lagen eine ganze Weile plaudernd beieinander. Paul hatte das Gefühl, als stände Josef unter einer sehr nachdenklichen, fast wehmütigen Stimmung. Ob ihn die Ahnung bewegte, daß er in diesem Augenblick von einem Gruppenmitglied für immer Abschied nahm?

Als sie auseinandergingen, beschäftigte sich Josef mit dem Gedanken, wie er sich und seinen Kameraden von der I.B.O. über den schlimmsten Hunger hinweghelfen könnte. Auf der anderen Straßenseite dehnte sich ein abgeernteter Kartoffelacker. Er las sich dort ein Kochgeschirr voll Kartoffeln und zündete in dem nahen Schuppen des Bauernhofes ein kleines Feuer an. Das kochende Wasser wirbelte bald die geschnittenen Kartoffeln durcheinander. Da schallte von draußen ein Ruf. Sein Kamerad Nikolaus Gilgenbach suchte ihn. Josef erfuhr, daß er zum Vorkommando bestimmt sei. Gleich sollten sie abrücken, hätte es geheißen. Josef machte sich fertig zum Abmarsch und prüfte die kochenden Kartoffeln. Sie waren noch nicht gar. Der Unteroffizier mit den Leuten vom Vorkommando stand schon abmarschbereit auf der Straße. „Ja, ja", rief Josef, „ich komme gleich. Ich will gerade noch meine Kartoffeln essen." Die halbgekochte Kost krachte unter seinen Zähnen. Dann brach er schleunigst auf.

„So", sagte er zu Nikolaus Gilgenbach im Gehen, „jetzt habe ich mich noch einmal satt gegessen, wenn es vielleicht auch das letzte Mal ist. Wenn ich nicht mehr zurückkommen sollte, dann sage ich dir auf Wiedersehn. Ist es nicht auf dieser Welt, so ist es auf der anderen. Und wenn du Gelegenheit hast und Edmund Kampe noch einmal siehst, so bestelle ihm einen letzten Gruß von mir."

Überrascht schaute Nikolaus auf. Diese Sprache einer seltsamen Vorahnung war er an Josef nicht gewöhnt. Als wollte er düstere Gedanken verscheuchen, meinte er zu ihm: „Wir sind doch so oft in Stellung gegangen, und es ist uns doch nichts passiert."

Josef erwiderte mit einem ruhigen Lächeln: „Der Mensch hat immer eine kleine Ahnung, und mir ist, ich weiß selbst nicht wie. Nun ja, wie Gott will. Sein Wille geschehe." Er gab ihm rasch die Hand und eilte dem abmarschierenden Trupp des Vorkommandos nach.

Inzwischen brach die Dämmerung herein. Die englische Artillerie beschoß die Ruhequartiere und legte Feuerüberfälle auf die Anmarschstraßen. Das Vorkommando marschierte zuerst die Strecke zurück bis zum Dorf Thun-St. Martin. Von dort suchte es die große Straße nach Cambrai zu erreichen. Am Horizont zitterten die Abschußfeuer der englischen Batterien. Da und dort im Gelände tanzten die Blitzlichter ihrer Einschläge. Über der Front rötete sich der Abendhimmel vom flackernden Mündungsfeuer der Geschütze.

Dort, wo der Schotterweg in die Straße nach Cambrai einmündete, schien ein ausgesuchter Zielpunkt der englischen Artillerie zu sein. Im Abstand von etwa zweihundert Metern vorher bog der vorsichtige Führer des Vorkommandos mit seinen Leuten vom Wege rechts ab ins offene Feld hinein. Sie warfen sich gegen einen meterhohen Hang und beobachteten von Ferne den Feuerwirbel rings um die Wegekreuzung.

„Wenn in diesem Feuer nur alles gut geht", meinte jemand vom Vorkommando. – „O", erwiderte Josef, „es ist bis jetzt alles gut gegangen. Hoffentlich geht es auch weiter so." – In einer Feuerpause brach der Trupp wieder auf und strebte, der beschossenen Wegekreuzung ausweichend, der Straße zu. Da sauste eine neue Lage der englischen Batterie heran. Und, wie wenn sie eine tückische Hand gelenkt hätte, schlug sie anstatt auf die Straße etwa zwei- bis dreihundert Meter rechts davon ins offene Gelände ein. Im Aufblitzen der Einschläge sah man an der Spitze des dahineilenden Trupps eine Gestalt plötzlich zusammenbrechen. Die übrigen stoben auseinander. Als der Feuerüberfall abebbte, lief Sergeant Einig mit einem Kameraden gleich an die Unglücksstelle. Da lag ein Mann in seinem Blute. Sie erkannten sofort ihren Kameraden Josef Engling. An Kopf und Brust hatten ihm die Granatsplitter schwere Wunden geschlagen. Er war bereits tot. Nach der Erinnerung der Kameraden hat ihn zwischen 18 und 19 Uhr des 4. Oktober der Tod ereilt.

Die Leute des versprengten Vorkommandos irrten während der Nacht noch lange im Gelände umher. Erst um 5 Uhr morgens stießen sie tropfenweise wieder auf die 4. Kompanie und meldeten dort, Josef Engling sei gefallen und liege nicht weit von der beschossenen Wegekreuzung. Auch Nikolaus Gilgenbach hörte es. Nun war es also doch so gekommen, wie sein Kamerad ahnungsvoll vor etlichen Stunden vermutet hatte. Er und viele andere Kameraden fühlten sich von der Nachricht sehr betroffen. „Der gute Engling", sagten sie, „er war ein treuer und gottesfürchtiger Kamerad."

Der Sanitätsfeldwebel des Bataillons schickte einige von seinen Leuten aus, den Gefallenen auf dem Feld der mutmaßlichen Todesstelle zu suchen und zu beerdigen. Wahrscheinlich ist er von ihnen in einem der zahlreichen Granatlöcher beigesetzt worden. Die verworrenen Verhältnisse an der Front haben wohl verhindert, daß die Gebeine auf einen der weiter rückwärts liegenden Soldatenfriedhöfe verbracht wurden. Von der Kompanie sind später den Eltern die Brieftasche und die Tagebücher zugesandt worden. Josef pflegte sie im Tornister mitzutragen. Sein Grab blieb bis heute verschollen.

Über den Tod hinaus

Als Josef Engling am 4. Oktober 1918 auf dem Schlachtfeld sein irdisches Leben beschloß, begann er auf eine andere Weise eine neue und unerwartete Wirksamkeit auszuüben. Das Andenken an seine Person hatte sich tief in die Erinnerung aller seiner Weggefährten eingetragen. Dort blieb es wach und wirkte weiter. Die in der Zeit unmittelbar nach dem Ersten Weltkrieg aufbrechende Apostolische Bewegung von Schönstatt sah in ihm und insbesondere in seinem freiwillig dargebrachten Lebensopfer mit Recht ihren hervorragenden Wegbereiter. Als dann in der Zeitschrift „Mater ter Admirabilis" Auszüge aus seinem geistlichen Tagebuch erschienen, wurde der Wunsch laut, über Leben und Streben des Heimgegangenen mehr zu hören. Auf Anregung von P. Kentenich, der von langer Hand her alle Aufzeichnungen Josef Englings sorgfältig gesammelt hatte, kam 1932 unter dem Titel „Omnibus Omnia" die erste Lebensbeschreibung heraus.* Sie ist vornehmlich als Quellenwerk gedacht, das alle damals erreichbaren geschichtlichen Zeugnisse erfaßt und vorgelegt hat. Darauf aufbauend konnte 1938 unter einer beträchtlichen Ausweitung der geschichtlichen Quellen das Buch „Held im Werktag" erscheinen. Es hat sich die Aufgabe gestellt, in der erzählenden Stilform die konkreten Einzelheiten des gegebenen Stoffes nach Art von Mosaiksteinen zu einem möglichst anschaulichen Bild zusammenzusetzen.
Die geistige Gestalt Josef Englings strahlte in die Kreise der werdenden Schönstattfamilie eine große Anziehungskraft aus. Sie führte in ihre Gründungsgeschichte ein, machte bekannt mit ihren innersten Lebenskräften, bot eine Charakterschule der Selbsterziehung an und weckte das Streben nach dem Ideal des Heiligen. Nicht wenige verehrten Josef Engling als einen echten Heiligen und vertrauten seiner Für-

* Schulte, Heinrich, Omnibus Omnia, Lebensbild einer jugendlichen Heldenseele aus Schönstatts Gründungstagen, 2. Auflage 1937 Pallottiner-Verlag Limburg a. d. Lahn.

sprache bei Gott ihre Anliegen an. Gefördert wurde diese Verehrung durch Neun-Tage-Andachten, Gebetsbildchen und Bekanntgabe von Gebetserhörungen. Die weitverbreitete Überzeugung von seinem heiligmäßigen Leben und die wachsende Verehrung im gläubigen Volk führte dazu, daß am 4. Oktober 1951 am kirchlichen Gericht zu Trier der Selig- und Heiligsprechungsprozeß eröffnet wurde. Dort ist der Informativprozeß im Sommer 1964 beendet worden, so daß noch im gleichen Jahr die Gerichtsakten an die zuständige Stelle des Hl. Stuhles zur Weiterführung des kanonischen Verfahrens abgeliefert werden konnten.

Begreiflich ist, daß in den Kreisen Schönstatts sich immer mehr der Wunsch regte, auf den ehemaligen Kriegsschauplätzen die Stätten zu besuchen, an denen sich besonders denkwürdige Ereignisse um Josef Engling abgespielt hatten Zuvor aber mußten die Orte und der Verlauf der Geschehnisse einschließlich der Todesstelle genau ausgemacht sein. Auch die Frage der unbekannt gebliebenen Grablage drängte sich stets von neuem auf. Die Nachforschungen in dieser Hinsicht stellten sich in der Zeit unmittelbar nach dem Ersten Weltkrieg als unmöglich und später als recht schwierig heraus. Um zu verläßlichen Ergebnissen zu gelangen, benötigte man nicht nur die Mithilfe der Kriegskameraden, sondern auch der französischen Behörden und der Bevölkerung in der Umgebung von Cambrai. Erst 1935 konnte man daran gehen, an Ort und Stelle Erhebungen vorzunehmen und auch verschollene Soldatengräber ausfindig zu machen. Im freien Feld um die Dörfer nördlich von Cambrai wurden dabei mehr als ein Dutzend Gebeine deutscher Gefallener ausgegraben und auf die naheliegenden Soldatenfriedhöfe umgebettet. Die Gebeine Josef Englings fand man nicht. Wohl erbrachten die angestellten Nachforschungen eine ziemliche Gewißheit darüber, wie der Weg Josef Englings vom Eingang des Dorfes Eswars bis zum Ort seines Todes verlaufen ist. Die späteren Besucher der Gedenkstätten bei Cambrai haben ihn „Todesweg" genannt, und sind ihm schweigend mit besinnlichem Ernst nachgegangen.

Je mehr sich die Schönstattfamilie mit der Person Josef Englings beschäftigte, desto stärker setzte sich der Gedanke durch, ihm in der Nähe seiner Todesstätte ein Ehrenmal zu setzen. In den fünfziger Jahren erwarb man, unterstützt durch die bischöfliche Behörde von Cambrai, rechts von der nordwärts führenden großen Straße und gegenüber dem Acker mit der Todesstelle ein Stück Ödland. Darauf errichtete man eine Gedenkstätte und stattete sie würdig aus. An ihr konnten größere Pilgergruppen, die in stets wachsender Zahl die denkwürdigen

Orte um Cambrai aufsuchten, Erinnerungsfeiern abhalten. Dann loderte nicht selten, wenn man den ,,Todesweg" begangen hatte, in dem stählernen Becken ein Feuer auf, als Symbol für das Lebensopfer Josef Englings, das sich hier verzehrte und verglühte. Die Feiern erregten die Aufmerksamkeit der Pax-Christi-Bewegung in der Diözese Cambrai. Mitglieder aus ihren Kreisen schlossen sich den Gedenkfeiern an. Durch sie kam in der französischen Bevölkerung der Umgegend bald das Wort auf, das Josef Engling als ,,saint de la réconciliation", als ,,Heiligen der Versöhnung" bezeichnete.

Die sich mehrenden Pilgerfahrten nach Cambrai ließen die dringliche Notwendigkeit eines Pilgerheimes erkennen. Darum kaufte die Gemeinschaft der Marienbrüder das nahe bei der Gedenkstätte liegende und von den Besitzern verlassene Wirtshaus St. Hubert auf. Es wurde wohnlich eingerichtet und für den Aufenthalt der Pilger zur Verfügung gestellt. In nächster Nähe gründeten die Marienschwestern eine kleine Filiale, um sich in der Seelsorgshilfe und in der ambulanten Krankenpflege der umliegenden Dörfer zu betätigen.
Von besonderer Bedeutung für die weitere Geschichte und Wirksam-

keit der Gedenkstätte wurde das Jahr 1964. Damals erhielt das Schönstattwerk durch den Hl. Stuhl seine volle Autonomie und erste Anerkennung. Zum Dank dafür entschlossen sich seine leitenden Stellen, der Gottesmutter an der Todesstelle Josef Englings ein Heiligtum zu erbauen. Es sollte zugleich eine Bittgabe an die Gnadenmutter von Schönstatt sein, den immer noch in der Verbannung weilenden Gründer des Werkes wieder heimzuführen. Trotz vieler im Wege stehender Hindernisse konnte unter Führung der Marienbrüder in dem Gelände zwischen der Gedenkstätte und St. Hubert schon im Jahre 1965 das Heiligtum fertiggestellt und am 12. September 1965 durch Erzbischof Jenny von Cambrai eingeweiht werden. Bereits am darauffolgenden Tage berief ein von niemand veranlaßtes Telegramm den Gründer Schönstatts nach Rom, wo er von Papst Paul VI. in Privataudienz empfangen wurde und für seine Person und für seine Gründung den Segen des Stellvertreters Christi erhielt. (Näheres darüber in E. Monnerjahn, Pater Joseph Kentenich, Ein Leben für die Kirche, Vallendar-Schönstatt, 1975, S. 303 ff.).

Um die Gestalt Josef Englings hat die göttliche Vorsehung ein geheimnisvolles, man möchte sagen ein spannendes Geschick gewoben. Den schlichten Sohn des Ermlandes aus einem sehr einfachen Elternhaus erwählte sie als Werkzeug für eine einzigartige Aufgabe im Entstehen des Schönstattwerkes. Sie verlieh ihm Gaben der Natur und eine Gnadenführung, die ihn zu einem glaubwürdigen Zeugnis für den jenseitigen Ursprung eines weltweiten kirchlichen Apostolatswerkes werden ließen. Sein Lebensbild ist der anschauliche Unterricht über die Vorgänge einer gottgewollten Gründung, spiegelt deren natürlich-übernatürliche Lebenskräfte wider und macht es zu einer Schule der Selbsterziehung. Es ist eine Anleitung, den Alltag zu meistern und weist Wege für das Streben nach dem Ideal des zeitgemäßen Heiligen. Insbesondere enthüllt sein Leben die Formkraft einer aus tiefem Glauben kommenden Marienverehrung. Unter dem Beistand und Beispiel der Gottesmutter greift er zu den höchsten Lebensidealen, mißt aber auch an ihnen die herben Forderungen des nüchternen Werktags. So geht er unauffällig seinen Weg, einer wie die andern und doch ganz anders als sie.

Zu der gottgewollten Sendung Josef Englings gehört nicht zuletzt, daß er vor der Kirche ein gelebtes Zeugnis sein sollte für den Gründer Schönstatts. In den kurzen Erdenlauf des Zwanzigjährigen haben das Wirken des Heiligen Geistes und die Fürbittmacht der Gottesmutter unverkennbare Spuren eingezeichnet. Sie sind nicht ohne die erzieheri-

sche Weisheit des Gründers zustande gekommen, der sich darin als begnadeter Menschenbildner erwiesen hat. So bezeugt Josef Engling als einer der ersten Mitgründer und als getreuer Sohn seines geistlichen Vaters die charismatische Ausstattung dieses Gottesmannes.
Seit die Gerichtsakten seines Seligsprechungsprozesses dem Hl. Stuhl übergeben worden sind, ist er P. Kentenich gleichsam nach Rom vorausgeeilt, damit sein heroisches Ringen um das Heiligenideal dort zum Zeugnis werde für die heilige Erzieherpersönlichkeit des Gründers und Vaters der Schönstattfamilie.

Nachwort

Die vorgelegte Lebensbeschreibung Josef Englings ist den Weg der erzählenden Darstellung gegangen. Sie will deswegen aber nicht auf den Anspruch verzichten, in allem ein getreues Bild der geschichtlichen Wahrheit gezeichnet zu haben. Zum Erweis dessen muß etwas über die Erkenntnisquellen gesagt sein, aus denen das Buch entstanden ist.

Da sind an erster Stelle die schriftlichen Aufzeichnungen Josef Englings zu nennen. Sie haben einen beträchtlichen Umfang. Schon seit den Tagen der frühesten Jugend verspürte er den Drang, sich im geschriebenen Worte selber zu gestalten. Die dabei verwendete Sprache ist schmucklos einfach, so schlicht und so ehrlich wie sein ganzes Wesen. Im Jahre 1915 und 1916 begann er damit, ein zweifaches Tagebuch zu führen. In dem einen verzeichnete er vornehmlich die äußeren Geschehnisse seiner Umwelt, in dem andern schrieb er Vorgänge seines Innenlebens nieder. Während der Soldatenzeit bezeichnet er sie als Kriegstagebuch und als Geistliches Tagebuch. Beide haben ihn bis zum Tode auf dem Schlachtfeld begleitet. Ergänzt wurden diese Aufzeichnungen durch eine schriftlich geführte Geistliche Tagesordnung, in der er sich über eine Anzahl von Gebeten und aszetischen Übungen täglich Rechenschaft gab. Dazu kam der ebenfalls schriftlich kontrollierte besondere Vorsatz oder das Partikularexamen. In seine Innenwelt gewährt ferner einen guten Einblick sein umfangreicher Briefverkehr. Für den Prozeß der Seligsprechung konnten etwa 305 Briefe gesammelt werden, von denen die meisten in die Militärzeit fallen. Alle vorgenannten täglichen Aufzeichnungen riegelten sein seelisches Eigendasein nach außen ab und verhalfen ihm zu einem hohen Grad der Sammlung und steten Einkehr nach innen. Zu den erstaunlichen Grundzügen seines Charakterbildes gehört, daß er sie inmitten der turbulenten und aufregenden Erlebnisse des Schlachtfeldes ungestört aufrecht zu erhalten vermochte.

In der Reihe der Zeugen, in der Josef Engling als Erstzeuge auftritt, folgt die große Zahl derer, die als Augen- und Ohrenzeugen über ihn berichten. Für die Zeit seines Aufenthaltes im Studienheim Schönstatt kommen die Beobachtungen und Erinnerungen seiner damaligen Mitschüler in Betracht. Da der Verfasser dieses Buches mehrere Jahre in dem engen Beisammensein einer häuslichen Gemeinschaft mit Josef Engling verbracht hat, konnte er dessen Person aus unmittelbaren Begegnungen erleben. Zur Vorbereitung der Lebensbeschreibung hat er in zahlreichen Gesprächen mit den Mitschülern die gemeinsamen Er-

innerungen bis in alle Einzelheiten wieder wachgerufen, sorgfältig festgehalten und die Niederschriften darüber immer wieder überprüfen lassen.
In ähnlicher Weise kamen die Schilderungen über das Leben Josef Englings in der Kaserne zustande. Dort war er mit etwa einem Dutzend seiner Kameraden aus dem Studienheim Schönstatt zusammen. Von ihnen stammen schriftliche und mündliche Aussagen, die sowohl während des Aufenthaltes in der Kaserne als auch in späterer Zeit aufgrund ausführlicher Befragungen der Augen- und Ohrenzeugen gewonnen wurden. Zu erwähnen ist noch, daß der Verfasser 1918 seine Rekrutenzeit abgedient und die Kaserne aus eigener Anschauung kennengelernt hat.
Von besonderer Wichtigkeit sind die gesammelten Zeugnisse, die den beiden letzten Kriegsjahren von 1917 und 1918 angehören. Sie beschreiben jenen Abschnitt im Leben Josef Englings, in dem die Bewährungsproben am härtesten waren und die seelische Reife ihren Höhepunkt erreichte. Für die Darstellung der Kriegsgeschehnisse waren neben den bereits genannten Quellen aus der Feder Josef Englings maßgebend die beim Reichsarchiv in Potsdam liegenden Akten seiner Truppenverbände. Dabei handelt es sich hauptsächlich um die Kriegstagebücher der 15. Reserve-Infanterie-Division, des 25. Reserve-Infanterie-Regimentes und des 1. Bataillons des gleichen Truppenteils. Hier haben also drei voneinander getrennte amtliche Stellen Tag für Tag über dieselben Vorgänge auf dem gleichen Kampfabschnitt einen Bericht verfaßt.
Anhand dieser amtlichen Kriegstagebücher kann der Gang der Ereignisse, an denen Engling teilnahm, für jeden Tag, oft sogar bis auf die Stunde und bis in viele Einzelheiten genau ermittelt werden. Legt man nun ihre Angaben neben die Geistliche Tagesordnung Josef Englings, erhält man einen unmittelbaren und zuverlässigen Einblick in die Außenseite und in die Innenseite seines alltäglichen Daseins.
Auf der Grundlage der genannten Akten wurden dann eingehende Befragungen unter etwa zwanzig noch lebenden Kriegskameraden Josef Englings angestellt. Ausgedehnte Unterhaltungen, zuweilen mit einem einzelnen, zuweilen mit mehreren zu gleicher Zeit, lieferten eine Fülle ergänzender Erinnerungen aus den persönlichen Erlebnissen der Beteiligten. Was solche Nachforschungen ergaben, konnte allenthalben in die Schilderung der Umweltereignisse hineingearbeitet werden.
Mit fünf Kriegskameraden Josef Englings besuchte der Verfasser in den Jahren zwischen 1935 und 1938 mehrmals die Schlachtfelder der

einstigen Westfront. Die Gebiete, in denen sich die besagten Geschehnisse abgespielt hatten, zeigten um diese Zeit noch deutliche Spuren der stattgefundenen Kämpfe, wie Schützen- und Laufgräben, verfallende Unterstände, ehemalige Geschützstellungen und die Unzahl der Granattrichter. An Ort und Stelle wurden den Kameraden die durchlebten Ereignisse und Stimmungen zuweilen bis in die kleinsten Einzeltatsachen wieder greifbare und erregende Gegenwart. So war es möglich, den Ablauf der Kampfhandlungen mit großer geschichtlicher Treue gleichsam zu rekonstruieren und für eine bildhafte Beschreibung aufzufangen.

Von besonderem Belang für die Erforschung der geschichtlichen Wahrheit waren die Protokolle des kirchlichen Prozesses für die Selig- und Heiligsprechung Josef Englings. In dem kanonischen Verfahren der Zeugenvernehmung sind etwa fünfzig Augen- und Ohrenzeugen aufgrund eines sehr differenzierten Frageschemas und nach Ableistung des Wahrheitseides vor dem kirchlichen Gericht zu Wort gekommen.

Als Vizepostulator des Prozesses erhielt der Verfasser in diese Vernehmungsprotokolle Einblick. Zwar können die Aussagen der Zeugen nicht nach Art wissenschaftlicher Quellenbelege literarisch verwertet werden. Doch ist durch Kenntnisnahme der Akten das Wissen des Verfassers ungemein bereichert worden und sozusagen unter der Hand überall in diese Lebensbeschreibung Josef Englings eingeflossen.

Wie zu Beginn dieses Nachwortes bemerkt wurde, hat der Verfasser bei der Anlage des Buches die Form der erzählenden Darstellung und der konkreten Kleinmalerei gewählt. Sie bedingte gelegentlich eine etwas freiere Gestaltung des Stoffes. Sie liegt vor allem dort vor, wo der Sachverhalt mancher Ereignisse in den flüssigeren Stil der Wechselrede aufgelöst wird. Der Inhalt der Reden und die darin zum Ausdruck gekommenen Stimmungen sind verbürgte Tatsachen. Der Wortlaut ist jedoch in Anlehnung an die Erzählungen der Kameraden vom Verfasser gestaltet worden. Um sicher zu sein, daß dabei immer die volle geschichtliche Wahrheit bestehen blieb, hat der Verfasser seinerzeit das Buch „Held im Werktag“ vor Drucklegung zwei urteilsfähigen Kriegskameraden zur Prüfung vorgelegt. Einer war unmittelbarer Gefährte und zeitweilig auch militärischer Vorgesetzter Josef Englings. Der andere hatte eine Dienststelle bei einem höheren Stabe inne.

Die Namen der im Buch genannten Personen sind aus naheliegenden Gründen bis auf wenige Einzelfälle durch Decknamen ersetzt worden.

Verzeichnis der Abbildungen

Alle Kartenskizzen sind genordet (N = Obere Kante der Seite)

Seite	
9	Englings Mutter
11	Skizze: Ostpreußen
18	Studienheim Schönstatt 1912
66	Präfekt Engling mit P. Kentenich
139	Skizze: Hagenau
162	Mit Schönstätter Sodalen in Hagenau
191	Skizze: Kriegsschauplätze des Ostens
206	Skizze Galizien
236	Skizze: Front bei Verdun Frühjahr 1918
248	Skizze: Forgesbach-Tal 1918
268	Als Ministrant bei der Feldmesse Ostern 1918
279	Skizze: Armentières-Bogen Mai/Okt. 1918
284	Skizze: Flandern Frühjahr 1918
317	Handschriftliches Lebensangebot Juni 1918
327	Im letzten Urlaub in Schönstatt Juli 1918
332	Skizze: Artois Sommer 1918
356	Anfang eines Briefes an P. Kentenich
364	Skizze: Lage um Cambrai Anfang Oktober 1918
367	Letzte Geistliche Tagesordnung Oktober 1918
369	Skizze: Der Todesweg 4. 10. 1918
374	Engling-Gedenkstätte mit Feuerbecken